樅陽商周青銅器

黃德寬 署

枞阳商周青铜器

安徽大学历史系 编
枞阳县文物管理所

张爱冰 王乐群 ◎ 主编

北京师范大学出版集团
安徽大学出版社

图书在版编目(CIP)数据

枞阳商周青铜器/安徽大学历史系,枞阳县文物管理所编.—合肥:安徽大学出版社,2018.01
(安徽大学徽文化传承与创新丛书)
ISBN 978-7-5664-0906-5

Ⅰ.①枞… Ⅱ.①安…②枞… Ⅲ.①青铜器(考古)-研究-枞阳县-商周时代
Ⅳ.①K876.414

中国版本图书馆 CIP 数据核字(2015)第 056135 号

枞阳商周青铜器

安徽大学历史系
枞阳县文物管理所 编

出版发行:	北京师范大学出版集团 安徽大学出版社 (安徽省合肥市肥西路3号 邮编230039) www.bnupg.com.cn www.ahupress.com.cn
印　　刷:	安徽昶颉包装印务有限责任公司
经　　销:	全国新华书店
开　　本:	210mm×285mm
印　　张:	22
字　　数:	517千字
版　　次:	2018年1月第1版
印　　次:	2018年1月第1次印刷
定　　价:	168.00元

ISBN 978-7-5664-0906-5

策划编辑:鲍家全　张　锐		装帧设计:李　军
责任编辑:张　锐		美术编辑:李　军
责任印制:陈　如		

版权所有　侵权必究

反盗版、侵权举报电话:0551—65106311
外埠邮购电话:0551—65107716
本书如有印装质量问题,请与印制管理部联系调换。
印制管理部电话:0551—65106311

国家社会科学基金重大项目资助

(项目批准号: 17ZDA222)

主　　编：张爱冰　王乐群
副 主 编：魏国锋　刘　林　吴得华

工作人员：胡家碧　吴光浩　胡硕平　宋艺超　唐全新　王德仁　刘乔丽　余　倩
器物摄影：汪华君
器物测绘：郝安红
拓　　片：金成纲
英文翻译：冯　伟

目次 Contents

序 ··· 1
Preface

凡例 ··· 1
Guide to Use

前言·长江下游枞庐地区青铜文化初论 ·· 1
Introduction: A Preliminary Study on the Bronze Culture of Zongyang –Lujiang Area in Lower Yangtze River

枞阳商周青铜器图录 ·· 1
Catalogue

○一 方彝（ZW00889） 西周 ·· 3
Rectangular *Yi* (wine container)　Western Zhou Dynasty (1046 BC – 771 BC)

○二 兽面纹尊（ZW00952） 西周 ·· 14
Zun with beast face design (wine container)　Western Zhou Dynasty (1046 BC – 771 BC)

○三 重环纹鼎（ZW00950） 西周 ·· 17
Ding with double ring design (food container)　Western Zhou Dynasty (1046 BC – 771 BC)

○四 重环纹鼎（ZW00951） 西周 ·· 21
Ding with double ring design (food container)　Western Zhou Dynasty (1046 BC – 771 BC)

○五 弦纹爵（ZW00981） 西周 ·· 25
Jue with bow string design (wine vessel)　Western Zhou Dynasty (1046 BC – 771 BC)

○六 窃曲纹鼎（ZW00982） 西周 ·· 29
Ding with *qiequ* design (food container)　Western Zhou Dynasty (1046 BC – 771 BC)

○七 素面鼎（ZW00983） 西周 ·· 34
Unadorned *Ding* (food container)　Western Zhou Dynasty (1046 BC – 771 BC)

○八 觚形尊（ZW00984） 西周 ·· 36
Gu-shaped *Zun* (wine container)　Western Zhou Dynasty (1046 BC – 771 BC)

○九 变形蝉纹鼎（ZW00954） 春秋 ·· 37
Ding with stylized cicada design (food container)　Spring and Autumn Period (770 BC – 476 BC)

一○ 变形蝉纹鼎（ZW00955） 春秋 ·· 41
Ding with stylized cicada design (food container)　Spring and Autumn Period (770 BC – 476 BC)

一一 窃曲纹匜（ZW00953）春秋 ······ 45
Yi with *qiequ* design (water vessel)　Spring and Autumn Period (770 BC – 476 BC)

一二 雷纹鼎（ZW00929）春秋 ······ 50
Ding with thunder design (food container)　Spring and Autumn Period (770 BC – 476 BC)

一三 刀（ZW00961）商 ······ 52
Broad Sword　Shang Dynasty (1600 BC – 1046 BC)

一四 镞（ZW00960）商 ······ 54
Zu (arrow head)　Shang Dynasty (1600 BC – 1046 BC)

一五 锸（ZW00959）西周 ······ 56
Cha (spade)　Western Zhou Dynasty (1046 BC – 771 BC)

一六 斧（ZW00969）春秋 ······ 58
Axe　Spring and Autumn Period (770 BC – 476 BC)

一七 矛（ZW00940）春秋 ······ 60
Spear　Spring and Autumn Period (770 BC – 476 BC)

一八 剑（ZW01584）春秋 ······ 62
Sword　Spring and Autumn Period (770 BC – 476 BC)

一九 剑（ZW00901）春秋 ······ 64
Sword　Spring and Autumn Period (770 BC – 476 BC)

二〇 剑（ZW00900）春秋晚战国初 ······ 66
Sword　late Spring and Autumn Period to early Warring States Period

二一 剑（ZW00855）春秋晚战国初 ······ 68
Sword　late Spring and Autumn Period to early Warring States Period

二二 剑（ZW00899）春秋晚战国初 ······ 70
Sword　late Spring and Autumn Period to early Warring States Period

二三 剑（ZW00906）春秋晚战国初 ······ 72
Sword　late Spring and Autumn Period to early Warring States Period

二四 剑（ZW00858-4）春秋 ······ 74
Sword　Spring and Autumn Period (770 BC – 476 BC)

二五 剑（ZW00858-1）春秋晚战国初 ······ 75
Sword　late Spring and Autumn Period to early Warring States Period

二六 剑（ZW00858-2）春秋晚战国初 ······ 76
Sword　late Spring and Autumn Period to early Warring States Period

二七 剑（ZW00858-3）春秋晚战国初 ······ 77
Sword　late Spring and Autumn Period to early Warring States Period

二八 剑（ZW00859-3）春秋晚战国初 ······ 78
Sword　late Spring and Autumn Period to early Warring States Period

二九 剑（ZW00859-1）战国 ······ 80
Sword　Warring States Period (475 BC – 221 BC)

三〇 剑（ZW00859-2）战国 ······ 82
Sword　Warring States Period (475 BC – 221 BC)

三一 削（ZW00860） 战国 ·· 84
Xiao (scraper) Warring States Period (475 BC – 221 BC)

三二 矛（ZW00862） 战国 ·· 85
Spear Warring States Period (475 BC – 221 BC)

三三 戈（ZW00861） 战国 ·· 87
Ge(weapon) Warring States Period (475 BC – 221 BC)

三四 戈（ZW00993） 战国 ·· 88
Ge(weapon) Warring States Period (475 BC – 221 BC)

三五 剑（ZW00991） 战国 ·· 89
Sword Warring States Period (475 BC – 221 BC)

三六 剑（ZW00992） 战国 ·· 91
Sword Warring States Period (475 BC – 221 BC)

三七 镈（ZW00994） 战国 ·· 93
Zun (ornament at bottom of a shaft) Warring States Period (475 BC – 221 BC)

三八 云纹镈（ZW00995） 战国 ··· 95
Zun (ornament at bottom of a shaft) with cloud design Warring States Period (475 BC – 221 BC)

三九 剑（ZW00915） 战国–秦 ·· 97
Sword Warring States Period to Qin Dynasty

枞阳商周青铜器研究 ·· 99
Studies on Bronzes of Shang and Zhou Dynasties in Zongyang County

第一章 商周考古综述 ·· 101
Chapter Ⅰ Archaeological Summary of Shang and Zhou Dynasties

第二章 青铜器分期与断代研究 ··· 119
Chapter Ⅱ Study on Periodization and Dating of Bronzes

第一节 青铜容器 ·· 119
Section Ⅰ Bronze Containers

第二节 青铜兵器 ·· 148
Section Ⅱ Bronze Weapons

第三节 青铜工具 ·· 166
Section Ⅲ Bronze Tools

第四节 青铜器纹饰 ·· 181
Section Ⅳ Decorative Patterns of Bronzes

第三章 青铜器工艺与产地研究 ························ 191
Chapter Ⅲ Study on Technology and Origin of Bronzes

第一节 青铜器范铸工艺 ························ 191
Section Ⅰ Mouldcasting Technique of Bronzes

第二节 青铜器材质与工艺 ························ 210
Section Ⅱ Materials and Technology of Bronzes

第三节 青铜器矿料来源 ························ 220
Section Ⅲ Sources of Minerals of Bronzes

第四章 古代矿冶遗址与冶炼遗物研究 ························ 229
Chapter Ⅳ Study on Ancient Mining and Casting Sites and Smelting Remains

第一节 古代矿冶遗址 ························ 229
Section Ⅰ Ancient Mining and Casting Sites

第二节 冶炼遗物 ························ 252
Section Ⅱ Smelting Remains

第五章 考古与历史研究 ························ 261
Chapter Ⅴ Archaeological and Historical Research

第一节 淮式鬲 ························ 261
Section Ⅰ Li in a Shape of Huai Style

第二节 原始瓷 ························ 275
Section Ⅱ Proto-Porcelain

第三节 舒口 ························ 289
Section Ⅲ Shukou(a place name)

结语·枞阳文化光耀千秋 ························ 294
Conclusion: The Glorious Zongyang Culture

引用文献目录 ························ 311
Bibliography

编后记 ························ 325
Postscript

序 | Preface

西周春秋时期的江淮地区有一群偃姓小国，史称"群舒"。"群舒"是淮系文化的重要组成部分，"群舒"是淮系族群中不容忽视的文化群体。"群舒"生存于徐国、楚国和吴国等强邻环伺的狭小空间中，"群舒"诸国既有为国家的存亡而无奈地朝吴暮楚，亦有为民族的尊严而悲壮地慷慨赴死。"群舒"在江淮大地上艰难地延续着自身的文化之道，"群舒"在江淮大地上顽强地传承着自身的文化之脉。

在诸多的"群舒"文化遗存中，尤以青铜器所反映的"群舒"的物质文化、制度文化和精神文化为最。安徽大学历史系与枞阳县文物管理所合编的《枞阳商周青铜器》一书，是难得一见的有关"群舒"青铜器及相关问题的个案研究。

枞阳位于江淮西部、长江北岸，西与桐城、安庆毗邻，北与无为、庐江接壤，东南与铜陵、贵池隔江相望。

西周春秋时期，枞阳地处"群舒"的腹地。枞阳的青铜文化遗址、矿冶遗址、墓葬和青铜器等，构成了枞阳青铜文化的多元性和多样性，枞阳从而成为研究群舒文化的代表性地区之一。

《枞阳商周青铜器》以青铜器为纲，采用精美图录的形式全面展现了"群舒"青铜器的风采，以专题研究的形式系统发微了"群舒"的青铜文化。

《枞阳商周青铜器》分为三大部分：

一、文物图录。计选枞阳出土的青铜器39件，其中西周青铜器8件，春秋青铜器20件，战国青铜器11件。图版主要采用青铜器的正视图，根据不同器物的特征采用了侧视图、俯视图、仰视图、局部图和青铜器纹饰图，随图附有精美的拓片和线图。图版的设计、编纂和排版更是别具匠心，不仅突破了常规的文物图录的窠臼，而且满足了文物爱好者、艺术研究者和考古工作者的不同需求。

二、专题研究。大致分为四个专题：一是文化综论，《长江下游枞庐地区青铜文化初论》对枞阳地区的青铜文化进行了高屋建瓴的概论，《商周考古综述》对枞阳地区的商周考古进行简明扼要的综述，两篇皆堪称枞阳青铜文化的点睛之作；二是青铜器研究，包括枞阳出土青铜容器、兵器、工具和青铜器纹饰的专题研究；三是青铜工艺研究，包括枞阳出土青铜器的矿料来源、化学成分、金相组织、铸造工艺等专题研究；四是青铜文化综合研究，包括枞阳矿冶遗址调查、冶炼遗物、淮式鬲、原始瓷以及枞阳的历史地名、历史文化等专题研究，其研究范围之广、研究内容之全、研究程度之深，为一般的文物图录所不能比拟或比肩。

三、文献目录。文献包括了专著、图录、地方志、考古发掘报告、调查发掘简报和研究论文，空间涵盖了安徽的江淮地区，时间涵盖了夏商周时期，内容涵盖了考古学文化、遗址、墓葬和青铜器研究等。

由于历史文献对"群舒"的记载或语焉不详，或阙而勿据，因此多年来有关"群舒"的研究始终不见有新的进展，与楚文化、吴越文化研究的朝野喧嚣相比，群舒文化的研究可谓波澜不惊。《枞阳商周青铜器》的出版，毕竟吹皱了一池春水，毕竟为群舒文化的研究提供了诗肠鼓吹的契机。尽管《枞阳商周青铜器》的出版对于群舒文化的研究仍属管中窥豹，但有了这样一个时空坐标，对于群舒文化既可"瞻前顾后"，又可"左顾右盼"，以枞阳的青铜文化和商周青铜器作为群舒文化的内核，在时间与空间上进行外延，为进一步全面探讨群舒文化的文化内涵、文化性质、文化源流以及与周、徐、楚、吴的相互关系奠定了坚实的基础。

淮系文化是东夷文化的重要组成部分，淮系族群在华夏文明化进程中扮演着重要的角色而成为不容忽视的文化群体。

"群舒"的历史可上溯到虞夏时期的皋陶。

皋陶，少昊之后，偃姓，曾事舜。《尚书·尧典》：帝曰："皋陶，蛮夷猾夏，寇贼奸宄。汝作士。"《论语·颜渊》："舜有天下，选于众，举皋陶，不仁者远矣。"《史记·五帝本纪》："天下归舜。而禹、皋陶、契、后稷、伯夷、夔、龙、倕、益、彭祖自尧时而皆举用，未有分职。"《史记·夏本纪》："帝禹立而举皋陶荐之，且授政焉，而皋陶卒。封皋陶之后于英、六，或在许。"皇甫谧《帝王世纪》称皋陶"生于曲阜。曲阜，偃地，故帝赐姓曰偃"。据此，皋陶当为东夷之人，偃姓的群舒诸国皆为皋陶之后，英、六可能是群舒中最早的封国。

皋陶或为涂山氏之首领。《尚书·皋陶谟》："（禹曰）：'予娶涂山……'帝曰：'迪朕德，时乃功惟叙。'皋陶方祗厥叙，方施象刑惟明。"《楚辞·天问》："禹之力献功，降省下土四方。焉得彼涂山女，而通之于台桑？"如是，则皋陶与夏禹有着千丝万缕的关系，即涂山氏与夏后氏为姻亲关系的部族联盟。

夏商之际，涂山氏或为南巢。《左传》哀公七年："禹合诸侯于涂山。"杜预注："涂山在寿春东北，涂山，国名。"《尚书·仲虺之诰》："成汤放桀于南巢。"《国语·鲁语》："桀奔南巢。"韦昭注："南巢，扬州地，巢伯之国，今庐江居巢是也。"如涂山为南巢，则与禹、桀关系密切，其部族联盟的关系贯穿夏王朝的始终。

西周时期的"群舒"虽偶见于文献记载，然淮夷和南淮夷却屡见诸文献和青铜器铭文。《尚书·大诰》："武王崩，三监及淮夷叛。"《史记·周本纪》："周公为师，东伐淮夷、残奄……既绌殷命，袭淮夷……"《史记·鲁周公世家》："伯禽即位之后，有管、蔡等反也，淮夷、徐戎亦并兴反。于是伯禽率师伐之于肸，作肸誓。"见铭文的有彔卣："淮夷伐内国。"彔方鼎："率虎臣御淮戎。"竞卣："命伐淮夷。"无叀簋："王征南夷。"敔簋："南淮夷迁及内伐□□。"虢仲盨："伐南淮夷。"师寰簋："征南夷。"等等。

淮夷与南淮夷当为生活在淮水两岸之人，淮夷、南淮夷与群舒生存于同一地理空间，淮夷、南淮夷当为周人对生活在淮水两岸之民族的他称或蔑称，因此西周时期的"群舒"或被周人泛称为"淮夷""南夷""南淮夷"。

《左传》文公十二年："群舒叛楚。"杜预注："群舒，偃姓，舒庸、舒鸠之属。今庐江南有舒城，舒城西南有龙舒。"孔颖达疏：群舒，"《世本》偃姓，舒庸、舒蓼、舒鸠、舒龙、舒鲍、舒龚"。

"群舒"的历史主要见于春秋。"群舒"有舒、舒鸠、舒庸、舒龚、舒龙、舒蓼、舒鲍、英、六、蓼、宗、桐、巢等国，群舒又称"众舒"。《左传》宣公八年："楚为众舒叛，故伐舒蓼，灭之。"

"群舒"可能是从徐分出来的一些小国，《春秋》僖公三年："徐人取舒。"可证徐、舒已不是一指。《韩非子·五蠹》："徐偃王处汉东，地方五百里，行仁义，割（陆）地而朝者三十有六国；荆文王恐其害己也，举兵伐徐，遂灭之。"《淮南子·人间训》："昔徐偃王好行仁义，陆地而朝者三十二（六）国。"《后汉书·东夷列传》："后徐夷僭号，乃率九夷以伐宗周，西至河上。穆王畏其方炽，乃分东方诸侯，命徐偃王主之。偃王处潢池东，地方五百里，行仁义，陆地而朝者三十有六国。""群舒"也可能属陆地而朝徐偃王的三十六国。

《春秋》僖公三年："徐人取舒。"杜预注："舒国，即庐江舒县是也。"《史记·楚世家》："（楚庄王）十三年，灭舒。"

《左传》文公五年："六人叛楚即东夷。秋，楚成大心、仲归帅师灭六。冬，楚公子燮灭蓼，臧文仲闻六与蓼灭，曰：'皋陶庭坚不祀忽诸。德之不建，民之无援，哀哉！'"《史记·陈杞世家》："皋陶之后，或封英、六，楚穆王灭之。"

《左传》文公十二年："群舒叛楚，夏，子孔执舒子平及宗子，遂围巢。"杜预注："宗巢二国，群舒之属。"

《左传》成公七年："吴始伐楚，伐巢、伐徐……蛮夷属于楚者，吴尽取之。"《左传》襄公二十六年："吴于是伐巢、取驾、克棘、入州来，楚罢于奔命。"《春秋》昭公二十四年："冬，吴灭巢。"《左传》："吴人踵楚，而边人不备，遂灭巢及钟离而还。"《史记·吴太伯世家》："三年，吴王阖庐与子胥、伯嚭将兵伐楚，拔舒……六年……大败楚军于豫章，取楚之居巢而还。"

《左传》文公十四年："楚庄王立，子孔、潘崇将袭群舒……而伐舒蓼……不克而还。"《春秋》宣公八年："楚人灭舒蓼。"《左传》："楚为众舒叛，故伐舒蓼，灭之。"唯一值得一提的是舒蓼以弱小之国敢于与强楚抗争，使楚"不克而还"。

《春秋》成公十七年："楚人灭舒庸。"《左传》："舒庸人以楚师之败也，道吴人围巢、伐驾，围厘、虺，遂恃吴而不设备。楚公子櫜师袭舒庸，灭之。"

《左传》襄公二十四年："吴人为楚舟师之役故，召舒鸠人，舒鸠人叛楚。"《春秋》襄公二十五年："楚屈建帅师灭舒鸠。"《左传》："舒鸠人卒叛楚。令尹子木伐之，及离城。吴人救之……简师会之，吴师大败。遂围舒鸠，舒鸠溃。八月，楚灭舒鸠。"

《春秋》定公二年："秋，楚人伐吴。"《左传》："桐叛楚。吴子使舒鸠氏诱楚人……秋，楚囊瓦伐吴，师于豫章。吴人见舟于豫章，而潜师于巢。冬十月，吴军楚师于豫章，败之。遂围巢，克之，获楚公子繁。"

群舒皆亡于春秋，除巢之外，基本上都被楚国所灭。

枞阳为宗国，公元前615年（鲁文公十二年）群舒叛楚，楚将子孔执舒、宗两国国君，宗国遂亡。刘向《说苑·指武》："凡武之兴，为不服也；文化不改，然后加诛。"

枞阳青铜文化和青铜器的研究，应将其置于"群舒"的文化背景之下和置于吴楚的时代背景之下，研究枞阳青铜文化和青铜器所反映的"群舒"的物质文化、制度文化和精神文化。由于史籍中有关"群舒"记载的阙如或语焉不详，因此考古学资料和考古学研究弥补了历史文献的缺陷。《枞阳商周青铜器》正是这样一部类似百科全书的考古学研究和考古资料的汇编。

爱冰先生是我的师弟，在恢复高考的春雷激荡的日子里，我们意气风发地先后步入南京大学历史系。由于是同年入学，又同在考古专业，许多课程都合上，因此爱冰先生也是我的同窗。在寂静的教室和恬静的图书馆里，我们共同度过了令人难以忘怀的美好时光，回首往事，真真是"高崖落绛叶，恍如人世秋"。

白驹过隙，马齿徒增，在不知不觉中，我早已过了耳顺之年，庸庸碌碌，一事无成。如今清茶一壶，浊酒一杯，于考古学也就"渐行渐远渐无书，水阔鱼沉何处问"了。

然爱冰先生却一如既往、百折不挠地追求人生的真谛与学术的永恒，并先后发表了《繁昌汤家山出土青铜器的年代及其相关问题》《皖南沿长江地区周代铜器研究》《也谈曲柄盉的年代及其相关问题》等一批颇有建树的研究论文，对群舒文化和青铜器都有精辟的分析和独到的见解。而我于群舒文化则是门外之人，虽偶有窥视、略知皮毛，却始终未作过一点肤浅的研究。

今爱冰先生嘱我为序。我既是师兄，又兼同窗之谊，既承抬爱，岂能掠其期待？因此不揣浅陋，血指汗颜地写上几句不伦不类的文字，目的是重申"二重证据法"。

在新思维、新理论、新方法、新技术层出不穷的今天，"二重证据法"在夏商周考古和青铜文化的研究中是无法超越的理论，是不可替代的方法。随着考古学研究的深入，"二重证据法"愈来愈显现出顽强的生命力。

我真诚地希望爱冰先生与合作者乐群先生及其弟子在群舒文化研究的过程中，在群舒文化和桐城学派的浸润下致力于文献研究的振兴，振笔为文，代有传人，以枞阳青铜文化和青铜器的研究为切入点，以点带面，将群舒文化的研究推向纵深。

是为序。

张　敏

2015年4月2日初稿于芜湖

2015年4月12日改定于南京

凡例 Guide to Use

一、本书由图版和专题研究两部分构成。

二、图版收录安徽枞阳县境内出土、且收藏于枞阳县文物管理所的商周—战国青铜器 39 件，均为首次整理发表。

三、每件器物均将照片、线图、拓片同时发表，方便读者使用。

四、图版按器物的出土单位集中排列，同一单位所出器物依年代先后为序。

五、器物说明内容依次为：图版编排的顺序号、器名、藏品编号、年代、出土时间及地点、收藏单位、器物尺度、器物重量、器物描述。

六、器物尺度以厘米计，器物重量以克计。

七、专题研究为分专题、多学科综合研究，内容涉及器形、纹饰、铸造工艺、矿料来源、矿冶遗址、冶炼遗物、考古学文化、文献考订等。

八、全书最后附有引用文献目录，目录编排以文献作者拼音为序。

前言·长江下游枞庐地区青铜文化初论

Introduction: A Preliminary Study on the Bronze Culture of Zongyang-Lujiang Area in Lower Yangtze River

在今江淮南部、长江北岸的安徽枞庐（枞阳—庐江）地区，包括今枞阳县大部、庐江县南部和无为县西南部，自商代晚期到西周、春秋时期，存在着颇具特色的青铜文化。枞庐青铜文化遗产内涵丰富，集古铜矿冶、聚落遗址和青铜器三位一体，是不可多得的青铜时代考古和青铜文化研究的个案。

一

枞庐地区位于长江中下游多金属成矿带中部，是该成矿带自西向东依次分布的鄂东南、九瑞、安庆—贵池、枞庐、铜陵、宁芜和宁镇七个大型矿集区之一，铁、铜、金矿产资源十分丰富。由于地处亚热带气候区，山林茂密，柴薪充足，水网如织，交通便利，至迟到西周时期，枞庐地区便发展出一套包括铜矿开采、冶炼和青铜器铸造的完整青铜工业体系。

枞庐地区金属矿床的发育，来自中生代火山岩盆地的演化与形成。根据最新的地质调查显示，枞庐盆地内分布有数十个铜矿床（点），矿化类型以热液脉型为主。位于盆地中东部井边镇一带的井边铜矿床，包括井边矿段和石门庵矿段，是目前已探明的最大铜矿床，铜金属资源量为1万多吨，铜平均品位为1.31%。铜矿体由不同尺度的矿脉组成，长度一般为200米至500米，宽度通常为20厘米至50厘米，最宽可达4米。矿体埋藏浅，部分地段出露地表。矿石构造主要为脉状、网脉状和角砾状构造。矿石中主要金属矿物有黄铜矿、黄铁矿、斑铜矿、镜铁矿和辉铜矿，脉石矿物主要为石英、方解石和重晶石等。在地表氧化带中，可见孔雀石、铜蓝、蓝铜矿、胆矾等[1]。位于枞庐盆地南缘的拔茅山铜矿床，矿化特征类似，但降低边界品位圈定的矿体则具有带状斑岩铜矿特征。在盆地周边和相邻的隆起地区如庐江沙溪等地，已发现多个大型的斑岩型和矽卡岩型铜矿床[2]。

枞庐地区铜矿藏小矿点和矿化点较多，且距地表浅近，较为适合古代技术条件下的开采和

---

[1] 张乐骏、周涛发等：《安徽庐枞盆地井边铜矿床的成矿时代及其找矿指示意义》，载《岩石学报》，2010年第9期，第2729~2738页。

[2] 张寿稳：《安徽省枞阳县拔茅山铜矿地质特征》，载《资源调查与环境》，2007年第3期，第193~197页。

冶炼。该地区广泛分布的阔叶林的麻栎、苦栎树、青岗栎等硬质材，是冶炼的理想燃料。在枞阳、庐江、无为三县交界的山区，已发现古铜矿冶遗址数十处，散布范围数百平方公里，是古代规模较大的采冶中心。20 世纪 80 年代，安徽省文物考古研究所对枞庐地区古铜矿冶遗址进行了初步调查，其中位于枞阳县将军乡井边村狮形山脚下的井边古矿井，构成形态有竖井、横巷和斜巷等，采矿深度 7 米至 39 米，斜巷长度 20 多米，斜巷底部的废弃碎石和碎木炭渣粒层中发现有绳纹陶罐、陶鬲和木铲等，年代在东周前后。斜巷石质较差地段，发现有支护木①。2013 年，经对枞阳县文物管理所藏采自井边古矿井支护木样本碳十四测年，其年代距今 2260±30。距井边 5 公里的庐江石门奄古矿井，采矿深度 8 米至 30 米，巷道呈鼠穴状弯曲，有木支护，巷内发现平衡石、铜凿、铁钎等采矿工具②。此外，在枞阳的铜山、拔茅山（安凤中学）、牛头山、生鸡园、柿树、大凹岗、大包山，庐江的分金炉、金鸡岩、凤台山、炼铜凹、东顾山，无为的苏家凹等处发现采矿遗址，在拔茅山、生鸡园、铜山、分金炉、东顾山、苏家凹等地同时发现有冶炼遗存③。

2012 年 4 月至 2013 年 7 月，结合枞阳县第三次文物普查最新数据，安徽大学历史系与枞阳县文物管理所对枞阳县境内的 15 处古矿冶遗址进行了实地踏勘复查，记录了详细的遗址地理信息，采集了大量矿石、炼渣、陶片等标本，为研究古代炼铜技术、青铜器矿料来源、矿冶遗址年代等提供了第一手资料，同时也为今后扩大调查范围、选取重点遗址发掘作了必要的前期准备。

二

枞庐地区史前至商周遗址众多，考古学文化面貌具有鲜明的地域特点。20 世纪 80 年代，杨立新等最先调查了枞阳浮山、小柏墩及庐江孙墩等遗址，并对小柏墩遗址进行了试掘，出土陶鬲与二里岗上层陶鬲近同④。1989 年和 1998 年，安徽省文物考古研究所又分别发掘了枞阳汤家墩和庐江大神墩遗址。

汤家墩遗址位于枞阳县周潭镇七井村，南距长江不远，地处长江冲积平原与山区的交界地带，是一处典型的台形遗址，面积约 6,700 平方米⑤。出土遗物以陶器为主，器类有鬲、罐、豆、甗、钵、瓮等，另有一定数量的原始瓷、印纹硬陶、石制工具和小型青铜工具，还发现有铜容器陶

---

① 安徽省文物考古研究所、枞阳县文物管理所：《枞阳县井边东周采铜矿井调查》，载《东南文化》，1992 年第 5 期，第 89～90 页。
② 杨立新：《安徽沿江地区的古代铜矿》，见安徽省文物考古研究所、安徽省考古学会编：《文物研究》第 8 辑，合肥：黄山书社，1993 年，第 194～203 页。
③ 汪景辉：《安徽古代铜矿考古调查综述》，见安徽省文物考古研究所、安徽省考古学会编：《文物研究》第 8 辑，合肥：黄山书社，1993 年，第 204～210 页。
④ 杨立新、高一龙：《安徽枞阳、庐江古遗址调查》，载《江汉考古》，1987 年第 4 期，第 7～10 页。
⑤ 安徽省文物考古研究所：《安徽枞阳县汤家墩遗址发掘简报》，载《中原文物》，2004 年第 4 期，第 4～14 页。

范和铜矿石等。结合此前遗址内出土的一件青铜方彝，可确定该遗址是一处具有一定等级规模的聚落和冶铸遗址。简报将该遗址分为两期，1期以⑥至⑨层为代表，2期以③至⑤层为代表，两期在器形上基本一致，包括大型鼓肩鬲、弧腹鬲、折肩鬲、鼓（折）肩罐、折腹簋、粗柄折盘豆、细柄折盘豆、曲柄盉、敛口钵、瓮等器类，器形衔接自然。晚期印纹硬陶及原始瓷器明显增多，可见盅、矮圈足豆等器形。经与周边地区同类遗存的地层和典型器物相比较，汤家墩1期年代相当于西周中期至西周晚期，2期年代相当于西周晚期至春秋早期。大神墩遗址位于庐江县金牛镇徐河村，亦为一台形遗址①。出土陶器以夹砂红褐陶、灰陶为主，器表以绳纹最多，所见弧腹鬲、折肩鬲、鼓腹罐、曲柄盉等器形，特征与汤家墩遗存基本一致。根据地层关系和器物的演变趋势，亦可将该遗址分为两期，1期以T331④、T332④为代表，2期以T332③、T323③、T312③、T322③为代表，1、2期的年代基本可与汤家墩遗址相对应。

2013年6月，与枞庐一江之隔的铜陵师姑墩遗址发掘资料公布②。师姑墩晚期遗存涵盖西周早中期至春秋早中期之际，代表性器形有绳纹鬲、刮面鬲、曲柄盉等，与江北地区枞阳汤家墩、庐江大神墩乃至江淮北部地区霍邱堰台、六安堰墩等遗址出土器形有很多联系。师姑墩遗址出土青铜冶铸遗物包括铜矿石、炉壁、陶范、石范、炉渣和小件铜器等，亦可与汤家墩遗址相比较。师姑墩冶铸活动从早期一直持续到晚期Ⅳ段。早期冶铸活动规模小、产品少，晚期Ⅰ、Ⅱ段冶铸活动规模最盛，铜器、铜块合金类型多达6种，以铅锡合金和含砷多元合金为主，晚期Ⅲ、Ⅳ段冶铸活动有所衰落，砷铜逐渐被锡青铜取代，冰铜冶炼技术成熟③。

20世纪90年代，王迅最早将在江淮地区出土的一种周代陶鬲称为"淮式鬲"，主要特征有折肩、三足内聚、裆较高、足尖较细、多饰绳纹，定为西周时期出现的典型淮夷陶器④。2002年，学界基本认可江淮地区西周时期出现的折肩鬲是探寻淮夷文化的重要线索⑤。折肩鬲早见于肥东吴大墩和含山大城墩遗址西周地层，后在霍邱绣鞋墩、六安众德寺、六安堰墩等遗址西周中晚期地层亦有出土。汤家墩遗址出土折肩鬲如标本T3⑥:2、T6⑨:9，大神墩遗址出土折肩鬲如标本T322④:5。霍邱堰台遗址出土折肩鬲约20件，锥状足鬲的年代在西周中期至春秋中期，柱状足鬲的年代在西周晚期至春秋中期⑥。师姑墩遗址出土绳纹折肩鬲如标本T4⑧:21，瘪裆较高，截锥状足，腹部饰弦断绳纹，足部饰纵向绳纹。出土素面折肩鬲如标本T37⑦:1，器身为泥质黑皮红胎，足跟部为略夹细砂红褐陶，联裆，裆部较高，截锥状足。师姑墩遗址还出土一种带把鬲，如标本T6⑤:91，在六安堰墩遗址也有出土。江淮地区还出土折肩铜鬲，如舒城

---

① 安徽省文物考古研究所等：《庐江大神墩遗址发掘简报》，载《江汉考古》，2006年第2期，第8~11页。
② 安徽省文物考古研究所：《安徽铜陵县师姑墩遗址发掘简报》，载《考古》，2013年第6期，第3~23页。
③ 王开、陈建立、朔知：《安徽省铜陵县师姑墩遗址出土青铜冶铸遗物的相关问题》，载《考古》，2013年第7期，第91~104页。
④ 王迅：《东夷文化与淮夷文化研究》，北京：北京大学出版社，1994年，第115页。
⑤ 安徽省文物考古研究所：《安徽考古的世纪回顾与思索》，载《考古》，2002年第2期，第3~14页。
⑥ 安徽省文物考古研究所：《霍邱堰台——淮河流域周代聚落发掘报告》，北京：科学出版社，2010年，第252~268页。

凤凰嘴墓葬出土3件，侈口，束颈，折肩，高弧裆，尖锥状足①。潜山黄岭墓出土4件，侈口，束颈，折肩，斜腹，三空心尖锥状足，肩下饰一对称扉棱②。张钟云认为："除舒城的尖足鬲外，其余地方皆为平柱足。从时间上看，本地的鬲要早于随县和信阳地区的，而山东地区的折肩不明显。因此，这种鬲很可能发源于江淮区域，而尖足是其母型。"③折肩陶鬲与折肩铜鬲形态既相一致，时空范畴又相重叠，应为同一文化或族群之遗存。

江淮地区出土曲柄陶盉，早期在合肥肥西老虎头、金寨双河等处④有零星发现。2002年以后，又在霍邱堰台、六安堰墩、庙台⑤、霍山戴家院⑥、庐江大神墩、枞阳汤家墩等处发现。堰台曲柄盉，质地以夹砂灰陶或灰黑陶为主，少量为泥质灰陶，钵鬲之间有箅，两周或三排圆形或椭圆形箅眼，器表多饰绳纹。器形除一件为平口鬲形外，均为钵口甗形。盉柄截面圆形或椭圆形，素面，尾端形态呈上翘或卷涡状。堰台曲柄盉在西周早中期即已出现，西周中晚期最为盛行，少量延续到春秋早中期⑦。枞庐地区，大神墩遗址公布了2件甗形盉标本，一件是标本T323③:1，夹砂黄褐陶，上部钵形，箅有8个镂孔，下部鬲腹较直，浅袋足，高弧裆，实足跟较高，角状鋬手，顶端为兽头状，腰际有一周半月形的指压纹，下部通饰绳纹。另一件是标本T322③:1，夹砂灰陶，粗短流，角状鋬手顶端残，鼓腹，深袋足，高弧裆，腰部以上残，素面。汤家墩遗址也发表了2件甗形盉标本，一件是标本T6⑦:6，夹砂灰陶，上部钵口，箅有12个稻粒状孔眼。另一件是标本采:6，夹砂黑皮陶，折肩，锥状足内收，足端平，腹部有流孔和扁把手，肩上饰弦纹，下部饰绳纹。皖南地区曲柄盉早见于南陵千峰山土墩墓⑧，但以铜陵师姑墩遗址出土最为丰富。师姑墩盉多为泥质红褐陶，略夹砂，上部多已残，下部鬲形，钵鬲之间有箅，箅孔一字形，盉柄尾端上翘，多脱落。流可分为管状流和槽形流，其中槽形流的完整形态还是第一次被发现，为其他地区所不见。管状流盉如标本F2:1，鼓腹，锥状足，联裆，下腹部饰粗绳纹；标本T7⑩:1，微瘪裆。槽形流盉流口上方两侧分别贴泥片，鼓腹，柱状足，标本T8⑧:1和T11⑩:2，均联裆，腹部饰粗绳纹。

---

① 安徽省文化局文物工作队：《安徽舒城出土的铜器》，载《考古》，1964年第10期，第498～505页。

② 潜山县文物局：《潜山黄岭春秋墓》，见安徽省文物考古研究所、安徽省考古学会编：《文物研究》第13辑，合肥：黄山书社，2001年，第125～127页。

③ 张钟云：《淮河中下游春秋诸国青铜器研究》，见北京大学考古学系编：《考古学研究》（四），北京：科学出版社，2000年，第140～179页。

④ 杨德彪、杨立新：《安徽江淮地区的商周文化》，见中国考古学会编：《中国考古学会第四次年会论文集》，北京：文物出版社，1985年，第65～71页；李国梁：《群舒故地出土的青铜器》，见安徽省文物考古研究所、安徽省考古学会编：《文物研究》第6辑，合肥：黄山书社，1990年，第162～190页。

⑤ 张钟云：《安徽六安发现西周遗址》，载《中国文物报》，2004年10月8日，第001版。

⑥ 朔知、怀才高：《安徽霍山戴家院遗址发掘获得重要成果》，载《中国文物报》，2006年4月12日，第001版。

⑦ 安徽省文物考古研究所：《霍邱堰台——淮河流域周代聚落发掘报告》，北京：科学出版社，2010年，第285～288页。

⑧ 安徽省文物考古研究所：《安徽南陵千峰山土墩墓》，载《考古》，1989年第3期，第219～232页。

三

枞庐地区出土青铜器，连方彝在内的青铜容器已有数十件，包括吴王光剑在内的青铜兵器和工具数量更为可观。枞庐青铜器多为墓葬或窖藏出土，出土单元或共存关系明确。枞庐青铜器既有方彝、觚形尊、垂腹鼎、球腹鼎等中原周式器形，也有牺首鼎、曲柄盉、双耳缶等江淮本土器形，还有大铙、句鑃等南方吴越器形，文化内涵极为丰富。

2012年4月至2013年10月，安徽大学历史系与枞阳县文物管理所合作，对枞阳县历年出土青铜器进行了初步整理，主要包括汤家墩遗址出土青铜方彝，官塘西周墓出土兽面纹尊、重环纹鼎，前程西周墓出土弦纹爵、窃曲纹鼎、觚形尊，杨市春秋墓出土变形蝉纹鼎、龙鋬四足匜，会圣春秋墓出土雷纹鼎等。

汤家墩遗址出土方彝1件，有盖，平沿，腹壁斜收，上宽下窄，圈足，圈足内置一悬铃。四角各有一条扉棱，呈断续云纹状。盖如四阿式屋顶，顶有立柱钮，柱钮上饰有三角雷纹。盖面分为上下两层纹饰，上层鸟纹，下层鸟纹后置蝉纹。器腹上半部饰直线纹，中置兽首鋬，下半部饰浮雕牛角兽面纹。圈足上饰有夔纹。彝足内置悬铃，中原地区少见，宝鸡纸坊头M1所出均为簋类器。盖上及器腹所饰小鸟纹和牛角兽面纹，均为殷末周初所流行。李学勤先生根据其器形和纹饰要素及其与宝鸡青铜器的对比，推断其年代不晚于周初，且为本地铸作[①]。杜迺松先生亦认为此彝风格独特，在中原和其他地区少见[②]。

前程西周墓出土青铜器4件，其中弦纹铜爵1件，流口残，尖尾上翘，帽形高柱，兽首吐舌鋬，卵底，刀形三足，腹部饰三周凸弦纹。窃曲纹鼎1件，立耳，垂腹，三柱足。口下饰一周有目窃曲纹，间以蝶形纹，上下有弦纹作栏界，其下又有一周凸弦纹。足根部饰扉棱兽面纹。圆腹素面鼎1件，立耳，腹较深，腹壁近直，下腹微鼓，柱足，足根部略粗，通体素面。觚形尊1件，仅存中腹部。前程组的年代，可拟定在西周中期。

官塘西周墓出土青铜器3件，其中兽面纹觚形尊1件，侈口呈喇叭状，长颈、鼓腹、圈足，腹部饰兽面纹及鸟纹，颈下、圈足上部各饰两道凸弦纹。兽面纹左右两部分略有不对称，应是铸造过程中产生的瑕疵。根据屯溪土墩墓M1所出父乙尊[③]，以及邻近的潜山彰法山出土兽面纹尊[④]，推断官塘尊的器形应在西周早中期。重环纹球腹蹄足鼎2件，形制基本相同，口沿下饰一周重环纹，纹作四重，最小一环内饰三个小圆点，有上下弦纹作界栏，其下再有一周凸弦纹。立耳外侧饰两周小圆点纹，间以弦纹。器型和纹饰，都出在西周晚期到春秋早期之间。

---

① 李学勤：《安徽南部存在着颇具特色的青铜文化》，载《学术界》，1991年第1期，第37～40页。
② 杜迺松：《在皖鉴定所见铜器考》，见中国青铜文化研究会编：《青铜文化研究》第1辑，合肥：黄山书社，1999年，第57～61页。
③ 李国梁编：《屯溪土墩墓发掘报告》，合肥：安徽人民出版社，2006年，第35～36页。
④ 安徽省博物馆：《安徽省博物馆藏青铜器》，上海：上海人民美术出版社，1987年，图9。

杨市春秋墓出土青铜器3件，其中变形蝉纹鼎2件，形制基本相同，立耳外撇，圆鼓腹，三蹄足。腹上部饰一周密点纹，上下各有一周弦纹作界栏；下部饰一周变形蝉纹，内填二乳钉、小圆点纹等。上下纹饰带又各饰以六条短扉棱。鼎耳外侧饰小圆点纹，间以弦纹。变形蝉纹鼎在江淮地区还可见数例，如怀宁金拱、庐江盔头和六安思古潭所出①，年代基本相一致。龙銴四足匜1件，瓢形腹，四蹄足，口下饰一周窃曲纹，其下又有五道凸弦纹，龙銴衔沿，作俯身探水状，龙尾上卷，柱角，龙身饰鳞纹。在江淮及皖南沿长江地区西周至春秋时期的青铜文化发展中，青铜匜有龙形銴和燕尾銴两种形态，并有着可见的空间分布特征，可能代表了某种文化变迁。杨市组的年代，可以拟定在春秋早期。

会圣春秋墓出土雷纹鼎1件，立耳，球腹，蹄足。口下一周S形雷纹，上下以弦纹作界栏，其下又有一周凸弦纹。会圣雷纹鼎的年代，可以拟定在春秋早期。

此外，在枞阳旗山沙河墓地M18出土句鑃1件②，合瓦型，扁方条柄，根部有宽带，平舞，平腹，侈铣，曲于，微凹口。钲部饰云雷纹和三角纹，柄根部宽带两侧各有一长条形凸起和五个乳丁。腔体内壁光平，内壁一侧有舌状凸起。句鑃出土地点主要集中在江苏、浙江和安徽南部地区，属于吴越文化分布的范围，应是吴越两国特有的乐器。

无为县开城镇大童村和襄安镇文思村分别出土一组青铜器。大童村出土青铜器4件③，其中窃曲纹球腹蹄足鼎1件，立耳，口下饰一周无目窃曲纹，其下又有一周凸弦纹，耳部外侧饰两条凹弦纹，器形和纹饰，都在西周晚期。素面垂腹蹄足鼎1件，年代不晚于西周晚期。窃曲纹分体甗1件，上部甑形，立耳外侧饰两条凹弦纹，顶端置小伏兽。口下饰一周窃曲纹，上下各有一周弦纹作界栏。下部鬲形，子口，肩部着一对辫形环耳。从器形和纹饰判断，应为西周晚春秋早期器。鸟钮壶形盉1件，三支钉形足，流口开于口沿，器身与器盖又分别置一对对合环形耳，此器器形独特，为江淮地区所仅见。大童组的年代，可以拟定在西周晚期至春秋早期。

文思村出土青铜器2件④，其中夔纹垂腹蹄足鼎1件，宽折沿，方形立耳微外撇。腹饰一周夔纹，上下各有一周凸弦纹。立耳外侧饰两周小圆点纹，间以弦纹。窃曲纹鼎1件，斜直立耳较高，三蹄足。腹部饰一周有目窃曲纹，上下各有一道弦纹作界栏。立耳内外侧均饰云纹。文思组的年代，亦可拟定在西周晚期至春秋早期。

庐江县除在泥河出土一件青铜大铙、汤池出土一把吴王光剑外，还在岳庙、盔头和三塘各出土一组青铜器。

泥河出土青铜大铙，通高49.5厘米，横截面为合瓦形，甬中空，通于铙体内腔，有旋，口

---

① 怀宁县文物管理所：《安徽怀宁县出土春秋青铜器》，载《文物》，1983年第11期，第58～71页；安徽省博物馆：《安徽省博物馆藏青铜器》，上海：上海人民美术出版社，1987年，图18；六安县文物管理所：《安徽六安县发现两件春秋铜鼎》，载《文物》，1990年第1期，第53页。
② 郑玲、叶润清：《试析安徽枞阳旗山战国墓出土铜句鑃》，载《文物》，2010年第12期，第61～65页。
③ 安徽博物院：《江淮群舒青铜器》，合肥：安徽美术出版社，2013年，图074～077。
④ 安徽博物院：《江淮群舒青铜器》，合肥：安徽美术出版社，2013年，图078～079。

部稍内收呈弧形。主体纹饰两面相同，均以细密卷云纹为地浮雕兽面纹，在粗壮的兽面纹上用细线勾勒卷云纹，鼓部突起，饰变形兽面纹，其余部位饰卷云纹[①]。皖南、苏浙以及长江中游的湘赣都曾出土过这种青铜大铙，形体高大无法手执，纹饰繁缛，以云纹和乳钉纹最为普遍，云纹之上凸起双目成兽面纹。安徽境内目前已出土4件，另外3件分别在皖南的马鞍山、青阳和江北的潜山出土。一般认为青铜大铙为南方系，流行的年代在商代晚期至西周早期。

庐江汤池出土吴王光剑，剑身较宽，前锷束收成锋，突脊呈直线，斜从，凹形格，扁圆茎，茎上有两道箍节，剑首缺失。剑格铸有花纹，原镶嵌绿松石，现已脱落。茎部残留有缠缑痕迹。剑身近格处铸有两列、共计16字的铭文[②]。

庐江岳庙出土青铜器3件，分别为牺首鼎、曲柄盉和匜形斗各1件[③]。盔头出土青铜器2件，变形蝉纹鼎、曲柄盉各1件[④]。三塘出土青铜器4件，分别为牺首鼎、夔纹匜、盨和环耳罐形缶各1件[⑤]。

牺首鼎由舒城凤凰嘴始出，迄今已有8件，其中江淮地区7件，皖南沿长江地区1件。牺首鼎的形态，圆垂腹一侧作兽首状，无流，另一侧一般有扉棱作兽尾，附耳直折向上，有密合盖，蹄形三足，兽首一般有双角和凸起的双目。依据前足上部有无凸起的蟠龙饰，又可大致分为两类，前足上部有凸起的蟠龙饰，如三塘鼎，竖立的犄角呈扁平状，和鹿角相仿，凸起的圆眼中间有一凹圆，凹圆中有镶绿松石圆珠，前吻部两侧轻微隆起圆包，其上密布小点，尾部扉棱，整体表现或为顾首的夔龙。前足上部无蟠龙饰，如岳庙鼎。在关中、晋南地区牺尊和匜形鼎器形的影响下，经与淮河上游地区牺尊、沂沭河流域匜形鼎器形的交流，人们对本地牺尊、龙錾匜和附耳鼎的传统进行了创新改造，由此产生了牺首鼎的形态。牺首鼎分布的区域，可界定在淮河以南、大别山以东、巢湖以西和皖南沿长江地区。牺首鼎流行的年代，应在西周晚期至春秋早期。

曲柄陶盉已如前述。曲柄铜盉多作钵口或盘（盆）口瓢形，少量为平口鬲形。江淮地区迄今已出土曲柄铜盉13件，地点集中在六安、舒城、肥西、庐江、怀宁和潜山一带，除1件平口鬲形盉外，其余均为瓢形盉。依盉柄的形态，又可区分为单体龙（凤）柄和两段式卷曲柄二型，单体龙（凤）柄型如盔头盉，两段式卷曲柄型如岳庙盉。皖南沿长江地区也陆续有曲柄铜盉出土，地点集中在铜陵、繁昌、南陵和芜湖这一相互连接的区域，年代亦在西周晚期至春秋早期[⑥]。

匜形斗，柄部与斗首连接处弯曲成乙字形，后半段为条形直柄，且逐渐增宽，斗首为匜形，

---

① 安徽省博物馆：《安徽省博物馆藏青铜器》，上海：上海人民美术出版社，1987年，图10。
② 马道阔：《安徽庐江发现吴王光剑》，载《文物》，1986年第2期，第64页。
③ 马道阔：《安徽庐江县出土春秋青铜器——兼谈南淮夷文化》，载《东南文化》，1990年第Z1期，第74～78页。
④ 安徽省博物馆：《安徽省博物馆藏青铜器》，上海：上海人民美术出版社，1987年，图10、17、19。
⑤ 安徽博物院：《江淮群舒青铜器》，合肥：安徽美术出版社，2013年，图043～046。
⑥ 张爱冰：《也谈曲柄盉的年代及其相关问题》，载《文物》，2014年第3期，第57～64页。

圜底，敛口有流，斗柄饰变形夔纹[①]。六安燕山村出土一件匜形斗，形制与庐江县岳庙所出近似，柄饰窃曲纹[②]。这种条形柄的匜形斗，为其他地区所不见[③]。

环耳罐形缶，三塘之外，舒城河口、怀宁金拱和寿县肖严湖也有出土，形态基本一致，子口，圆鼓腹，平底或平底微内凹，平盖，盖置半环钮，肩部有左右对置环形耳，全器素面无纹饰。牺首鼎、曲柄盉、匜形斗和罐形缶，器形特征鲜明，年代在西周晚期至春秋早期，应为江淮群舒文化之遗物。

综上所述，枞庐北接江淮和中原，南与铜陵、池州隔江而望，是中原、江淮与长江以南地区文化交流的重要通道。枞庐沿江地区所出铜器，大体属于中原周式的系统，而枞庐北部地区所出，则多具江淮群舒的风格，这就为探明西周春秋时期江淮青铜文化的格局，提供了新材料。基于丰富的铜矿资源和发达的青铜工业，枞庐青铜文化在中华文明的形成和发展过程中发挥了重要的作用，留下了灿烂的物质文化遗产。枞庐地区青铜文化遗产的内涵与规模，完全可以与长江中下游地区的盘龙城、铜绿山、吴城、大洋洲以及皖南、宁镇地区相媲美。随着长江中下游地区青铜文化遗存研究的不断深入，枞庐地区青铜文化的学术地位也日渐凸显。枞庐青铜文化研究的领域，应包括建立区域青铜文化的年代序列和空间分布形态，建立区域青铜文化遗产的科学认知，探明区域青铜工业的规模与技术水平，揭示区域铜矿资源、青铜工业和青铜文化三者之间的内在联系，最后概括区域青铜文化发展的演进路线和动力。

---

① 马道阔：《安徽庐江县出土春秋青铜器——兼谈南淮夷文化》，载《东南文化》，1990年Z1期，第74～78页。

② 安徽省博物馆、六安县文物管理所：《安徽六安县发现一座春秋时期墓葬》，载《考古》，1993年第7期，第656～659页。

③ 王庆光：《试论匜形斗的命名、年代与功能》，载《农业考古》，2013年第6期，第165～170页。

枞阳商周青铜器

图录

○一 方彝（ZW00889）

方彝（ZW00889）

〇一-①

西周
1987年安徽省枞阳县周潭镇七井村汤家墩遗址出土
枞阳县文物管理所藏
高 44 口长边长 20 短边宽 18
底长边长 12.7 短边宽 10.5 厘米
重 11320 克

Rectangular *Yi*
Western Zhou
Excavated in 1987 at the Tangjiadun Site in Qijing Village, Zhoutan Town, Zongyang County, Anhui Province
Collection of Zongyang County Administrative Office of Cultural Relics
Height 44cm, Length of mouth 20cm, Width of mouth 18cm, Length of bottom 12.7cm, Width of bottom 10.5cm
Weight 11320 g

〇一-② 侧面

全器由盖、身、座三部分组成。盖作四面坡庑殿式屋顶形,顶部伸出方柱,上安四阿式钮;子母口,腹为斜直壁,高圈足,足上有铸孔,有兽形耳,盖、腹四角有云形扉棱,圈足内悬挂一铜铃。盖饰凤鸟,钮饰阴细线的三角状蕉叶纹,腹上部饰直棱纹,下部饰兽面纹,圈足饰夔纹,均以云雷纹为地。

方彝（ZW00889）

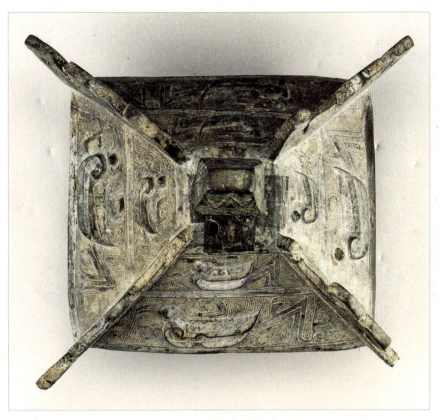

〇一-③ 器盖

〇一-④ 器底

〇一--⑤

〇一--⑥ 柱钮纹饰

〇一-⑦ 器盖纹饰

〇一-⑧ 腹部纹饰

〇一-⑨ 圈足纹饰

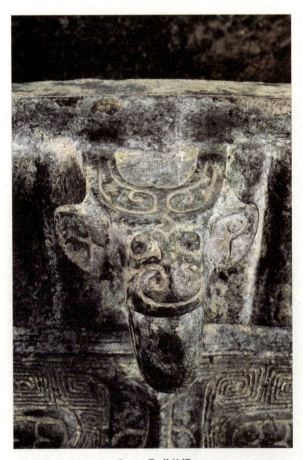

〇一-⑩ 兽首鋬

方彝（ZW00889）

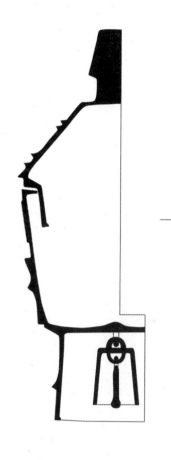

○--⑪

○--⑫ 侧面

枞阳商周青铜器

〇一-⑬ 器盖

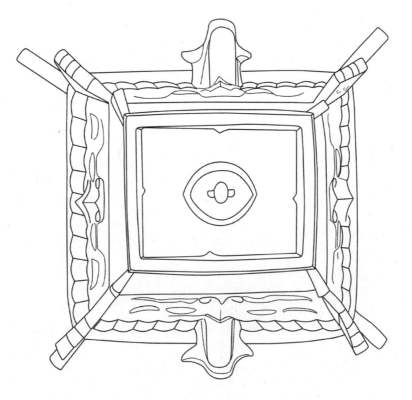

〇一-⑭ 器底

〇-一-⑮ 器盖正面纹饰拓片

〇-一-⑯ 器盖侧面纹饰拓片

〇--⑰ 腹部正面纹饰拓片

〇--⑱ 腹部侧面纹饰拓片

方彝（ZW00889）

〇一-⑲ 圈足正面纹饰拓片

〇一-⑳ 圈足侧面纹饰拓片

〇二 兽面纹尊（ZW00952）

〇二-①

西周
1992年安徽省枞阳县横埠镇官塘村出土
枞阳县文物管理所藏
高 24.3　口径 21.3　腹围 53.3　足径 14.5
腹深 19 厘米
重 2220 克

Zun with Beast Face Design
Western Zhou
Unearthed in 1992 at Guantang Village, Hengbu Town, Zongyang County, Anhui Province
Collection of Zongyang County Administrative Office of Cultural Relics
Height 24.3cm, Diameter of mouth 21.3cm, Girth of belly 53.3cm, Diameter of foot 14.5cm, Depth of belly 19cm
Weight 2220g

兽面纹尊 (ZW00952)

〇二-②

侈口长颈，鼓腹圈足，腹部饰云雷纹地兽面纹，颈、足近腹部处各饰两周弦纹。

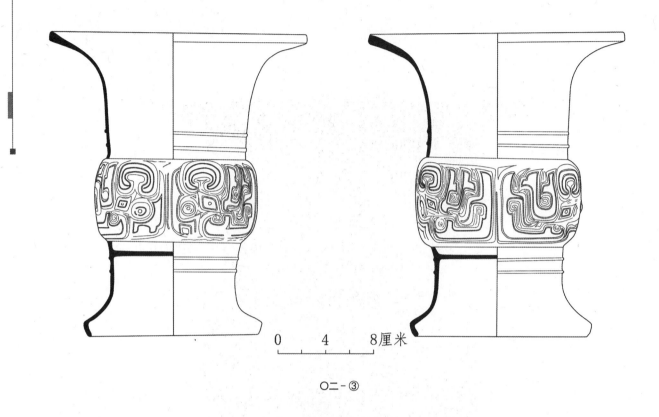

〇二-③

〇二-④ 腹部纹饰拓片

〇三 重环纹鼎（ZW00950）

〇三-①

西周
1992 年安徽省枞阳县横埠镇官塘村出土
枞阳县文物管理所藏
高 25.7 口径 26.8 腹围 79.5 厘米
重 4230 克

Ding with Double Ring Design
Western Zhou
Unearthed in 1992 at Guantang Village, Hengbu Town, Zongyang County, Anhui Province
Collection of Zongyang County Administrative Office of Cultural Relics
Height 25.7cm, Diameter of mouth 26.8cm, Girth of belly 79.5cm
Weight 4230g

○三-② 侧面

○三-③ 腹部纹饰

○三-④ 耳部纹饰

　　立耳微外撇，敛口，折沿方唇，圆鼓腹，圜底，下置三个实体蹄形足，蹄足内侧平直，鼎底部有烟炱痕迹。口下饰重环纹一周，两耳外侧饰凹弦纹，内饰珠点纹。

重环纹鼎 (ZW00950)

〇三-⑤ 底部

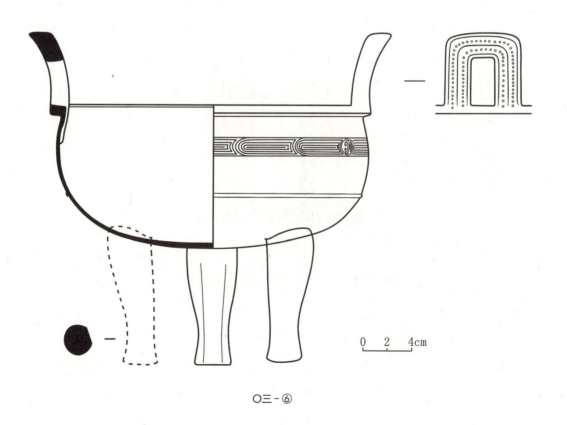

〇三-⑥

０三-⑦ 腹部纹饰拓片

０三-⑧ 耳部外侧纹饰拓片

重环纹鼎 (ZW00951)

〇四 重环纹鼎（ZW00951）

〇四-①

西周
1992年安徽省枞阳县横埠镇官塘村出土
枞阳县文物管理所藏
高 27 口径 27.8 腹围 81 厘米
重 4490 克

Ding with Double Ring Design
Western Zhou
Unearthed in 1992 at Guantang Village, Hengbu Town, Zongyang County, Anhui Province
Collection of Zongyang County Administrative Office of Cultural Relics
Height 27cm, Diameter of mouth 27.8cm, Girth of belly 81cm
Weight 4490g

枞阳商周青铜器

〇四-②

〇四-③ 腹部纹饰

　　两耳微外撇，立于口沿。敛口，折沿方唇，圆鼓腹，圜底，下置三个实体蹄形足，蹄足内侧平直，鼎底部有烟炱痕迹。口下饰重环纹一周，两耳外侧饰凹弦纹，内饰珠点纹。

重环纹鼎 (ZW00951)

〇四-④ 耳部纹饰

〇四-⑤ 底部

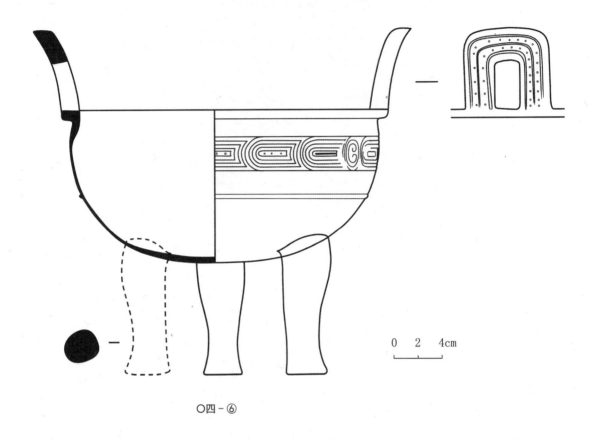

〇四-⑥

〇四-⑦ 腹部纹饰拓片

〇四-⑧ 耳部外侧纹饰拓片

〇五 弦纹爵（ZW00981）

弦纹爵 (ZW00981)

〇五-①

西周
1996年安徽省枞阳县官桥镇前程村出土
枞阳县文物管理所藏
高 20.9 腹围 19.8 流长 5.3 足高 9 柱高 4.6 厘米
重 570 克

Jue with Bow String Design
Western Zhou
Unearthed in 1996 at Qiancheng Village, Guanqiao Town, Zongyang County, Anhui Province
Collection of Zongyang County Administrative Office of Cultural Relics
Height 20.9cm, Girth of belly 19.8cm, Length of spout 5.3cm, Height of foot 9, Height of pillar 4.6cm
Weight 570g

〇五-②

短尾上翘，流口交接处置两钉柱，柱呈帽形，圜底，三个扁平形刀足等距分布，腹置扁圆形兽首吐舌鋬，腹饰三周凸弦纹。

弦纹爵 (ZW00981)

〇五-③

〇五-④ 兽首銎

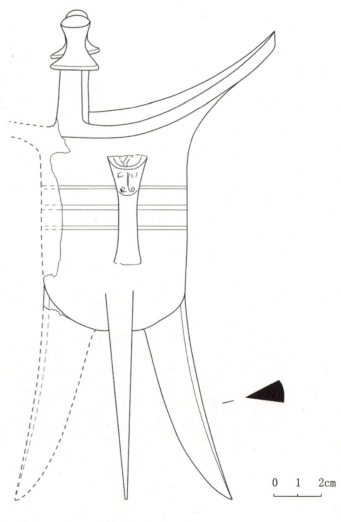

〇五-⑤

〇六 窃曲纹鼎 (ZW00982)

窃曲纹鼎 (ZW00982)

〇六-①

西周
1996年安徽省枞阳县官桥镇前程村出土
枞阳县文物管理所藏
高 19.4 口径 11.6 腹深 8 厘米
重 1510 克

***Ding* with *Qiequ* Design**
Western Zhou
Unearthed in 1996 at Qiancheng Village, Guanqiao Town, Zongyang County, Anhui Province
Collection of Zongyang County Administrative Office of Cultural Relics
Height 19.4cm, Diameter of mouth 11.6cm, Depth of belly 8cm
Weight 1510g

〇六-② 侧面

〇六-③ 口下纹饰

　　立耳，束颈短直，垂鼓腹，三柱足，三足根部饰兽面纹，间有突起短扉棱，颈上端饰有一周窃曲纹，间以蝶形纹，上下有弦纹作栏界，其下又饰有一周凸弦纹。

窃曲纹鼎 (ZW00982)

〇六-④ 足跟纹饰

〇六-⑤ 底部

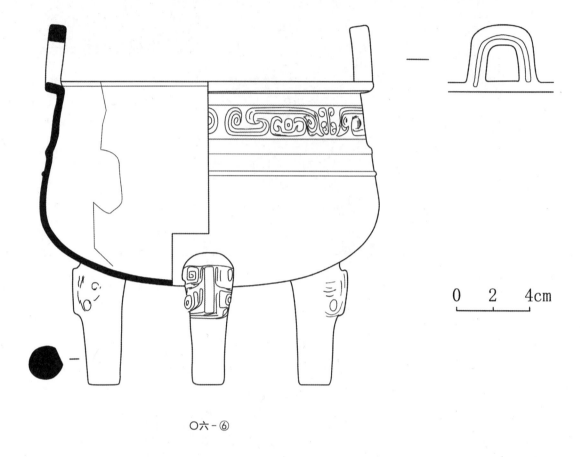

〇六-⑥

〇六-⑦ 口下纹饰拓片

窃曲纹鼎 (ZW00982)

○六-⑧ 耳部外侧纹饰拓片

○六-⑨ 足根纹饰拓片

〇七 素面鼎（ZW00983）

〇七-①

西周
1996年安徽省枞阳县官桥镇前程村出土
枞阳县文物管理所藏
高20.6 口径14.2 腹深10.7厘米
重1005克

Unadorned *Ding*
Western Zhou
Unearthed in 1996 at Qiancheng Village, Guanqiao Town, Zongyang County, Anhui Province
Collection of Zongyang County Administrative Office of Cultural Relics
Weight 20.6cm, Diameter of mouth 14.2cm, Depth of belly 10.7cm
Weight 1005g

立耳，腹较深，腹壁近直，下腹微鼓，柱足，足根部略粗，通体素面无纹饰。

素面鼎 (ZW00983)

〇七-② 底部

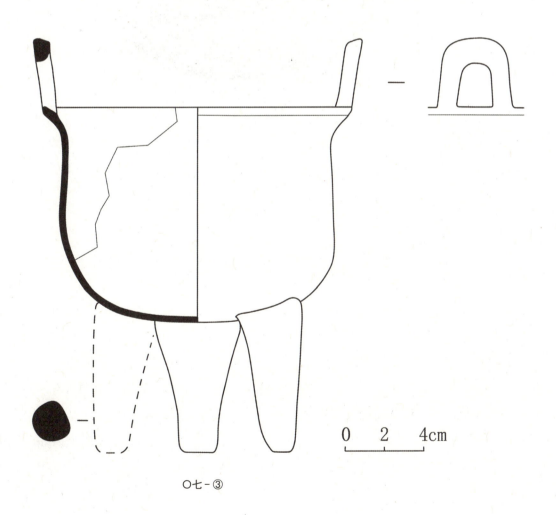

〇七-③

○八 觚形尊（ZW00984）

西周
1996年安徽省枞阳县官桥乡前程村出土
枞阳县文物管理所藏
残高19厘米
重880克

Gu-shaped Zun
Western Zhou
Unearthed in 1996 at Qiancheng Village, Guanqiao Town, Zongyang County, Anhui Province
Collection of Zongyang County Administrative Office of Cultural Relics
Remaining height 19 cm
Weight 880g

喇叭口，长颈，腹微鼓，器残。

〇九 变形蝉纹鼎（ZW00954）

〇九-①

春秋
1987年安徽省枞阳县金社乡杨市村来龙岗出土
枞阳县文物管理所藏
高 26.2 口径 23.4 腹围 73 厘米
重 4490 克

Ding with Stylized Cicada Design
Spring and Autumn Period
Unearthed in 1987 from Lailonggang at Yangshi Village, Jinshe Town, Zongyang County, Anhui Province
Collection of Zongyang County Administrative Office of Cultural Relics
Height 26.2cm, Diameter of mouth 23.4cm, Girth of belly 73cm
Weight 4490g

〇九-② 侧面

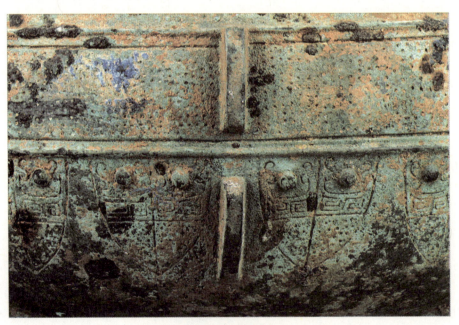

〇九-③ 腹部纹饰

口微敛，折沿方立耳，圜底，三蹄足。腹上部有两道凸弦纹，内饰珠点纹，下腹饰变形蝉纹，腹上下有六组扉棱将纹饰隔开。

变形蝉纹鼎 (ZW00954)

〇九-④ 耳部纹饰

〇九-⑤ 底部

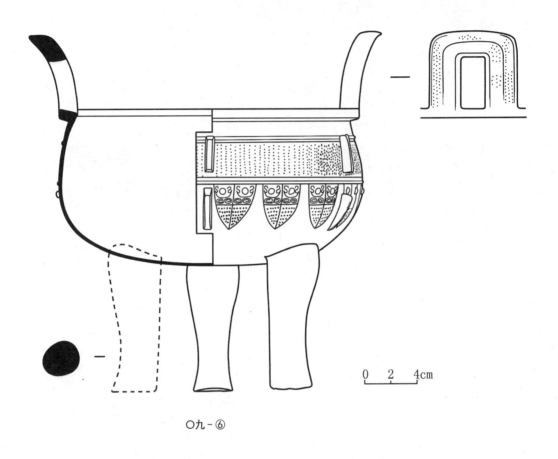

○九-⑥

○九-⑦ 腹部纹饰拓片

○九-⑧ 耳部外侧纹饰拓片

一〇 变形蝉纹鼎（ZW00955）

变形蝉纹鼎 (ZW00955)

一〇-①

春秋
1987年安徽省枞阳县金社乡杨市村来龙岗出土
枞阳县文物管理所藏
高 26.2 口径 23.4 腹围 75 厘米
重 4400 克

Ding with Stylized Cicada Design
Spring and Autumn Period
Unearthed in 1987 from Lailonggang at Yangshi Village, Jinshe Town, Zongyang County, Anhui Province
Collection of Zongyang County Administrative Office of Cultural Relics
Height 26.2cm, Diameter of mouth 23.4cm, Girth of belly 75cm
Weight 4400g

一〇-② 侧面

一〇-③ 腹部纹饰

口微敛，折沿方立耳，圜底，三蹄足。腹上部有两道凸弦纹，内饰珠点纹，下腹饰变形蝉纹，腹上下有六组扉棱将纹饰隔开。

变形蝉纹鼎 (ZW00955)

一〇-④ 耳部纹饰

一〇-⑤ 底部

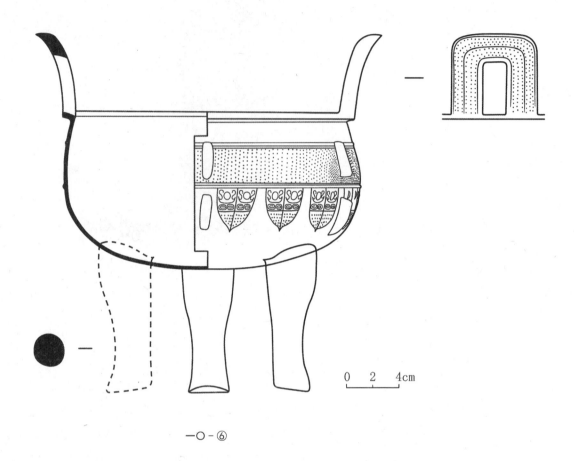

一〇-⑥

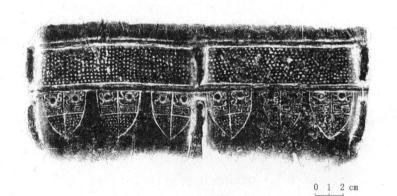

一〇-⑦ 腹部纹饰拓片

一〇-⑧ 耳部外侧纹饰拓片

一二 窃曲纹匜 (ZW00953)

一二-①

一二-②

春秋
1987年安徽省枞阳县金社乡杨市村来龙岗出土
枞阳县文物管理所藏
总长49.5 腹宽28.2 高24 流长11 流宽12 足高10 腹深13.5 厘米
重7005克

Yi with Qiequ Design (water vessel)
Spring and Autumn Period
Unearthed in 1987 from Lailonggang at Yangshi Village, Jinshe Town, Zongyang County, Anhui Province
Collection of Zongyang County Administrative Office of Cultural Relics
Full length 49.5cm, Width of belly 28.2cm, Height 24cm, Length of spout 11cm, Width of spout 12cm, Height of foot 10cm, Depth of belly 13.5cm
Weight 7005g

——③

——④ 俯视

敞口，鼓腹弧收，平底，粗短流，四蹄形足，龙銎衔沿，双角竖起。口下饰一周窃曲纹，其下为五周瓦纹，銎上饰磷纹。

窃曲纹匜 (ZW00953)

———⑤ 底部

———⑥ 龙鋬

———⑦ 腹部纹饰

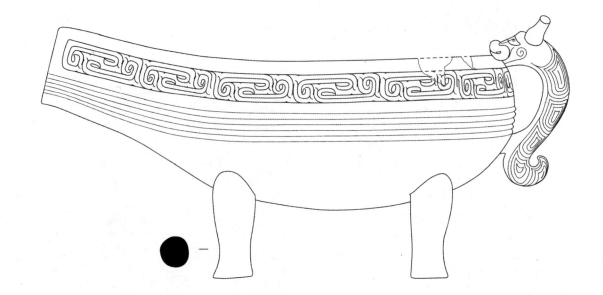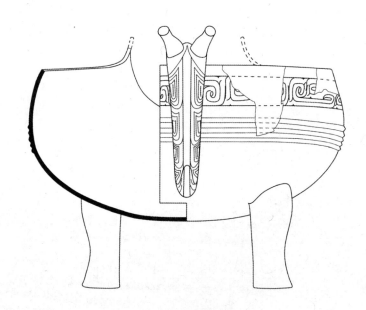

0　4　8 厘米

窃曲纹匜 (ZW00953)

⑨ 腹部纹饰拓片

⑩ 龙鋬纹饰拓片

⑪ 龙首纹饰拓片

一二. 雷纹鼎（ZW00929）

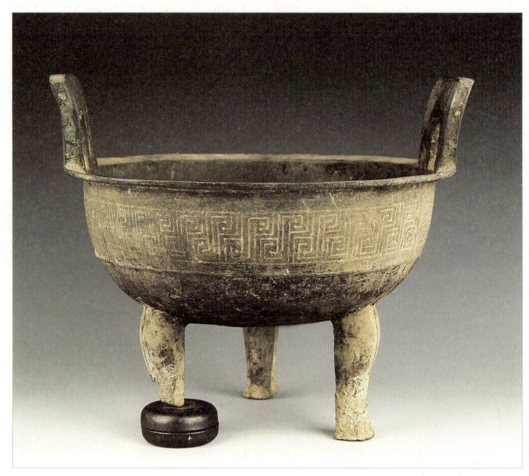

一二-①

春秋
1985 年安徽省枞阳县浮山镇会圣村出土
枞阳县文物管理所藏
高 24.4 口径 27.3 足高 8.2 腹围 78 厘米
重 3015 克

Ding with Thunder Design
Spring and Autumn Period
Unearthed in 1985 at Huisheng Village, Fushan Town, Zongyang County, Anhui Province
Collection of Zongyang County Administrative Office of Cultural Relics
Full height 24.4cm, Diameter of mouth 27.3cm, Height of foot 8.2cm, Girth of belly 78cm
Weight 3015g

方耳微外撇，立于口沿，折沿方唇，圆腹圜底，三蹄足。腹上部饰凹弦纹二周，中饰连环云雷纹。

雷纹鼎 (ZW00929)

一二-② 底部

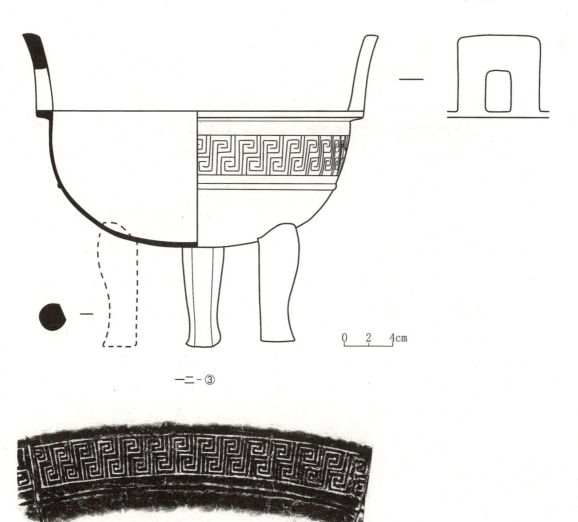

一二-③

一二-④ 腹部纹饰拓片

一三 刀（ZW00961）

一三-①

一三-② 背面

商
1989年安徽省枞阳县䏦山镇桃花村施家墩遗址出土
枞阳县文物管理所藏
长 17 刃最宽处 2 柄长 8
柄宽 1.5 厘米
重 15 克

Broad Sword
Shang
Unearthed in 1989 from the Shijiadun Site at Taohua Village, Oushan Town, Zongyang County, Anhui Province
Collection of Zongyang County Administrative Office of Cultural Relics
Length 17cm, Width of edge 2 cm, Length of handle 8cm, Width of handle 1.5cm
Weight 15g

刀 (ZW00961)

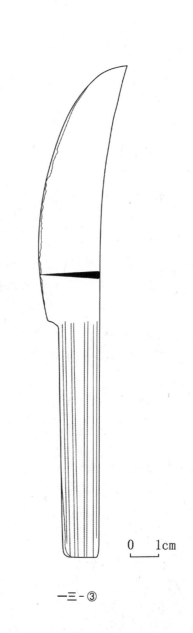

一三-③

刀、柄一体，平背弧刃，呈弧曲状，削首弧尖上翘，刀身与柄之间成钝角。柄一面有两条横向直弦纹，将柄部隔成三个凹槽状。

一四 镞（ZW00960）

一四-①

商
1989年安徽省枞阳县㠛山镇桃花村施家墩遗址出土
枞阳县文物管理所藏
镞长 3.6 刃长 3.7 厘米
重 15 克

Zu (arrow head)
Shang
Unearthed in 1989 from the Shijiadun Site at Taohua Village, Oushan Town, Zongyang County, Anhui Province
Collection of Zongyang County Administrative Office of Cultural Relics
Length 3.6cm, Length of edge 3.7cm
Weight 15g

镞身近三角形，左右两翼有刃，双刃斜直向前收成前锋，双翼后伸较长，有尖锐后锋，中脊微凸。

镞 (ZW00960)

一四-②

一四-③

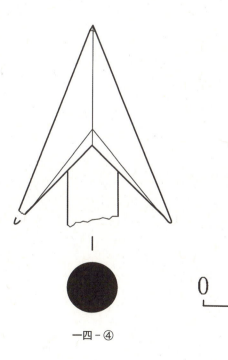

一四-④

一五 锸（ZW00959）

一五-①

西周
1989年安徽省枞阳县㠀山镇桃花村施家墩遗址出土
枞阳县文物管理所藏
上宽 6.4 刃宽 6.6 长 6 厘米
重 60 克

Cha (spade)
Western Zhou
Unearthed in 1989 from the Shijiadun Site at Taohua Village, Oushan Town, Zongyang County, Anhui Province
Collection of Zongyang County Administrative Office of Cultural Relics
Width at top 6.4cm, Width of edge 6.6cm, Height 6cm
Weight 60g

呈"U"字亚鞍形，两面弧刃。

锸（ZW00959）

一五-②

一五-③

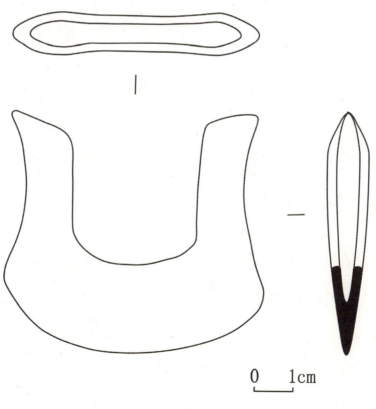

0 1cm

一五-④

57

一六 斧（ZW00969）

一六-①

春秋
1989年安徽省枞阳县䂞山镇䂞山村出土
枞阳县文物管理所藏
长 8 刃宽 3.6 銎口长 2.8 宽 0.7 厘米
重 300 克

Axe
Spring and Autumn Period
Unearthed in 1989 at Oushan Village, Oushan Town, Zongyang County, Anhui Province
Collection of Zongyang County Administrative Office of Cultural Relics
Length 8cm, Width of edge 3.6, Length of *qiong* (socket for the handle) 2.8cm, Width of *qiong* 0.7cm
Weight 300g

　　长条形，束腰，长方銎，弧形刃，斧上部从上至下依次饰有两道平行直弦纹和两道平行折线纹，均环绕斧一周。

斧(ZW00969)

一六-②

一六-③ 銎

0 1cm

一六-④

59

一七 矛（ZW00940）

一七-①

春秋
1985年安徽省枞阳县陈瑶湖镇征集
枞阳县文物管理所藏
长 16.2 骹长 6.5 径 2.5
宽 4.3 厘米
重 145 克

Spear
Spring and Autumn Period
Collected in 1985 in Chenyaohu Town, Zongyang County, Anhui Province
Collection of Zongyang County Administrative Office of Cultural Relics
Length 16.2cm, Length of *qiao* (bottom for the shaft) 6.5cm, Diameter of *qiao* 2.5cm, Width of *qiao* 4.3cm
Weight 145g

短骹，长柳叶形，叶底为弧形，中间起棱，前有锋，两边有刃，横截面为菱形。

矛(ZW00940)

一七-② 銎

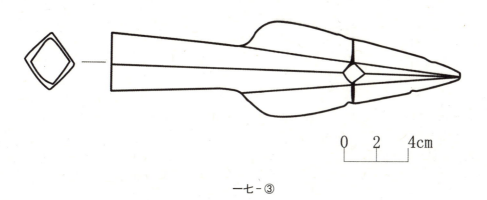

一七-③

一八 剑（ZW01584）

一八-①

春秋
2001年安徽省枞阳县枞阳镇旗山村征集
枞阳县文物管理所藏
长 51.2　茎长 9.4　格宽 4.8 厘米
重 565 克

Sword
Spring and Autumn Period
Collected in 2001 at Qishan Village, Zongyang Town, Zongyang County, Anhui Province
Collection of Zongyang County Administrative Office of Cultural Relics
Length 51.2cm, Length of *jing* (grip) 9.4cm, Width of *ge* (guard) 4.8cm
Weight 565g

剑身扁平，两刃弧形收聚成尖锋，窄直格。圆茎，近格处较粗，首向外翻卷成圆形，茎内中空。

剑 (ZW01584)

一八-②

一八-③

63

一九 剑（ZW00901）

一九-①

春秋
1988年安徽省枞阳县枞阳镇陆家湾征集
枞阳县文物管理所藏
长46.2 茎长8 格宽5厘米
重425克

Sword
Spring and Autumn Period
Collected in 1988 at Lujiawan, Zongyang Town, Zongyang County, Anhui Province
Collection of Zongyang County Administrative Office of Cultural Relics
Length 46.2cm, Length of *jing* (grip) 8cm, Width of *ge* (guard) 5cm
Weight 425g

　　剑身扁平，两刃弧形收聚成锋，中脊微突，窄直格，扁圆形茎，近格处较粗，中有两圆平行凸箍，喇叭形首。

剑 (ZW00901)

一九-②

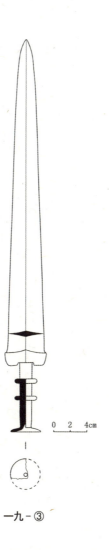

一九-③

二〇 剑（ZW000900）

二〇-①

春秋晚战国初
1988年安徽省枞阳县枞阳镇陆家湾征集
枞阳县文物管理所藏
长 49.2　茎长 8.6　格宽 5.4
首径 3.3 厘米
重 550 克

Sword
late Spring and Autumn Period to early Warring States Period
Collected in 1988 at Lujiawan, Zongyang Town, Zongyang County, Anhui Province
Collection of Zongyang County Administrative Office of Cultural Relics
Length 49.2cm, Length of *jing* (grip) 8.6cm, Width of *ge* (guard) 5.4cm, Diameter of *shou* (pommel) 3.3cm
Weight 550g

　　剑身扁平，两刃弧形收聚成锋，中脊微突，窄直格，扁圆形茎，近格处较粗，中有两圆平行凸箍，喇叭形首。

剑 (ZW00900)

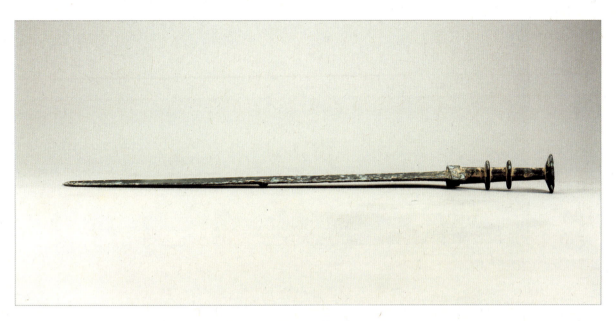

二〇-②

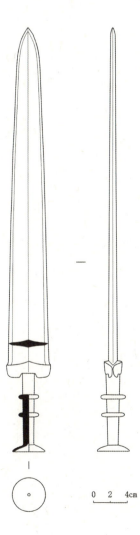

二〇-③

二一 剑（ZW00855）

二一-①

春秋晚战国初
1977年安徽省枞阳县枞阳镇旗山村征集
枞阳县文物管理所藏
长 49.7 茎长 9.8 格宽 4.7 厘米
重 495 克

Sword
late Spring and Autumn Period to early Warring States Period
Collected in 1977 at Qishan Village, Zongyang Town, Zongyang County, Anhui Province
Collection of Zongyang County Administrative Office of Cultural Relics
Length 49.7cm, Length of *jing* (grip) 9.8cm, Width of *ge* (guard) 4.7cm
Weight 495g

剑身扁平，横截面呈菱形，两刃弧形收聚成锋，中背微凸起，窄直格，扁圆茎，近格处较粗，喇叭形首，中有两条平行凸箍。

剑（ZW00855）

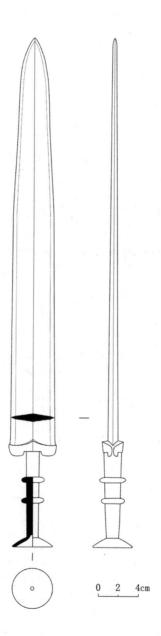

二一-②

69

二二 剑（ZW00899）

二二-①

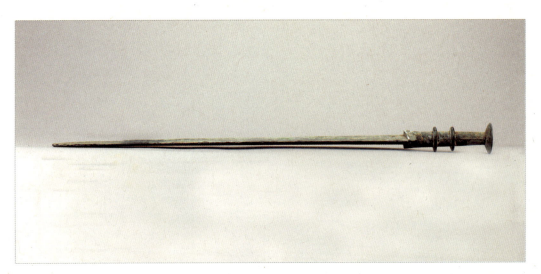

二二-②

春秋晚战国初
1988年安徽省枞阳县枞阳镇旗山村征集
枞阳县文物管理所藏
长 49 茎长 8.2 格宽 4.7 厘米
重 630 克

Sword
late Spring and Autumn Period to early Warring States Period
Collected in 1988 at Qishan Village, Zongyang Town, Zongyang County, Anhui Province
Collection of Zongyang County Administrative Office of Cultural Relics
Length 49cm, Length of *jing* (grip) 8.2cm, Width of *ge* (guard) 4.7cm
Weight 630g

剑身扁平，两刃弧形内收成锋，中脊微突，窄直格，扁圆形茎，近格处较粗，中有两圆平行凸箍，喇叭形首。

剑（ZW00899）

二二-③

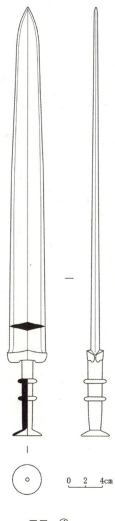

二二-④

一二三 剑（ZW00906）

二三-①

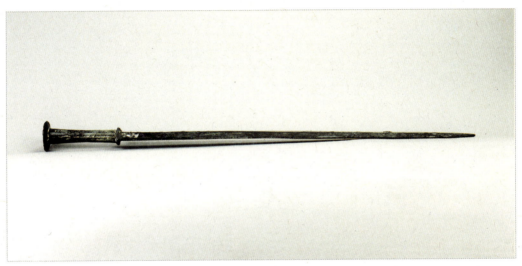

二三-②

春秋晚战国初
1988年安徽省枞阳县枞阳镇旗山村征集
枞阳县文物管理所藏
长55 茎长9.5 格宽5 首径3.8厘米
重690克

Sword
late Spring and Autumn Period to early Warring States Period
Collected in 1988 at Qishan Village, Zongyang Town, Zongyang County, Anhui Province
Collection of Zongyang County Administrative Office of Cultural Relics
Length 55cm, Length of *jing* (grip) 9.5cm, Width of *ge* (guard) 5cm, Diameter of *shou* (pommel) 3.8cm
Weight 690g

剑身扁平，中起单脊，横截面作菱形，窄直格，茎上细下粗，中空透底，圆首。

剑（ZW00906）

二三-③

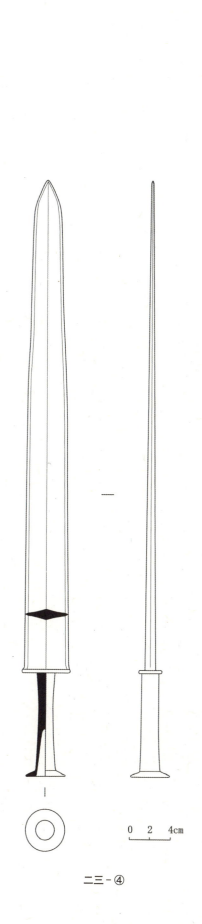

二三-④

二四 剑（ZW00858-4）

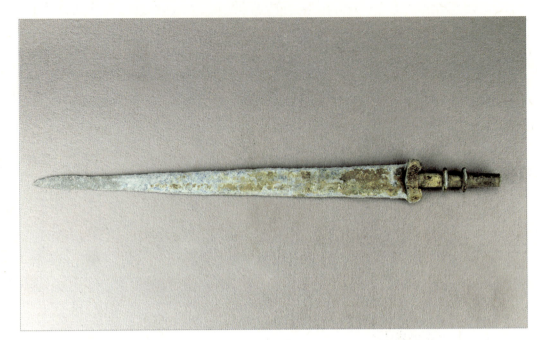

二四-①

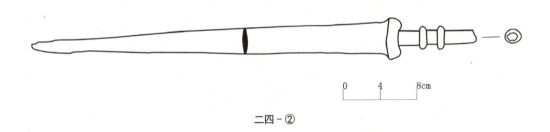

二四-②

春秋
1977年安徽省枞阳县枞阳镇旗山村征集
枞阳文物管理所藏
长 47.5 茎长 8.4 格宽 4.6 厘米
重 445 克

Sword
Spring and Autumn Period
Collected in 1977 at Qishan Village, Zongyang Town, Zongyang County, Anhui Province
Collection of Zongyang County Administrative Office of Cultural Relics
Length 47.5cm, Length of *jing* (grip) 8.4cm, Width of *ge* (guard) 4.6cm
Weight 445g

剑身扁平，中起脊，两边有刃，前有锋，后有格，较宽，圆茎实心，上有两道圆凸箍节。

剑(ZW00858-4) 剑(ZW00858-1)

二五 剑(ZW00858-1)

二五-①

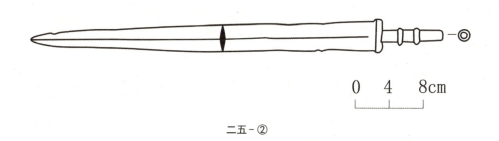

二五-②

春秋晚战国初
1977年安徽省枞阳县枞阳镇旗山村征集
枞阳文物管理所藏
长52 茎长7.5 格宽4.4厘米
重460克

Sword
late Spring and Autumn Period to early Warring States Period
Collected in 1977 at Qishan Village, Zongyang Town, Zongyang County, Anhui Province
Collection of Zongyang County Administrative Office of Cultural Relics
Length 52cm, Length of *jing* (grip) 7.5cm, Width of *ge* (guard) 4.4cm
Weight 460g

剑身扁平,中起脊,两刃弧形收聚成锋,后有格,圆茎实心,中有两道平行圆凸箍节。

二六 剑（ZW00858-2）

二六-①

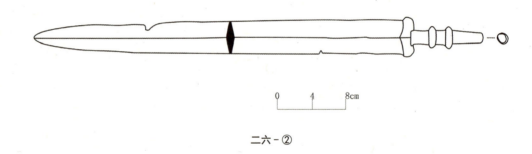

二六-②

春秋晚战国初
1977年安徽省枞阳县枞阳镇旗山村征集
枞阳文物管理所藏
长 53 茎长 8.5 格宽 4.5 厘米
重 520 克

Sword
late Spring and Autumn Period to early Warring States Period
Collected in 1977 at Qishan Village, Zongyang Town, Zongyang County, Anhui Province
Collection of Zongyang County Administrative Office of Cultural Relics
Length 53cm, Length of *jing* (grip) 8.5cm, Width of *ge* (guard) 4.5cm
Weight 520g

剑身扁平，中起脊，两刃弧形收聚成锋，后有格，圆茎实心，中有两道平行圆凸箍节。

二七 剑（ZW00858-3）

二七-①

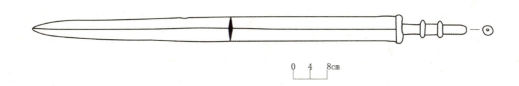

二七-②

春秋晚战国初
1977年安徽省枞阳县枞阳镇旗山村征集
枞阳县文物管理所藏
长58 茎长9 格宽3.7厘米
重615克

Sword
late Spring and Autumn Period to early Warring States Period
Collected in 1977 at Qishan Village, Zongyang Town, Zongyang County, Anhui Province
Collection of Zongyang County Administrative Office of Cultural Relics
Length 58cm, Length of *jing* (grip) 9cm, Width of *ge* (guard) 3.7cm
Weight 615g

剑身扁平，中起脊，两边有刃，前有锋，后有格，圆茎实心，中有两道平行圆凸箍节。

二八 剑（ZW008859-3）

二八-①

春秋晚战国初
1977年安徽省枞阳县枞阳镇旗山村征集
枞阳县文物管理所藏
长55.4 茎长8.7 格宽5 首径3.7厘米
重645克

Sword
late Spring and Autumn Period to early Warring States Period
Collected in 1977 at Qishan Village, Zongyang Town, Zongyang County, Anhui Province
Collection of Zongyang County Administrative Office of Cultural Relics
Length 55.4cm, Length of *jing* (grip) 8.7cm, Width of *ge* (guard) 5cm, Diameter of *shou* (pommel) 3.7cm
Weight 645g

剑身扁平，两刃弧形内收成锋，中脊微突，窄直格，扁圆形茎。近格处较粗，中有两道平行凸起圆箍，喇叭形口。

剑（ZW00859-3）

二八-②

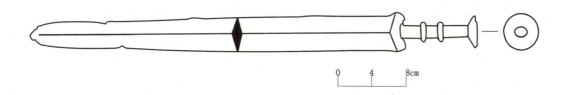

二八-③

二九 剑（ZW00859-1）

二九-①

二九-② 剑格纹饰

战国
1977年安徽省枞阳县枞阳镇旗山村征集
枞阳县文物管理所藏
长 58.4 茎长 9.5 格宽 5 厘米
重 905 克

Sword
Warring States Period
Collected in 1977 at Qishan Village, Zongyang Town, Zongyang County, Anhui Province
Collection of Zongyang County Administrative Office of Cultural Relics
Length 58.4cm, Length of *jing* (grip) 9.5cm, Width of *ge* (guard) 5cm
Weight 905g

剑身扁平，两刃弧形收聚成锋，横截面呈菱形，中脊微突。窄直格，扁圆形茎，圆茎实心，中有两道平行凸箍。格上用金银两面饰兽面纹，镶嵌绿松石，无首。

剑（ZW00859-1）

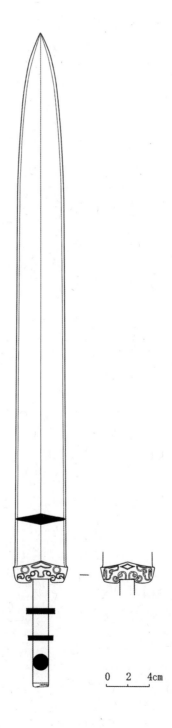

二九-③

三〇 剑（ZW00859-2）

三〇 - ①

战国
1977年安徽省枞阳县枞阳镇旗山村征集
枞阳县文物管理所藏
长 54 茎长 8.7 格宽 5 厘米
重 710 克

Sword
Warring States Period
Collected in 1977 at Qishan Village, Zongyang Town, Zongyang County, Anhui Province
Collection of Zongyang County Administrative Office of Cultural Relics
Length 54cm, Length of *jing* (grip) 8.7cm, Width of *ge* (guard) 5cm
Weight 710g

　　剑身扁平，刃部微弧，横截面呈菱形，中脊微突，窄直格，扁圆茎，中有两圆平行凸箍。无首，中间呈土黄色，两边为青铜的青灰色。

剑（ZW00859-2）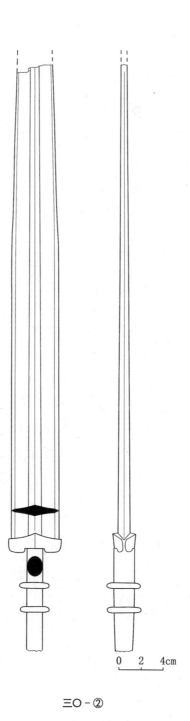

三〇-②

三一 削（ZW00860）

三一-①

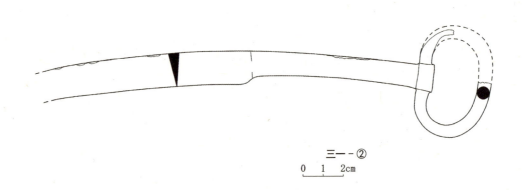

三一-②
0 1 2cm

战国
1977年安徽省枞阳县枞阳镇旗山村征集
枞阳县文物管理所藏
长21.6 宽5 刃宽1.8 环长径5.3 短径3.6厘米
重75克

Xiao (scraper)
Warring States Period
Collected in 1977 at Qishan Village, Zongyang Town, Zongyang County, Anhui Province
Collection of Zongyang County Administrative Office of Cultural Relics
Length 21.6cm, Width 5cm, Width of edge 1.8cm, Diameter from left to right of ring 5.3cm, Diameter from top to bottom of ring 3.6cm
Weight 75g

弧脊弓背，刃和背以相同的弧度并行，削身与柄部呈钝角，椭圆形环首。单面刃。

削（ZW00860) 矛（ZW00862)

三二 矛（ZW00862）

三二-①

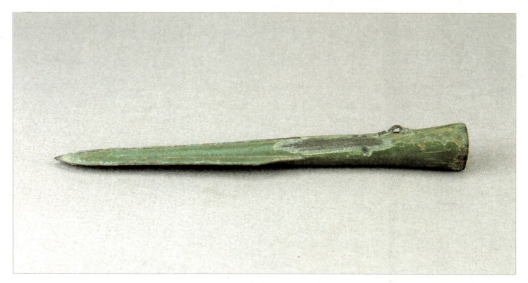

三二-②

战国
1977年安徽省枞阳县枞阳镇旗山村征集
枞阳县文物管理所藏
长25.2 骹长10 骹宽2.8厘米
重220克

Spear
Warring States Period
Collected in 1977 at Qishan Village, Zongyang Town, Zongyang County, Anhui Province
Collection of Zongyang County Administrative Office of Cultural Relics
Length 25.2cm, Length of *qiao* (bottom for the shaft) 10cm, Width of *qiao* 2.8cm
Weight 220g

  矛由"身""骹"两部分组成，身为柳叶状，中起菱形脊，骹中空，呈圆锥形，用以插柄，骹上置一环状钮。

三二-③ 鋬

三二-④

三三 戈（ZW00861）

三三-①

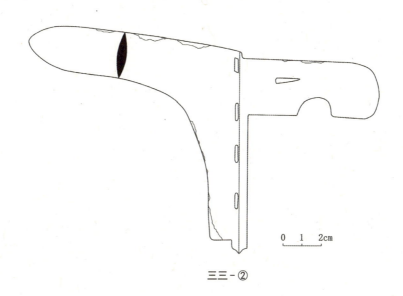

三三-②

战国
1977年安徽省枞阳县枞阳镇旗山村征集
枞阳县文物管理所藏
援长 10.5 内长 7.2 阑长 10
胡长 7.1 厘米
重 125 克

Ge
Warring States Period
Collected in 1977 at Qishan Village, Zongyang Town, Zongyang County, Anhui Province
Collection of Zongyang County Administrative Office of Cultural Relics
Length of *yuan* (blade) 10.5cm, Length of *nei* (butt end) 7.2cm, Length of *lan* (banister) 10cm, Length of *hu* (base of the later *ge*) 7.1cm
Weight 125g

援部平直，刃弧形内收，胡部较长，阑侧处有四穿，内部平直，中有一穿，内下部有一半圆形缺口。

三四 戈（ZW00993）

三四-①

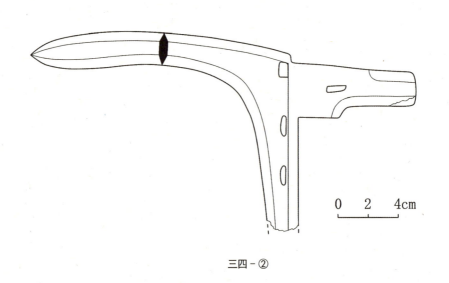

三四-②

战国
1990年安徽省枞阳县枞阳镇旗山村征集
枞阳县文物管理所藏
总长26.4 援长17.4 内长8.7
胡长8.6 阑长12厘米
重300克

Ge
Warring States Period
Collected in 1990 at Qishan Village, Zongyang Town, Zongyang County, Anhui Province
Collection of Zongyang County Administrative Office of Cultural Relics
Full length 26.4cm, Length of *yuan* (blade) 17.4cm, Length of *nei* (butt end) 8.7cm, Length of *hu* (base of the later ge) 8.6cm, Length of *lan* (banister) 12cm
Weight 300g

戈身扁平，援弧形微向下，胡较长，阑有三穿，直内，内上有一穿，内下部有一弧形缺口。

三五 剑（ZW00991）

三五-①

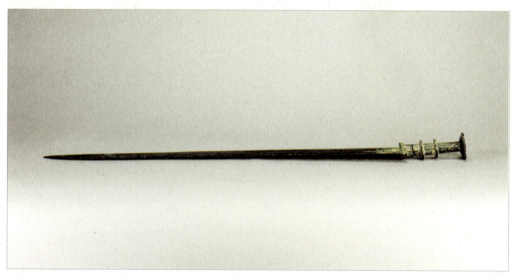

三五-②

战国
1990年安徽省枞阳县枞阳镇旗山村征集
枞阳县文物管理所藏
长 67.2 茎长 9.4
格宽 5 厘米
重 1070 克

Sword
Warring States Period
Collected in 1990 at Qishan Village, Zongyang Town, Zongyang County, Anhui Province
Collection of Zongyang County Administrative Office of Cultural Relics
Length 67.2cm, Length of *jing* (grip) 9.4cm, Width of *ge* (guard) 5cm
Weight 1070g

　　器身扁平，中脊起棱，截面呈菱形，末端稍内弧，窄直格，扁圆实心茎，茎部有两箍节，喇叭首。

枞阳商周青铜器

三五-③

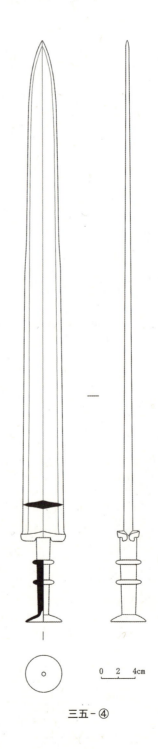

三五-④

三六 剑（ZW00992）

三六-①

战国
1990年安徽省枞阳县枞阳镇旗山村征集
枞阳县文物管理所藏
长64.8 茎长8.2 格宽5厘米
重720克

Sword
Warring States Period
Collected in 1990 at Qishan Village, Zongyang Town, Zongyang County, Anhui Province
Collection of Zongyang County Administrative Office of Cultural Relics
Length 64.8cm, Length of *jing* (grip) 8.2cm, Width of *ge* (guard) 5cm
Weight 720g

器身扁平，中脊起棱，截面呈菱形，末端稍内弧，窄直格，扁圆实心茎，茎部有两箍节，喇叭首。

枞阳商周青铜器

三六-②

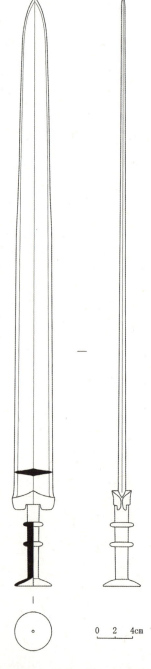

三六-③

三七 镈（ZW00994）

三七-①

战国
1990年安徽省枞阳县枞阳镇旗山村征集
枞阳县文物管理所藏
长10.9 銎长4 銎宽2.5厘米
重90克

Zun (ornament at bottom of a shaft)
Warring States Period
Collected in 1990 at Qishan Village, Zongyang Town, Zongyang County, Anhui Province
Collection of Zongyang County Administrative Office of Cultural Relics
Length 10.9cm, Length of *qiong* (socket for the handle) 4cm, Width of *qiong* 2.5cm
Weight 90g

器中空，素面。

三七-② 銎

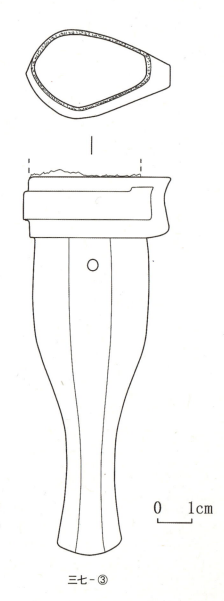

三七-③

云纹镦（ZW00995）

三八 云纹镦（ZW00995）

三八-①

战国
1990年安徽省枞阳县枞阳镇旗山村征集
枞阳县文物管理所藏
长11.2 銎长2.8 銎宽2.4厘米
重85克

Zun (ornament at bottom of a shaft) with Cloud Design
Warring States Period
Collected in 1990 at Qishan Village, Zongyang Town, Zongyang County, Anhui Province
Collection of Zongyang County Administrative Office of Cultural Relics
Length 11.2cm, Length of qiong (socket for the handle) 2.8cm, Width of qiong 2.4cm
Weight 85g

全身鎏银，饰卷云纹，銎内残存腐朽木。

枞阳商周青铜器

三八-② 鍪

三八-③

三九 剑（ZW00915）

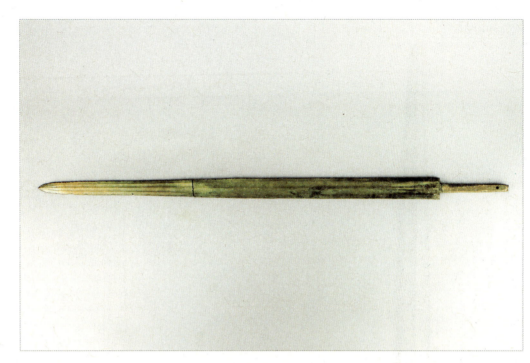

三九-①

战国－秦
1989年安徽省枞阳县周潭镇周潭村征集
枞阳县文物管理所藏
长 77 茎长 11.3 宽 3.4 厘米
重 595 克

Sword
Warring States Period to Qin Dynasty
Collected in 1989 at Zhoutan Village, Zhoutan Town, Zongyang County, Anhui Province
Collection of Zongyang County Administrative Office of Cultural Relics
Length 77cm, Length of *jing* (grip) 11.3cm, Width 3.4cm
Weight 595g

　　剑身扁平，两刃弧形收聚成锋，横截面呈菱形，中脊突起，从部有血槽，无格，扁平形茎，茎末端有小圆孔，色呈青灰色。

枞阳商周青铜器

三九-②

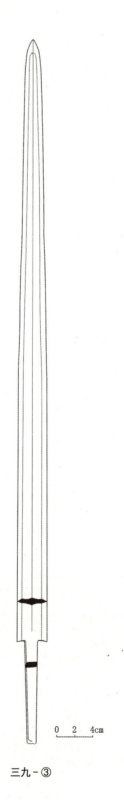

三九-③

枞阳商周青铜器

枞阳商周青铜器研究

第一章 商周考古综述

《尚书·禹贡》划华夏为九州，上古时代的今枞阳大地属扬州之域。《左传·文公十二年》："群舒叛楚。（楚）子孔执舒子平及宗子，遂围巢。"杜（预）注："宗国为群舒之属，即枞阳。"清光绪《安徽通志》卷44："宗，国名，群舒之属，即枞阳也。"西周至春秋早期枞阳为群舒（西周至春秋时期由皋陶后裔在安徽江淮地区建立的众多偃姓方国总称）之地。据相关资料分析[①]：这一时期，群舒所属的宗国全部、巢国大部、舒龚国和桐国的一部分地域均在今枞阳县境。

春秋战国时期沿长江主干上出现了较大规模的水运活动，并且出现了不少沿江布列的港口集市，它们大多是由居民集散地发展到军事港埠，再逐渐发展成为城邑都市，安徽省境内较为著名的有枞阳、陵阳、鸠兹等。战国时，人们从鄂城运舟下浮，经过彭蠡，直至枞阳（鄂君启舟节作"松阳"）[②]。长江流经县域84公里的枞阳，使得这里不仅矿产、动植物资源丰富，种植业、矿冶业开发时间早，而且滨江负湖，地处长江下游北岸，境内有不少夹江并和长江相连，腹地的白荡湖、陈瑶湖、菜子湖及横埠、汤沟、麻溪诸水，将沿江与内地的水路贯通一气。商至战国的一千五百多年里，今枞阳县域的民间水运、舟师水上交锋以及商业性航运、商业贸易等活动已相当频繁。这一时期，聚落群体已遍及全县各个角落，铜矿采冶业相对发达，枞阳一带成为当时中华大地上人口居住相对较为集中、人文活动较为活跃的重要地区之一，留下了不少宝贵的文化遗产。

一、商周遗存

枞阳县境内现已发现先秦文化遗存112处（表一）[③]，其中商周遗存109处，具有数量多、分布广、类型较全等特点，可分为聚落遗址、矿冶遗址、墓葬（群）三类。

1. 聚落遗址

历年来共发现商周聚落遗址88处（其中19处含有新石器文化遗存[④]）。全县共有22个乡镇，

[①] 宁业高：《居巢考释》，载《巢湖学院学报》，2006年第4期，第72～78页；谭其骧：《中国历史地图集》，北京：中国地图出版社，1982年，第15～16、25～26页。

[②] 马茂棠：《安徽航运史》，合肥：安徽人民出版社，1991年。

[③] 房迎三：《安徽庐江、枞阳发现的旧石器》，载《文物季刊》，1996年第4期，第12～18页；王乐群：《枞阳县文物志》，北京：中国文史出版社，2003年，第153～158页；枞阳县文物管理所：《枞阳县全国第三次文物普查资料》，2011年。

[④] 阚绪杭、方国祥：《枞阳县新石器时代遗址调查报告》，见安徽省文物考古研究所、安徽省考古学会编：《文物研究》第8辑，合肥：黄山书社，1993年，第111～121页；枞阳县文物管理所：《枞阳县全国第三次文物普查资料》，2011年。

除位于江心洲的铁铜、长沙、凤仪 3 个乡外，其他各乡镇均发现有遗址，其中以位于西南部的雨坛乡最多，共有 10 处，北部的钱桥镇、东部的横埠镇次之，均有 9 处。县内地貌可分 4 个三级亚区[①]，每个区域都有遗址分布，东北部低山区（面积 167.1 平方公里）3 处，西北部低丘岗地平原区（面积 337.9 平方公里）26 处，中西部丘陵冲区（面积 832.1 平方公里）54 处，东南部江湖洲圩平原区（面积 471 平方公里）5 处，西北部、中西部遗址密度大，东北部、东南部遗址较少。枞阳属长江流域，水域面积为 37.5 万亩，遗址大都分布在境内通江的白荡湖（县境流域面积 712 平方公里）、菜子湖（县境流域面积 397.5 平方公里）、陈瑶湖（县境流域面积 183.3 平方公里）、两赛湖（神灵赛与羹脍赛、县境流域面积 68.5 平方公里）4 个水系两岸阶地之上，白荡湖流域 51 处，菜子湖流域 25 处，陈瑶湖流域 6 处，两赛湖流域 3 处，其他地区 3 处。接近长江干流附近、两水交汇处、河湖周围开阔地带是遗址相对集中的地方，分布尤为密集。

在枞阳发现的遗址大多位于河湖边缘的平坦地带或山间盆地的低平之处，有的靠近低矮的丘陵、岗地边缘，有的坐落在一条较为狭长而平缓的山岗上或山岗前端，分布于低丘岗地向河湖平原过渡地带，不少遗址背靠山前临水，就近水源同时兼顾水患是绝大部分遗址居民营建栖息之地时考虑的主要因素。

聚落遗址多为台地土墩型，绝大多数为人工挑筑，大多高出周围地面 2 米至 4 米，有的最高处达 7 米以上；有一小部分为自然山坡，如狮子山、钱家嘴、会圣岩、锅底峰遗址等；还有少数则利用自然山地或土丘营建，如王家大墩、草家墩、毛墩遗址等。从外形上看，遗址大多近似椭圆或圆形，次为不规则形（有的是由于自然、人为因素破坏而形成的），也有一些近似长方（条）形。面积从数十平方米到上万平方米不等，1 万平方米以上的有 21 处，2 万平方米以上的有 10 处，有 2 处达 3 万多平方米，还有 1 处达 4 万多平方米。有些集中分布在一个区域的遗址往往是多个面积相对较小的遗址围绕着规模相对较大的中心聚落散布，如菜子湖东岸的五郎寨遗址面积达 20,350 平方米，以它为中心，东、南、北三方分布着草皮墩、杨家大屋神墩、魏家墩、墩家地、五叉河大小神墩、徐家嘴等遗址；白荡湖东岸的余家墩遗址面积达 35,500 平方米，周围有黄金榜神墩、四姑墩、夏家墩、余庄神墩等遗址环绕。不少集中分布在一地的遗址规模大致相当，依次排列或不规则分布，似无明显的中心聚落，如菜子湖东北部一带的胜利大神墩、高升大神墩、外畈大小神墩、泊稍神墩、高塙神墩、夜成墩等遗址，白荡湖以南区域的史家李庄阴头山、万桥王庄神墩、丁家湾磨子地、蛇墩、施家墩等遗址。还有些面积大的遗址独处一地，如白荡湖西南的头墩、二墩遗址，面积达 41,710 平方米，东南部江湖洲圩平原区西北的耙和地遗址，面积为 36,120 平方米，目前周围均没有发现有其他遗址存在的迹象。另外，还有不少遗址是大小台地相连，如五叉河大小神墩、外畈大小神墩、头墩二墩、船形牛形地、周岗双墩、鞠隐大小神墩等遗址。

---

① 枞阳县地方志编纂委员会：《枞阳县志》，合肥：黄山书社，1998 年，第 64 页。

枞阳聚落遗址文化层厚1米至5米不等，不少遗址的地表或断崖可见红烧土、灰坑等遗迹和文化遗物。历年来在遗址上采集、发掘的遗物有铜器、石器、陶器、原始瓷器、印纹硬陶五大类。铜器有方彝、鼎、尊、镰、刀、锸、镞、矛、削、凿、锥等。石器有钺、锛、斧、铲、镞、纺轮、网坠、凿、臼、杵、球、刀形割器等，陶器可辨器形有鬲、罐、甗、鼎、斝、瓮、尊、甑、簋、豆、盆、盘、钵、碗、纺轮、网坠、球、范等。原始瓷器均为青釉，可辨器形有簋、豆、碗、盅、盂等。印纹硬陶可辨器形有罐、瓮、豆、盆等。陶器以鬲、罐数量最多，豆、钵、盘次之。鬲足可分瘦长尖锥状、长锥状、圆锥状、柱状长足、柱状矮足、袋状矮足、锥状平足、圆柱状平足等类。质地分夹砂和泥质两种，夹砂陶数量至少占80%，以夹砂红褐陶和夹砂黑陶为主，夹砂灰陶次之；泥质陶可分红褐、黑、灰三种，泥质红褐陶所占比例大，还发现少量的白陶片；器表纹饰丰富，有绳纹、弦纹、附加堆纹、方格纹、刻划纹、圆圈纹、指窝纹、叶脉纹、连珠纹、戳印纹、蓆纹等，以绳纹为主，约占60%，可分粗绳纹、细绳纹，有一些弦（间）断绳纹，其次为素面和附加堆纹。印纹硬陶陶色有红褐、灰色等，纹饰有回纹、席纹、方格纹、叶脉纹、复线回纹、三角填线纹、菱形填线纹、折线纹、水波纹、米筛纹、复线菱形纹、圆圈纹、三角纹、变体雷纹、变形田字纹等[①]。

1988年至1990年间，文物工作者对枞阳县全国第二次文物普查时发现的73处古文化遗址中含有新石器时代文化遗存的17处遗址进行了复查，认为17处遗址中除毛竹园一处为单一的新石器时代文化遗址外，小柏墩、祖家墩、夜成墩、子午（华）墩、杨（朱）家墩（横埠镇）、陈家山、船形地、余家墩、竹衣庵、金山大（神）墩、（高塝）神墩、岗西小墩、狮子山、义津大神墩、会圣岩、锅底峰共16处均为新石器至商周等不同时期的遗存[②]。又据《安徽省志·文物志》等资料表明：杨家墩遗址（浮山镇）、毛园神墩、汤家墩等遗址为商周时期遗址[③]。

20世纪80年代初，安徽省考古研究所对小柏墩遗址进行了试掘，初步判断小柏墩商代遗存与二里岗上层相接近，时代约在商代中期偏晚[④]。韦家墩、施家墩、华表大墩、查林墩、和平神墩、城墩、头墩二墩、神墩庄、外畈大小神墩、高升大墩、史家李庄阴头山等遗址，可辨器形有鬲、大口尊、罐等，不见鼎。鬲的实足根瘦长而尖，素面，腹片所饰绳纹比较规整；大口尊敞口，方唇，口径比肩径大；罐底大都内凹。这些器物特征与郑州二里岗[⑤]上层同类器物相似，年代约当二里岗上层。汤家墩、祖家墩、西流寺墩、唐山神墩、大小印墩、排行大

---

① 王乐群：《枞阳文物志》，北京：中国文史出版社，2003年，第10～21页；枞阳县文物管理所：《枞阳县全国第三次文物普查资料》，2011年。

② 阚绪杭、方国祥：《枞阳县新石器时代遗址调查报告》，见安徽省文物考古研究所、安徽省考古学会编：《文物研究》第8辑，合肥：黄山书社，1993年，第111～121页。

③ 安徽省地方志编纂委员会：《安徽省志·文物志》，北京：方志出版社，1998年，第26～27页。安徽省考古研究所：《安徽枞阳、庐江古遗址调查》，载《江汉考古》，1987年第4期，第7～11页。

④ 安徽省考古研究所：《安徽枞阳、庐江古遗址调查》，载《江汉考古》，1987年第4期，第7～11页。

⑤ 河南省文化局文物工作队：《郑州二里岗》，北京：科学出版社，1959年。

小神墩等遗址采集的陶片，多饰细绳纹，圆锥形鼎足、侈口尖唇鬲口沿、圆锥形平鬲足、钵圈足、罐圈足、浅盘豆、鸡首耳等标本的特征与肥东乌龟滩遗址①、含山大城墩遗址②第四期同类器物相近似，具有商文化的因素，年代为商末至西周早期。1989年3月，在氿山镇桃花村施家墩遗址采集的青铜刀，与湖北盘龙城③、郑州商城④的铜刀标本，在形制、长度上都很相近；施家墩、汤家墩遗址发现的青铜镞的形制与安徽其他地区的同类器物有明显的不同，而其双翼外张、身近三角形的形制与郑州二里岗⑤时期的镞有相似之处。1977年发现于横埠镇的石钺⑥，状为梯形，上端中部对钻1圆孔，两面圆孔旁各细线阴刻一个符号，为安徽省出土石器所仅见，1994年6月，国家文物鉴定委员会专家组认定为商代文物⑦。这些都表明，枞阳地区的文明进程在当时已达到了一定的高度。

1989年9至10月间，安徽省文物考古研究所对汤家墩遗址进行考古发掘。发掘区在遗址西部。共开5×5米探方8个，发掘面积198平方米。发掘简报根据地层关系和出土遗物特点，将本次发掘的资料分为两期。两期均以夹砂陶为主，变化不大，一期夹砂红陶略少于夹砂黑陶，二期夹砂红陶略多于黑陶。纹饰方面，绳纹所占比例二期略高于一期，素面陶比例一期高于二期。印纹陶和原始瓷一期数量极少，二期明显增加。一期陶器以短斜沿高裆鬲、高领鬲、斜腹甗、折沿瓮、圆肩矮圈足簋、敛口高柄豆、罍等为代表，二期典型器物有短折沿鬲、素面折肩鬲、鼓腹甗、折肩罐、宽平沿素面瓮、宽平沿敛口豆等。宫希成认为，从总体上观察，两期遗存之间虽有一定区别，但仍有较多的共性，应是紧密衔接、连续发展的。经与周边地区商周时期遗存比较，初步判断汤家墩遗址的年代相当于商代晚期，其上限约在殷墟文化一期，下限不晚于商代末期⑧。王峰则认为其年代应在西周晚期至春秋早期⑨。张爱冰在文章中指出，汤家墩遗址出土曲柄陶盉年代大体相当于堰台二期至三期，即西周中期后段至春秋早期前段⑩。遗址还

---

① 张敬国：《安徽肥东肥西古文化遗址调查》，见安徽省文物考古研究所、安徽省考古学会编：《文物研究》第2辑，合肥：黄山书社，1985年，第5～10页。

② 张敬国：《含山大城墩遗址第四次发掘的主要收获》，见安徽省文物考古研究所、安徽省考古学会编：《文物研究》第4辑，合肥：黄山书社，1985年，第104～177页。

③ 湖北省文物考古研究所：《盘龙城：1963年—1994年考古发掘报告（上下）》，北京：文物出版社，2001年。

④ 河南省文物考古研究所：《郑州商城：1953—1985年考古发掘报告》，北京：文物出版社，2001年。

⑤ 河南省文化局文物工作队：《郑州二里岗》，北京：科学出版社，1959年。

⑥ 安徽省地方志编纂委员会：《安徽省志·文物志》，北京：方志出版社，1998年，第286页。

⑦ 枞阳县文物管理所：《国家文物鉴定委员会馆藏一级文物鉴定清册》，1994年。

⑧ 安徽省文物考古研究所：《安徽枞阳县汤家墩遗址发掘简报》，载《中原文物》，2004年第4期，第4～14页。

⑨ 王峰：《淮河流域周代遗存研究》，安徽大学博士毕业论文，2011年。

⑩ 张爱冰：《也谈曲柄盉的年代及相关问题》，载《中原文物》，2014年第3期，第57～64页。

发现了当时人们居住的房屋建筑遗迹和制陶与青铜铸造遗迹①；出土的陶范，器形有一定的弧度，推测可能是铸造容器的范，在商周文化层中伴有炼渣遗物②。

枞阳西周时期的文化遗存发现很多：寺墩遗址第三层为西周早期③；饶家墩、柏坂（稍）大（神）墩遗址含有西周中晚期的文化层堆积，会圣岩、锅底峰、小柏墩遗址均有西周时期遗存；小北墩的带把盆、柏坂（稍）大（神）的算珠形纺轮、仿铜花纹的陶钵及几何形印纹硬陶纹样在江苏"湖熟文化"的遗址与墓葬中都能见到，这反映了它们之间的关系是比较密切的④。从印墩遗址、井边神墩、龙城小墩、龟山、小王庄神墩等遗址采集的标本分析，袋状或圆锥状绳纹鬲足、大高圈足簋、喇叭状豆柄、侈口鼓腹（鬲）片等遗物的器形、纹饰，或见于中原周地区的周文化，或与中原地区周文化同类器物有某些共同点⑤。但有些器物如内填泥块的圆锥体实足、细长形豆柄、壶环耳、平底罐残件等，与含山大城墩第五期⑥、湖北孝感地区⑦同类陶器特征相似，年代相当于西周中期。鲤鱼地、江桥大墩、五郎寨等遗址上采取的鬲足多呈圆锥状平底，有的为圆柱状平底，有刮削痕迹，有一些足的底部呈圪塔状，素面鬲增多，器体的上部多饰弦纹，簋基本不见，印纹硬陶明显增多，其特征与含山大城墩第六期、湖北孝感地区西周晚期同类器物相似，年代约为西周晚期或春秋初期。在有些遗址发现了小件青铜工具、有段石锛和不少的原始瓷、硬纹硬陶等，应受到了宁镇地区同时期文化的影响⑧。

20世纪70年代初，在北至淮河，西至大别山，南至长江，东至苏皖边界的江淮广大地区陆续发现的一批极具地方特色的周代遗存，以曲柄盉、折肩鬲、折腹簋、折肩盆等为考古学文化特征，与文献记载中群舒分布的地理位置相吻合。鉴于时代和地理位置的接近，学界认为这种独特的考古学文化应为群舒文化遗存⑨。西周时宗国在今枞阳县境内，1990年马道阔对庐江县岳庙乡十八桥村莫庄出土的兽首鼎、瓤形盉和匜形勺进行研究，并结合文献记载，推测该组器物为宗国器⑩。枞阳汤家墩等遗址发现的盉、鬲、簋、盆和县内出土的西周至春秋时期的青铜器，

---

① 安徽省地方志编纂委员会：《安徽省志·文物志》，北京：方志出版社，1998年，第27页。
② 汪景辉：《安徽古代铜矿考古调查综述》，见安徽省文物考古研究所、安徽省考古学会编：《文物研究》第8辑，合肥：黄山书社，1993年，第204～210页。
③ 《枞阳发掘寺墩遗址出土一批文物》，载《人民日报·华东新闻》，2002年8月20日，第2版。
④ 安徽省考古研究所：《安徽枞阳、庐江古遗址调查》，载《江汉考古》，1987年第4期，第7～11页。
⑤ 杨德标、杨立新：《安徽江淮地区的商周文化》，见中国考古学会编：《中国考古学会第四次年会论文集》，北京：文物出版社，1983年，第65～71页。
⑥ 安徽省考古研究所：《安徽含山大城墩遗址发掘报告》，见《考古》编辑部编：《考古学集刊》（六），北京：中国社会科学出版社，1989年，第83～99页。
⑦ 北京大学历史系考古专业等：《晋豫鄂三省考古调查简报》，载《文物》，1982年第7期，第1～16、第97页。
⑧ 刘建国：《论湖熟文化分期》，载《东南文化》，1989年第1期，第57～72页。
⑨ 安徽省博物院：《江淮群舒青铜器》，合肥：安徽美术出版社，2013年，第3～4页。
⑩ 马道阔：《安徽省庐江县出土春秋青铜器——兼谈南淮夷文化》，载《东南文化》，1990年Z1期，第74～78页。

在形制、纹饰等方面与群舒故地同时期各遗存所出的同类器物很相似,群舒青铜器典型器物曲柄盉即源于汤家墩等遗址西周时期的陶质曲柄盉[①]。枞阳是群舒活动的重要区域,对江淮地区早期文化的发展产生了很大的影响。

2. 矿冶遗址

自20世纪80年代第二次全国文物普查以来,文物考古工作者在枞阳县境内先后发现了先秦时期的古矿冶遗址16处[②],其中采(铜)矿遗址15处,炼铜铸造遗址1处,主要分布在县境东北部的白湖、钱铺、周潭和中部的会宫、雨坛等乡镇。从性质上看,可分为采(铜)矿、炼铜两种类型,采矿遗址数量最多,所占比重大,炼铜铸造遗址少见,在商周聚落遗存中发现。遗址的主要特征可概括为七点:第一,采矿遗址大都坐落于低山丘陵区的山腰至山脚的缓坡部位。炼铜遗址坐落于山脚,与聚落遗址互为一体。第二,遗址附近均有可通长江的河流湖泊,当地文物部门在第三次文物普查中,在东北部遗址附近的钱铺、周潭镇还发现2条平地用块石铺设、山坡经过整治处理或由人经过践踏而形成的翻越山岭、通往外地的古栈道,有一段路面可见凹下去的车辙痕迹[③]。第三,遗址所在区域地处长江北岸,属亚热带气候,山林茂密,柴薪充足,动植物多样化,自然条件优越。第四,采(铜)矿遗址周围基本上没有炼渣堆积,其采出的矿石均运至距离不远的他地冶炼。如今枞阳地区开采的矿料,大部分经过破碎、碾磨、选矿等加工处理成精矿粉外卖,但也有极少部分以天然矿石直接外运,大多提供给长江对面的铜陵等地的冶炼厂。第五,绝大多数古代采矿区在新中国成立后乃至现在仍有人继续作业开采。顺着老矿井继续开采,往往有着意想不到的收获——铜矿藏量大,回报利润多。老矿井成为商家追逐的新宠,甚至出现了老矿井的竞拍租金比新发现的矿产地价格要高的现象。第六,有的遗址采矿时间长,历经不同历史时期的连续开采。如钱铺、会宫古矿区的开采时代从东周一直延续至唐宋,有的矿井至今仍能开采出大量矿藏。第七,有铜矿的地方和采矿遗址的周围,都有香薷生长,当地人称"铜(锈)草"。根据香薷指示找矿,是中国古代传统找矿的最重要方法,至今人们仍把它作为寻找铜矿的方法之一。

位于周潭镇七井村竹山组的汤家墩遗址,是一处集聚落和冶炼铸造于一体的商周时期古遗址。遗址出土了陶范残片7块,内侧光滑,有的饰云雷纹和弦纹,有的呈弧形,均为铸造铜容器的范模;考古人员还发现了铜矿石原料、铸铜液渣以及方彝、锛、凿、盉、锥、镰、镞等种类的铜器,有的铜器表面黏附许多小砂粒[④]。李学勤根据汤家墩遗址出土青铜方彝的造型和纹饰等因素,推断其年代不晚于周初,且为本地铸造而非输入品[⑤]。枞阳地区的青铜冶铸技术,

---

① 安徽省博物院:《江淮群舒青铜器》,合肥:安徽美术出版社,2013年,第9页。
② 枞阳县文物管理所:《第二次、第三次全国文物普查资料》。
③ 枞阳县文物管理所:《枞阳县全国第三次文物普查资料》,2011年。
④ 安徽省文物考古研究所:《安徽枞阳县汤家墩遗址发掘简报》,载《中原文物》,2004年第4期,第4~14页。
⑤ 李学勤:《安徽南部存在颇具特色的青铜文化》,载《学术界》,1991年第1期,第37~40页。

最迟在西周早期就已出现并得到了比较成熟的发展，已达到一定的工艺水平。

1989年，安徽省文物考古研究所古铜矿课题组在枞阳境内发现了井边、柿树宕、大凹岗、苏家凹、铜山、拔茅山、牛头山、大包（刨）山遗址，其年代上限可至东周，下限至宋代[①]。嗣后，县文物部门又发现了铜坑、铜矿岭、萝黄斗、天头山遗址[②]。第三次文物普查中在腊鹅地、沙墩发现了古代矿井[③]。以上均为采矿遗址，其采矿方法可分露采和井采两种，其中井采最普遍[④]。

井边采矿遗址，位于将军乡（今钱铺乡）井边村，东接无为县，北连庐江县，地处山区，古矿井主要分布在狮形山、石湾吴家大洼、扫墓垴等地，散布面积约300多万平方米。经调查共发现古矿井6个，竖井深达40余米，斜井深约5至10米。古矿井大多淤塞，有木头支护，多已腐朽。发现的遗物有带銎的青铜凿、石滑轮、木锹、竹筐、接水槽以及绳纹夹砂红陶罐等[⑤]。《安徽古代铜矿考古调查综述》显示：井边古矿井的遗存由立井、斜井、平巷等结构组成，立井井口直径1米左右，斜井宽1米左右、高1.5米左右，平巷的宽、高和斜井相近，平巷内有倒塌的木质支护，直径30厘米……从巷内采集的采矿工具有木铲，生活用具有夹砂红陶鬲、罐等。古矿井采掘深度有60米左右……发现古代"老窿"7处，有的矿井呈台阶式向下延伸……井边周围的古矿井分布较为集中[⑥]。与此相邻的庐江石门庵、无为望天乡一带也经常发现古矿井，发现的采矿工具有木棰、平衡石、铜钎、铜凿等。这一区域应是古代规模较大的采冶中心[⑦]。2002年6月，笔者在编撰《枞阳文物志》时曾下井进行过调查，发现井巷的围岩上留有凿或纤的痕迹，说明当时采矿手段主要是使用金属工具来凿撬矿石。部分矿井内有一层木炭屑，有的上面还有一层用火烧烤的红烧土，这表明当时采掘矿石使用了"火爆法"或"火焖法"。这种方法是先用火烧烤矿层，再浇水或覆盖土，使矿层经过急剧的热胀冷缩，开裂酥脆，再用铜铁工具凿撬剥离出矿石。这种方法在炸药尚未发明的时代，比之用锤钎直接剥离矿石，要省工省力得多[⑧]。

---

① 汪景辉：《安徽古代铜矿考古调查综述》，见安徽省文物考古研究所、安徽省考古学会编：《文物研究》第8辑，合肥：黄山书社，1993年，第204～210页；杨立新：《安徽沿江地区的古代铜矿》，见安徽省文物考古研究所、安徽省考古学会编：《文物研究》第8辑，合肥：黄山书社，1993年，第194～203页。

② 王乐群：《枞阳文物志》，北京：中国文史出版社，2003年，第157页。

③ 枞阳县文物管理所：《枞阳县全国第三次文物普查资料》，2011年。

④ 杨立新：《安徽沿江地区的古代铜矿》，见安徽省文物考古研究所、安徽省考古学会编：《文物研究》第8辑，合肥：黄山书社，1993年，第194～203页。

⑤ 安徽省地方志编纂委员会：《安徽省志·文物志》，北京：方志出版社，1998年，第65页。

⑥ 汪景辉：《安徽古代铜矿考古调查综述》，见安徽省文物考古研究所、安徽省考古学会编：《文物研究》第8辑，合肥：黄山书社，1993年，第204～210页。

⑦ 杨立新：《安徽沿江地区的古代铜矿》，见安徽省文物考古研究所、安徽省考古学会编：《文物研究》第8辑，合肥：黄山书社，1993年，第194～203页。

⑧ 王乐群：《枞阳文物志》，北京：中国文史出版社，2003年，第28～29页。

研究者根据在此发现的竖井、横巷、斜巷、木铲、支护木等采矿遗存和采集的罐、鬲、木铲等遗物分析，古矿井年代大约在东周时期。首次在长江以北发现东周采矿遗址，为研究先秦时期南方矿冶史提供新的线索①。井边属三官山脉，蕴藏铜、铁、煤矿产，铜矿属于砂岩裂隙型矿床。古矿井深度已达60余米，年代为东周时期②。枞阳地区古代矿冶业发达，历史悠久，先民早在东周或更早一些时期就已开采，并掌握了较高水平的采矿技术。

地质资料表明，长江沿江地区属于下扬子断陷构造，位于中国著名的长江中下游铜铁成矿带的中部，铜矿资源十分丰富③。处于该地区的枞阳县的铜矿资源主要分布于县境中部和北部，自东北向西南延伸作带状④，矿体类型以黄铜矿、辉铜矿为主要特点，可供开采的铜矿达15万至20万吨⑤。《长江中下游古铜矿及冶炼产物输出方向判别标志初步研究》认为：长江中下游铜矿带储量大、品位高、距地表浅，是我国古代重要的铜基地。该铜矿带内矿冶遗址密布，在中国，乃至世界范围内都是屈指可数的采冶规模宏大、历史悠久、延续时间长的古代铜矿冶遗址带⑥。枞阳地区正好处于这一著名的铜矿冶遗址带上。《安徽沿江地区的古代铜矿》指出：安徽古代铜矿主要分布在安庆到马鞍山的长江沿江地区，大体可分为皖南、枞庐、滁马（滁州—马鞍山）等三大古矿区⑦。枞庐地区位于长江北岸，是先秦淮夷、群舒活动区域。

《尚书·禹贡》记载：夏时，南方的荆扬两州是重要的产铜基地，扬州"厥贡惟金三品（金银铜）"，向北输送到中原。而古扬州之域唯安徽沿江铜矿资源最丰富，发现的古矿冶遗址多。枞阳在夏商时期，为扬州之域，属于文献记载中产铜之地范围。西周时期的遇伯簋、翏生盨等铜器铭文则存有周王室多次向楚、淮夷地区发动战争，将金（即铜）作为最重要战利品的史料，如"遇伯从王伐反楚，俘金，用作宗室宝尊""（厉）王征南淮夷，生从，……执讯斩首，俘戎器，俘金""伐南淮夷，俘金，用作宝鼎""克狄淮夷，抑燮毓汤，金道锡行"⑧，等等。这些铭文反映了周王朝向枞阳所在的楚、淮夷之域掠取铜料并保证运铜道路安全畅通的情况，也在一定程度上反映了这一地区铜矿开采业的发展。华觉明、卢本珊的《长江中下游铜矿带的早期开发和中国青铜文明》，从古文献所载早期铜产地、现代地质勘探揭示的铜矿资源分布和早

---

① 安徽省文物考古研究所等：《枞阳县井边东周采铜矿井调查》，载《东南文化》，1992年第5期，第89～90页。

② 韩汝玢、柯俊：《中国科学技术史·矿冶卷》，北京：科学出版社，2007年，第80页。

③ 杨立新：《安徽沿江地区的古代铜矿》，见安徽省文物考古研究所、安徽省考古学会编：《文物研究》第8辑，合肥：黄山书社，1993年，第194页。

④ 枞阳县地方志编纂委员会：《枞阳县志》，合肥：黄山书社，1998年，第74页。

⑤ 枞阳县史志编纂委员会：《枞阳县志·1978-2002》，合肥：黄山书社，2007年，第62页。

⑥ 秦颖、魏国锋等：《长江中下游古铜矿及冶炼产物输出方向判别标志初步研究》，载《江汉考古》，2006年第1期，第65～69页。

⑦ 杨立新：《安徽沿江地区的古代铜矿》，见安徽省文物考古研究所、安徽省考古学会编：《文物研究》第8辑，合肥：黄山书社，1993年，第194～203页。

⑧ 韩汝玢、柯俊：《中国科学技术史·矿冶卷》，北京：科学出版社，2007年，第40页。

期矿冶遗址的发掘研究等方面,辅以铅同位素法等现代检测手段,论证了长江中下游铜矿带是商周铜料的主产地等问题①。魏国锋等研究者采用ICP-AES的方法,测试分析了若干地区出土青铜器残片的微量元素,初步探索了它们的矿料来源。在将青铜器与铜绿山、铜陵、南陵、中条山、照壁山等先秦矿冶遗址铜锭或铜块的特征微量元素进行比较研究后,他们发现安徽境内青铜器的铜矿料主要来自长江中下游的古铜矿②。

枞阳县铜矿资源丰富,矿冶业历史悠久,是较早的进入铜矿开发阶段的地区之一。早在先秦时期,这里的先民们就已熟练掌握采矿、冶炼、铸造结合,互为一体的综合性开发铜矿资源的技能。这一地区,不仅是步入青铜文明较早的地方,而且在上古时期就成为我国有名的产铜地,是中国青铜时代铸造青铜器的铜原料的主要来源地之一,在中国冶金发展史上具有重要的地位。其境内发现的矿冶遗址,为研究我国古代,尤其是夏、商、周三代铜矿原料产地这个重大学术课题提供了宝贵的资料,对探索长江流域青铜冶炼技术的起源和文明的发生具有重要意义。

3. 墓葬

全县境内已发现先秦时期墓葬(群)7座(处),经考证,在王家咀、官塘等地发现的墓葬,年代被确认为西周时期;在杨市发现的墓葬年代是春秋时期③;在达观山、县政协发现的墓葬的年代为战国时期④,由于这些墓葬均遭到破坏,其形制和葬式无法知晓,仅收集到部分随葬品。

旗山墓群,位于枞阳县城东部的低山丘陵地带,集中分布在枞阳镇旗山、长安、蒲州、石岭等村(以旗山村为中心,在直径2,500米左右的范围内均有发现⑤),是一处以战国墓为主,并有少量春秋、西汉墓的大型墓群⑥。

自20世纪70年代以来,枞阳先后发现(掘)了大量墓葬,据不完全统计,共出土文物不低于800件⑦,可分为陶器、印纹硬陶、原始瓷器、玉器、铜器、铁器、货币、琉璃器八大类。陶器主要有鼎、豆、壶、罐、匜、盆、钵、盘、盂、勺等;印纹硬陶以罐为主,多饰细方格纹;原始瓷器有瓴、壶、鼎等;玉器有玉环、玉珌等;铜器有句鑃、鼎、壶、镜、剑、戈、矛、镈、镦、权、勺、刀等,有铜、铁复合铸成的现象存在;铁器有锸、夯锤、剑等;货币仅见蚁鼻钱;琉璃器仅见管类饰物。

---

① 华觉明、卢本珊:《长江中下游铜矿带的早期开发和中国青铜文明》,载《自然科学史研究》,1996年第1期,第1~16页。

② 魏国锋、秦颍等:《若干地区出土部分商周青铜器的矿料来源研究》,载《地质学报》,2011年第3期,第445~458页。

③ 枞阳县文物管理所:《国家文物鉴定委员会馆藏一级文物鉴定清册》,1994年;枞阳县文物管理所:《安徽省馆藏文物鉴定清册》,2004年。

④ 王乐群:《枞阳文物志》,北京:中国文史出版社,2003年,第31、159页。

⑤ 枞阳县文物管理所:《枞阳县全国第三次文物普查资料》,2011年。

⑥ 王乐群:《枞阳文物志》,北京:中国文史出版社,2003年,第31~32页;枞阳县文物管理所:《安徽省馆藏文物鉴定清册》,2004年。

⑦ 参见枞阳县文物管理所:《枞阳县馆藏文物总帐》。

1990年11月，安徽省文物考古研究所和枞阳县文物管理所在旗山来龙岗旁发掘7座战国时期的墓葬，均为长方形土坑竖穴墓式，墓壁光滑，部分墓有壁龛和脚窝坑，少数墓积石或积沙。在墓葬60多件出土文物中，有典型战国楚文化器物"四山镜"和蚁鼻钱。根据墓葬形制和出土遗物分析，认为墓群年代当在战国中晚期[①]。2006年4至7月间，安徽省文物考古研究所在旗山墓群沙河工地发掘清理了72座战国晚期到战国末期的墓葬，出土文物400多件。墓葬形制均为长方形竖穴岩（土）坑墓，可分为带斜坡或竖穴式墓道（M18有一级台阶）墓、不带墓道和台阶的宽坑墓以及窄坑墓三类，葬具多为一棺一椁或单棺，有的无棺。从墓葬形制、随葬器物上对墓主的族属进行初步判断，认为大部分属于楚人或楚遗民墓，少数墓葬可能是越人或越遗民墓[②]。

春秋中期，群舒为楚所灭后，直到战国末期均为楚国势力范围，楚文化浸润枞阳。由于枞阳在地域上与吴越相毗邻，受其文化辐射，战国晚期，该地区楚国力量日渐衰微，中原地区政治和文化的影响日渐突出。旗山战国墓群处于同期墓葬文化的交汇点上，形成了自己的特点，呈现出以楚文化为主，中原、吴越文化并驾齐驱的态势。

二、商周铜器

到目前为止，枞阳县商周遗存出土的铜器至少有150多件，年代最早的是商代，数量最多的为战国时期。可分为容器、兵器、工具、乐器等类。现就有明确发现地点并经过鉴定的铜器介绍如下：

1. 1977年，枞阳镇旗山墓群区的旗山村在兴建蛇凹排灌站时，发现战国时期墓葬数座，出土剑6件、戈1件，共7件。

2. 1978年，在枞阳镇旗山墓群区旗山村征集战国时期剑3件，矛2件，削、戈各1件，共7件。

3. 1982年10月，枞阳镇达观山战国墓出土鼎、权各2件，壶、戈、勺、剑、镦各1件，共9件。

4. 1985年4月，第二次文物普查时在浮山镇会圣村征集西周时期鼎1件。

5. 1985年6月，第二次文物普查时在旗山墓群区枞阳镇下枞阳征集战国时期剑1件。

6. 1986年10月，在义津镇征集战国时期剑1件。

7. 1987年7月，周潭镇汤家墩遗址出土商周时期方彝1件。

8. 1987年10月，在钱铺乡井边村狮子山采矿遗址旁采集战国时期凿1件。

9. 1987年12月，在枞阳镇旗山墓群区的老庄村发现墓葬1座，出土战国时期鼎、壶、勺

---

① 杨鸠霞：《枞阳旗山战国楚墓》，见中国考古学会编：《中国考古学年鉴》，北京：文物出版社，1991年，第189页。

② 叶润清：《枞阳县旗山战国西汉墓群沙河墓地》，见中国考古学会编：《中国考古学年鉴》，北京：文物出版社，2007年，第234～235页；宫希成：《2006年度南方地区考古新发现·安徽省》，载《南方文物》，2007年第4期，第19～87页。

各1件，共3件。

10. 1987年12月，在金社乡杨市村来龙岗发现土坑墓1座，出土春秋时期鼎2件、匜1件，共3件。

11. 1988年1月，在枞阳镇旗山墓群区的老庄村征集战国时期剑1件。

12. 1988年3月，在枞阳镇旗山墓群区的陆家湾居民组征集战国时期镞8件、剑2件、矛1件，共11件。

13. 1988年9月，在枞阳镇旗山墓群区的旗山村征集战国时期剑1件。

14. 1988年10月，在枞阳镇旗山墓群区的蒲洲村发现战国时期墓葬1座，出土鼎、壶、勺、剑各1件，共4件。

15. 1989年3月，在𠙶山镇桃花村施家墩遗址采集商代刀和镞、西周时期锸各1件，残器3件，共6件。

16. 1989年9月，在周潭镇汤家墩遗址采集西周时期矛1件。

17. 1989年10月，在周潭镇祖家墩遗址采集西周时期削1件。

18. 1989年9至10月，安徽省文物考古研究所对商周时期的周潭镇汤家墩遗址进行发掘，出土镰2件，锸、凿、锥、镞各1件，共6件①。

19. 1990年2月，在周潭镇汤家墩遗址征集西周时期剑1件。

20. 1990年3月，在枞阳镇旗山墓群区的旗山村发现战国时期鼎、勺各1件，共2件。

21. 1990年11月，安徽省文物考古研究所在旗山来龙岗旁发掘7座战国时期长方形土坑竖穴墓，出土镜、蚁鼻钱各1件，剑、戈、镡各2件，共8件②。

22. 1991年6月，在𠙶山镇𠙶山村征集西周时期锸1件。

23. 1992年5月，在横埠镇官塘村寺墩发现西周时期土坑竖穴式墓，出土鼎2件、尊1件，共3件。

24. 1993年6月，在枞阳镇旗山墓群区的渔业村发现战国时期剑1件。

25. 1996年2月，在官埠桥镇前程村发现西周时期土坑式竖穴墓，出土鼎2件，爵、尊各1件，共4件。

26. 2001年1月，在枞阳镇旗山墓群区的旗山村留庄组发现战国时期壶1件。

27. 2001年4月，在枞阳镇旗山墓群区的旗山村出土战国时期蚁鼻钱5件，剑、戈、镜各1件，共8件。

28. 2002年7至8月，安徽省文物考古研究所对横埠镇官塘寺墩遗址进行发掘，出土镞、

---

① 安徽省文物考古研究所：《安徽枞阳县汤家墩遗址发掘简报》，载《中原文物》，2004年第4期，第4~14页。
② 杨鸠霞：《枞阳旗山战国楚墓》，见中国考古学会编：《中国考古学年鉴》，北京：文物出版社，1991年，第189页。

刀等铜器①。

29. 2006年3月，在枞阳镇旗山墓群区内建设工程中发现数座战国时期墓葬，出土剑8件，镜2件，壶、勺、矛、刀、残器各1件，共15件。

30. 2006年4至7月，安徽省文物考古研究所对位于枞阳镇旗山村的战国西汉墓群沙河墓地进行了抢救性发掘，清理战国墓72座，出土保存较为完整的铜器有：剑14件，戈6件，矛5件，镈3件，句鑃、镜、镦各1件，共31件②。

31. 2007年8月，在枞阳镇旗山墓群区银塘路发现战国时期镜2件、剑1件，共3件③。

汤家墩遗址出土的方彝，是这类器物在安徽首次发现，其资料曾发表于1991年的《文物》上，作者认为其年代在商周之际④。《安徽省志·文物志》将方彝列入商代铜器条目之下，称其是商代晚期青铜礼器⑤。李学勤推断其年代不晚于周初，且为本地铸造而非输入品⑥。《安徽馆藏珍宝》谓：此方彝与现藏美国福格艺术博物馆的方彝和宝鸡纸坊头1号墓出土的西周成王时期的方彝极为相似，故本件方彝的年代属西周初期⑦。汤家墩遗址出土的篦纹锯齿镰，有学者认为其年代应在西周早期。安徽江淮地区出土的青铜镰不仅数量多，而且类型多样，而西周时期的，仅在皖江北岸的枞阳汤家墩就发现2件，反映出这一时期该区域的农业有了快速的发展⑧。

旗山墓群沙河墓地出土的战国时期的乐器句鑃，目前仅发现于春秋战国时期的吴越地区，长江以北一带少见。郑玲、叶润清认为该铜句鑃是战国早中期越国器物，可能是战利品或以敬献的方式葬入沙河墓地M18楚墓中⑨。

郁永彬、梅建军等对枞阳文物管理所藏的部分青铜器进行初步检测分析的结果表明，22件样品中有11件锡青铜、7件铅锡青铜、4件铅青铜，所有检测的青铜器均为铸造而成，部分铜器有铸后受热迹象；青铜剑制作工艺较为复杂，部分铜剑使用了错金、镶嵌及复合

---

① 《枞阳发掘寺墩遗址出土一批文物》，载《人民日报·华东新闻》，2002年8月20日，第2版。

② 叶润清：《枞阳县旗山战国西汉墓群沙河墓地》，见中国考古学会编：《中国考古学年鉴》，北京：文物出版社，2007年，第234～235页。

③ 枞阳出土铜器资料出处除标明注释的外，其他参见的资料主要有：王乐群：《枞阳文物志》，北京：中国文史出版社，2003年；枞阳县文物管理所：《国家文物鉴定委员会馆藏一级文物鉴定清册》（1994年）；《安徽省馆藏青铜类文物鉴定清册》（2004年）；《枞阳县馆藏文物总帐》；《枞阳县可移动文物资料》等。

④ 方国祥：《安徽枞阳出土一件青铜方彝》，载《文物》，1991年第6期，第94～104页。

⑤ 安徽省地方志编纂委员会：《安徽省志·文物志》，北京：方志出版社，1998年，第339～340页。

⑥ 李学勤：《安徽南部存在着颇具特色的青铜文化》，载《学术界》，1991年第1期，第37～40页。

⑦ 安徽省文物事业管理局：《安徽馆藏珍宝》，北京：中华书局，2008年，第65页。

⑧ 申学国：《江淮地区出土青铜镰的类型及相关问题探讨》，载《农业考古》，2013年第4期，第142～146页。

⑨ 郑玲、叶润清：《试析安徽枞阳旗山战国墓出土铜句鑃》，载《文物》，2010年第12期，第61～65页。

剑的制作工艺①。

申学国的《枞阳出土商周青铜器研究》一文，首次对枞阳青铜器进行分期断代、文化因素分析等方面的综合性研究，公布了包括青铜容器和青铜兵器在内的37件青铜器资料，认为西周晚期以前枞阳青铜器更多体现了晚商文化和周文化因素；西周晚期到春秋早期，受到东夷、群舒文化因素的影响较为强烈；春秋中晚期到战国晚期，此区域处于吴、越、楚相继争霸环境之中，因此其文化面貌呈现出较为多元化的态势，各种文化交织融合在一起②。

三、结束语

安徽江淮地区商文化包含的主要文化有：来自中原的商文化因素、当地土著文化因素、源于山东的岳石文化及其后继文化因素，此外还应有来自宁镇的湖熟文化因素③。西周、春秋时期文化因素主要包括当地土著文化因素、周文化因素、楚文化因素、吴越文化因素④。枞阳是安徽江淮地区的一个重要组成部分，其商周时期文化基本不会脱离安徽江淮地区商周时期文化整体的框架范畴。商周时期的枞阳地区，内外交流日益频繁，本土文化开始辐射，各种文化相互交融，枞阳成为黄河与长江两大古代文化传播、交流、撞击的重要地域，中原文化、岳石文化、群舒文化、湖熟文化、吴越文化、楚文化在这里交相辉映，呈现出多彩瑰丽而地域特色鲜明的文化面貌。

表一　枞阳县先秦文化遗存统计表

序号	遗址名称	时代	类型	地点	面积（平方米）
1	方正旧石器出土地点	旧石器	聚落遗址	横埠镇方正村	13,900
2	毛竹园遗址	新石器	聚落遗址	会宫镇老桥村	5,100
3	祖家墩遗址	新石器、商周	聚落遗址	周潭镇严潭村	15,600
4	狮子山遗址	新石器、商周	聚落遗址	官埠桥镇官山村	14,200
5	岗西小墩遗址（已消失）	新石器、商周	聚落遗址	官埠桥镇官山村	3,000

---

① 郁永彬、梅建军等：《安徽枞阳地区出土先秦青铜器的初步科学分析》，载《中原文物》，2014年第3期，第108～115页。
② 申学国：《枞阳出土商周青铜器研究》，安徽大学毕业论文，2011年。
③ 杨德标、杨立新：《安徽江淮地区的商周文化》，见中国考古学会编：《中国考古学会第四次年会论文集》，北京：文物出版社，1985年，第65～71页。
④ 叶润清：《桐城先秦文化及相关问题试析》，见安徽文物考古研究所、安徽省考古学会编：《文物研究》第20辑，合肥：黄山书社，2013年，第36～42页。

续表

6	余家墩遗址	新石器、商周	聚落遗址	会宫镇拔茅村	35,500
7	柏树墩遗址	新石器、商周	聚落遗址	会宫镇会宫村	10,400
8	魏家墩遗址	新石器、商周	聚落遗址	雨坛乡合兴村	21,000
9	子华墩遗址（省级重保单位）	新石器、商周	聚落遗址	浮山镇向阳村	22,000
10	会圣岩遗址	新石器、商周	聚落遗址	浮山镇浮渡村	9,600
11	锅底峰遗址	新石器、商周	聚落遗址	浮山镇浮渡村	1,800
12	义津大神墩遗址	新石器、商周	聚落遗址	义津镇塔桥村	5,880
13	夜城墩遗址	新石器、商周	聚落遗址	麒麟镇新安村	6,200
14	竹衣庵遗址	新石器、商周	聚落遗址	麒麟镇麒麟村	6,100
15	高堨神墩遗址	新石器、商周	聚落遗址	麒麟镇麒麟村	900
16	船形地遗址	新石器、商周	聚落遗址	钱桥镇兴旺村	11,700
17	小柏墩（双塘）遗址	新石器、商周	聚落遗址	钱桥镇钱桥村	13,000
18	金山大神墩遗址	新石器、商周	聚落遗址	金社乡金山村	6,750
19	陈家山遗址	新石器、商周	聚落遗址	金社乡桃山村	21,600
20	朱（杨）家墩遗址	新石器、商周	聚落遗址	横埠镇横埠村	15,000
21	合龙印墩遗址	新石器、商周	聚落遗址	横埠镇合龙村	990
22	韦家墩遗址	商周	聚落遗址	枞阳镇大青山村	4,700
23	徐庄神墩遗址	商周	聚落遗址	枞阳镇古塘村	3,860
24	排行大小神墩遗址	商周	聚落遗址	枞阳镇长安村	18,400
25	施家墩遗址	商周	聚落遗址	㟷山镇桃花村	4,320
26	蛇墩遗址	商周	聚落遗址	㟷山镇周山村	3,650
27	丁家湾磨子地遗址	商周	聚落遗址	㟷山镇万桥村	5,600
28	万桥王庄神墩遗址	商周	聚落遗址	㟷山镇万桥村	20,000

续表

29	史家李庄阴头山遗址	商周	聚落遗址	㐗山镇万桥村	25,500
30	印墩遗址	商周	聚落遗址	汤沟镇彭山村	1,200
31	陈屋墩遗址	商周	聚落遗址	汤沟镇彭山村	54
32	和平神墩遗址	商周	聚落遗址	汤沟镇共义村	5,250
33	耙和地遗址	商周	聚落遗址	老洲镇桃园村	36,120
34	墩头遗址	商周	聚落遗址	周潭镇联合村	3,180
35	汤家墩遗址（省级重保单位）	商周	聚落（冶炼）遗址	周潭镇七井村	13,400
36	船形、牛形地遗址	商周	聚落遗址	周潭镇严潭村	5,200
37	西流寺墩遗址	商周	聚落遗址	周潭镇联合村	13,500
38	吴家墩遗址（已消失）	商周	聚落遗址	陈瑶湖镇高桥村	
39	龟山遗址	商周	聚落遗址	白梅乡东山村	5,000
40	城墩遗址	商周	聚落遗址	横埠镇横山村	19,200
41	大小印墩遗址	商周	聚落遗址	横埠镇山水村	1,950
42	谷家墩遗址	商周	聚落遗址	横埠镇新庄村	248
43	孙家园遗址（已消失）	商周	聚落遗址	横埠镇黄山村	
44	寺墩遗址	商周	聚落遗址	横埠镇官塘村	4,100
45	范潭小城墩遗址	商周	聚落遗址	横埠镇范潭村	770
46	周岗双墩遗址	商周	聚落遗址	横埠镇周岗村	26,300
47	井边神墩遗址	商周	聚落遗址	钱铺乡井边村	24
48	陈庄墩遗址	商周	聚落遗址	项铺镇白石村	13,500
49	唐山神墩遗址	商周	聚落遗址	项铺镇白石村	6,760
50	船头遗址	商周	聚落遗址	白湖乡龙井村	340
51	船尾遗址	商周	聚落遗址	白湖乡龙井村	2,490

续表

52	神墩庄遗址	商周	聚落遗址	白湖乡旸岭村	5,320
53	龙城小墩遗址	商周	聚落遗址	白湖乡龙城村	14,250
54	头墩、二墩遗址	商周	聚落遗址	官埠桥镇宋马村	41,710
55	黄金榜神墩遗址	商周	聚落遗址	官埠桥镇陆岗村	4,030
56	毛园神墩遗址（县级重保单位）	商周	聚落遗址	官埠桥镇继光村	23,240
57	岱冲大神墩遗址	商周	聚落遗址	官埠桥镇岱冲村	5,568
58	查林墩遗址	商周	聚落遗址	雨坛乡毛山村	4,100
59	倪庄大小神墩遗址	商周	聚落遗址	雨坛乡雨坛村	4,160
60	钱家嘴遗址	商周	聚落遗址	雨坛乡车富村	12,600
61	五叉河大小神墩遗址	商周	聚落遗址	雨坛乡双丰村	1,250
62	草皮墩遗址	商周	聚落遗址	雨坛乡双丰村	12,500
63	徐家嘴遗址	商周	聚落遗址	雨坛乡双丰村	4,000
64	杨家大屋神墩遗址	商周	聚落遗址	雨坛乡双丰村	1,100
65	墩家地遗址	商周	聚落遗址	雨坛乡双丰村	18,000
66	五郎寨遗址	商周	聚落遗址	雨坛乡双丰村	20,350
67	华表大墩遗址	商周	聚落遗址	会宫镇城山村	16,500
68	余庄神墩遗址	商周	聚落遗址	会宫镇晓冲村	5,540
69	王墩遗址	商周	聚落遗址	会宫镇庆华村	15,400
70	四姑墩遗址	商周	聚落遗址	会宫镇拔茅村	4,780
71	江桥大墩遗址	商周	聚落遗址	会宫镇光裕村	4,000
72	王家大墩遗址	商周	聚落遗址	会宫镇毕山村	12,600
73	夏家墩遗址	商周	聚落遗址	会宫镇栏桥村	11,900
74	高升大墩遗址	商周	聚落遗址	义津镇高升村	2,590

续表

75	鲤鱼大墩遗址	商周	聚落遗址	义津镇义东村	8,480
76	小王庄神墩遗址	商周	聚落遗址	义津镇牛集村	15,750
77	胜利大神墩遗址	商周	聚落遗址	义津镇胜利村	2,990
78	磨子山遗址	商周	聚落遗址	浮山镇女儿桥村	23,300
79	鞠隐大小神墩遗址	商周	聚落遗址	浮山镇女儿桥村	4,880
80	杨家墩遗址（已消失）	商周	聚落遗址	浮山镇太平村	
81	大土阁遗址	商周	聚落遗址	麒麟镇石婆村	5,780
82	泊稍神墩遗址	商周	聚落遗址	麒麟镇泊塘村	6,930
83	外畈大小神墩遗址	商周	聚落遗址	麒麟镇梅花村	2,438
84	毛墩遗址	商周	聚落遗址	钱桥镇宣庄村	17,500
85	草家墩遗址	商周	聚落遗址	钱桥镇邹姚村	700
86	二官墩遗址	商周	聚落遗址	钱桥镇邹姚村	9,800
87	鲤鱼地遗址	商周	聚落遗址	钱桥镇邹姚村	5,238
88	鲢鱼墩遗址	商周	聚落遗址	钱桥镇马塘村	21,000
89	坟坛遗址	商周	聚落遗址	钱桥镇钱桥村	9,860
90	饶家墩遗址	商周	聚落遗址	钱桥镇邹姚村	2,849
91	井边矿冶遗址（7口矿井、已消失）	东周	采矿遗址	钱铺乡井边村	
92	柿树宕矿冶遗址（已消失）	东周	采矿遗址	钱铺乡虎栈村	
93	大凹岗矿冶遗址（已消失）	东周	采矿遗址	钱铺乡虎栈村	
94	苏家凹矿冶遗址（已消失）	东周	采矿遗址	钱铺乡鹿狮村	
95	铜山矿冶遗址（已消失）	东周	采矿遗址	金社乡金山村	
96	铜矿岭矿冶遗址	东周	采矿遗址	白湖乡龙井村	300
97	萝黄斗矿冶遗址	东周	采矿遗址	白湖乡古楼村	11

续表

98	腊鹅地矿冶遗址	东周	采矿遗址	白湖乡山河村	132
99	沙墩矿冶遗址	东周	采矿遗址	白湖乡山河村	790
100	铜坑矿冶遗址	东周	采矿遗址	白湖乡山河村	160
101	龙井虎宕矿冶遗址	东周	采矿遗址	白湖乡龙井村	9
102	天头山矿冶遗址（已消失）	东周	采矿遗址	雨坛乡雨坛村	
103	牛头山矿冶遗址	东周	采矿遗址	会宫镇晓冲村	67
104	拔茅山矿冶遗址	东周	采矿遗址	会宫镇建设村	195
105	大刨山矿冶遗址（已消失）	东周	采矿遗址	会宫镇城山村	
106	王家咀西周墓	西周	墓葬	官埠桥镇前程村	
107	官塘西周墓	西周	墓葬	横埠镇官塘村	
108	太子岗西周墓群	西周	墓葬	周潭镇大山村	
109	杨市春秋墓	春秋	墓葬	金社乡杨市村	
110	旗山墓群	战国	墓葬	枞阳镇旗山、长安等村	62,500
111	达观山战国墓	战国	墓葬	枞阳镇达观山	
112	县政协战国墓	战国	墓葬	枞阳镇县政协办公室后	

第二章　青铜器分期与断代研究

第一节　青铜容器

枞阳县地处安徽江淮南部、长江北岸，其境内出土的青铜器较多，研究价值较大。但由于历史及其他原因，有关该区域青铜器资料的发表和研究均较少。本节以青铜容器为考察对象，对其形制、纹饰等方面进行分析，在拟定其年代的基础上，对该区域青铜文化面貌等相关问题作进一步探讨。

本节所涉及的青铜容器，依出土单元，分别来自汤家墩遗址、前程墓、官塘墓、杨市墓和浮山墓，器形包括方彝1、爵1、尊2、鼎7、匜1，共计12件。

一、分期与年代

（一）汤家墩铜器

兽面纹方彝

1987年出土于枞阳县周潭镇七井村汤家墩遗址。1989年安徽省文物考古研究所对汤家墩遗址进行了科学发掘，取得许多成果[①]，这对于该器的断代具有参考价值。

方彝有盖，长方形口，平沿，腹壁内斜，呈现出上宽下窄的形状，平底，长方形直圈足，足下无缺口，圈足上部有半圆形穿，圈足内有一铃铛，形制极为特殊。器体四角各有一条扉棱，从盖延续到圈足，扉棱呈对称钩状。盖为子口，如四阿式屋顶，在盖顶中脊中部又有一小四阿式立柱钮。柱钮、器盖、器身、圈足的纹饰各有不同：柱钮饰三角纹

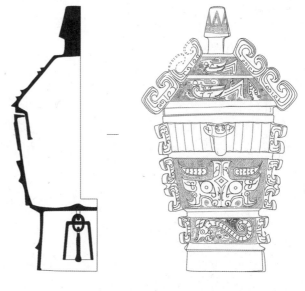

图一　汤家墩方彝

及雷纹；盖面分为上下两层鸟纹，下层鸟纹旁饰蝉纹；器腹上部饰直棱纹，另有牺首鋬手，器腹中下部饰兽面纹；圈足饰夔龙纹，以云雷纹作地纹（图一）。

---

① 安徽省文物考古研究所：《安徽枞阳县汤家墩遗址发掘简报》，载《中原文物》，2004年第4期，第4页。

图二 带铃铜容器
1. 弜伯双耳方座簋（BZFM1:7） 2. 双耳簋（BZFM1:10） 3. 鄂叔簋

从器型上看，这件方彝有几个设计格外引人注意：

圈足内有小铃铛，这种设计在青铜容器中较为少见，但通过检索资料可以发现，枞阳这件方彝并不是孤例。如山西石楼县二郎坡出土的兽面纹瓿①、河南安阳出土的商代火龙纹罍②，均在外底设有小铃铛，年代为商代晚期。因此，这种设计至少在商代晚期已出现。西周早期继续延续发展，尤其是在离周原不远的宝鸡纸坊头，同一墓室出土弜伯双耳方座簋（BZFM1:7）③（图二，1）、四耳簋（BZF M1:8）④、双耳簋（BZFM1:10）⑤（图二，2）三件铜器，其圈足内均有铜环及小铜铃。这三件簋的形制及纹饰与武王时期的标准器天王簋和利簋相似，都呈现双耳或四耳、深腹、高圈足，下连四方座，器表饰兽面纹，因此，它们为西周早期器物无疑。此外，上海博物馆馆藏的鄂叔簋（图二，3）⑥、兽面纹簋⑦也是这种设计，陈佩芬先生根据其形制把它定在西周早期，尤其是鄂叔簋，簋体下面的方座和铭文"噩（鄂）弔（叔）作宝尊彝"，可认为是

---

① 山西省文管会：《山西石楼县二郎坡出土商周铜器》，载《文物参考资料》，1958年第1期，第36～37页。
② 陈佩芬：《夏商周青铜器研究·西周篇》，上海：上海古籍出版社，2004年，第74页。
③ 卢连成、胡志生：《宝鸡弜国墓地》，北京：文物出版社，1988年，第24～29页。
④ 卢连成、胡志生：《宝鸡弜国墓地》，北京：文物出版社，1988年，第29～30页。
⑤ 卢连成、胡志生：《宝鸡弜国墓地》，北京：文物出版社，1988年，第35页。
⑥ 卢连成、胡志生：《宝鸡弜国墓地》，北京：文物出版社，1988年，第74～75页。
⑦ 卢连成、胡志生：《宝鸡弜国墓地》，北京：文物出版社，1988年，第79页。

图三 圆罍
1. 陕西宝鸡纸坊头 BZF M1:13　　2. 安徽东至县出土

图四 兽首錾
1. 东至县圆罍兽首錾　　2. 汤家墩方彝兽首錾

噩（鄂）国器物，张昌平先生认为噩国的地望在随州一带①。另据禹鼎铭"鄂侯驭方率南淮夷、东夷广伐南国、东国"，说明西周晚期之前噩国在南方的影响力是很大的。以这种圈足下带铜铃的铜器为线索，似乎可把弓鱼国（宝鸡）、鄂国（随州）、枞阳三个地方联系起来。因此，枞阳方彝圈足内有小铜铃的设计，时代可晚到西周早期。

兽首錾的设计在中原地区商代末期已经出现，爵、角、罍等器形上多有表现，如上海博物馆藏亞其爵②、爻爵③、宁角④、宁罍⑤。到了西周早期，这种设计更为流行，如洛阳北窑村出土母鼓方铜罍（M6:1）⑥、宝鸡纸坊头一号墓圆罍（BZF M1:13）⑦（图三，1）等。最值得关注的是在安徽省东至县出土的一件青铜罍（图三，2）⑧，其下腹部所饰的兽首錾（图四，1），与枞阳出土的方彝上的兽首錾（图四，2）几乎完全一致，东至县与枞阳县在地理位置上接近，两件器物应属于同一个时期。东至县的圆罍，其肩部饰龙纹和涡纹组合（图五，1），这种组

---

① 张昌平：《论随州羊子山新出噩国青铜器》，载《文物》，2011年第11期，第88页。
② 陈佩芬：《夏商周青铜器研究·夏商篇》，上海：上海古籍出版社，2004年，第190~191页。
③ 陈佩芬：《夏商周青铜器研究·夏商篇》，上海：上海古籍出版社，2004年，第188~189页。
④ 陈佩芬：《夏商周青铜器研究·夏商篇》，上海：上海古籍出版社，2004年，第201页。
⑤ 陈佩芬：《夏商周青铜器研究·夏商篇》，上海：上海古籍出版社，2004年，第347页。
⑥ 洛阳文物工作队：《洛阳北窑西周墓》，北京：文物出版社，1999年，第88页。
⑦ 卢连成、胡志生：《宝鸡弓鱼国墓地》，北京：文物出版社，1988年，第35页。
⑧ 安徽大学、安徽省文物考古研究所：《皖南商周青铜器》，北京：文物出版社，2006年，第54~55页。

图五 火龙纹
1. 东至县圆罍肩部 2. 湖北叶家山曾侯谏圆鼎（M2:6） 3. 洛阳北窑西周铸铜遗址圆鼎外范（H84:1）

合纹饰多出现在鼎、簋等食器的口沿下[1]，在西周早期青铜簋（如鸟纹方座簋[2]、鄂叔簋、火龙纹四耳簋[3]、仲伸簋[4]等）中大量发现这种组合纹饰。湖北随州叶家山西周墓出土的曾侯谏圆鼎（M2:6）[5]，其上腹部也饰有这种组合纹饰（图五，2），根据李学勤先生的分析，其年代在西周早期，即成康时期[6]。此外，在洛阳北窑西周铸铜遗址中，发现圆鼎外范（H84:1）[7]（图五，3）也有这种组合纹饰，根据报告的分期，也定在西周早期，最迟不过西周中期。综合上述的分析，可初步断定东至青铜罍的年代为西周早期，而枞阳方彝牺首錾的设计也可到西周早期。

方彝的扉棱，呈现对称钩型，可分为四个部分，分别是盖部的两组、上腹部的一组、中下

---

[1] 张婷、刘斌：《浅析商周青铜器上的圆涡纹》，载《四川文物》，2006年第5期，第69页。

[2] 陈佩芬：《夏商周青铜器研究·西周篇》，上海：上海古籍出版社，2004年，第71页。

[3] 陈佩芬：《夏商周青铜器研究·西周篇》，上海：上海古籍出版社，2004年，第80页。

[4] 陈佩芬：《夏商周青铜器研究·西周篇》，上海：上海古籍出版社，2004年，第82页。

[5] 湖北省文物考古研究所、随州市博物馆：《湖北省随州叶家山西周墓地发掘简报》，载《文物》，2011年第11期，第11页。

[6] 李学勤：《湖北随州叶家山西周墓地笔谈》，载《文物》，2011年第11期，第65页。

[7] 洛阳市文物工作队：《1975—1979年洛阳北窑西周铸铜遗址的发掘》，载《考古》，1983年第5期，第437页。

腹部的两组及圈足部的一组。根据任雪莉对宝鸡戴家院铜器分析[①]，其 A 型钩状扉棱与枞阳方彝扉棱近似，尤其是 Aa 型Ⅰ式和 Aa 型Ⅱ式，研究者将其年代分别定在殷墟四期晚段和成康之际。此外，李学勤先生曾对枞阳这件方彝的扉棱进行过观察，称其为断续的云形扉棱[②]，与藏于美国福格艺术博物馆的方彝扉棱相似，福格所藏，可能出于宝鸡戴家湾，时代属于西周初期。因此，从扉棱上看，枞阳方彝应在西周早期。

通过上述分析，我们有了一个大致的认识。关于这件方彝，有不少学者认为是商代的，尤其认为是商代晚期的，但本文认为其可能晚到西周早期。本文搜集一些时代较为明确的商代和西周的方彝，对比分析其差异，再把枞阳方彝的特征与之比较，看其与两个时代方彝特征的接近度，以此来检验我们的认识。

表二　方彝器型数据对比表

器物名称	器物编号	盖高	腹深（高）	圈足高	盖与高比	圈足与腹深比	圈足有无缺	扉棱数	时代	资料来源
亚启有盖铜方彝	823	8.9	14.0125	3.0875	0.635	0.220	弧形缺口	8	殷墟二期	《殷墟妇好墓》，第53页（图版一八·2）
妇好有盖铜方彝	825	10	17.2	5.4	0.442	0.313	弧形缺口	8	殷墟二期	《殷墟妇好墓》，第53页（图版一九·1）
妇好有盖铜方彝	828	14.1	16.9	5.5	0.629	0.325	弧形缺口	8	殷墟二期	《殷墟妇好墓》，第53页，图见（图版一九·2）
妇好无盖方彝	849	（无盖）	11	3.6		0.327	弧形缺口	8	殷墟二期	《殷墟妇好墓》，第53页，图73页。
安阳大司空村M663方彝	M663:52	10.8	13.4	2.8	0.666	0.209	弧形缺口	8	殷墟二期	《安阳大司空村东南的一座殷墓》，《考古》1988年第10期
安阳郭家庄东南26号墓方彝	M26:35	8.7	11.7	5	0.52	0.427	弧形缺口	8	殷墟二期偏晚	《河南安阳市郭家庄东南26号墓》，《考古》1998年第10期

---

① 任雪莉：《宝鸡戴家湾铜器的艺术风格》，载《宝鸡文理学院学报（社会科学版）》，2012年第3期，第27页。

② 李学勤：《安徽南部存在着颇具特色的青铜文化》，载《学术界》，1991年第1期，第38页。

续表

名称	编号/馆藏	通高	口长	口宽	比例1	比例2	缺口	扉棱	年代	出处
殷墟戚家庄东M269方彝	M269:22	9.6	9.9	4.3	0.676	0.434	弧形缺口	8	殷墟四期中第三期阶段。确切年代为武乙时期	《殷墟戚家庄东269号墓》，《考古学报》1991年第3期
安阳殷墟刘家河北M1046方彝	M1046:1	14.9	13	6	0.784	0.462	有缺口	8	殷墟四期偏晚段	《安阳殷墟刘家庄北1046号墓》，《考古学集刊》第15集，第370页
安阳后岗M6方彝	M9:6	无盖	9.2	5		0.543	无	8	殷墟四期偏晚阶段	《1991年安阳后冈殷墓的发掘》，《考古》1993年第10期
宝父戊方彝	上海博物馆馆藏	无盖	14.123	6.277		0.444	有缺口	8	商代晚期	《夏商周青铜器研究·夏商篇》，第328页
鼎方彝	上海博物馆馆藏	9.00	9.420	2.882	0.955	0.306	有缺口	4	商代晚期	《夏商周青铜器研究·夏商篇》，第330页
兽面纹方彝	上海博物馆馆藏	11.618	11.402	3.980	1.019	0.349	有缺口	8	商代晚期	《夏商周青铜器研究·夏商篇》，第332页
父庚方彝	上海博物馆馆藏		10.783	4.717		0.437	有缺口	8	商代晚期	《夏商周青铜器研究·夏商篇》，第334页
四出戟方彝	哈佛大学赛克勒美术博物馆藏品	21.879	19.589	7.632	1.117	0.390	无	8	西周早期	《西周青铜器分期断代研究》，第140页；《美帝国主义劫掠的我国殷周铜器集录》，第911页

续表

令方彝	A646	15.8	13.3	5.0	1.188	0.376	无	8	《美帝国主义劫掠的我国殷周铜器集录》，第915页
忻方彝	76FZH1:24	19.6	19.3	7	1.016	0.363	无	8	《周原出土青铜器》，第566页
叔牝方彝		15.455	12.799	4.347	1.208	0.340	无	8	《洛阳文物普查中收集到西周珍贵铜器》，《文物》1962年第1期；《叔牝方彝》，《收藏界》2007年第7期
师遽方彝	上海博物馆馆藏	8.4	7	1	1.05	0.143	无	8	《夏商周青铜器研究·西周篇》，第377页
井叔方彝	张家坡M170:54	9.3	7.9	2.6	1.177	0.329	无	4	《张家坡西周墓地》，第159页
日己方彝		14.9	16.5	7.1	0.903	0.430	无	4	《周原出土青铜器》，第235页
枞阳方彝	ZW00889	17.4	16	9.8	1.089	0.613	无	4	见本书

通过上述数据对比分析，得出以下几点认识：

(1) 通过盖高与腹高的比值变化，可以看出器盖在逐渐增高；从圈足与腹深的比值变化，可以看出圈足逐渐升高、器腹逐渐变浅的趋势。

(2) 商代的方彝，尤其是殷墟时期的，几乎全部设有8条扉棱，而西周早期仍有设8条扉棱的方彝，大概是延续商代的风格，到西周中期，几乎不见8条扉棱方彝，多数只有4条扉棱，分别在4个转角上。4条以上扉棱的繁缛装饰大概是商代晚期的时代风格，西周中期崇尚简约，使得4条扉棱的方彝得到发展，这种装饰的变化也反映了铸造技术上的变化。

(3) 商代的方彝大多数在圈足上有缺（弧形或长方形），但也有少数无缺的；而西周的方彝则相反，多数是圈足无缺的。

图六 三角纹
1. 汤家墩青铜方彝盖钮纹饰　2. 山东曲阜鲁故城青铜壶腹部纹饰
3. 安徽繁昌青铜盉流部纹饰

通过以上三点，我们再来审视一下枞阳出土的这件方彝，其器盖和圈足均较高，器盖与腹深的比值达到1.089，圈足与腹深的比值为0.613，全身有4条扉棱，器身直壁逐渐内收，圈足而无缺口，这些特点显然更倾向于西周时期的方彝造型。马承源先生总结西周时期的方彝特点，有所谓直壁低体高盖式[①]，基本与枞阳方彝的形制相吻合。因此，从形制上看，枞阳方彝虽有部分商代晚期的特征，但总体而言，更接近于西周早期的风格。

为了考察这件方彝的年代，我们还要对其纹饰进行研究。

从器盖上看，柱钮上饰复线三角纹（图六，1），其中不夹其他纹饰。这种三角纹，朱凤瀚先生认为在二里岗上层文化偏晚已经出现，并作为主要纹饰使用，而在殷代至春秋早、中期则少见[②]。但是，山东曲阜鲁故城西周墓出土青铜壶（M48:16）[③]，其腹部就饰有这种三角纹（图六，2），根据铜壶上的铭文及伴随出土的青铜器（如鼎）铭文，其年代也在西周早期以后，最晚不到春秋。值得注意的是，在安徽繁昌出土的青铜盉[④]，其流上也饰有这种三角纹（图六，3），而且与枞阳方彝上的纹饰极为相似。山东曲阜鲁故城青铜壶上的三角纹为多个三角形镶嵌，与枞阳及繁昌上有两个三角镶嵌、间隙较大的三角纹有一定的差异。

盖上每面分为上下两层纹饰，主纹都是鸟纹（图七，1），尖喙，头上饰冠羽，短翅上翘，脚前伸，尾羽下折末端分叉。这种纹饰被陈公柔、张长寿先生称为小鸟纹，流行的年代在殷末周初[⑤]。陈公柔、张长寿先生文中提及的小鸟纹 I6 式，与枞阳方彝盖上的鸟纹近似。宝鸡出土的㭬禁方座卣（图七，2）、弗里尔美术馆收藏的亚其夨乍母辛卣（图七，3）、藏于日本的效

---

① 马承源：《中国青铜器》，上海：上海古籍出版社，2003年，第227页。
② 朱凤瀚：《中国青铜器综论》，上海：上海古籍出版社，2009年，第598页。
③ 山东省文物考古研究所、山东省博物馆等：《曲阜鲁国故城》，济南：齐鲁书社，1982年，第151页。
④ 安徽省文物工作队、繁昌县文化馆：《安徽繁昌出土一批春秋青铜器》，载《文物》，1982年第12期，第48页。
⑤ 陈公柔、张长寿：《殷周青铜容器上鸟纹的断代研究》，载《考古学报》，1984年第3期，第271页。

图七 鸟纹
1. 汤家墩方彝器盖纹饰　2. 宝鸡出土的柉禁方座卣纹饰
3. 弗里尔美术馆收藏母辛卣纹饰　4. 藏于日本的效父簋纹饰

父簋（图七，4）都饰有这种鸟纹，其年代也大致在殷末周初。因此，此鸟纹出现在西周早期的铜器上也属常见现象。

器盖下层鸟纹后面还饰有倒置蝉纹，蝉纹腹部呈"心"形，无足，腹上饰粗条纹，这种纹饰在殷墟西区第三墓区874号墓出土的祖辛父鼎、上海博物馆馆藏的𬬮鼎[1]和射女鼎[2]都有出现，年代在商代晚期。此外，宝鸡峪泉西周墓出土的蝉纹鼎[3]，朱凤瀚先生认为其年代到了西周早、中期[4]。因此，这种蝉纹从商代一直延续到了西周。枞阳方彝的蝉纹相对于鸟纹，仅占有很小的空间，应该属于一种辅助纹饰。

方彝的腹部，上半部饰直棱纹。有学者指出直棱纹最早出现在商代晚期，西周早期最为兴盛，西周中期以后开始衰落[5]。洛阳北窑西周墓地出土白懋父（康王的重臣）簋（M37:2）[6]（图八，1），腹部饰直棱纹，根据其形制，应该是西周早期的典型双耳簋。宝鸡纸坊头一号墓青铜四耳簋（BZFM1:8）、茹家庄的双耳簋（M2:8）[7]，在圈足中部饰直棱纹，它们都是西周早期的典型器型。上海博物馆馆藏的川鼎[8]（图八，2）、网鼎[9]在腹中部也饰有直棱纹，陈佩芬先生认为其年代在

---

[1] 陈佩芬：《夏商周青铜器研·夏商篇》，上海：上海古籍出版社，2004年，第100页。

[2] 陈佩芬：《夏商周青铜器研究·夏商篇》，上海：上海古籍出版社，2004年，第104页。

[3] 宝鸡市博物馆：《陕西省宝鸡市峪泉生产队发现西周早期墓葬》，载《文物》，1975年第3期，第73页。

[4] 朱凤瀚：《中国青铜器综论》，上海：上海古籍出版社，2009年，第576页。

[5] 梁彦民：《浅析商周青铜器上的直棱纹》，载《文博》，2002年第2期，第20页。

[6] 洛阳文物工作队：《洛阳北窑西周墓》，北京：文物出版社，1999年，第80页。

[7] 卢连成、胡志生：《宝鸡𢐗国墓地》，北京：文物出版社，1988年，第367页。

[8] 陈佩芬：《夏商周青铜器研究·西周篇》，上海：上海古籍出版社，2004年，第38页。

[9] 陈佩芬：《夏商周青铜器研究·西周篇》，上海：上海古籍出版社，2004年，第40页。

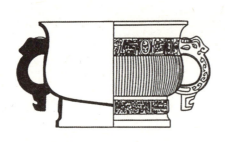

图八　饰直棱纹铜器
1. 白懋父簋　　　　　2. 川鼎

西周早期。

　　腹部的下半部饰浮雕牛首纹，张口怒目，牛角两端微向上尖翘。这种牛角兽面纹在二里岗时期和殷墟一期就有发现，西周早期也很流行。陈公柔、张长寿两位先生认为"殷代晚期和西周早期的铜甗中大都在足上部饰牛角兽面纹"[①]。安徽歙县浦口村出土连体甗[②]（图九，1），鬲部袋腹饰牛首兽面纹，与枞阳方彝兽面纹（图九，2）近似，只是牛角的纹理有些差异，年代定为西周。纸坊头一号墓青铜甗（BZF M1:5）[③]，腹部也饰有这种牛首纹，根据同出的其他有铭文铜器，年代应在西周早期。还有青铜簋（BZF M1:10）[④]，高大的圈足上饰牛首兽面纹，中

图九　兽面纹
1. 安徽歙县连体甗纹饰　2. 汤家墩方彝腹部纹饰　3. 湖北叶家山疑父方座簋（M27:17）纹饰

---

① 陈公柔、张长寿：《殷周青铜容器上兽面纹的断代研究》，载《考古学报》，1984年第3期，第146页。
② 安徽大学、安徽省文物考古研究所：《皖南商周青铜器》，北京：文物出版社，2006年，第49页。
③ 卢连成、胡志生：《宝鸡㚤国墓地》，北京：文物出版社，1988年，第20、23页。
④ 卢连成、胡志生：《宝鸡㚤国墓地》，北京：文物出版社，1988年，第35页。

图一〇　夔龙纹
1. 汤家墩方彝下部纹饰　2. 宝鸡纸坊头四耳簋（BZFM1:9）圈足纹饰　3. 上海博物馆乳钉纹簋圈足纹饰

间有小扉棱，无地纹，与枞阳方彝牛首纹存在差别，但应属于同一类牛首纹。湖北随州叶家山西周墓地出土的疑父方座簋（M27:17）[1]（图九，3），与枞阳方彝的牛首纹更为相似，牛首中央都有一个小菱形，牛角中间的装饰手法也相似，差别细微。另外，叶家山牛首纹装饰在方座平面上，枞阳方彝的牛首纹也装饰在平面上，铸造技术手法应该接近。根据发掘报告，叶家山M1定在西周成、康时期，M27定在昭王晚期或昭穆之际，大体上也就是西周早期到西周中期以前。陕西张家坡墓地出土的青铜甗（M253:1）[2]，鬲部也饰有这种牛首纹，根据6行36字的铭文及纹饰，年代定在共懿时期，时代较晚。保利艺术博物馆馆藏兽面纹甗[3]，鬲腹部饰高浮雕牛首纹，定为西周早期。这种纹饰除了在青铜甗、簋上出现过，其他器型也有发现，如洛阳北窑西周墓出土的方鼎（M686:1）[4]，器身饰牛首纹，首部眉、目、口、鼻联接，双角作粗大的牛角状，根据墓葬年代及伴出器物，年代在西周早期。上海博物馆馆藏古父己卣[5]，腹部也饰有这样的牛首纹，根据这件直筒形卣与甘肃灵台白草坡1、2号墓和宝鸡竹园沟M13出土的直筒提梁卣形制相似，年代定在西周早期。

---

[1] 湖北省文物考古研究所、随州市博物馆：《湖北随州叶家山西周墓地发掘简报》，载《文物》，2011年第11期，第19页。

[2] 中国社会科学院考古研究所：《张家坡西周墓地》，北京：中国大百科全书出版社，1999年，第145～146页。

[3] 保利艺术博物馆：《保利艺术博物馆藏青铜器》，1999年，第8页。

[4] 洛阳文物工作队：《洛阳北窑西周墓》，北京：文物出版社，1999年，第73页。

[5] 陈佩芬：《夏商周青铜器研究·西周篇》，上海：上海古籍出版社，2004年，第184～186页。

圈足上饰有夔龙纹（图一〇，1），夔龙张口，单角高耸，拱背卷尾。宝鸡纸坊头一号墓四耳簋（BZFM1:9）①，圈足所饰夔龙（图一〇，2）与枞阳方彝纹饰极为相似，只是宝鸡四耳簋以两条龙为一个单元装饰，枞阳方彝以一条龙为一个单元装饰。根据形态及同出的其他铜器，宝鸡四耳簋的年代可拟定在西周早期。上海博物馆藏商代晚期乳钉雷纹簋②，圈足上饰夔龙纹（图一〇，3），以两条龙为一个单元装饰，形态亦为张口耸角，拱背卷尾，只是龙鳞略有区别。因此，这样的夔龙纹至少从商代晚期一直延续到西周早期。

通过上述比较分析，可有以下几点认识：

(1) 方彝所饰纹饰主要流行于商代晚期到西周早期，但总的来说，枞阳方彝纹饰与西周早期铜器纹饰更为接近。

(2) 无论是枞阳方彝腹部的直棱纹、牛首纹，还是圈足的夔龙纹，在宝鸡纸坊头墓都有发现，显示了枞阳方彝与宝鸡纸坊头铜器的某种联系。

(3) 枞阳方彝的鸟纹、夔纹以单个的形式进行装饰，这与中原地区器物上鸟纹、夔纹的使用方式有明显区别。

对汤家墩方彝的研究，还有一个重要信息载体，即出土方彝的汤家墩遗址。汤家墩位于长江冲积平原与山区的交界地带，遗址为北高南低的长方形台地，地势较高，高出周围地面3～5米，总面积20,000平方米，文化层厚3米左右。遗址以东3公里处，有沙湖和陈瑶湖，地理条件很适合人类居住。王峰认为汤家墩大型折（鼓）肩陶鬲为周文化的变体，受到中原周文化的影响，汤家墩遗址的年代应为周代③。从出土印纹硬陶的纹饰上看，有回纹、席纹、方格纹、叶脉纹、复线回纹、三角填线纹、菱形填线纹、折线纹、水波纹、米筛纹、复线菱形纹、圆圈纹、三角纹、变体雷纹等，其中回纹、折线纹、菱形纹、席纹，与溧水、丹阳西周土墩墓出土的印纹硬陶纹饰相似④。原始瓷方面，报告中AⅡ式原始瓷豆⑤，折腹、矮圈足的特点与溧水、丹阳西周土墩墓的原始瓷豆相似。屯溪土墩墓的Ⅲ式豆⑥，基本与枞阳的Ⅱ、Ⅲ式瓷豆相似。综合上述对比，大致可以断定枞阳汤家墩遗址延续时间至少到了西周中期。因此，参考遗址的年代，将枞阳方彝的年代定在西周早期是合理的。

综上所论，汤家墩方彝的年代应为西周早期。

（二）前程铜器

1996年枞阳官桥镇前程村墓葬出土一组青铜器计4件，素面鼎1，窃曲纹鼎1，弦纹爵1

---

① 卢连成、胡志生：《宝鸡㚟国墓地》，北京：文物出版社，1988年，第30～33页。
② 陈佩芬：《夏商周青铜器研究·夏商篇》，上海：上海古籍出版社，2004年，第163页。
③ 王峰：《淮河流域周代遗存研究》，安徽大学博士论文，2011年，第43页。
④ 镇江市博物馆：《江苏溧水、丹阳西周墓发掘简报》，载《考古》，1985年第8期，第768页。
⑤ 安徽省文物考古研究所：《安徽枞阳县汤家墩遗址发掘简报》，载《中原文物》，2004年第4期，第11、13页。
⑥ 李国梁主编：《屯溪土墩墓发掘报告》，合肥：安徽人民出版社，2006年，第83页。

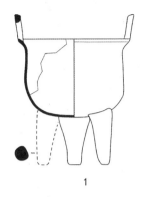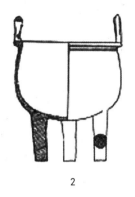

图一一　立耳鼎对比图

1. 枞阳立耳鼎 ZW00983　　2. 济阳刘台子西周墓王季鼎　　3. 浚县辛村出土的 M29:2

和觚形尊 1。

1. 素面鼎

标本 ZW00983，立耳，腹较深，腹壁近直，下腹微鼓，圜底，柱足，足根部略粗，通体素面无纹饰。通高 20.6、口径 14.2、腹深 10.7 厘米（图一一，1）。

山东济阳刘台子西周墓 M3 出土的王季鼎（图一一，2）[1]与前程鼎近似，足跟部略粗，M3 设有不规则形状的腰坑，年代在西周早期偏晚。浚县辛村出土的 M29:2（图一一，3）[2]，也是重要的参考器物，此鼎通体无纹饰，足跟略粗，郭宝钧先生把 M29 的年代定在西周早期。2002 年洛阳市唐城花园西周墓出土的青铜鼎[3]，与前程立耳鼎也非常相似，其足上粗下细，呈柱足状，年代在西周早期偏晚。

因此，该鼎年代应该在西周早期偏晚。

2. 窃曲纹鼎

标本 ZW00982，立耳，束颈短直，垂鼓腹，腹身较深，腹最大径在器身下部，三柱足，足根部饰兽面纹，间有凸起扉棱。颈上端饰一周窃曲纹，间以蝶形纹，上下有弦纹作界栏，近中腹部又饰有一周凸弦纹。通高 19.4、口径 11.6、腹深 8 厘米（图一二，1）。

从形制上看，垂腹的特征可与张家坡墓地 M145:1（图一二，2）[4]相比较，M145 的年代在西周昭穆时期，这是中原西周中期比较流行的形制。带鼻棱脊兽面纹足的特征，洛阳北窑西周墓 M1:3（图一二，3）[5]、竹园沟四号墓 BZM4:12（图一二，4）[6] 鼎可以比较。张家坡 M123 的

---

[1] 德州地区文物局文物组、济阳县图书馆：《山东济阳刘台子西周墓地第二次发掘》，载《文物》，1985 年 12 期，第 18 页。

[2] 郭宝钧：《浚县辛村》，北京：科学出版社，1964 年，第 34 页图版拾，2。

[3] 高西省：《洛阳新获西周青铜器管见》，载《上海文博论丛》，2006 年第 3 期，第 39 页。

[4] 中国社会科学院考古研究所编著：《张家坡西周墓地》，北京：中国大百科全书出版社，1999 年，第 135 页。

[5] 洛阳市文物工作队：《洛阳北窑西周墓》，北京：文物出版社，1999 年，第 79 页。

[6] 卢连成、胡志生：《宝鸡强国墓地》，北京：文物出版社，1988 年，第 145 页。

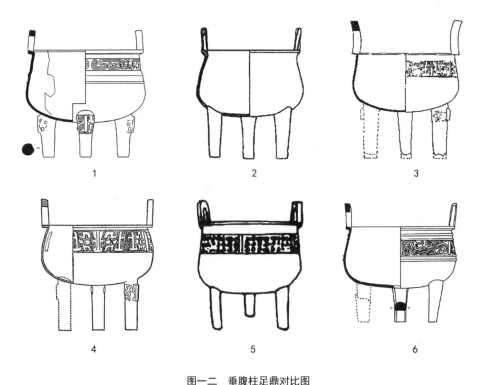

图一二 垂腹柱足鼎对比图
1. 枞阳前程村 ZW00982　2. 张家坡墓地 M145:1　3. 洛阳北窑西周墓 M1:3
4. 竹园沟四号墓 BZM4:12　5. 烟墩山宜侯墓出土　6. 铜陵县西湖轮窑厂出土

年代在西周武成康时期，洛阳 M1 的年代在西周早期[1]，竹园沟 M4 墓主为㠱季执事于康王末年至昭王晚年。西周晚期也存在足根部有扉棱的盆形鼎，但足已呈粗蹄形，如小克鼎、禹鼎、史颂鼎。枞阳鼎的足仍为短柱足，器形上更多呈现出西周中期的特点。此外，枞阳周边也发现多件类似垂腹鼎，如烟墩山宜侯墓（图一二，5）[2]、铜陵县西湖轮窑厂（图一二，6）[3]所出，只是柱足根部没有兽面纹和凸起扉棱，其年代也大致在西周早期偏晚或中期之初。

从纹饰上看，窃曲纹主要流行于西周中晚期和春秋早期，该鼎颈部饰一周分散型窃曲纹，由几段离散曲线构成，朱凤瀚先生认为这种窃曲纹是由顾龙纹省变而来[4]。枞阳鼎的窃曲纹（图一三，1）可以与1964年张家坡西周墓地出土的 6 号鼎（图一三，2）[5]相比较，6 号鼎的年代在西周中期。窃曲纹间的蝶形纹，安徽繁昌县汤家山出土窃曲纹鼎上饰有此种纹饰，年代在西周中期到西周晚期[6]。

---

[1] 洛阳市文物工作队：《洛阳北窑西周墓》，北京：文物出版社，1999 年，第 348 页。

[2] 江苏省文管会：《江苏丹徒烟墩山出土古代青铜器》，载《文物参考资料》，1955 年第 5 期，第 61 页。

[3] 安徽大学、安徽省文物考古研究所：《皖南商周青铜器》，北京：文物出版社，2006 年，第 25 页。

[4] 朱凤瀚：《中国青铜器综论》，上海：上海古籍出版社，2009 年，第 580 页。

[5] 中国科学院考古研究所沣西考古队：《陕西长安张家坡西周墓清理简报》，载《考古》，1965 年第 9 期，第 447 页。

[6] 张爱冰、陆勤毅：《繁昌汤家山出土青铜器的年代及其相关问题》，载《文物》，2010 年第 12 期，第 55 页。

图一三 窃曲纹对比图
1. 枞阳前程村 ZW00982 腹部纹饰　　2. 张家坡西周墓地 6 号鼎腹部纹饰

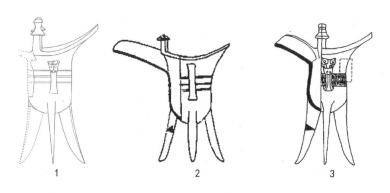

图一四 青铜爵对比图
1. 枞阳前程爵　　2. 安阳小屯 M333:R2034　　3. 北窑西周墓白丰爵 M368:4

因此，前程窃曲纹鼎的年代可定在西周中期到西周晚期。

3. 弦纹爵

标本 ZW00981，筒形腹，尖尾微上翘，流末端置两帽形柱，直壁深腹，卵底。腹中置一扁平状弓形鋬，刀形三足等距分布，腹部饰三周凸弦纹，通高 20.9 厘米（图一四，1）。该爵腰腹合为一体，形似动物之卵，应为卵形式，这种器身流行于商晚期到西周。三足外撇明显，作刀形，不同于殷代爵流行的三棱锥形足，且尾高翘，帽形高柱立于流口与鋬之间。

从纹饰上看，腹部饰有三道弦纹，这种装饰多流行于商代，到西周时期多为二道。三弦纹爵一般配有素面鋬，该爵却配兽面鋬，这种组合状况显示该爵的年代可能稍晚，年代似在商代晚期到西周早期。

从器型上看，筒形腹，伞状柱，弓形鋬并饰兽面，刀形足，器底圜凸似"卵"底，这种器身流行于商晚期到西周，如安阳小屯 M333:R2034[①]（图一四，2）、现藏于故宫博物院的凤纹

---

① 石璋如：《小屯》第一本《遗址的发现与发掘·丙编·殷墟墓葬之五·丙区墓葬上》，"中央"研究院历史语言研究所，1980 年。

图一五　前程瓠形尊

爵①。伞状柱出现的时间较晚，西周早期及之后才流行，如洛阳北窑西周墓白丰爵 M368:4②（图一四，3）。依据杜金鹏先生对商周青铜爵的研究③，前程爵应属于晚期第9、10段，即西周早期到西周中期。

因此，前程爵的年代大致在西周早期偏晚或西周中期。

4. 瓠形尊

标本 ZW00984，口、足残，应呈喇叭口，长颈，腹微鼓（图一五）。器体造型，应属于瓠形尊，年代应在西周早期偏晚，具体分析见下节官塘村铜器兽面纹尊。

根据上述各器形制和纹饰的比较分析，可以拟定前程组铜器的年代为西周中期或稍早。

（三）官塘铜器

1992年枞阳横埠镇官塘村墓葬出土一组青铜器共3件，重环纹鼎2、兽面纹尊1。

1. 重环纹鼎

标本 ZW00950，侈耳，折沿方唇，腹微鼓，圜底，足根微向内敛，上粗下细呈蹄足状。口沿下饰一周重环纹，纹作四重，重环纹之间较为紧密，有上下弦纹作界栏。下腹饰有一周凸弦纹。

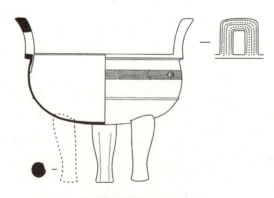

图一六　官塘重环纹鼎（ZW00950）

---

① 国家文物局：《中国文物精华大辞典·青铜卷》，上海：上海辞书出版社，1995，第8页。
② 洛阳市文物工作队：《洛阳北窑西周墓》，北京：文物出版社，1999年，第216页。
③ 杜金鹏：《商周铜爵研究》，载《考古学报》，1994年第3期，第280页。

立耳外侧饰两周小圆点纹，间以凹弦纹。通高25.7、口径26.8厘米（图一六）。

重环纹鼎的器型，江淮地区多有发现，1980年10月合肥征集重环纹鼎一件[①]，1953年桐城桃源乡出土重环纹鼎一件[②]，1994年桐城高桥镇长岗村窖藏内发现一件[③]，繁昌Ⅳ式鼎[④]也是同样的立耳、圜底、蹄形足。

山东地区也有发现，如栖霞吕家埠M1鼎、M2鼎[⑤]，侈口，平沿外折，弧腹，圜底，上粗下细的蹄足与枞阳鼎ZW00950非常相似，报告者把它们定在西周时期。

山东吕县西大庄三个形制和纹饰相同、大小递减的青铜鼎（图一七，1）[⑥]，器身与枞阳鼎（ZW00950）相似，蹄足明显成熟，年代在西周晚期到春秋初期。临沂中洽沟四件形制纹饰相同的鼎[⑦]，M1:1圜底比枞阳鼎要明显，器身呈现半球状，蹄足也表现得较枞阳鼎成熟，年代要晚于枞阳鼎，应在西周晚期到春秋早期。曲阜鲁仲其鼎[⑧]、鲁国故城M48:18[⑨]，也与枞阳鼎近似。

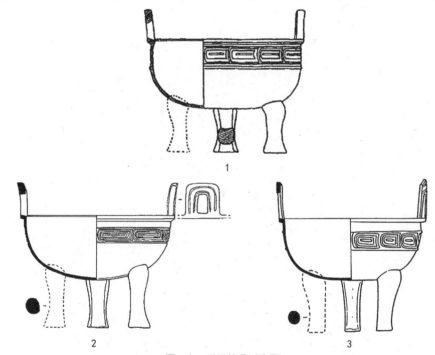

图一七 重环纹鼎对比图
1. 山东吕县西大庄西周M1:1 2. 铜陵谢垅球腹蹄足鼎 3. 铜陵金口岭鼎

---

① 叶舒然：《安徽江淮地区青铜器发现与研究略论》，安徽大学硕士论文，2012年，第42页。
② 叶舒然：《安徽江淮地区青铜器发现与研究略论》，安徽大学硕士论文，2012年，第48页。
③ 江小角：《桐城出土春秋时期青铜器》，载《文物》，1999年第4期，第91页。
④ 安徽省文物工作队、繁昌县文化馆：《安徽繁昌出土一批春秋青铜器》，载《文物》，1982年第12期，第50页。
⑤ 栖霞县文物管理所：《山东栖霞县松山乡吕家埠西周墓》，载《考古》，1988年第9期，第780、782页。
⑥ 莒县博物馆：《山东莒县西大庄西周墓葬》，载《考古》，1999年第7期，第40页。
⑦ 临沂市博物馆：《山东临沂中洽沟发现三座周墓》，载《考古》，1987年第8期，第701页。
⑧ 山东省文物考古研究所等：《曲阜鲁国故城》，济南：齐鲁书社，1982年，图版75-2。
⑨ 山东省文物考古研究所等：《曲阜鲁国故城》，济南：齐鲁书社，1982年，图版97-1。

鲁国故城 M48 所出器物的器形和纹饰均常见于两周之际。

洛阳中州路 M816 鼎①，器身、足与枞阳鼎近似，彭裕商先生认为其年代在西周夷、厉二世，即西周中晚期。

综合上述比较分析，从器型上看，官塘鼎的年代应在西周晚期。

重环纹一般是由若干个相同的环体镶嵌而组成的纹带，有些环体中间隔一些小纹饰，环一端外弧，一端内凹。环体的层数存在差异，有一重、二重、三重等。马承源先生认为重环纹是龙蛇之类的鳞图案变形而来，盛行于西周中晚期②。官塘鼎上的重环纹镶嵌得很紧凑，与中原地区重环纹略有差异。铜陵谢垅球腹蹄足鼎（图一七，2）③，重环纹饰为三重，张爱冰老师认为其年代在西周晚期④。铜陵金口岭重环纹鼎（图一七，3）⑤，纹饰为二重，从形制上观察，时代约在西周中期或晚期。当涂县姑孰镇出土 1 件⑥，其饰有一重。有学者认为，重环纹首先出现在西周中期的周原地区，而后流行于西周晚期至春秋早期⑦。枞阳鼎重环纹达到四重，应该是由横鳞纹转化而来的重环纹作为几何纹饰继续发展的结果，其时代应该偏晚，可能在西周晚期。

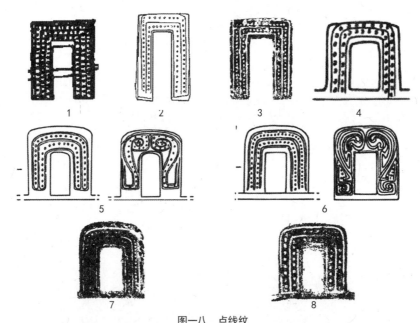

图一八　点线纹
1. 怀宁杨家牌牺鼎　2. 谢垅附耳夔纹鼎　3. 郎溪附耳夔纹鼎　4. 郎溪立耳扉棱鼎
5. 铜陵县西湖轮窑厂侈耳鼎　6. 贵池敦上侈耳窃曲纹鼎　7. 山东栖霞吕家埠 M1 鼎　8. 山东栖霞吕家埠 M2 鼎

---

① 中国科学院考古研究所：《洛阳中州路（西工段）》，北京：科学出版社，1959 年，第 58 页。
② 上海博物馆青铜器研究组编：《商周青铜器纹饰》，北京：文物出版社，1984 年，第 26 页。
③ 张国茂：《安徽铜陵谢垅春秋铜器窖藏清理简报》，载《东南文化》，1990 年第 4 期，第 221 页。
④ 张爱冰：《铜陵谢垅出土青铜器的年代及其相关问题》，载《东南文化》，2009 年第 6 期，第 69 页。
⑤ 安徽大学、安徽省文物考古研究所：《皖南商周青铜器》，北京：文物出版社，2006 年，第 46 页。
⑥ 安徽大学、安徽省文物考古研究所：《皖南商周青铜器》，北京：文物出版社，2006 年，第 146 页。
⑦ 傅玥：《青铜器上的重环纹源流探析》，载《云南民族大学学报》，2010 年第 3 期，第 119 页。

鼎耳所饰点线纹，在安徽出土铜器上多有发现，如怀宁杨家牌出土牺鼎（图一八，1）[①]，铜陵谢垅出土附耳夔纹鼎（图一八，2）[②]，郎溪县出土的附耳夔纹鼎（图一八，3）[③]、立耳扉棱鼎（图一八，4）[④]，舒城河口Ⅰ式鼎（M1:1）、Ⅱ式鼎（M1:8）、Ⅲ式鼎（M1:11）[⑤]，铜陵县西湖轮窑厂侈耳鼎（图一八，5）[⑥]，池州市贵池区敦上乡出土窃曲纹鼎（图一八，6）[⑦]，六安义仓村出土的青铜鼎[⑧]等。山东栖霞吕家埠M1鼎（图一八，7），鼎耳外侧饰三道粗弦纹，间饰圆点纹，腹部饰窃曲纹。M2鼎（图一八，8），腹饰重环纹[⑨]，耳饰点线纹，根据其形制和墓葬陶器组合，年代定在西周时期。

基于以上分析，官塘重环纹鼎（ZW00950）的年代可拟定在西周晚期。

2. 重环纹鼎

标本ZW00951，耳外撇，立于口沿上，腹较深，鼎体略呈半球形，三蹄足。口沿下饰一周重环纹，纹作四重，最小一环内有一个长方形，其上有1或2或3个小凹点，有上下弦纹作界栏，下腹饰有一周凸弦纹。立耳外侧饰两周小圆点纹，间以弦纹，但小圆点的密集程度较ZW00950为低。通高27、口径27.8厘米（图一九）。

从器型上看，ZW00951与ZW00950基本相同，不再赘述。

从纹饰上看，ZW00951的重环纹与ZW00950略有不同，最小环内有一个长方形条，且其

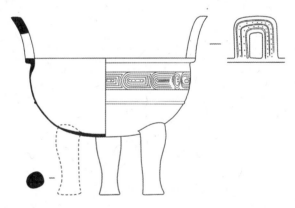

图一九　官塘重环纹鼎（ZW00951）

---

① 怀宁县文物管理所：《安徽怀宁县出土春秋青铜器》，载《文物》，1983年第11期，第68页。
② 张国茂：《安徽铜陵谢垅春秋铜器窖藏清理简报》，载《东南文化》，1990年第4期，第221页。
③ 安徽大学、安徽省文物考古研究所：《皖南商周青铜器》，北京：文物出版社，2006年，第158页。
④ 安徽大学、安徽省文物考古研究所：《皖南商周青铜器》，北京：文物出版社，2006年，第157页。
⑤ 安徽省文物考古研究所、舒城县文物管理所：《安徽舒城县河口春秋墓》，载《文物》，1990年第6期，第60、61页。
⑥ 安徽大学、安徽省文物考古研究所：《皖南商周青铜器》，北京：文物出版社，2006年，第164页。
⑦ 安徽大学、安徽省文物考古研究所：《皖南商周青铜器》，北京：文物出版社，2006年，第171页。
⑧ 六安县文物管理所：《安徽六安县发现两件春秋铜鼎》，载《文物》，1990年第1期，第53页。
⑨ 栖霞县文物管理所：《山东栖霞县松山乡吕家埠西周墓》，载《考古》，1988年第9期，第782页。

上有小凹点。宣城孙埠镇正兴村出土的重环纹鼎①，与ZW00951鼎重环纹相似，只是最小环内的长方形条上无小凹点。

因此，ZW00951鼎的年代应与ZW00950鼎相同，即西周晚期。

3. 兽面纹尊

标本ZW00952，大侈口呈喇叭状，长颈、鼓腹、圈足，腹部饰两组兽面纹，两侧配以鸟纹，颈下、圈足上部各饰两道凸弦纹。通高24.3、口径21.3、最宽腹围53.3、圈足径14.5厘米（图二〇）。

从形制上看，这种大口筒形尊亦称为觚形尊，器身可明显分为三段。陕西庄白丰姬墓4号尊②，属于觚形尊，这一型式的尊主要流行在西周昭王时期，下限或可至穆王③。陕西扶风县周原遗址庄李西周墓M9:3尊④，年代在西周早期偏晚的成康时期，最迟不晚于昭王时期。洛阳东郊西周墓M13:9尊⑤，腹部饰有饕餮纹，具晚商风格，将墓葬同出的陶器和其他铜器进行对比分析，墓葬定在西周初期，墓葬底部有腰坑，陶器组合与商代晚期的较接近，因此这件尊大概是商代晚期到西周初期殷遗民的遗物。洛阳机务段家属楼西周墓出土一件兽面纹尊⑥，敞口、鼓腹、高圈足，腹饰细云雷纹组成的双突目兽面，腹部纹样上端及下端均饰双弦纹。洛阳东车站M567也出土一件尊⑦，腹微鼓，整体器型高瘦，纹饰为旁有立鸟组成的卷角、阔口兽面纹。北京房山琉璃河西周墓M52:11（据铭文称为复尊）⑧，也属于这种形制，腹部上、下分别饰有

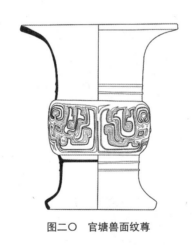

图二〇　官塘兽面纹尊

---

① 安徽大学、安徽省文物考古研究所：《皖南商周青铜器》，北京：文物出版社，2006年，第44页。
② 陕西省考古研究所等编：《陕西出土商周青铜器（三）》，北京：文物出版社，1980年，图版三七、三八。
③ 卢连成、胡志生：《宝鸡㔾国墓地》，北京：文物出版社，1988年，第485页。
④ 周原考古队：《陕西扶风县周原遗址庄李西周墓发掘简报》，载《考古》，2008年第12期，第12页。
⑤ 张剑、蔡运章：《洛阳东郊13号西周墓的发掘》，载《文物》，1998年第10期，第40页。
⑥ 高西省：《洛阳新获西周青铜器管见》，载《上海文博论丛》，2006年第3期，第38页。
⑦ 高西省：《洛阳新获西周青铜器管见》，载《上海文博论丛》，2006年第3期，第38页。
⑧ 中国科学院考古研究所等：《北京附近发现的西周奴隶殉葬墓》，载《考古》，1974年第5期，第314页。

图二一　兽面纹、夔纹、鸟纹组合
1. 枞阳官塘尊　　2. 叶家山西周墓 M1:019　　3. 屯溪土墩墓 M1:90

一条双勾的夔纹。

安徽屯溪土墩墓 M1:90 尊①，器型与枞阳尊相似，腹部主体为兽面纹，两侧各配龙纹和小鸟纹。该尊内底还铸有"父乙"二字，显然是商人常用的日名。铸造此尊的主人很可能是殷遗民，年代应在西周早期。

1980 年随州羊子山出土一件青铜尊②，根据同出的鼎、爵、戈及其纹饰，可推断年代在西周早期。张昌平先生综合多年羊子山出土青铜器，判断羊子山为西周早期噩国公族墓地③。湖北叶家山西周墓 M1:019 尊④，形制与枞阳鼎近似，腹部主体纹饰为兽面纹，两侧上下分别饰夔龙纹和鸟纹，综合 M1 的其他器物，年代大体在西周成王或康王时期。李学勤生生认为 M1:019 兽面纹尊与河南浚县辛村的沬伯逨尊很像，沬伯逨尊属于成王时期⑤。M1 墓有椭圆形腰坑，坑内殉狗，有可能是殷遗民墓。M65 也出土一件青铜尊（M65:30），并铭有"乍噂彝"，根据同出的其他器物，年代应在西周康昭之际。尊腹部所饰凤鸟纹，圆首斜昂，勾喙，圆睛高突，中有圆形小瞳孔，曲勾冠，短颈，身躯上短翅上翘，双尾下曲，一尾上歧出二个勾羽，身下二足爪反向曲勾，应为西周早期纹饰风格。

从纹饰上看，官塘尊的腹部以雷纹衬地，饰有三组纹饰，分别是：兽面纹，可见两角相向外卷，角尖圆润，圆目，菱形回字形耳；鸟纹，呈现简体"U"字形；夔纹，倒置夔龙纹（图二一，1）。

这种兽面纹、鸟纹、夔龙纹的组合与叶家山西周墓 M1:019 尊（图二一，2）、屯溪 M1:90

---

① 李国梁编：《屯溪土墩墓发掘报告》，合肥：安徽人民出版社，2006 年，第 35~36 页。
② 随州市博物馆：《随州随县安居出土青铜器》，载《文物》，1982 年第 12 期，第 54 页。
③ 张昌平：《论随州羊子山新出噩国青铜器》，载《文物》，2011 年第 11 期，第 88 页。
④ 湖北省文物考古研究所、随州市博物馆：《湖北随州叶家山西周墓地发掘简报》，载《文物》，2011 年第 11 期，第 26 页。
⑤ 李学勤：《湖北随州叶家山西周墓地笔谈》，载《文物》，2011 年第 11 期，第 64 页。

尊（图二一，3）的组合相似，只是官塘尊上的鸟纹、夔龙纹较为省略简化，叶家山 M1:019 尊、屯溪 M1:90 尊上的鸟纹、夔龙纹比较具象。从纹饰的发展演变来看，官塘尊的年代可能晚于叶家山 M1:019 尊。

兽面纹，两角向外卷，角尖圆润，圆目，菱形回字形耳。北京琉璃河黄土坡 M253 出土堇鼎腹部所饰兽面纹[1]与此相似，只是枞阳尊兽面纹角尖圆润而堇鼎兽面纹角尖锐利。根据堇鼎铭文"匽侯命堇饎大保"，陈公柔、张长寿先生将堇鼎的年代定为成康时器[2]。

鸟纹，简体立鸟纹，呈 U 形，鸟头昂首向前，尖喙。鸟尾呈弧形分两股尾羽，两股尾羽呈 90 度垂直。以鸟纹为腹部兽面主纹陪衬，在殷墟到周代早期较为流行。

夔龙纹，饰于腹部，形制为倒置夔龙纹，伸首向前，尾部 90 度垂直上扬，有一角一足。龙目等面部特征均无清晰描绘，应为简化省变。

综合器型、纹饰等方面的对比分析，官塘尊的年代应为西周早期，最晚不过昭王。

值得注意的是，这件西周早期风格的青铜尊与西周晚期风格的重环纹鼎共存，让人感到惊讶。通过资料搜集可以发现，这种现象并不是个例。在中原地区，西周中期以后青铜尊逐渐消失，但在长江下游地区，在西周晚期甚至春秋、战国的墓葬中还有发现，例如安徽寿县蔡侯墓[3]、江苏邳州九女墩春秋晚期墓[4]、绍兴 306 号战国墓[5]等，似乎这一地区的族群对青铜尊这种酒器特别喜爱，从而形成了自己的传统。

根据上述器物形制和纹饰的比较分析，可以拟定官塘组铜器的年代为西周晚期。

（四）杨市铜器

1987 年枞阳金社乡杨市村来龙岗发现一座古墓，出土一组青铜器 3 件，变形蝉纹鼎 2，龙錾匜 1。

1. 变形蝉纹鼎

标本 ZW00954、ZW00955 的器型、纹饰、大小基本相同，现以标本 ZW00954 为例进行分析。该器折沿，方形耳外侈，浅腹微鼓，圜底，三蹄形足。鼎腹周围分上下饰扉棱各六条，上腹饰凸弦纹两周，内填细密小凹点纹，下腹饰变形蝉纹，加乳钉纹，犹如蝉眼。鼎耳外侧饰细密点纹，间以弦纹。通高 26.2、口径 23.4、腹围 73 厘米（图二二）。

---

[1] 上海博物馆青铜器研究组编：《商周青铜器纹饰》，北京：文物出版社，1984 年，第 9 页图 20。

[2] 陈公柔、张长寿：《殷周青铜容器上兽面纹的断代研究》，载《考古学报》，1984 年第 3 期，第 154 页。

[3] 安徽省文物管理委员会、安徽省博物馆：《寿县蔡侯墓出土遗物》，北京：科学出版社，1956 年，图版 9-1、2、13-1。

[4] 孔令远、陈永清：《江苏邳州市九女墩三号墩的发掘》，载《考古》，2002 年第 5 期，第 22 页。

[5] 浙江省文物管理委员会、浙江省文物考古所等：《绍兴 306 号战国墓发掘简报》，载《文物》，1984 年第 1 期，第 16 页。

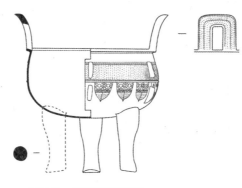

图二二 杨市变形蝉纹鼎

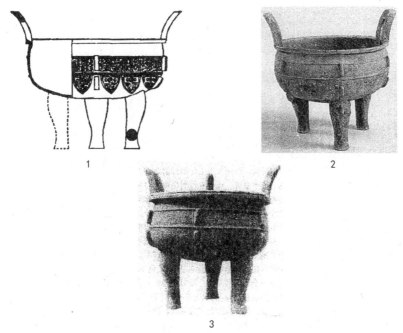

图二三 变形蝉纹鼎对比图
1. 安徽怀宁人形河云纹鼎 2. 庐江泥河出土 3. 六安思古潭出土

从器型上看，这种侈耳、鼓腹、圜底、三蹄足的鼎，在中原西周晚期到春秋早期都是较为常见的形制。但凹点纹和变体蝉纹的组合及腹部装饰的扉棱，明显具有地方特色。安徽怀宁人形河出土的云纹鼎[①]（图二三，1），形制与枞阳鼎完全相同，下腹也饰有变形蝉纹，唯上腹所饰云纹与枞阳鼎所饰凹点纹不同。庐江泥河区出土1件鼎（图二三，2）[②]，器型、纹饰与怀宁鼎基本相同，但在蹄足根部饰短扉棱，构成简化兽面纹饰。六安思古潭出土青铜鼎（图二三，3）[③]亦近同，上腹部饰蟠螭纹，有方形环钮平盖。

---

① 怀宁县文物管理所：《安徽怀宁县出土春秋青铜器》，载《文物》，1983年第11期，第68页。
② 叶舒然：《安徽江淮地区青铜器发现与研究略论》，安徽大学硕士论文，2012年，第44页。
③ 六安县文物管理所：《安徽六安县发现两件春秋铜鼎》，载《文物》，1990年第1期，第53页。

综上所述，我们可以判断这种青铜鼎可能是仿照中原、山东地区西周中、晚期浅腹、蹄足鼎。而在春秋早期，这种扉棱鼎在群舒故地的江淮地区发展成熟，形成自己的特色，并向南和向东影响到皖南和宁镇地区。因此，可把这件鼎的年代定在春秋早期。

2. 窃曲纹匜

匜为盛水器，其形制是前有流，后有鋬，具三足或四足。匜早见于西周中期，流行于西周晚期和春秋时期。标本 ZW00953，瓢形，流部微翘，折沿，四蹄足，卷尾龙形鋬，流和腹上部饰窃曲纹，下饰六周凸弦纹，鋬饰重环纹（图二四）。

早期龙形鋬匜多为扁足，例如宗仲匜[1]，鋬呈龙形无卷尾，扁足；山东邹县七家峪村西周铜匜[2]，鋬呈卷尾龙形状，扁足。蹄足的龙鋬匜还有安徽怀宁杨家牌[3]、庐江三塘[4]、江苏丹徒磨盘墩[5]、安徽寿县肖严湖[6]、枣庄东江村春秋墓 M2 等出土的青铜匜[7]，年代大致在西周晚期到春秋早期。龙形鋬匜多出现在江北地区，在形制上受中原影响较多。

龙鋬匜腹部纹饰为上下相叠合、头尾相连的"⌒"字形窃曲纹，朱凤瀚先生认为此式主要流行于西周晚期[8]。匜鋬所饰重环纹，流行于西周晚期到春秋早期。

根据上述两件器物的比较分析，杨市组铜器的年代可拟定在春秋早期。

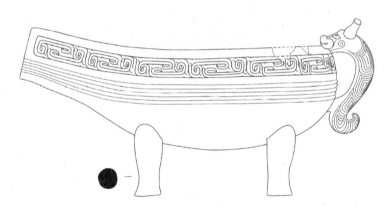

图二四　杨市窃曲纹匜

---

[1] 吴镇烽、朱捷元、尚志儒：《陕西永寿、蓝田出土西周青铜器》，载《考古》，1979年第2期，第121页。

[2] 王轩：《山东邹县七家峪村出土的西周铜器》，载《考古》，1965年第11期，第541页。

[3] 怀宁县文物管理所：《安徽怀宁县出土春秋青铜器》，载《文物》，1983年第11期，第68页。

[4] 安徽博物院：《江淮群舒青铜器》，合肥：安徽美术出版社，2013年，第66页。

[5] 南京博物院、丹徒县文管会：《江苏丹徒磨盘墩周墓发掘简报》，载《考古》，1985年第11期，第985页。

[6] 寿县博物馆：《寿县肖严湖出土春秋青铜器》，载《文物》，1990年第11期，第65页。

[7] 朱凤瀚：《中国青铜器综论》，上海：上海古籍出版社，2009年，第1672页。

[8] 朱凤瀚：《中国青铜器综论》，上海：上海古籍出版社，2009年，第580页。

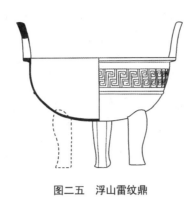

图二五　浮山雷纹鼎

图二六　雷纹比较图
1. 枞阳浮山 ZW00929 纹饰　　2. 陕西扶风召李西周壶圈足纹饰

（五）浮山铜器

1985 年枞阳浮山镇会圣村出土雷纹鼎 1 件。

雷纹鼎

标本 ZW00929，双耳立于口沿上，微侈，腹较深，圜底，三蹄足。口沿下饰一周 S 形雷纹，下腹饰一周凸弦纹。通高 24.4、口径 27.3、腹围 78 厘米（图二五）。

该鼎形制与前文所述官塘重环纹鼎基本相同，不再赘述。鼎腹所饰 S 形雷纹（图二六，1），以数单元排列成带状，可与陕西扶风召李西周墓出土壶圈足上纹饰相比较[①]（图二六，2），只是扶风壶纹饰呈倒 S 型。浮山雷纹鼎的年代，应在春秋早期。

二、文化因素与区域青铜文化面貌分析

上文已对枞阳出土青铜容器的器形与年代有了基本的比较分析，下面讨论青铜容器所包含的文化因素以及区域青铜文化面貌等问题。

（一）文化因素分析

枞阳出土青铜容器器类，包括鼎、方彝、尊、爵、匜等，器物年代跨度较大，上至西周早期，下至春秋早期。根据初步的观察和比较研究，枞阳出土青铜器包含的文化因素有商文化因素、周文化因素和地方文化因素等。

前程立耳鼎具有商晚周初的特征。官塘变形兽面纹尊，属于典型的三段式觚形尊，最

[①] 扶风县文化馆、陕西省文管会：《陕西扶风县召李村一号周墓清理简报》，载《文物》，1976 年第 6 期，第 65 页。

早出现于商代晚期。容器底小铃铛，商代晚期在中原地区发现，西周早期在中原以外地区仍有发现。商晚周初王朝更迭，但商文化的影响力并没有迅速消退。

前程窃曲纹鼎垂腹、带鼻棱脊兽面纹足的特征，西周中期在中原地区大量出现，明显具有中原周文化的因素。官塘重环纹鼎，西周晚期到春秋早期在中原、山东、江淮及皖南多见。方彝上的直棱纹、牛首纹、夔龙纹，在西周早期青铜器上常见。前程弦纹爵的形制、纹饰明显具有中原周文化的特色。官塘尊上的兽面纹、鸟纹、夔龙纹组合装饰在其他地区也有发现，这些纹饰也是西周时期较为常见的。

前程窃曲纹鼎，窃曲纹中间饰有蝶形纹，应为地方特色。官塘重环纹鼎，鼎耳上的点线纹，江淮地区最为流行，在鲁南薛、吕国境也有发现。杨市蝉纹鼎扉棱，在江淮及皖南多有发现，其他地区少见。蹄足龙形鋬匜，与西周晚期中原地区流行的四足敞口流匜相似，如宗仲匜，足的形态与西周晚期到春秋早期鲁南、江淮地区鼎、匜相似。

施劲松先生认为，中原青铜器对长江流域青铜器的产生和发展都具有决定性的意义，而且对长江流域的影响是持续不断的，只是不同时期影响的大小、强弱不同①。

西周晚期以前，枞阳及其所在江淮南部更多地体现出了晚商文化和周文化因素，这一时期代表器物如前程组铜器。这些青铜器与中原出土的青铜器并无差别，无论器型还是纹饰都鲜有创新，器壁较薄，纹饰素面或者铸造不统一，整体看起来较为粗糙。枞阳邻近的宿松县出土有饕餮纹双耳铜鼎、鸟纹和夔龙纹组合鼎②，岳西县出土明显具有晚商风格的青铜爵③，可以看出，这一时期江淮南部地区受到商、周文化影响较强。

商文化在更早时就已渗入到江淮南部，20世纪80年代安徽省文物考古研究所曾调查、试掘枞阳浮山、小北墩④，小北墩商代遗存与二里岗上层相接近。枞阳汤家墩遗址也有商文化因素，如短斜沿高裆鬲、高领鬲、斜腹、折沿瓮、圆肩矮圈足簋、敛口高柄豆等。怀宁跑马墩⑤遗址的时代为商、周之际，一期遗存的圆锥形鼎、圈足钵、豆、盘、圈足罐等，明显具有商文化因素。

周文化在商代晚期也到达这一地区。郑玄《毛诗谱》记载："至纣，又命文王典治南国江、汉、汝旁之诸侯。"《太保玉戈》："六月丙寅，王在丰，令太保省南国，帅汉，遂殷南，令厉侯辟……"，记载周王令太保召公省视南土，沿汉水南下，召集江汉地区的诸侯朝见周王。禹鼎铭"鄂侯驭方率南淮夷、东夷广伐南国、东国"，说明西周晚期之前噩（鄂）国在南方的

---

① 施劲松：《长江流域青铜器研究》，北京：文物出版社，2003年，第299页。
② 安徽博物院：《江淮群舒青铜器》，合肥：安徽美术出版社，2013年，第12~13页。
③ 安徽博物院：《江淮群舒青铜器》，合肥：安徽美术出版社，2013年，第14~15页。
④ 安徽省文物考古研究所：《安徽枞阳、庐江古遗址调查》，载《江汉考古》，1987第4期，第7~11页。
⑤ 杨德标、金晓春、汪茂东：《安徽怀宁跑马墩遗址发掘的主要收获》，载《文物研究》第8辑，合肥：黄山书社，1993年，第123~134页。

影响力很大,与包括枞阳在内的南淮夷地区有着密切的联系。翏生盨铭"王征南淮夷,翏生从,执讯折首孚戎器孚金",使我们从侧面了解到南淮夷在西周晚期以前确实已经拥有青铜资源及自己的器物。

西周晚期到春秋早中期,该地区受东夷、群舒文化影响强烈。西周晚期,周王室式微,长江流域青铜器的发展迎来了契机,这一时期的典型代表铜器有官塘组铜器、杨市组铜器等。

重环纹、蹄足鼎最早出现在中原及山东地区,这种鼎由北向南传播,可能是东夷族群南迁带来的。扉棱鼎,前面已经提到在群舒故地多处发现,并向南、向东都有传播。蹄足龙銎匜似乎是东夷文化南下与当地文化碰撞的结果。

从史料上看,西周晚期到春秋早期的群舒小国受到北方嬴姓徐国(原属于东夷)的控制。《路史·后纪七》:"王命徐伯主淮夷。三十二世,君偃一假仁义而宾国三十六。周王剡之,而录其子宗十一世,为吴所灭。"徐君正是在淮夷等36国支持下才称王的。《汉书·东夷传》:"(周)穆王畏其方炽,乃分东方诸侯,命徐偃王主之。"《左传》鲁僖公三年(前657年)记载,"徐人取舒"。

因此,这一时期江淮地区的青铜器与鲁南、苏北地区的青铜器文化面貌相似,可理解为东夷文化对该地区的影响。春秋早中期的扉棱鼎、蹄足龙銎匜,则可能是在吸收了东夷文化的基础上形成的群舒特色文化。

(二)区域青铜文化面貌变化的原因

通过上述分析可以看出,枞阳青铜器的整体文化面貌受中原及周边文化的影响强烈,形成这种现象的原因是什么呢?以下从该地的地理位置、矿产资源等历史背景来对这一问题进行阐释。

枞阳县位于长江下游北岸,江淮地区南部,与铜陵、池州等地仅有一江之隔,是中原、江淮与长江以南地区文化交流的重要通道。从东西方来看,枞阳所在的长江安徽段是连接长江中游江汉地区与下游宁镇地区的重要交通要道。可以说,枞阳贯穿南北东西文化区,与外界的联系十分畅通。

枞阳境内河流纵横,水系发达。主要河流有横埠河、长河、罗昌河、麻溪河。境内东有陈瑶湖、沙湖,中有白荡湖,西有菜子湖,此外还有神灵赛、羹脍赛两湖,河网密度每平方公里0.22公里。据调查发现,江淮地区遗址附近均有河流,有的水系可常年通航,例如枞阳境内的横埠河,其河口直通长江,水上运输十分便利。因此,枞阳县在内部运输和对外交通方面具有得天独厚的优势。

矿产资源方面,枞阳是枞庐地区的重要组成部分,位于长江中下游多金属成矿带中部,是该成矿带自西向东依次分布的鄂东南、九瑞、安庆—贵池、枞庐、铜陵、宁芜和宁镇七个大型矿集区之一,铁、铜、金矿产资源十分丰富,仅枞阳境内就调查发现多处采矿、矿冶、冶炼遗址,如井边古铜矿遗址、汤家墩铸造遗址等。

考古调查发现,枞阳及周边区域存在着大量的铜矿资源,而且至迟到西周时期,这一区域已形成了包括铜矿开采、冶炼和青铜铸造的完整工业体系。例如,在潜山薛家岗、肥东吴大墩①等遗址中都发现有商周时期的陶铸范或炼渣遗物。近年在与枞阳隔江相望的铜陵发现的师姑墩遗址②,发现了许多与青铜冶铸有关的遗物,如铜渣、粘铜炉壁、陶范、小件铜器等,这些出土遗物与汤家墩遗物相似,同时,师姑墩的文化面貌时代跨度较大,早期与二里头文化相似,中期受到吴城文化及东部沿海、江淮地区商文化影响,晚期受到的文化影响较为多元,有江淮地区周代考古学文化、东南吴文化等。

这些材料表明,枞庐和皖南地区属于资源要地,在青铜时代,铜矿作为重要的战略物资,外界对该区域的关注和争夺较早,影响也较大,导致该区域的青铜文化面貌不断变化。

江淮及皖南区域的矿业及青铜文明也不是孤立的,近些年周边地区的考古调查及发现表明,从江汉地区的盘龙城至鄂东南、赣北及皖江沿岸都有这样的铜矿及矿冶遗址发现,豆海峰运用安徽和江汉地区的考古材料证明商时期中原商文化对安徽沿江平原西段(包括枞阳)文化的影响是通过对长江中游江汉地区的影响渗透过来的③,这一类遗存的发现多与商王朝追求这一区域丰富的铜矿资源有关。安徽的考古工作者④也认识到,皖西南地区以潜山薛家岗遗址上层及安庆张四墩、怀宁跑马墩等遗址为代表的夏、商、周时期文化遗存,是一支相对独立的考古学文化,它包含中原文化中的斝、鬲、深腹罐、假腹豆等文化因素,但更多的是以罐形鼎、附耳陶甗、鬲形盉为主,并形成特色。这些特征又与鄂东、赣北地区西周陶器相似,尤其是蕲春毛家嘴遗址,这说明,安徽皖西南地区在西周时期与其相邻的鄂东、赣北地区还存在密切的文化联系。随着商周以来长江流域铜矿的不断开发,不管是主动还是被动,其对外交流也不断增强,这也再次凸显了青铜时代铜矿资源的重要战略地位。

春秋之际,安徽境内大别山以东,长江以北的江淮地区,小国林立,史书记载的有舒、舒鸠、舒蓼、舒庸、舒龙、舒鲍、舒龚、六、蓼、英氏、宗、巢、桐、钟离等。

西周晚期到春秋早期,徐国对江淮的控制前一节已经提及,但应该是一种松散的控制,直至春秋中期控制开始加剧,如《春秋》僖公三年(公元前657年):"徐人取舒。"

这一时期,楚国崛起,开始争夺江淮地区。《春秋》僖公十五年(公元前645年):"(春),楚人伐徐。三月,公会齐侯、宋公、陈侯、卫侯、郑伯、许男、曹伯,盟于牡丘。遂次于匡。公孙敖帅师及诸侯之大夫救徐。冬,楚人败徐于娄林。"《左传》僖公十七年(公元前643年):"春,齐人为徐伐英氏,以报娄林之役也。"由此可见,僖公时期楚还没有控制江淮地区。《左传》

---

① 杨立新:《安徽沿江地区的古代铜矿》,见安徽省文物考古研究所、安徽省考古学会编:《文物研究》第八辑,合肥:黄山书社,1993年,第201页。

② 安徽省文物考古研究所:《安徽铜陵县师姑墩遗址发掘简报》,载《考古》2013年第6期,第18~21页。

③ 豆海峰:《试论安徽沿江平原商代遗存及与周边地区的文化联系》,载《江汉考古》,2012年第3期,第68~80页。

④ 安徽省文物考古研究所:《安徽考古的世纪回顾与思考》,载《考古》,2002年第2期,第8页。

鲁文公五年（公元前622年）："（春），六人叛楚即东夷。秋，楚成大心、仲归帅师灭六。冬，楚子燮灭蓼。"由"六人叛楚"的文辞看，楚在文公五年（公元前622年）之前当已服六，但尚未巩固，故有六人反复。文公十二年（公元前615年），执舒子平及宗子后围巢，文公十四年（公元前613年）伐舒蓼，宣公八年（公元前601年）灭舒蓼，成公十七年（公元前574年）灭舒庸，襄公二十五年（公元前548年）灭舒鸠，定公二年（公元前508年）桐叛楚。

吴国强大后也加入对江淮地区的争夺中。《左传》成公七年（公元前584年）"吴始伐楚、伐巢、伐徐"，成公十七年（公元前574年）"舒庸人以楚师之败也，道吴人围巢，伐驾，围釐、虺"。襄公二十五年（公元前548年）"舒鸠人卒叛。楚令尹子木伐之，及离城。吴人救之……吴师大败"。昭公四年（公元前538年）冬，"吴伐楚，入棘、栎、麻，以报朱方之役"。昭公二十四年（公元前518年）"吴人踵楚，而边人不备，遂灭巢及钟离而还"。

以上文献表明，江淮地区众多的方国力量弱小，各自为政，在春期中期，周边大国纷纷崛起走上扩张道路，因无法与周边强国抗衡，在政治上这些方国或依附于强国，或被消灭。政治对文化的影响力是不可低估的，因此江淮地区小方国在文化上经常受到周边强国影响，西周晚期到春秋早期形成的相对统一的群舒文化也逐渐被弱化，直至消失。

三、结语

综上所述，可知：

(一)枞阳出土青铜容器可分为五组，分别为西周早期的汤家墩铜器，西周中期的前程铜器，西周晚期的官塘铜器和春期早期的杨市铜器、浮山铜器。

(二)枞阳出土青铜容器的年代跨度较大，西周晚期以前受商文化、周文化影响强烈，西周晚期到春秋早期开始形成自己的青铜文化。

(三)枞阳出土青铜器所反映的青铜文化面貌受外来文化影响较大，其原因一是枞阳战略地理位置重要，交通条件优越；二是枞阳铜矿资源丰富；三是作为江淮地区的小国，其政治地位低下。

第二节 青铜兵器

枞阳古称"吴头楚尾",自古为兵家必争之地。20 世纪 70 年代以来,枞阳境内发现大量商周青铜兵器,器形包括剑、戈、镈、矛、镞等,但多未整理与研究。本节尝试运用考古类型学、文化因素分析法,对枞阳出土青铜兵器的类型、年代及文化因素等进行初步的探讨。

一、剑

剑在枞阳出土青铜兵器中数量最多,本节选取了其中的 16 把作为研究对象。为了方便研究,先对这批青铜剑进行分型、分式,再参考周边其他地区出土单位年代相对明确或有铭文纪年的青铜剑进行断代。

1. 类型划分

依据首、茎、格及剑身的差异,16 把剑可分为四型。

A 型 2 件。共同特征是圆首、空茎、一字薄格。根据剑脊、从的有无,又可分为二式。

Ⅰ式 1 件。剑身无脊,无从。标本 ZW01584,全长 51.2,茎上窄下宽,茎长 9.4,剑身最宽 4.1 厘米(图二七,1)。

Ⅱ式 1 件。剑身起脊,有剑从。标本 ZW00906,全长 55.0,茎上窄下宽,茎长 9.5,剑身最宽 4.2 厘米(图二七,2)。

B 型 12 件。一般有圆首,实茎,上有两道箍,厚格,剑身中起脊。根据长度、剑身、剑格等差异,又可分为四式。

Ⅰ式 2 件。特征是 B 型剑中长度最短,剑身无从且剑身宽度由基部向上变化明显,略成细长的三角形。标本 ZW00901,剑首残缺,全长 46.2、茎长 8、格宽 5、首径 4、剑身最宽 4.4 厘米(图二七,3)。标本 ZW00858-4,残长 47.5 厘米(图二七,4)。

Ⅱ式 7 件。特征为剑长适中,剑身有从,剑身宽度由基底到锋部变化适中。标本 ZW00855,剑全长 49.7、茎长 9.8、格宽 4.7、首径 4、剑身最宽 4.4 厘米(图二七,5);标本 ZW00899,剑全长 49.0、茎长 8.2、格宽 4.7、首径 3.4、剑身最宽 4.2 厘米(图二七,6);标本 ZW00900,全长 49.2、茎长 8.6、格宽 5.4、首径 3.3、剑身最宽 4.2 厘米(图二七,7);标本 ZW00858-1,残长 52、茎长 7.5、格宽 4.4 厘米(图二七,8);标本 ZW00858-2,残长 53、茎长 8.5、格宽 4.5 厘米(图二七,9);标本 ZW00858-3,残长 58.0、茎长 9.0、格宽 3.7 厘米(图二七,10);标本 ZW00859-3,全长 55.4、茎长 8.7、格宽 5.0 厘米(图二七,11)。

Ⅲ式 1 件。特征为剑长处于Ⅱ式与Ⅳ式之间,剑身有从,剑格饰有纹饰。标本 ZW00859-1,残长 58.4、茎长 9.5、格宽 5、剑身最宽处 4.6 厘米,其上饰有变形兽面纹,两剑刃近似平行,直到剑身前端微弧成锋(图二七,12)。

第二章 青铜器分期与断代研究

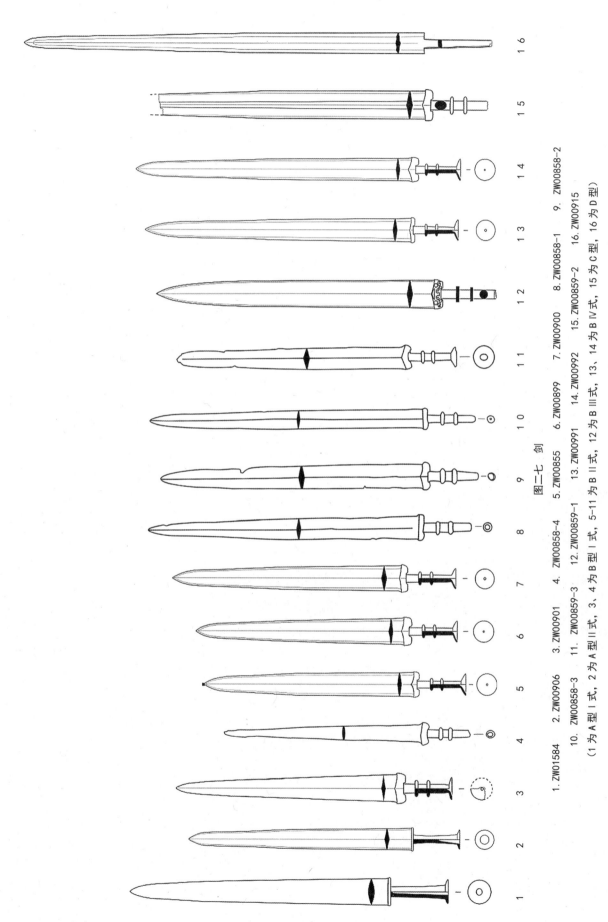

图二七 剑

1. ZW01584　2. ZW00906　3. ZW00901　4. ZW00858-4　5. ZW00855　6. ZW00899　7. ZW00900　8. ZW00859-2　9. ZW00915
10. ZW00858-3　11. ZW00859-3　12. ZW00859-1　13. ZW00991　14. ZW00992　15. ZW00858-1　16. ZW00858-2
（1为A型Ⅰ式，2为A型Ⅱ式，3、4为B型Ⅰ式，5—11为BⅡ式，12为BⅢ式，13、14为BⅣ式，15为C型，16为D型）

Ⅳ式 2件。特征为剑长度在四式中最长，接近70厘米，而剑身宽度由基部向上变化不明显。标本ZW00991，全长67.2、茎长9.4、格宽5.0、首4、剑身最宽处4.8厘米（图二七，13）；标本ZW00992，全长64.8、茎长8.2、格宽5、首4.2、剑身最宽4.4厘米（图二七，14）。

C型 1件。剑身中部为金色，两从及刃为青绿色，为两次铸成的复合剑。标本ZW00859-2，残长54.0、茎长8.7、格宽5.0、格厚1.3、剑身最宽4.3厘米（图二七，15）。

D型 1件。无首，无格，柄端有一个穿孔，剑身呈柳叶状，且又细又长，中起脊，有血槽。标本ZW00915，通长77、茎长11.3、剑身最宽3.4厘米（图二七，16）。

从以上各型剑的数量上看，B型剑数量最多达到12把，A型2把，C型、D型各1把。

2. 年代

A型Ⅰ式剑的显著特征是剑身无隆脊。AⅠ式剑身与江苏高淳县下大路西周墓出土青铜剑①剑身相似，且同为一字窄格，同出器物有鼎、尊、箭镞等，根据鼎的形制和几何形线条纹饰，年代应在西周中期偏晚。但考虑到枞阳剑的长度达到51.2厘米，与安徽南陵出土的吴王光剑②相当，茎、格设计也比较成熟，这种设计在春秋晚期青铜剑上经常发现，因此，综合多种因素考虑，将该剑定为春秋中晚期较为合适。

A型Ⅱ式剑与A型Ⅰ式剑相似，其区别是剑身起脊，有剑从。这种剑式是东周时期南方比较流行的形制，李伯谦先生曾有论述③，近些年的考古发现也证实了这一点。淮南蔡家岗墓发现的有铭吴国剑④应属此式，根据铭文内容，年代应在春秋晚期。另外，枞阳旗山墓地M18:2剑⑤、安徽青阳县龙岗墓M1:22剑⑥、六安市城西窑厂5号墓M5:31剑⑦也属此式。旗山M18共出句鑃，该句鑃为战国早期形制⑧，因此，此剑可暂定为战国早期。青阳龙岗墓M1同出铜戈，戈穿上方有尖翘鼻饰，一般认为这是吴越戈的标志性特点，流行时代在春秋晚期⑨，最晚不超过战国早期，因此，此剑应属于春秋中晚期。城西窑厂M5同出有铭"蔡侯产之用戈"戈，M5:31剑的年代可定为战国初期。与A型Ⅱ式类似的剑在中原地区也有发现，如洛阳中州路（西工段）M2719:86、M2721:32⑩，在剑型、长、宽、厚等方面都近似。根据洛阳中州路（西工段）各期的绝对年代，它们属于四期，即战国早期。湖北江陵雨台山楚墓M92:12(原报告为二型Ⅱ

---

① 刘兴：《镇江地区近年出土的青铜器·文物资料丛刊》，北京：文物出版社，1984年，第109页。
② 刘平生：《安徽南陵县发现吴王光剑》，载《文物》，1982年第5期，第59页。
③ 李伯谦：《中原地区东周铜剑渊源试探》，载《文物》，1982年第1期，第47页。
④ 马道阔：《淮南市八公山区发现重要古墓》，载《文物》，1960年第7期，第71页。
⑤ 郑玲、叶润清：《试析安徽枞阳旗山战国墓出土铜句鑃》，载《文物》，2010年12期，第63页。
⑥ 青阳县文物管理所：《安徽青阳县龙岗春秋墓的发掘》，载《考古》，1998年第2期，第20页。
⑦ 六安市文物管理所：《安徽六安市城西窑厂5号墓清理简报》，载《文物》，1999年第7期，第33页。
⑧ 郑玲、叶润清：《试析安徽枞阳旗山战国墓出土铜句鑃》，载《文物》，2010年12期，第63页。
⑨ 管丹平、朱华东：《皖南出土青铜戈及初步研究》，载《东方文博》，2007年第4期，第40～47页。
⑩ 中国科学院考古研究所：《洛阳中州路（西工段）》，北京：科学出版社，1959年，第98页。

式)①，也与此式相似，M92 的年代在战国早期。综上所述，大致可把 A 型 II 式剑定在春秋晚期到战国早期。

B 型 I 式剑是 B 型剑中长度最短的，且剑身呈长三角形，与早期匕首剑的形制相似，因此判断其在本文 B 型剑中时代最早。安徽铜陵 A128 号剑②与此式剑基本相似，但铜陵 A128 号剑剑格有兽面纹饰，剑残长 39.6、茎长 7、剑身最宽仅 3 厘米，朱华东将其年代定为西周晚期至春秋早期。本文 B 型 I 式剑，剑格无兽面纹饰，且剑长、茎长、剑宽等都超过了铜陵 A128 号剑，因此，可以判断其年代要晚于铜陵 A128 号剑，应为春秋中期，最晚不过春秋晚期。

B 型 II 式剑，是东周时期南方地区最为流行的剑式，目前发现数量最多。寿县蔡侯墓剑 39.1③，年代定为春秋晚期。六安西窑厂 2 号墓④出土 2 件，年代应在春秋晚期偏晚到战国初期，不超过战国早期。洛阳中州路（西工段）M2728:40⑤，战国初期。在南方，江苏六合程桥 2 号墓出土的 II 式剑⑥，原报告根据共存物的特征，把程桥 2 号墓定为春秋末期，铜剑出土时存剑鞘木皮，应为墓主生前实用器，因此剑的年代定为春秋晚期，不超过下葬年代。湖北襄阳蔡坡 12 号墓地出土的与吴王夫差剑共存的无铭文剑⑦，应该是墓主生前使用的剑，夫差剑应是战争或赠与获得，因此，那把无铭剑使用年代应为春秋晚期到战国早期，不超过战国中期。综上可知，B 型 II 式剑的分布范围很广，流行年代应定在春秋晚期到战国初期较为合适。

B 型 III 式剑格饰变形兽面纹，有金丝镶嵌。安徽铜陵 129、南陵千峰山出土的南陵 130、南陵戴公山林场出土的南陵 131⑧，年代在春秋时期。洛阳中州路（西工段）M2729:20⑨，所在墓葬共出鼎、豆、罍、舟、匜，根据器物组合墓葬时代应为春期晚期。朱凤瀚先生认为食器豆在器物组合中地位的上升，无论大小墓皆备有豆，是在春期晚期⑩。江陵雨台山楚墓 380:3⑪，原报告称格上饰云纹，其实与 B 型 III 式的装饰图案相似，根据同出 III 式陶长颈壶为战国早期，铜剑至少要早于战国早期，也可能到春秋晚期。从 B 型 III 式剑身来看，两锷近似平行，直到剑身

---

① 湖北省荆州地区博物馆：《江陵雨台山楚墓》，北京：文物出版社，1984 年，第 77 页。
② 朱华东：《皖南周代青铜剑初论》，载《东方博物》，2007 年第 4 期，第 79 页。
③ 安徽省文物管理委员会、安徽省博物馆：《寿县蔡侯墓出土遗物》，北京：科学出版社，1956 年，第 11 页。
④ 安徽省六安县文物管理所：《安徽六安县城西窑厂 2 号楚墓》，载《考古》，1995 年第 2 期，第 131 页。
⑤ 中国科学院考古研究所：《洛阳中州路（西工段）》，北京：科学出版社，1959 年，第 98 页。
⑥ 南京博物院：《江苏六合桥二号东周墓》，载《考古》，1974 年第 2 期，第 118 页。
⑦ 襄阳首届亦工亦农考古训练班：《襄阳蔡坡 12 号墓出土吴王夫差剑等文物》，载《文物》，1976 年第 11 期，第 70 页。
⑧ 安徽大学、安徽省文物考古研究所：《皖南商周青铜器》，北京：文物出版社，2006 年，第 203～205 页。
⑨ 中国科学院考古研究所：《洛阳中州路（西工段）》，北京：科学出版社，1959 年，第 98 页。
⑩ 朱凤瀚：《中国青铜器综论》，上海：上海古籍出版社，2009 年，第 1633 页。
⑪ 湖北省荆州地区博物馆：《江陵雨台山楚墓》，北京：文物出版社，1984 年，第 78 页。

末端微弧成锋。潜山彭岭战国墓 M34:32[①],年代应在战国晚期。江陵望山沙冢楚墓 WM1:T109[②] 亦为这种剑身,年代应不晚于战国中期。值得注意的是,长沙楚墓 M563:1[③],剑格上嵌有金丝和绿松石,金丝在绿松石周围,剑身形制也相同,两锷近似平行,直到剑身末端微弧成锋,均无剑首,通长 52.3 厘米与 B 型Ⅲ式剑长相差不大,因此两者的时代应该一致。综上所述,把 B 型Ⅲ式定在战国中期还是较为合适的。

B 型Ⅳ式剑与 B 型Ⅱ式形制大体相同,特点是剑体特别长大厚实,本剑式标本剑长比 B 型Ⅱ式平均长 10 厘米以上,这种长剑在战国晚期楚墓中常有发现。江陵九店东周墓 188:1、21:6、M477:4、M66:1[④]等,原报告称 55～77 厘米有 30 件,并归为同一型式。笔者结合报告分期统计发现,这 30 件中,除去 5 件出土墓葬年代不清的,有 15 件落在四期六段,即战国晚期早段,6 件在三期五段,即战国中期晚段,2 件在四期七段,即战国晚期晚段,2 件(1 件剑格有兽面纹,若按照本文标准不应归为这一类)在三期四段,即战国中期早段。这样看来,这种长剑大致流行于战国中期晚段到公元前 278 年秦国攻占郢都这段时间,是楚国晚期流行的剑式。此外,根据江陵雨台山楚墓出土青铜剑资料,剑长有一个由短到长的发展趋势[⑤],B 型Ⅳ应是在 B 型Ⅱ式的基础上发展而来的,年代晚于 B 型Ⅱ式。因此,综合多种因素,B 型Ⅳ式剑可以定为战国中晚期。

综上,我们可以大致把 B 型剑进行排队,B 型Ⅰ式早于 B 型Ⅱ式,B 型Ⅱ式早于 B 型Ⅲ式,B 型Ⅲ式早于 B 型Ⅳ式。B 型剑的演变趋势有,剑身宽度变化明显,剑身略呈三角形变化成不明显三角,2/3 剑身两刃近似平行,剑长则由短变长。

C 型剑形制与 B 型Ⅱ式相似,但剑脊呈黄色,剑刃呈青色,为复合剑,是铸剑技术进一步发展的表现。江陵九店东周墓 M125:3、M150:3 也是这种形制的复合剑,剑长也接近,根据原报告墓葬分期,它们都属于四期六段,即战国晚期早段,剑的年代也应相差不大,不晚于公元前 278 年(秦攻占郢都)。在长沙楚墓也有大量发现,根据原报告中 D 型Ⅰa 式[⑥]中 M1427:2、M1316:1 与 C 型剑对比,D 型Ⅰa 式应与本文 C 型剑相同。同属于原报告 D 型Ⅰa 式剑在报告中新编墓号 M522、M804、M314、M356、M816 都有出土,其中M314、M356、M816 属于三期,战国中期,M522、M804 属于四期,战国晚期。因此,长沙楚墓复合剑应属战国中期到战国晚期。此外,对比 C 型剑与 B 型Ⅱ式剑的剑长(表三),C 型剑也明显增加,说明 C 型剑相对于 B 型Ⅱ式剑,不仅发展了先进的铸剑技术,而且剑长也不断发展。因此,将 C 型剑定在战国中期到战国晚期是合适的。

---

① 安徽省文物考古研究所:《安徽潜山彭岭战国西汉墓》,载《考古学报》,2006 年第 2 期,第 268 页。
② 湖北省文物考古研究所:《江陵望山沙冢楚墓》,北京:文物出版社,1996 年,第 49～50 页。
③ 湖南省博物馆、湖南省文物考古研究所等:《长沙楚墓》,北京:文物出版社,2000 年,第 173 页。
④ 湖北省文物考古研究所:《江陵九店东周墓》,北京:科学出版社,1995 年,第 220 页。
⑤ 湖北省荆州地区博物馆:《江陵雨台山楚墓》,北京:文物出版社,1984 年,第 78 页。
⑥ 湖南省博物馆、湖南省文物考古研究所等:《长沙楚墓》,北京:文物出版社,2000 年,第 175 页。

D型剑相对于B型Ⅳ式剑，是另一种风格的长剑，剑身窄而长，剑格、剑首与剑身呈组合式。洛阳中州路（西工段）M2717:101、31①组合形制与D型剑相似，但剑长仅40.5厘米，与D型剑的75.8厘米相差甚远，根据原报告墓葬分期，定在战国早期。湖北雨台山楚墓出土的四型384:8、四型444:1②与本剑也基本相似，也是剑格、首与剑身分开的组合剑。四型384:8剑通长55厘米，剑身宽4.3厘米，四型444:1剑通长68.5厘米，剑身宽4.5厘米，这两把剑表现出长大厚实的特点，应该与B型Ⅳ式长剑一脉相承，只是发展为组合式，可看作B型Ⅳ式剑与D型剑的过渡形制。根据墓葬分期，384号墓属于第三期，战国早期。湖南长沙东郊M306:1③也是这一类型，全长70厘米，剑身宽5厘米。但是，发展到长沙楚墓M1633:1④时，进一步接近D型剑。该剑通长62.7厘米，剑宽3.6厘米，扁茎平脊，呈现出剑身窄而长的特点，因缺乏其他纪年材料，从墓葬形制上看也属于战国时期，应该晚于湖北雨台山楚墓。

此外，陕西秦俑坑也发现长而薄的剑⑤，与枞阳D型剑很相似，在柄末端都有一个穿孔，剑宽平均为3.4厘米，与本文D型剑相同，剑长达80多厘米，长于本文D型剑，根据原报告，秦俑坑长剑的年代在战国晚期及秦朝。

根据上述的举例，大致可以看到：这种组合剑从战国初期在中原出现，随着时间的推进，剑长度逐渐变长，剑身宽度逐渐变窄，到战国晚期及秦代，发展到顶峰。综合枞阳D型剑整体特征及这种组合剑的演变趋势，可暂把枞阳D型剑定为战国晚期或秦代。

根据以上各型式的分期断代，我们将这批剑划分为四期：一期为春秋中晚期，二期为春秋晚期到战国初期，三期为战国中晚期，四期为战国晚期或秦代（表四）。

枞阳这批青铜剑，B型剑不仅在数量上占优势，而且在发展序列上也较为完善：春秋中晚期略带早期剑式的特点；春秋晚期战国初期发展成熟、稳定；战国中晚期剑长增长，铸造技术进步。

表三　枞阳出土青铜剑数据一览表

顺序号	器物号	时代	型别	通长（残长）	茎长	格宽	首径	剑身最宽
1	ZW01584	春秋中晚期	A型Ⅰ式	51.2	9.4		3.7	4.1
2	ZW00906	春秋晚期到战国初期	A型Ⅱ式	55.0	9.5	5.0	3.8	4.2
3	ZW00901	春秋中晚期	B型Ⅰ式	46.2	8	5.0		4.4

---

① 中国科学院考古研究所：《洛阳中州路（西工段）》，北京：科学出版社，1959年，第97页。

② 湖北省荆州地区博物馆：《江陵雨台山楚墓》，北京：文物出版社，1984年，第78页。

③ 中国科学院考古研究所：《长沙发掘报告》，北京：科学出版社，1967年，第43页。

④ 湖南省博物馆、湖南省文物考古研究所等：《长沙楚墓》，北京：文物出版社，2000年，第173页。

⑤ 陕西省考古研究所始皇陵秦俑坑考古发掘队：《秦始皇陵兵马俑坑一号坑发掘报告（1974—1984）》，北京：文物出版社，1988年，第249页。

4	ZW00858-4	春秋中晚期	B型Ⅰ式	47.5	9.8	4.7		
5	ZW00855	春秋晚期到战国初期	B型Ⅱ式	49.7	8.5	4.6	4	4.4
6	ZW00899	同上	B型Ⅱ式	49.0	8.2	4.7	3.4	4.2
7	ZW00900	同上	B型Ⅱ式	49.2	8.6	5.4	3.3	4.2
8	ZW00858-1	同上	B型Ⅱ式	52.0	7.5	4.4		
9	ZW00858-2	同上	B型Ⅱ式	53.0	8.5	4.5		
10	ZW00858-3	同上	B型Ⅱ式	58.0	9.0	3.7		
11	ZW00859-3	同上	B型Ⅱ式	55.4	8.7	5.0	3.7	
12	ZW00859-1	战国中期	B型Ⅲ式	58.4	9.5	5.0		4.4
13	ZW00991	战国中晚期	B型Ⅳ式	67.2	9.4	5.0	4	4.8
14	ZW00992	同上	B型Ⅳ式	64.8	8.2	5.0	4.2	4.4
15	ZW00859-2	同上	C型	54.0	8.7	5.0		4.3
16	ZW00915	战国晚期或秦代	D型	77	11.3			3.4

注：表中长度单位为厘米。

表四　枞阳出土青铜剑分期表

春秋中晚期	春秋晚期到战国初期	战国中晚期	战国晚期或秦代
A型Ⅰ式	A型Ⅱ式	B型Ⅲ	D型剑
B型Ⅰ式	B型Ⅱ式	B型Ⅳ式	
		C型剑	

二、戈

青铜戈是中国青铜时代重要的金属兵器之一，是车战中使用最为广泛的格斗兵器。枞阳镇旗山村坐落在低山丘陵地带，这里分布着直径大约2.5公里的战国、西汉墓群[①]，下面介绍的2件戈头就出土于这里。

通过观察发现，2件戈都是直内有胡戈，下面分别加以描述和探讨。

1.宽援戈

标本ZW00861，1977年枞阳镇旗山村征集，通体土黄色，宽援略扬，援身无脊，援上刃与内上缘不平行，弧线形锋，无折角。长胡，有下阑无上阑，阑侧四穿。内较长，其上有不规则长三角形穿，内边缘虽无刃，但下缘中后端有半圆形凹缺。援长10.5、内长7.2、阑长10、

---

① 叶润清：《枞阳旗山沙河战国、西汉墓的发掘及初步认识》，见楚文化研究会编：《楚文化研究论集》第八集，郑州：大象出版社，2009年，第258页。

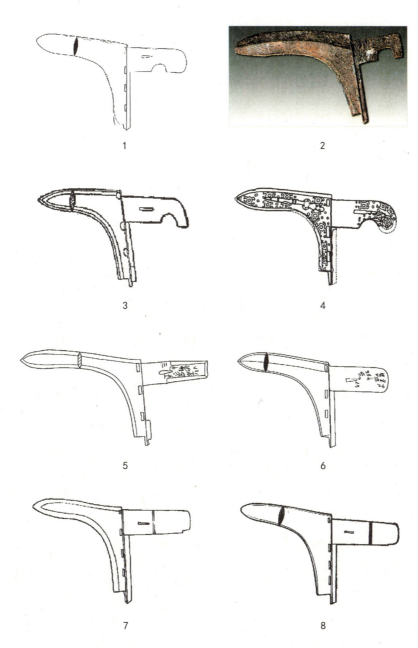

图二八　枞阳青铜戈 ZW00861 与周边地区青铜戈比较图
1. 枞阳青铜戈 ZW00861　2. 辉县琉璃阁甲墓 27∶2　3. 洛阳中州路 M2729∶27　4. 长沙 M735∶1
5. 霍邱战国墓 M21∶1　6. 江陵九店东周墓 M412∶5　7. 信阳长台关 M1∶314　8. 荆门包山 M2∶222

胡长 7.1 厘米（图二八，1）。

此戈属于直内有胡戈，这种形制从商代晚期开始出现，一直发展到战国及秦。从商末刚刚出现时数量很少，到西周发展成为两大主要形制之一，再到东周时期几乎独霸天下，展现了直内有胡戈的生命力和优越性。

此戈长胡、阑侧和内上都有长方形穿、弧线形锋、无折角，外观上看制作精良，形制较为成熟。从直内有胡戈的发展历程来看，在中原地区它一直处于主导地位，逐步发展影响到周边。

内下缘有半圆形凹缺，这种特殊的形制设计，在辉县琉璃阁甲墓27:2①（图二八，2）、洛阳中州路M2729:27②（图二八，3）、长沙M735:1③（图二八，4）也有发现。辉县琉璃阁甲墓年代素有争议，河南省博物院李宏先生综合琉璃阁东周墓地东、中、西三区墓葬演变特征，把辉县琉璃阁甲墓年代定在公元前550年，即春秋中期④。洛阳中州路M2729，原报告定在第三期，即春秋晚期。长沙M735，原报告定为四期，即战国晚期。根据这些墓葬的年代，大致可以认为内上的这种设计从春秋中期一直延续战国晚期，而且中原地区比南方出现得早，呈现出由北向南传播的趋势。

内上有一穿，后段略收窄是另一个重要特点。霍邱战国墓M21:1⑤（图二八，5），其内穿的造型就是这样。经过释读戈上铭文断定为魏国晚期的一位君王的戈，年代在战国晚期。江陵九店东周墓M412:5⑥（图二八，6），亦是这种造型，根据戈上铭文释读，为战国中期魏国戈。信阳长台关M1:314⑦（图二八，7），原报告定为战国早期，早于望山墓，晚于蔡侯墓。因此，此种设计的延续时间至少是从战国早期到战国晚期。

从援身、胡、阑等方面来看，荆门包山M2:222⑧（图二八，8）与之相似，甚至援长11.6、援宽2.4、胡长7.2厘米，以及四阑穿与枞阳戈00861都非常接近。根据包山M2中同出的竹简，墓葬年代定为公元前316年，墓主人为楚国的左尹。包山戈援身、胡、阑等设计，其年代应在战国中期偏晚。

综合上述分析，再结合枞阳所处的地理位置，中原向外传播的滞后性，把枞阳ZW00861的年代定在战国中晚期较为合适。关于其国属问题，结合内下缘有半圆形凹缺的设计及与包山M2:222的对比，又考虑到枞阳的地理位置（战国属楚）等因素，此戈应为楚戈，但显然也受到北方中原戈的影响。

2. 窄援戈

标本ZW00993，1990年枞阳镇旗山村征集，戈通体黑色，援身窄长，援上下双刃，上刃弧度明显，且高于内上缘，下刃内凹，柳叶形锋，锋稍下垂。长胡，无上下阑，阑侧三穿。内有一长方形穿，末端略有残损，呈三援刃，似鸟尾形。通长26.4、援长17.4、内8.7、胡8.6、

---

① 河南省博物馆、台北历史博物馆：《辉县琉璃阁甲乙二墓图集》，郑州：大象出版社，2003年，第122页。

② 中国科学院考古研究所：《洛阳中州路（西工段）》，北京：科学出版社，1959年，第100页。

③ 湖南省博物馆、湖南省文物考古研究所等：《长沙楚墓》，北京：文物出版社，2000年，第200页。

④ 李宏：《辉县琉璃阁墓地国别族属考》，载《中原文物》，2008年第3期，第56页。

⑤ 王峰：《安徽霍邱县战国墓的清理》，载《考古》，2011年第11期，第96页。

⑥ 湖北省文物考古研究所：《江陵九店东周墓》，北京：科学出版社，1995年，第231页。

⑦ 河南省文物研究所：《信阳楚墓》，北京：文物出版社，1986年，第53页。

⑧ 湖北省荆沙铁路考古队：《包山楚墓》，北京：文物出版社，1991年，第208~209页。

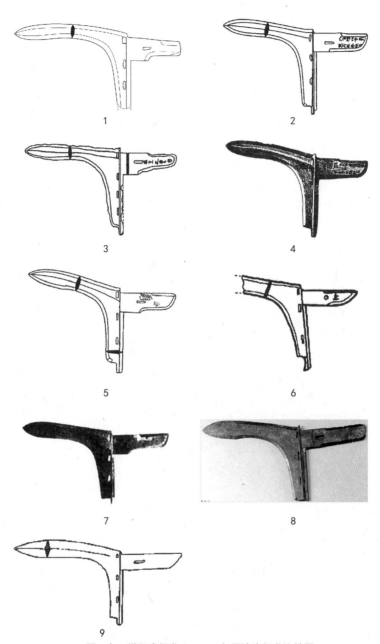

图二九　枞阳青铜戈 ZW00993 与周边青铜戈比较图
1. 枞阳青铜戈 ZW00993　2. 长沙 M581:13　3. 湖南怀化中方恭园坡出土
4. 吉林葫芦套村蔺相如戈　5. 平乐银山岭 M4:4　6. 潜山公山岗 M12:6
7. 山西屯留"平周"戈　8. 安徽东至张溪六联戈　9. 山东东平湖土山墓 10 号戟戈

阑 12 厘米（图二九，1）。

此戈显著特征是援身细长，内上有三援刃，并且内上刃短于内下刃，明显具有战国晚期的风格，与长沙 M581:13[①]（图二九，2）、湖南怀化中方恭园坡出土戈[②]（图二九，3）、霍邱战

---

① 湖南省博物馆、湖南省文物考古研究所等：《长沙楚墓》，北京：文物出版社，2000 年，第 202 页。
② 向开旺：《湖南怀化出土一件"武王"铜戈》，载《文物》，1998 年第 5 期，第 93 页。

国墓 M21:1①、吉林葫芦套村蔺相如戈②（图二九，4）、平乐银山岭 M4:4③（图二九，5）、潜山公山岗 M12:6④（图二九，6）、山西屯留"平周"戈⑤（图二九，7）等有铭戈相似。根据铭文格式和内容，可以判断长沙 M581:13 为韩国戈，年代为战国晚期。江陵九店东周墓 253:10，根据铭文应属于魏国戈，年代为战国晚期。霍邱战国墓 M21:1，根据铭文格式和内容，亦为魏国戈，年代在战国晚期⑥。吉林葫芦套村蔺相如戈，年代在公元前279年，为赵国戈。平乐银山岭 M4:4 戈，根据铭文字体，为楚国兵器，年代在战国晚期。潜山公山岗 M12:6、山西屯留"平周"戈，根据铭文格式，为秦国戈。

根据上述对内上有刃且有铭戈的分析，我们认识到这种戈的分布还是比较广泛的，从韩、赵、魏三国，到楚，再到秦，几乎涉及战国晚期所有大国。

ZW00993 戈，援身狭长，而且呈弧状，锋稍下垂，从这一点来看，表现出了越戈的特点。肖梦龙⑦、井中伟⑧、管丹平和朱华东⑨等对越戈援身窄长的特点都有概括和总结，在此不举例重复。另据《左传》《史记》等记载，大约从春秋中晚期到秦灭楚，枞阳一直是楚国的统治区域，但因与吴越靠近，这件戈由越国流入楚国是完全有可能的，因此，枞阳 ZW00993 戈可以推断为越国戈。

综合对比分析，这种形制的戈不仅可单独使用，更常作为戟戈或联戈。安徽东至张溪六联戈⑩（图二九，8）、山东东平湖土山墓10号戟戈⑪（图二九，9），形制特点就是援身细长呈弧状，内上开刃，与枞阳戈很相似。这种形制具有很大的优越性，不仅具有多样性的攻击手段如刺、啄、破、杀，而且扩大了攻击范围，左右方向都可以进攻，从而增大戟戈的杀伤力。井中伟还论述了这种形制与战争方式的变化有密切的关系⑫，这种形制上先进的设计也体现青铜戈的发展成熟。

综上分析，可以归纳以下几点：

---

① 王峰：《安徽霍邱县战国墓的清理》，载《考古》，2011年第11期，第96页。
② 长白山朝鲜族自治县文物管理所：《吉林长白朝鲜族自治县发现蔺相如铜戈》，载《文物》，1998年第5期，第91页。
③ 广西壮族自治区文物工作队：《平乐银山岭战国墓》，载《考古学报》，1978年第2期，第238页。
④ 安徽省文物考古研究所、潜山县文物管理所：《安徽省潜山公山岗战国墓发掘报告》，载《考古学报》，2002年第1期，第111页。
⑤ 陶正刚：《山西屯留出土一件"平周"戈》，载《文物》，1987年第8期，第61页。
⑥ 王峰：《三年夰令戈考》，载《考古》，2011年第11期，第73～75页。
⑦ 肖梦龙：《试论吴越青铜兵器》，载《考古与文物》，1996年第6期，第15～27页。
⑧ 井中伟：《先秦时期青铜戈——戟研究》，吉林大学博士毕业论文，2006年，第250页。
⑨ 管丹平、朱华东：《皖南出土青铜戈及初步研究》，载《东方文博》，2007年第4期，第40～47页。
⑩ 管丹平、朱华东：《皖南出土青铜戈及初步研究》，载《东方文博》，2007年第4期，第45页。
⑪ 山东省文物考古研究所：《山东梁山县东平湖土山战国墓》，载《考古》，1999年第5期，第17页。
⑫ 井中伟：《先秦时期青铜戈——戟研究》，吉林大学博士毕业论文，2006年，第399～405页。

1. 枞阳这件青铜戈，年代大致在战国中、晚期；

2. 从出土地域、戈的形制及其与其他地区有铭铜戈的对比，这件戈为越戈，但也受到中原戈的强烈影响；

3. 从功用上看，它很有可能是戟戈或者联戈，这种形制也体现出青铜戈设计发展的成熟。

三、镈

《礼记·曲礼（上）》："进戈者前其镈，后其刃。进矛戟者前其镦。"①郑玄注："锐底曰镈，取其镈地；平底曰镦，取其镦地也。"但是出土的实物资料证实，并非所有的戈镈为锐底，所有的矛镦为平底。有学者认为，两者真正的区别在于銎口的形状，镈銎口大多为卵圆形，镦銎口大多为圆形。②这种銎口的差异又受到柲的影响，因为镈与镦装于柲的下端，口形与柲相同，以纳柲体。

枞阳旗山墓出土两件，根据上面的定义，可归为镈。

1. 镈

标本ZW00994（图三〇，1），1990年枞阳镇旗山村征集，中部有凸起的箍形饰将镈分为上下两部分，上部作扁筒形，大部分已残，下部六棱形束收，末端呈蹄形，残长11厘米。从形制上看，该镈为蹄形镈，区别于直筒形镈。这种蹄足镈如郑玄所注，镈呈锐底，为了将戈柲插在地上。

这种形制的镈在枞阳周边的楚墓中多有发现。潜山公山岗M61:9(图三〇，2)③，中部有凸棱

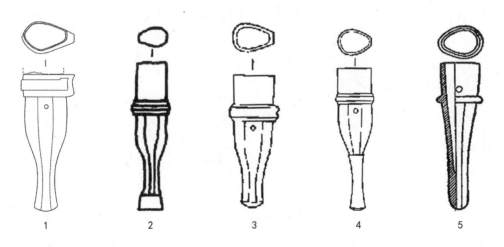

图三〇 镈对比图
1. 枞阳旗山 ZW00994　2. 潜山公山岗 M61:9　3. 江陵九店 M22:2-1
4. 江陵九店 M163:2-1　5. 洛阳中州路 M2719:88

---

① （清）阮元校刻：《十三经注疏·礼记正义》，北京：中华书局，1980年，第1244页。

② 梁法伟：《山东地区出土东周时代铜兵器研究》，山东大学硕士论文，2006年，第44页。

③ 安徽省文物考古研究所、潜山县文物管理所：《安徽省潜山公山岗战国墓发掘报告》，载《考古学报》，2002年第1期，第111页。

扁箍加固，后部六棱形束收，末端呈平底。公山岗 M61 为窄长方形竖穴墓，不带头龛和二层台，根据同出的剑、戈、鼎的形制，可定在战国晚期，墓中与 M61:9 同出有戈头，而无矛头，这也再次印证了不是所有的戈镦为锐底。江陵九店 M22:2-1（图三〇，3）①，与 ZW00994 最为相似，凸箍下有对穿的辖孔，长 9.2 厘米，尺寸也相当，M22 的年代在战国晚期早段。江陵九店 M163:2-1（图三〇，4）②，尾部细长与枞阳标本 ZW00994 有差异，年代在战国中期。

中原地区也有相似的发现。洛阳中州路战国早期墓 M2719 出土的镦 2719:88（图三〇，5）③，仅凸箍及穿孔的位置与枞阳 ZW00994 存在差异。

综上所述，ZW00994 镦的年代定为战国中期到晚期比较合适。

2. 云纹镦

标本 ZW00995（图三一，1），1990 年枞阳镇旗山村征集，形制与 ZW00994 相似，只是在凸起的箍形饰及其下饰有勾连云纹。残长 11.2 厘米。

勾连云纹是战国时期比较流行的纹饰。这种带纹饰的镦在其他地方也有发现，邯郸百家村 M3:52（图三一，2）④，形制相似，箍下有小孔，身饰变形兽面纹，M3 的年代应为战国中期。古丈白鹤湾楚墓 M28:2（图三一，3）⑤，上部扁圆，下部为六边蹄形，腰部饰怪兽，M28 出土鼎、敦、圈足壶陶器组合，年代定为战国中期前段。

江陵九店 M140:1（图三一，4）⑥，也饰勾连云纹，同出的青铜剑与江陵九店 M22 出土铜

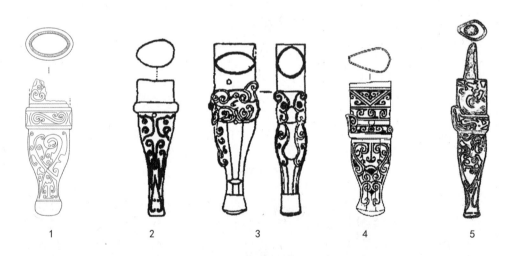

图三一　云纹镦对比图
1. 枞阳旗山 ZW00995　2. 邯郸百家村 M3：52　3. 古丈白鹤湾楚墓 M28：2
4. 江陵九店 M140：1　5. 安徽潜山林新战国墓 M45：22

---

① 湖北省文物考古研究所：《江陵九店东周墓》，北京：科学出版社，1995 年，第 235 页。
② 湖北省文物考古研究所：《江陵九店东周墓》，北京：科学出版社，1995 年，第 235 页。
③ 中国科学院考古研究所：《洛阳中州路（西工段）》，北京：科学出版社，1959 年，第 101 页。
④ 河北省文化局文物工作队：《河北邯郸百家村战国墓》，载《考古》，1962 年第 12 期，第 624 页。
⑤ 湖南省博物馆等：《古丈白鹤湾楚墓》，载《考古学报》，1986 年第 3 期，第 351 页。
⑥ 湖北省文物考古研究所：《江陵九店东周墓》，北京：科学出版社，1995 年，第 235 页。

剑是一种型式，年代应相近，为战国晚期。安徽潜山林新战国墓出土的镈 M45:22（图三一，5）[①]，从伴出铜鼎、陶钫的形制可定在战国晚期。

综上，ZW00995 的年代应为战国晚期。由于这种形制的镈多与戈共存，且较多出现在楚墓中，因此，这种镈应该是楚国风格的器物。

四、矛

矛约始见于二里岗上层文化二期，从殷代始成为一种较为常见的重要青铜武器[②]。矛是一种刺杀兵器，矛头是其发挥杀伤功效的关键部位，形制差异也最为显著，因此，对青铜矛的形制研究应主要着眼于矛头。

1. 短叶矛

标本 ZW00940（图三二，1），1985 年枞阳陈瑶湖镇征集，尖锋，叶宽短，中起脊直通骹，骹较短，横截面呈方形（扁菱形），通长 16.2 厘米。

从整体上看，此矛与西周中、晚期中原地区流行的宽叶矛相似，矛身两叶外缘呈圆弧形，但已无骹两侧的系，因此，应是仿中原的宽叶矛。

这种仿中原的宽叶矛在枞阳周边也有发现。桐城高桥镇长岗村墓葬出土 7 件青铜矛[③]，有 6 件是宽叶矛，标本 T133（图三二，2）。凤阳下庄一号墓青铜矛（M1:26）（图三二，3）[④]。宁镇地区，镇江博物馆藏丹徒上党凌塘水库出土矛 (6660:2)（图三二，4）、高淳 (3:1219)（图三二，5）[⑤]，形制均与枞阳陈瑶湖矛相似，唯骹末一侧有系，年代应早于枞阳陈瑶湖矛。朱凤

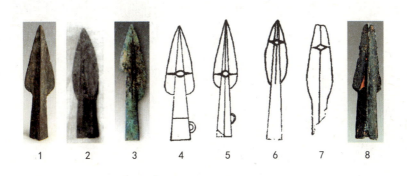

图三二　短叶矛对比图
1. 陈瑶湖矛　　2. 桐城高桥镇长岗矛 (T133)　　3. 凤阳一号墓 M1:26
4. 丹徒上党凌塘水库 6660:2　　5. 高淳 (3:1219)　　6. 丹徒北山顶墓 M:15
7. 金口岭春秋墓出土　　8. 南陵 071

---

① 安徽省文物考古研究所：《潜山林新战国秦汉墓》，北京：文物出版社，2013 年，第 37 页。
② 朱凤瀚：《中国青铜器综论》，上海：上海古籍出版社，2009 年，第 398 页。
③ 江小角：《桐城出土春秋时期青铜器》，载《文物》，1999 年第 4 期，第 90 页。
④ 安徽省文物考古研究所、凤阳县文物管理所：《安徽凤阳下庄一号春秋墓发掘简报》，载《文物》，2009 年第 8 期，第 26 页。
⑤ 肖梦龙：《镇江博物馆藏商周青铜器——兼谈江南吴器的地方特色》，载《东南文化》，1988 年第 5 期，第 60 页。

瀚先生认为，西周以后矛叶渐向窄长方向发展，呈柳叶形，春秋早期后骹两侧的系已消失[①]。丹徒北山顶墓小矛(M:15)[②]（图三二，6），骹末的系消失，它与8件叶脊两侧有血槽、骹末端如燕尾的矛共存。从发掘报告可知丹徒北山顶墓年代在春秋晚期，小矛(M:15)与"余眛"矛同出，小矛的年代应不晚于春秋晚期。

皖南地区也有类似的发现。铜陵市金口岭春秋墓出土矛[③]（图三二，7）、青阳1527、南陵071[④]（图三二，8），矛身较短，叶似等腰三角形，叶肩微折内收，弧度降低，叶底较宽，这些特征与枞阳陈瑶湖矛非常相似，年代在春秋中晚期。

综上所述，枞阳陈瑶湖矛的年代应在春秋中晚期，此矛已出现向窄叶矛转变的趋势，叶向锋处收程度较深，略成等腰三角形，骹两侧的系已消失。此外，这件矛尺寸偏小，可能是骹矛。

2. 长叶矛

标本ZW00862（图三三，1），1977年枞阳镇旗山村征集，矛身呈柳叶形，矛身中脊为圆凸形，两侧有血槽，脊上起棱不通骹，骹上有鼻钮，骹呈圆形，通长25.2厘米。

枞阳镇旗山墓群M18出土1件矛（图三三，2）[⑤]，形制与ZW00862基本相同，通长为25厘米，年代定为战国早期。

从骹部有鼻钮来看，南方多地有发现。如，资兴旧市M490:1（图三三，3）[⑥]、古丈白鹤

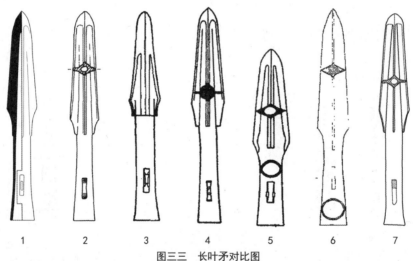

图三三　长叶矛对比图
1. 枞阳旗山矛　2. 旗山墓M18出土　3. 资兴旧市M490:1　4. 古丈白鹤湾M42:1
5. 江陵雨台山M200:12　6. 长丰杨公战国墓M9:1　7. 潜山林新战国墓M24:2

---

① 朱凤瀚：《中国青铜器综论》，上海：上海古籍出版社，2009年，第398页。
② 江苏省丹徒考古队：《江苏丹徒背山顶春秋墓发掘报告》，载《东南文化》，1988年第3～4期，第35页。
③ 张国茂：《安徽铜陵市金口岭春秋墓》，见安徽省文物考古研究所、安徽省考古学会编：《文物研究》第7辑，合肥：黄山书社，1991年，第289页。
④ 管丹平、朱华东：《皖南出土青铜矛研究》，载《东方博物》，2009年第2期，第27页。
⑤ 郑玲、叶润清：《试析安徽枞阳旗山战国墓出土铜句镶》，载《文物》，2010年第12期，第63页。
⑥ 湖南省博物馆：《湖南资兴旧市战国墓》，载《考古学报》，1983年第1期，第110页。

湾 M42:1（图三三，4）①、宜城楚城 LM2:2②、江陵雨台山 M200:12（图三三，5）③等。安徽地区也有类似发现，如繁昌 0068、芜湖县 007、铜陵市 A81④、安徽望江窑头村Ⅰ式矛⑤、安徽长丰杨公战国墓⑥等。此外，参考李建民先生的统计⑦，骹上有鼻钮的矛无论是出土地点和数量，南方地区都占有绝对性优势。从年代上看，此型矛从战国早期到晚期都有发现，矛的出土单位多为楚墓，并且大量出土类似矛的地点与战国时期楚国的活动区域吻合，因此，可以判断类似骹上有鼻钮矛应是楚矛，或者是在楚国文化影响下的产物。

从矛身叶窄长、有血槽的特点看，旗山矛与资兴旧市 M490:1、古丈白鹤湾 M42:1、江陵雨台 M200:12、铜陵市 A81、安徽长丰杨公 M9:1（图三三，6）相似。资兴旧市 M490、古丈白鹤湾 M42，都伴随出土鼎、敦、壶战国中期常见的典型组合。江陵雨台 M200:12，根据仿铜陶礼器组合，年代在战国中期前段。铜陵市 A81，管丹平、朱华东分析认为在战国中晚期。安徽长丰杨公 M9:1，年代定在战国晚期。潜山林新战国墓，也发现多件类似青铜矛，如 M24:2（图三三，7）⑧，年代在战国晚期。

综上所述，枞阳旗山矛的年代可定在战国中晚期。

五、镞

镞是青铜时代兵器的重要组成部分。青铜镞不同的形制具备不同的功能，形制上的演进与其在军事上的意义密切相连。因此，青铜镞形制的研究，对其年代判断和功能认识有着重要意义。

双翼镞

标本 ZW00960（图三四，1），1989 年枞阳县㟏山镇桃花村施家墩遗址出土，双翼式，镞

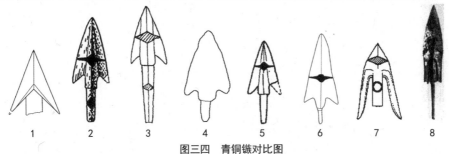

图三四　青铜镞对比图
1. 枞阳 ZW00960 镞　2. 郑州二里岗 H4:34　3. 偃师尸乡沟 T4④:8　4. 安徽含山孙家岗商代遗址
5. 西安少陵原 M60:1　6. 汤家墩 T8⑥:6　7. 青阳县龙岗青铜镞　8. 舒城九里墩出土的青铜镞

---

① 湖南省博物馆等：《古丈白鹤湾楚墓》，载《考古学报》，1986 年第 3 期，第 351 页。
② 楚皇城考古发掘队：《湖北宜城楚皇城战国秦汉墓》，载《考古》，1982 年第 1 期，第 118 页。
③ 湖北省荆州地区博物馆：《江陵雨台山楚墓》，北京：文物出版社，1984 年，第 77 页。
④ 管丹平、朱华东：《皖南出土青铜矛研究》，载《东方博物》，2009 年第 2 期，第 24 页。
⑤ 望江县文物管理所：《安徽望江窑头村出土一批青铜兵器》，载《考古》，1987 年第 4 期，第 372 页。
⑥ 安徽省文物工作队：《安徽长丰杨公发掘九座战国墓》，见《考古学集刊》（第二辑），北京：中国社会科学出版社，1982 年，第 52 页。
⑦ 李健民：《战国青铜矛》，见《中国考古学论丛》，北京：科学出版社，1993 年，第 344～347 页。
⑧ 安徽省文物考古研究所：《潜山林新战国秦汉墓》，北京：文物出版社，2013 年，第 27 页。

身断面呈菱形，镞身呈三角形，左右两翼有刃，前聚成锋，脊透出本，铤残，通体残长 3.6 厘米。

该镞双翼外张角度较大，双刃斜直，镞身近三角形。这是一种早期形制，中原地区商代二里岗时期就有发现，郑州二里岗 H4:34（图三四，2）①，偃师尸乡沟二里岗上层堆积中出土镞 T4④:8（图三四，3）②，有脊，铤较长。安徽含山孙家岗商代遗址也发现类似青铜镞（图三四，4）③。西周时期的关中地区，这种形制的镞仍然存在，如西安少陵原 M60:1（图三四，5）④。安徽枞阳汤家墩遗址出土青铜镞（图三四，6）⑤，形制与 ZW00960 镞较为接近。

安徽其他地区发现的青铜镞与 ZW00960 镞则差异较大。青阳县龙岗青铜镞（图三四，7）⑥，双刃靠近前锋处稍有些弧度，且为有銎镞。根据同出器物，龙岗墓的年代不早于春秋中期，不晚于春秋晚期。青阳庙前十字村窑厂出土的青铜镞⑦、舒城九里墩出土的青铜镞（图三四，8）⑧，均双翼收缩，与脊平行。舒城九里墩墓，徐少华先生⑨认为可能是公元前 500 年左右的吴国贵族墓，张志鹏先生⑩则认为是战国早期楚国贵族墓。

综上，ZW00960 镞双翼外张，镞身近三角形的形制与二里岗时期镞相似，唯双翼相对较长，因此，可暂定其年代为商代中期或稍晚。

六、结语

由上可知，枞阳出土青铜兵器的年代主要集中在春秋战国时期，这与这一时期诸侯国之间战争频繁的历史背景相吻合。对枞阳青铜兵器进行文化因素分析，有利于认识和研究当时的历史、文化。

枞阳出土青铜兵器包含多种文化因素，大致可分为中原文化、吴越文化、楚文化、秦文化等。

以青铜剑为例，根据周边各地出土的吴、越王青铜剑，可知吴、越王剑没有超出 A、B 型的范围，因此 A、B 型剑应是含有吴越因素。

旗山戈 ZW00993，从援身狭长的特点来看，表现出越戈的特点。

---

① 河南省文化局文物工作队：《郑州二里岗》，北京：科学出版社，1959 年，第 36 页。
② 中国科学院考古研究所河南二队：《1984 年春偃师尸乡沟商代宫殿遗址发掘简报》，载《考古》，1985 年第 4 期，第 332 页。
③ 安徽省展览、博物馆：《安徽含山县孙家岗商代遗址调查与试掘》，载《考古》，1977 年第 3 期，第 167 页。
④ 陕西省考古研究院：《少陵原西周墓地》，北京：科学出版社，2008 年，第 45 页。
⑤ 安徽省文物考古研究所：《安徽枞阳县汤家墩遗址发掘简报》，载《中原文物》，2004 年第 4 期，第 6 页。
⑥ 青阳县文物管理所：《安徽青阳县龙岗春秋墓的发掘》，载《考古》，1998 年第 2 期，第 21 页。
⑦ 朱献雄：《安徽青阳出土的春秋时期青铜器》，载《文物》，1990 年第 8 期，第 93 页。
⑧ 安徽省文物工作队：《安徽舒城九里墩春秋墓》，载《考古》，1982 年第 2 期，第 233 页。
⑨ 徐少华：《舒城九里墩春秋墓的年代与族属析论》，载《东南文化》，2010 年第 1 期，第 47 页。
⑩ 张志鹏：《舒城九里墩墓年代与国别考》，载《东南文化》，2012 年第 2 期，第 69 页。

双翼镞ZW00960，受中原文化因素影响较大，而与春秋、战国时期中原周边地区箭镞差异明显。

楚文化相对于其他文化因素，对枞阳青铜兵器影响最大，涉及的器物类别最多。

B型Ⅳ式剑，在楚墓中频繁大量出现，B型Ⅳ应为楚剑。

旗山戈ZW00861，应为楚戈，但在形成过程中吸收了北方中原戈的因素。

旗山镈ZW00994、ZW00995，在战国楚墓中大量出现。

旗山矛ZW00862，骹上有鼻钮颇有楚国特色，在楚墓中大量发现。

周潭剑ZW00915，剑身呈柳叶状，且又细又长，中起脊，有血槽，这种长剑与在陕西秦俑坑也发现长而薄的剑[①]较为相似，可能是秦文化影响的结果或战国晚期秦楚战争中俘获的秦剑。

安徽江淮南部沿江地带，交通位置优越，铜矿资源丰富，自古是兵家必争的战略要地。商代或西周早期，中原文化可能已到达这里。春秋中晚期，长江流域吴、越、楚诸国相继崛起争霸及战国晚期秦国统一，枞阳所在的江淮南部地区首当其冲。因此，该区域多种文化因素交织、碰撞及融合也就不可避免。

枞阳出土青铜兵器所涉及的时代从商代或西周一直到战国晚期，由青铜兵器所展示的历史信息还需要更多角度、更深层次的发掘与研究。

---

① 陕西省考古研究所始皇陵秦俑坑考古发掘队：《秦始皇陵兵马俑坑一号坑发掘报告（1974—1984）》，北京：文物出版社，1988年，第249页。

第三节 青铜工具

先进的生产工具是生产力进步的主要标志,是人类社会发展前进的重要推动力量。在中国生产工具的发展史上,青铜生产工具以其独特的风貌占有重要地位。对青铜生产的研究,有助于了解当时农业、手工业发展水平,进一步还原当时的社会生产力发展状况和社会生产结构的组成。

安徽省枞阳县文物管理所藏有若干青铜工具,现就其中的刀、镰、斧和削的形制和年代加以排比,并对其所包含的文化内涵和历史信息做初步的探讨。

一、刀

标本 ZW00961（图三五）,刀、柄一体,平背弧刃,呈弧曲状。尖部外弧呈上翘状,柄一面有两条横向直弦纹,将柄部隔成三个凹槽状。刀身与柄之间成钝角。全长 17、最宽处刃宽 2、柄长 8、宽 1.5 厘米。

国内出土的商周时期青铜刀按功能的不同可以分为两类,即兵器和工具。由于兵器具有砍杀等武器的功能,所以一般对长度有一定要求,商周时期作为武器的青铜刀长 30 厘米以上。而作为工具的铜刀,主要用于对物品的切割、裁剖和刮削,使用时对刀的灵活度和便利度要求比较高,所以长度一般在 30 厘米以下,当然,也不排除部分长度在 20～30 厘米的中型铜刀既可作为兵器又可作为工具的可能性。

枞阳 ZW00961 刀最大的特点为直柄、弧刃、平首,属于小型刀,推测应为手工用刀,所以应该归为工具一类。

对于青铜刀从形制上分类的标准诸家各有不同,其中最有代表性的是李济先生在《记小屯出土之青铜器》①中篇《锋刃器》中对刀形器以背、刃为依据的分类标准。而朱凤瀚先生在《中国青铜器综论》②中探讨中原及关中地区商周时期的青铜刀的形制时也采纳李济先生的观点,以背和刃的形态作为铜刀的分类标准。

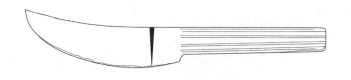

图三五 ZW00961 铜刀

---

① 李济:《记小屯出土之青铜器——中篇 锋刃器》,载《考古学报》,1949 年第 4 期,第 1 页。
② 朱凤瀚:《中国古代青铜器综论》,第 1 版,上海:上海古籍出版社,2009 年,第 508 页。

从目前的考古发掘资料上来看，全国出土的商周时期青铜刀数量比较多，安徽地区出土的商周时期青铜刀比较少，主要分布区域集中在江淮和皖南地区。

安徽地区出土铜刀商代很少，在颍上郑小庄商墓出土1件①，环首直背，尖部外弧。刀残，长23.7厘米（图三六，1）。

西周和春秋战国时期相对较多。霍邱堰台周代聚落遗址出土3件②，标本T1115⑥a:1（图三六，2），柄与刀身成锐角，平背，尖部外弧，略残，弧刃，柄首呈正方形，柄身中部有一道凹槽。残长18.6厘米。

含山大城墩遗址第四次发掘出土西周铜刀1件③，标本T13③:254（图三六，3），长弧形，弧刃，平背，尖上翘，扁圆柄。长17.5厘米。

六安堰墩西周遗址11件④，标本T808②:1（图三六，4），尖部残，刀身与柄之间成直角，背部有脊，刃锋利，因使用而成凹弧状，柄末端略宽厚。残长15.6，宽2.5厘米。标本T506⑥:19（图三六，5），刀头弧尖，刀身与柄之间成锐角，刀身为平背，柄末端略宽大。长21.8厘米。标本T807④:3（图三六，6），刀身与柄之间呈弧线相连，柄已残。残长10厘米。

屯溪土墩墓出土12件⑤，其中刀一至刀八（图三六，7-14）都为长条形，直背，窄刃，长柄，长度在18～25厘米之间。

从图三六可以看出，安徽地区出土的商周时期青铜刀根据背部和刃部的不同，总体可以分为二型。

A型 图三六编号为1～6的标本，都为直背。

根据刀尖部的形态分为二式。

Ⅰ式 图三六编号为1～3的铜刀，该式铜刀为平背，弧刃，尖部外弧上翘，有环形或者方形柄首，时代为商晚期至西周时期。

Ⅱ式 图三六编号为4～6的铜刀，该式铜刀多为平背，弧刃，尖部平直，多有柄首，时代为西周时期。

B型 图三六标号为7～14的铜刀，全部为屯溪土墩墓出土，刀体为长条状，背部平直，刃部较窄，刀柄较长，可以说是自成一格，时代为西周时期。

枞阳ZW00961铜刀从形制上看大体与A型Ⅰ式比较接近，都具有直背、弧刃、尖部上翘

---

① 阜阳地区博物馆：《安徽颍上王岗、赵集发现商代文物》，载《文物》，1985年第10期，第40页。
② 安徽省文物考古研究所：《霍邱堰台——淮河流域周代聚落发掘报告》，第1版，北京：科学出版社，2010年，第341页。
③ 安徽省文物考古研究所、含山县文物管理所：《安徽含山大城墩遗址第四次发掘报告》，载《考古》，1989年第2期，第116页。
④ 安徽省文物考古研究所、六安市文物管理所：《安徽六安市堰墩西周遗址发掘简报》，载《考古》，2002年第2期，第43页。
⑤ 李国梁：《屯溪土墩墓发掘报》，第1版，合肥：安徽省人民出版社，2006年10月，第21～22页。

的特征。但是从柄部形态看略有差异，ZW00961明显无环形或方形柄首。A型Ⅰ式的铜刀年代为商代晚期和西周时期，由此两点判断ZW00961铜刀时代应为商代或者西周时期，或者说该铜刀年代的下限起码在西周时期。

ZW00961铜刀的特点可以归纳为直背、弧刃、尖部微翘、平首、小型刀（图三七，1）。湖北黄陂盘龙城遗址出土过2件相似形制的铜刀[①]，标本PYZM2:2（图三七，2），直背、略弧刃、尖部微翘、平首，长19.3厘米。标本P:062（图三七，3），直背、弧刃、尖部微翘、平首，长21.1、宽2.8厘米。

河南郑州商城也出土过2件相似铜刀[②]，标本MGM2:9（图三七，4），直背、略弧刃、尖部微翘、平首，柄部较短，长18.4、宽2.1厘米。标本郑州商城C1采:豫0567，直背、弧刃、尖部微翘、平首，长19.5厘米（图三七，5）。

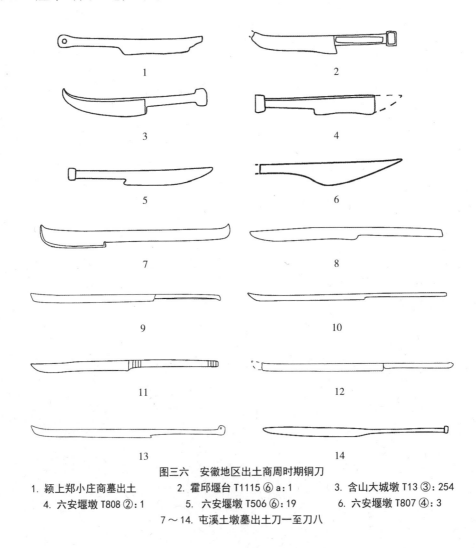

图三六　安徽地区出土商周时期铜刀
1. 颍上郑小庄商墓出土　　2. 霍邱堰台T1115⑥a:1　　3. 含山大城墩T13③:254
4. 六安堰墩T808②:1　　5. 六安堰墩T506⑥:19　　6. 六安堰墩T807④:3
7～14. 屯溪土墩墓出土刀一至刀八

---

① 湖北省文物考古研究所：《盘龙城:1963年—1994年考古发掘报告（上下）》，北京：文物出版社，2001年，上册第340、412页。

② 河南省文物考古研究所：《郑州商城:1953—1985年考古发掘报告》，北京:文物出版社，2001年，第710页。

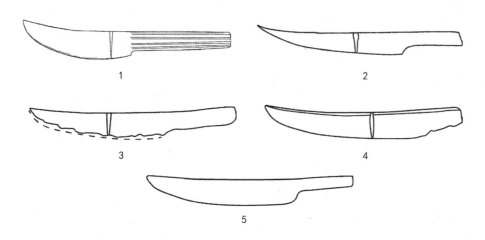

图三七　铜刀形制对比
1. 枞阳 ZW00961　　2. 盘龙城 PYZM2：2　　3. 盘龙城 P：062
4. 郑州商城 MGM2：9　　5. 郑州商城 C1 采：豫 0567

从图三七可以看出，枞阳铜刀与盘龙城、郑州商城的铜刀标本，在形制、长度上都很相似，都是直背、弧刃、尖部微翘、平首，刀身与柄部成钝角，唯一稍有不同的是枞阳铜刀柄部有两道凸弦纹。郑州商城和盘龙城都是早商时期遗址，可见，ZW00961 铜刀上限应在商代早期。

李维明先生20世纪80年代曾对商代的青铜刀作过类型学、年代的划分及发展演变规律的研究，他提出商代早期的青铜刀包括三种类型，其中一种就为直背弧刃的直柄平首刀，造型简单，一般无铭文和纹饰，个别的刀柄饰凸弦纹，有圆孔[①]。由此可见，商代早期存在饰有凸弦纹的铜刀，而后来所见的有圆形或者方形柄首的铜刀可能就是由商代早期个别柄部有圆孔的铜刀发展而来的。枞阳 ZW00961 铜刀，在造型、形制、纹饰上符合李维明先生对商代早期铜刀特征的概括。

综上所述，枞阳县文物管理所藏 ZW00961 铜刀的年代推测应为商代早期。

二、镰

1989年在枞阳汤家墩遗址出土2件箅纹锯齿镰[②]，标本 T8③：3（图三八），弧背，锯齿刃，背面光，正面有斜棱与刃齿相连，高2.1、残长5.5、厚0.3、缘宽0.65厘米，原报告判断的年代为商代晚期。

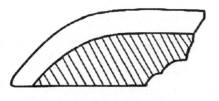

图三八　枞阳汤家墩 T8③：3

---

① 李维明：《简论商代青铜刀》，载《中原文物》，1988年第2期，第46页。
② 安徽省文物考古研究所：《安徽枞阳县汤家墩遗址发掘简报》，载《中原文物》，2004年第4期，第6页。

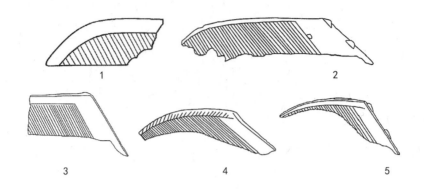

图三九　安徽地区出土篦纹锯齿镰
1. Ⅰ式：枞阳汤家墩 T8③:3　2. Ⅱ式：舒城九里墩 85 号铜镰　3. Ⅲ式：涡阳盛双楼 J13:0544
4. Ⅳ式：涡阳盛双楼 J13:0489　5. Ⅳ式：涡阳盛双楼 J13:0542

镰，作为一种收割工具，自新石器时代早期出现后，一直在农业生产中发挥重要作用，至今仍在广泛使用。目前所见的篦纹锯齿镰，基本特征为厚背薄刃或背部有突缘，背面平整光滑，正面有较深的竖向斜平行篦纹锯，延长到刃部形成锯齿，齿小而细密。

篦纹锯齿镰在安徽江淮地区出土较多，共 66 件，按照背刃的差异又可分为四式：

Ⅰ式　弧背、直刃，2 件，出土于安徽枞阳汤家墩遗址，标本 T8③:3（图三九，1）。

Ⅱ式　长弧背、直刃，9 件，出土于舒城九里墩春秋墓，形制相同，长弧背、直刃，背面光滑平整，正面篦齿纹，锯齿形刃部，在器身靠近柄的一端中间有圆穿，末端上下有两个突脊，可能是缚绳之用。标本 85 号（图三九，2），长 16.3、柄宽 4.3、厚 0.3 厘米[①]。

Ⅲ式　直背、直刃，2 件，出土于涡阳盛双楼村铜器窖藏，标本 J13:0544（图三九，3），直背、直刃，柄部下端长出刃部，器身篦齿纹，残长 9、宽 6.2 厘米[②]。

Ⅳ式　弧背、凹刃，53 件，出土于涡阳盛双楼村铜器窖藏，标本 J13:0489（图三九，4），弧背、凹刃，身略呈弯月形，残长 16.2、柄宽 7.7 厘米；标本 J13:0542（图三九，5），较小，长 8.8、柄宽 4.4 厘米[③]。

除安徽外，篦纹锯齿镰在其他省份也有发现，如山东济南大辛庄遗址出土 1 件[④]，河南淅川下寺楚墓出土 2 件[⑤]，河南太康县玉皇阁窖藏中发现篦纹锯齿镰 21 件[⑥]，湖北省江陵雨台山楚墓出土 1 件[⑦]，襄阳山湾楚墓出土 2 件[⑧]，江苏的南京、镇江、苏州地区出土 36 件，浙江绍

---

① 安徽省文物工作队：《安徽舒城九里墩春秋墓》，载《考古学报》，1982 第 2 期，总第 237 页。
② 杨玉彬、刘海超：《安徽涡阳县出土的东周青铜器》，载《考古》，2006 第 9 期，第 25 页。
③ 杨玉彬、刘海超：《安徽涡阳县出土的东周青铜器》，载《考古》，2006 第 9 期，第 25 页。
④ 王思礼：《对大辛庄采集的小型青铜锯的意见》，载《文物参考资料》，1957 年 12 期，第 60 页。
⑤ 河南省丹江库文物发掘队：《河南省淅川下寺春秋楚墓》，载《文物》，1980 年 10 期，第 18 页。
⑥ 陈振中：《先秦青铜生产工具》，第 1 版，厦门：厦门大学出版社，2004 年，第 633 页。
⑦ 湖北省荆州地区博物馆：《江陵雨台山楚墓》，北京：文物出版社，1984 年，第 89 页。
⑧ 湖北省博物馆：《襄阳山湾东周墓发掘报告》，载《江汉考古》，1983 年第 2 期，第 9 页。

兴和余杭等地也出土4件[①]。

由上可知，篦纹锯齿镰的分布范围北到山东济南，南到长江中下游沿线，西达豫西地区，东至浙江北部的宁绍平原。集中出土区域在豫东平原、淮北平原和长江下游平原地区，这些区域地形平坦，水源充足，土层深厚，气候温暖湿润，作物生长季长，对农业发展最为有利，由此可见，篦纹锯齿镰的存在和发展与地理环境和作物种植有着密切的关系。篦纹锯齿镰的特点适于收割有一定硬度的小茎秆植物，而豫东平原、淮北平原和长江下游平原正是以小麦、水稻为主要农作物的地区。

三、斧

标本ZW00969青铜斧（图四〇），长条形，束腰，长方銎，弧形刃，刃宽与銎宽基本一致。斧上部饰有纹饰，纹饰较为简单，从上到下依次为两道平行直弦纹，两道平行折线纹，两道平行直弦纹。弦纹和折线纹均环绕铜斧一周。全长8、刃宽3.6、銎口长2.8、宽0.7厘米。

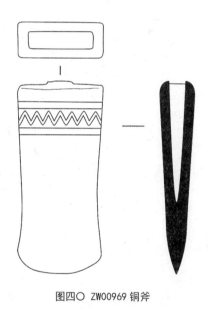

图四〇 ZW00969 铜斧

青铜斧是在石斧的演变和发展基础上产生的，它继承了石斧的基本器形和功能，在农业和手工业中使用很广。青铜斧主要出现在商代和西周，春秋战国时期数量大增。斧在古代文献中不乏记载，如《孟子·梁惠王上》记载："斧、斤以时入山林，林木不可胜用也。"由此可见，斧主要是用于砍木的工具。其实，斧在作为砍伐工具的同时也可用来在开荒、垦殖时砍伐荆木，起到农具的作用。

青铜斧基本为双面刃，斧的柄向与刃向是一致的。接柄的方式可以有两种，其一是在銎口中插入较宽厚的木块，入銎口一端较细，露在外部的要宽厚，于其上穿孔以纳柄；其二是在銎

[①] 云翔：《齿刃铜镰初论》，载《考古》，1985年第3期，第257页。

口中插入较窄方形木块，向外一端较细，向銎一端较粗，较细端以榫卯方式插入木柄的方孔内。[①]

中国传世和出土的青铜斧数量相当多，按其大小、形制的不同，也有好几种。但是对青铜斧做过专门性研究的学者不多，其中最有代表性的应为朱凤瀚先生，他在《中国古代青铜器综论》一书中将中国出土的商周时期的青铜斧按其器型分为五型八式。

安徽地区出土的商周时期青铜斧的数量不多，根据发掘报告可明确统计时代和数量的青铜斧共27件。其中商代1件，西周3件，东周23件。根据器身形态分三型。

A型 7件。平面呈亚腰梯形，直刃略弧，刃宽明显大于銎宽。分3式。

Ⅰ式：1件。安徽郎溪欧墩遗址[②]出土（图四一，1），时代为西周。束腰式，体短扁平，

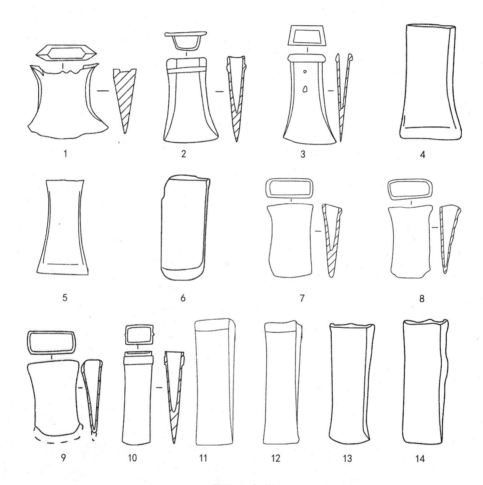

图四一 铜斧
1. 郎溪欧墩遗址出土　2. 六安堰墩遗址出土　3. 六安城西窑厂2号楚墓出土
4. 贵池徽家冲1号　5. 贵池徽家冲4号　6. 颍上郑小庄商墓出土　7. 屯溪土墩墓M3:31
8. 屯溪土墩墓M5:57　9. 屯溪土墩墓M7:5　10. 霍邱堰台T0615⑦:1　11. 寿县蔡侯墓40.1
12. 寿县蔡侯墓40.2　13. 贵池徽家冲3号　14. 贵池徽家冲5号

---

① 朱凤瀚：《中国古代青铜器综论》，第1版，上海：上海古籍出版社，2009年，第499页。
② 宋永祥：《安徽郎溪欧墩遗址调查报告》，载《考古》，1989年第3期，第202页。

上部和刃部稍残缺，腰上展开成尖肩，肩上内收作扁六角形直銎，上大下小，弧刃。长9、刃宽10厘米。

Ⅱ式：2件。直刃略弧，銎端有一道凸棱。六安堰墩西周遗址[①]出土1件。T707③:18（图四一，2），长7.5、宽4厘米。六安县城西窑厂2号楚墓[②]出土战国铜斧1件（图四一，3），长方形，銎口梯形，一边为直壁，一边为斜弧壁，銎部铸有凸棱一周，斜面有辖柄的圆穿孔。长7.2、刃宽4.4、銎长2.4～2.8、厚1.8厘米。

Ⅲ式：4件。形体较瘦削，束腰，銎作长方形。安徽贵池徽家冲出土春秋晚至战国早期铜斧[③]。1号铜斧（图四一，4），銎作长方形，一面微凹，一面微凸。刃端向两侧展开，中部略凹进。两侧各有一道突起的直弦纹。长9.5、上宽4、下宽5.4厘米。4、10号，两侧各有一道突起的直弦纹。4号铜斧（图四一，5）长7.7、上宽3.1、下宽4.3厘米。

B型 5件。扁平长方形，扁方銎，刃微凸并朝两侧稍张，刃宽基本与銎宽相等。安徽颍上郑小庄商墓[④]出土1件（图四一，6），銎稍残，长8.5厘米。

屯溪土墩墓[⑤]出土4件。M3:31（图四一，7），高6、刃口残宽3厘米。M5:57（图四一，8），残长4.3、腰宽2.5厘米。M4:22，高5.4厘米、刃口宽约3厘米。扁方銎，銎口外侧有一道弦纹。M7:5（图四一，9），高4.8、刃宽3厘米。

C型 16件。长条形，弧刃。根据刃宽与銎宽的比例分为2式。

Ⅰ式：8件。长条形，体形较窄，刃宽小于銎宽。安徽霍邱堰台周代聚落遗址[⑥]出土1件，标本T0615⑦:1（图四一，10），方銎，銎口下加厚一周，长12厘米。

安徽寿县蔡侯墓[⑦]出土2件。銎内残存朽木，下半部有花纹。形制大小略有不同。标本40.1较大（图四一，11），刃部较厚，长13.5、刃宽4.2、腰长3.7厘米。标本40.2较小（图四一，12），刃部较薄，长12.5、刃宽3.7、腰宽3.1厘米。

安徽贵池徽家冲[⑧]出土2件春秋晚期至战国初期铜斧。标本3号（图四一，13），长方銎，刃部突出略成新月状，两侧有两道突起的直弦纹相对称，长11.2、上宽4、2、下宽4厘米。标

---

① 安徽省文物考古研究所、六安市文物管理所：《安徽六安市堰墩西周遗址发掘简报》，载《考古》，2002年第2期，第43页。

② 安徽省六安县文物管理所：《安徽六安县城西窑厂2号楚墓》，载《考古》，1995年第2期，总第137页。

③ 卢茂村：《安徽贵池发现东周青铜器》，载《文物》，1980年第8期，第21页。

④ 阜阳地区博物馆：《安徽颍上王岗、赵集发现商代文物》，载《文物》，1985年第10期，第40页。

⑤ 李国梁：《屯溪土墩墓发掘报》，第1版，合肥：安徽省人民出版社，2006年，第22、49、54、60页。

⑥ 安徽省文物考古研究所：《霍邱堰台——淮河流域周代聚落发掘报告》，第1版，北京：科学出版社，2010年，第342页。

⑦ 安徽省文物管理委员会、安徽省博物馆：《寿县蔡侯墓出土遗物》，北京：科学出版社，1956年，第11页。

⑧ 卢茂村：《安徽贵池发现东周青铜器》，载《文物》，1980年第8期，第21页。

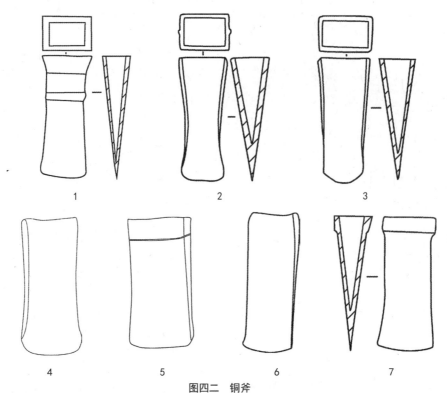

图四二　铜斧
1. 舒城九里墩春秋墓铜斧（36）　2. 涡阳盛双楼铜斧 J13：0571　3. 涡阳盛双楼铜斧 J13：0572
4. 铜陵凤凰山铜斧　5. 青阳庙前乡铜斧　6. 铜陵地区古矿冶遗址斧1
7. 凤阳卞庄一号春秋墓铜斧 M1：60

本5号（图四一，14），长方銎，背部突起，腹部内敛，刃平直，两端稍收，斧两侧同样各有一道直弦纹，长6.9、上宽2.5、下宽2.2厘米。

舒城九里墩春秋墓[1]出土1件（图四二，1），刃部略成弧形，长方形銎，銎口有箍，腰有凸棱一道，长9.4、刃宽3.6厘米。

涡阳盛双楼村[2]出土春秋晚期或战国时期铜斧2件。J13:0571（图四二，2），束腰，弧刃，刃角外侈，长10.6、刃宽3.7厘米。J13:0572（图四二，3），弧刃，长7.4、刃宽2.4厘米。

Ⅱ式：6件。长条形，刃宽等于或者略大于銎宽。铜陵凤凰山窖藏[3]出土春秋铜斧1件（图四二，4），銎口长方形，全长7.3、刃宽3.5厘米。

青阳庙前乡十字村窖藏[4]附近出土春秋中晚期铜斧1件（图四二，5），上有方銎可纳柄，长9.6、宽4.7厘米。

铜陵地区古矿冶遗址[5]出土春秋至战国铜斧2件。形制基本一致，双范合铸。长方形直銎，

---

[1] 安徽省文物工作队：《安徽舒城九里墩春秋墓》，载《考古学报》，1982年第2期，总第237页。
[2] 杨玉彬、刘海超：《安徽涡阳县出土的东周青铜器》，载《考古》，2006年第9期，第26页。
[3] 叶波：《铜陵凤凰山发现春秋铜器》，载《文物研究》，1988年第3期，第84页。
[4] 朱献雄：《安徽青阳出土的春秋时期青铜器》，载《文物》，1990年第8期，第94页。
[5] 张国茂：《安徽铜陵地区古矿、冶遗址调查报告》，载《东南文化》，1988年第6期，第80页。

刃部磨损。斧1，全长11.5、刃宽4.2厘米（图四二，6）。斧2，全长8厘米、刃宽2.8厘米。

凤阳大东关M1①出土春秋铜斧1件，长条形，束腰方銎，銎口加厚呈箍状，两面弧刃。斧的四面纹饰均相同，从上至下形似单体变形蛇纹构成的重绳索纹、云雷纹、鸟纹、单体小蛇构成的绳索纹、三角勾连纹内填充兽面纹。标本M1:21，通长14.8、銎口宽3.4、刃宽4厘米。

凤阳卞庄一号春秋墓②M1:60（图四二，7），长方銎，弧形刃，素面，銎口长4、宽2.8、厚0.5、刃宽4厘米。

蚌埠双墩一号春秋墓③出土1件，竖条形，两面刃，顶部方形柄孔。标本M1:357，长13.2厘米。

根据上述安徽地区出土商周时期青铜斧的形制演变，可以得出以下结论：

1. 商代和西周时期铜斧出土数量较少，商代铜斧为长方形，弧刃，西周时期出现了束腰式，体短扁平，弧刃，銎口有方形和六角形，刃宽明显大于銎宽。

2. 春秋至战国时期铜斧的数量大增，多为长条楔形，少量为扁平长方形，长方形銎，一些在銎口有箍。此期的铜斧主要有三种形态：（1）扁平长方形，扁方銎，刃微凸并朝两侧稍张，刃宽基本与銎宽相等，以皖南土墩墓出土的铜斧为典型代表。（2）长条形，弧刃，体形较窄，刃宽小于銎宽。（3）长条形，弧刃，刃宽等于或者略大于銎宽。

纹饰方面，春秋至战国时期少数青铜斧出现了纹饰，纹饰由简单的弦纹发展到比较复杂的组合型纹饰，如凤阳大东关M1:21，四面从上至下饰形似单体变形蛇纹构成的重绳索纹、云雷纹、鸟纹、单体小蛇构成的绳索纹、三角勾连纹内填充兽面纹。

与安徽地区出土的商周时期铜斧对比可以看出，枞阳ZW00969青铜斧形制与C型Ⅱ式比较接近，都为长条形，微束腰，弧刃，刃宽基本和銎宽相等，尤其与铜陵凤凰山窖藏出土的春秋时期铜斧（图四三，1）、青阳庙前乡十字村出土的春秋中晚期铜斧（图四三，2）在大小、

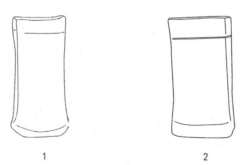

图四三　铜斧对比图
1. 铜陵凤凰山窖藏出土铜斧　2. 青阳庙前乡十字村出土铜斧

---

① 安徽省文物考古研究所、凤阳县文物管理所：《凤阳大东关与卞庄》，第1版，北京：科学出版社，2010年，第49页。

② 安徽省文物考古研究所、凤阳县文物管理所：《凤阳大东关与卞庄》，第1版，北京：科学出版社，2010年，第49页。

③ 安徽省文物考古研究所、蚌埠市博物馆：《安徽蚌埠双墩一号春秋墓发掘简报》，载《文物》，2010年第3期，第16页。

刃宽、形制方面十分相似。

铜陵凤凰山窖藏出土的春秋铜斧[1]，銎口长方形，全长 7.3、刃宽 3.5 厘米。青阳庙前乡十字村窖藏附近出土春秋中晚期铜斧[2]上有方銎可纳柄，长 9.6、宽 4.7 厘米。枞阳 ZW00969 青铜斧全长 8、刃宽 3.6 厘米。三者都为长条形，微束腰，弧刃，刃宽基本和銎宽相等。前两者磨损较为严重，应为实用器，时代都是春秋时期。

铜陵凤凰山窖藏出土的春秋铜斧为素面，青阳庙前乡十字村窖藏附近出土的铜斧有一条弦纹环绕在上半部分，时代为春秋中晚期。安徽地区出土商周时期铜斧纹饰最复杂的应为凤阳大东关 M1:21 铜斧[3]，大东关 M1 为春秋时钟离国贵族墓葬，可见春秋时期青铜斧已经有十分复杂的组合型纹饰了。枞阳 ZW00969 青铜斧有弦纹和折线纹组合型纹饰，与上述三者相比，纹饰比青阳庙前乡出土的铜斧复杂，但是较凤阳大东关 M1 出土的铜斧纹饰简单。

通过铜斧的形制和纹饰的比较，可以推测枞阳 ZW00969 青铜斧年代应为春秋中晚期。

四、削

枞阳文物管理所藏铜削 1 件（图四四），编号为 ZW00860，削身尖部残，残长 21.6、身宽 5、刃宽 1.8、环首长径 5.3、短径 3.6 厘米，素面。弧脊弓背，刃和背以相同的弧度并行，削身与柄部呈钝角，椭圆形环柄，环与柄相接处有箍。

削是一种中小型的刀，古代小型的刮削工具。削产生于商代，主要盛行于春秋、战国时期。削的形制比较固定，通常为凸背、凹刃、刃和背以相同的弧度并行，刃至顶端向上敛成锋尖，柄细长。也有平背平刃型铜削。一般柄首作椭圆环形，环较大而框窄，由此又称"环首刀"。

《周礼·考工记》载："筑氏为削，长尺博寸，合六而成规。"规指正圆，也就是说六件削可以合成一个正圆，所以削的弧度应该为 60 度。但验之以考古发掘和传世的铜削，削背弧度并非一致。削的用途之一就是用来刮书写在竹简上的文字，亦称"书刀"。多作凹面是为了

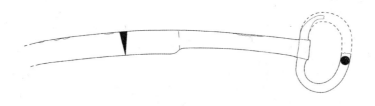

图四四 ZW00860 铜削

---

[1] 安徽省文物工作队：《安徽舒城九里墩春秋墓》，载《考古学报》，1982 第 2 期，总第 237 页。
[2] 杨玉彬、刘海超：《安徽涡阳县出土的东周青铜器》，载《考古》，2006 第 9 期，第 26 页。
[3] 安徽省文物考古研究所、凤阳县文物管理所：《凤阳大东关与卞庄》，第 1 版，北京：科学出版社，2010 年，第 49 页。

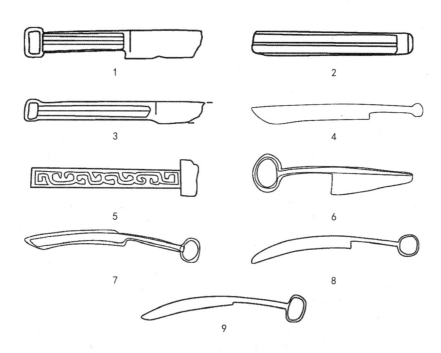

图四五　安徽出土商周时期铜削
1. 潜山薛家岗 H8:27　2. 怀宁跑马墩 T1 ⑤:13　3. 潜山薛家岗 T49 ②:2
4. 怀宁杨家牌出土　　5. 六安走马岗出土　　6. 涡阳盛双楼 J13:0576
7. 青阳乡龙岗 M1:21　8. 蔡家岗赵家孤堆 2:28.1　9. 蔡家岗赵家孤堆 2:28.3

适于刮削，环形柄首则是为了穿绳佩戴[①]。

安徽地区出土的商周时期铜削，根据考古发掘资料和简报可统计的有 36 件，其中商代 1 件，西周 2 件，春秋至战国 33 件。寿县蔡侯墓出土春秋时期铜削 1 件[②]，残缺；寿县李三孤堆楚王墓 6 件[③]，没有实物图片；蚌埠双墩一号春秋墓 9 件[④]，实物图片和资料没有全部发表，故暂不对上述墓葬出土的铜削作类型学分析。其余 20 件，根据器身形制可以分为二型。

A 型　8 件。平背。根据其柄首形制又分二式。

Ⅰ 式　3 件。背部平直，有椭圆形环首。

潜山县永岗大队薛家岗出土商代铜削 1 件，标本 H8:27（图四五, 1）[⑤]，尖部残，椭圆形环首，柄部两面各有 3 道直弦纹，残长 13.2 厘米。

怀宁跑马墩遗址出土西周铜削 1 件，标本 T1 ⑤:13（图四五, 2）[⑥]，扁长方体，两面各有

---

① 朱凤瀚：《中国古代青铜器综论》，第 1 版，上海：上海古籍出版社，2009 年，第 513～514 页。
② 安徽省文物管理委员会、安徽省博物馆：《寿县蔡侯墓出土遗物》，北京：科学出版社，1956 年，第 11 页。
③ 卢茂村：《浅析安徽寿县楚王墓出土的生产工具》，载《农业考古》，2000 年第 3 期，第 168 页。
④ 安徽省文物考古研究所、蚌埠市博物馆：《安徽蚌埠双墩一号春秋墓发掘简报》，载《文物》，2010 年第 3 期，第 16 页。
⑤ 安徽省文物工作队：《潜山薛家岗新石器时代遗址》，载《考古学报》，1982 年第 3 期，总第 320 页。
⑥ 杨德标，金晓春等：《安徽怀宁跑马墩遗址发掘的主要收获》，载《文物研究》，第 8 辑，合肥：黄山书社，1993 年，第 127 页。

凸弦纹一道，柄部残，残长 5.8 厘米。

潜山薛家岗第六次发掘出土西周铜削 1 件，标本 T49②:2（图四五，3）①，身呈长方形，一端残，柄部两面各有一道直弦纹，残长 14.4 厘米。

Ⅱ式 5 件。背部平直，无环形柄首。

怀宁杨家牌生产队出土 4 件②，时代为春秋时期。削身前窄后宽，尖头，背微弯，刃部内凹，丁字形柄。柄饰直线纹。其中一件长 22.2、刀身宽 2.4 厘米（图四五，4）。

六安毛毯厂镇走马岗春秋墓出土 1 件（图四五，5）③，呈"T"字形，光洁黑亮无锈蚀，削柄两面均饰窃曲纹，残长 7.5 厘米。

B 型 12 件。凸背。根据刃部形态分为二式。

Ⅰ式 6 件。凸背，刃部呈三角形，环首。

涡阳盛双楼村出土 6 件④，年代为春秋晚期或战国时期。圆环首，背较厚，略呈弧形。最完整的一件标本 J13:0576（图四五，6），刃部呈三角形，刃尖残，长 24.6、背厚 0.7 厘米。

Ⅱ式 6 件。凸背，凹刃，椭圆形或者圆形环首柄。

青阳乡龙岗春秋墓出土铜削 1 件⑤，标本 M1:21（图四五，7），弧脊凹刃，脊上有细密锯齿，柄尾端附椭圆形环，通长 27.2、身宽 2 厘米。

淮南蔡家岗赵家孤堆战国墓出土铜削 5 件⑥。标本 2:28.1（图四五，8），椭圆形环柄，全长 24～29.7 厘米。标本 2:28.3（图四五，9），身有脊分上下两刃，上刃锯齿形，环柄，全长 26 厘米。一号墓出土 1 件，环柄。

根据以上统计可以看出，削虽然在不同时期形制有所变化，但还是有些规律可循。总体上看，商周时期铜削很少，主要流行于春秋战国时期。形制由商周时期直背向春秋战国时凸背方向发展，到了春秋战国时期，凸背、凹刃、环首成为主要形态，春秋时期也存在个别直背、无环首或者环首、三角形刃部铜削。

枞阳 ZW00860 铜削由于尖部残缺，只能通过背部、削身、环柄的特点来做比较。该削在整体形制上与蔡家岗赵家孤堆楚王墓出土的铜削 2:28.3 形制类似，都为凸背、凹刃，削身较细，削身与柄部呈钝角，椭圆形环首，铜削标本 2:28.3 的年代为战国时期（图四六，1）。同时，在《中

---

① 安徽省文物考古研究所：《安徽潜山薛家岗遗址第六次发掘简报》，载《江汉考古》，2002 年第 2 期，第 12 页。

② 怀宁县文物管理所：《安徽怀宁县出土春秋青铜器》，载《文物》，1983 年第 11 期，第 70 页。

③ 安徽省博物馆、六安县文物管理所：《安徽六安县发现一座春秋时期墓葬》，载《考古》，1993 年第 7 期，总第 657 页。

④ 杨玉彬、刘海超：《安徽涡阳县出土的东周青铜器》，载《考古》，2006 年第 9 期，第 27 页。

⑤ 青阳县文物管理所：《安徽青阳县龙岗春秋墓的发掘》，载《考古》，1998 年第 2 期，第 22 页。

⑥ 安徽省文化局文物工作队：《安徽淮南市蔡家岗赵家孤堆战国墓》，载《考古》，1963 年第 4 期，总第 212 页。

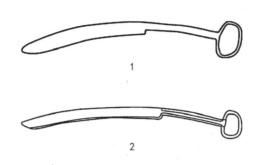

图四六 铜削形制对比图
1. 蔡家岗赵家孤堆楚王墓 2：28.3　　2. 包山楚墓 M2：1-1

国古代青铜器综论》中，朱凤瀚先生将铜削分为二型，枞阳 ZW00860 铜削与其 Ab 型中标本一的包山楚墓 M2:1-1（图四六，2）形制十分相似，该型铜削，凸背，凹刃，刀身较细，椭圆形环首，全长 28.5 厘米，年代为战国晚期。

由此可以推测，枞阳 ZW00860 铜削形制为楚式风格，年代应为战国晚期。

五、结语

枞阳北接江淮和中原，南与铜陵、池州隔江而望，东西通过长江与江苏、湖北相连，无论是南北，还是东西文化交流，枞阳都为交通要道。枞阳文物管理所藏的 5 件青铜工具，虽然数量不多，形制简单，但是却能反映枞阳地区在商周时期的生产生活状况，以及与周边地区的文化交流情况。

枞阳铜刀年代为商代早期，与盘龙城和郑州商城出土的铜刀比较，三者形制极为相似，这说明三地之间可能存在着经济和文化的互动。郑州商城代表着中原强大的商文明，盘龙城则是一个商文化系统下的南方方国，而枞阳地区可能是另一个商代方国所统辖的一片区域。中原灿烂的商文化不断辐射着商朝统治下的周边方国，枞阳地区或者直接受到中原的影响，又或者间接与盘龙城的商民交流进而受到先进文明的冲击，古代先民喜欢生活定居在离水源比较近的区域，又或者沿河生活、迁移，而枞阳和盘龙城同处于长江沿岸，这为两地的交流和互通的实现提供了可能。

汤家墩遗址出土的两件篦纹锯齿镰为长江下游平原地区出土篦纹锯齿镰的典型代表，充分印证了篦纹锯齿镰的分布范围已达长江下游一带。同时，篦纹锯齿镰分布的地区多为气候温暖湿润、水网密布、地形平坦的农业较发达的地区，这也说明了在商周时期，枞阳地区的农业水平已经达到较高的程度。

枞阳铜斧的年代为春秋中晚期，从现有的考古资料来看，在安徽长江流域的北部，即与枞阳邻近的安庆地区和巢湖地区基本没有发现商周时期铜斧。与此相反，在与枞阳一江之隔的铜陵和池州的青阳地区，以及再往南到黄山屯溪地区却发现了一定数量的铜斧，而枞阳铜斧的形制和大小与铜陵凤凰山窖藏和青阳庙前乡出土的铜斧又极其相似，这说明枞阳铜斧有可能来自长江对岸的铜陵或者青阳地区，或者在春秋时期，枞阳和铜陵、青阳地区存在着密切的经济文化交流活动。

枞阳铜削的环与柄相接处有箍连接，由此推断可能使用了简单的铸接法，铸接法是通过铸造方法将器物的部分或者附件连接在一起的工艺[①]。铸造工匠采用了按结构和工艺顺序拆分的方法，将器物分为不同组件，每个组件结构简单，易于铸造。该铜削椭圆形环首应该为单独铸造，然后利用铸接法将环首与削身连接起来。铸接法简化了复杂型器物的铸造难度，具有很大的便利性。

铜削的年代应为战国时期，形制为楚式风格。据文献考证，枞阳地区西周时为宗子国。《左传·文公十二年》："楚子孔执舒子及宗子，遂围巢。"即公元前615年，楚执宗子国君，宗子国遂灭，枞阳地区正式纳入楚国的版图。

---

① 苏荣誉：《商周青铜器的铸接》，第四届中日机械技术史及机械设计国际学术会，2004年11月1日。

第四节 青铜器纹饰

青铜时代持续千年，最能代表这一段文化的即为青铜器，而纹饰可以说是青铜器的灵魂，商周时期的青铜器纹饰则最具代表性。我国对青铜器纹饰的研究早在宋代就已开始，《考古图》《博古图录》可谓是其滥觞。近代以来，容庚先生的《商周彝器通考》开启了对青铜器纹饰的系统研究，《殷商青铜器通论》则让这一研究愈趋科学化。

在青铜器流往海外的过程中，对青铜纹饰的特别偏爱、对艺术鉴赏和美学的共鸣促使西方学者对这门学问做出了不小的贡献，他们纷纷就这一课题进行了思考。例如德国人罗越（Max Loehr，1903—1988年）对商代青铜器纹饰主题风格展开的分析[1]，瑞典人高本汉（Klas Bernhard Johannes Karlgren，1889—1978年）也对中国青铜器纹饰提出了自己的看法[2]。此后，还有叶慈（W.Perceval Yetts，1878—1957年）、巴赫费尔（Ludwig Bachhofer，1894—1976年）等人加入了中国青铜器序列的讨论[3]。对青铜器的纹饰研究直到现在仍然十分具有生命力。这些繁缛的纹饰不仅对器物起到装饰作用，代表了当时的审美观念，亦融合了古人对生命的理解、他们原始的宗教信仰以及对上天的诉求等，部分精致的纹饰更是代表了先进的青铜制造工艺。

本节在学界已有的对青铜器纹饰研究的基础上，以此次整理的枞阳商周青铜容器为对象，尝试对容器上的兽面纹、凤鸟纹、窃曲纹等纹饰进行对比研究，初步分析各纹饰的样式，并对纹饰细节处理、刻画部位、装饰组合等进行探讨。

一、兽面纹

兽面纹也称"饕餮纹"，在商周青铜纹饰中所占数量较多，涉及的动物也很广泛。现将枞阳青铜容器所饰兽面纹列举如下：

1. 方彝

出土于周潭镇汤家墩遗址的方彝，编号为ZW00889，年代定为西周。方彝四面器腹饰有兽面纹（图四七，1），为半浮雕状，有一对向上翘的牛角，尖角锐利，上饰鳞形纹，巨目外凸，眼眶向内下倾斜，近鼻梁一段眶角外延并向内弯曲。叶形耳，高鼻梁，鼻梁上方有回形目。嘴

---

[1] 罗越在《安阳时期（1300-1028 B.C.）的青铜器风格》（Max Loehr, "The Bronze Styles of the Anyang Period（1300-1028 B.C.）", Archives of the Chinese Art Society of America（1953），7：42-53）一文中把这一时期青铜器划分为五种形式（罗越Ⅰ至罗越Ⅴ）。

[2] 在一篇文章中（Bernhard Karlgren, "New Studies on Chinese Bronzes",Bulletin of the Museum of Far Eastern Antiquities(1937), 9：9-119），高本汉用统计学的方法对传世的1,294件青铜器进行分析，将纹饰组合分为ABC三群，并发现青铜器纹饰具有分组现象。

[3] Perceval W.Yetts, "The Exhibition of Chinese Art.II.The Bronzes",Burlington Magazine(1936),68:14-21;Ludwig Bachhofer, "The Evolution of Shang and Early Chou Bronzes",The Art Bulletin(1944),26:107-116.

图四七　兽面纹

1. 方彝器腹部纹饰　　2. 方彝鋬手　　3. ZW00952 尊腹部纹饰

角外阔，配以卷曲胡须。

牛角兽面纹在二里岗时期和殷墟第一期就有出现，在商晚期至西周早期十分流行。汤家墩方彝器腹所饰兽面纹与1975年在北京琉璃河黄土坡第251号墓中出土的西周早期的伯矩鬲器腹、器盖上的牛角兽面纹[①]多有相似，属于陈公柔、张长寿对青铜器兽面纹断代研究中的Ⅰ7式，年代在西周阶段[②]。

---

① 文物出版社编著：《中国古青铜器选》，北京：文物出版社，1976年，图26。

② 陈公柔、张长寿：《殷周青铜容器上兽面纹的断代研究》，载《考古学报》，1990年第2期，第137页。

方彝在器腹上部装饰有一对环状装饰作为錾手（图四七，2），錾手呈牛首状。牛首两耳外扩，上刻十字形装饰；双角相对后仰与方彝器身相接，相接之处下方有回形耳。牛首双目外凸明显，牛鼻略向外突出。整个牛首各部分比例协调，栩栩如生。

2. 兽面纹尊

编号为 ZW00952 的兽面纹尊出土于横埠镇官塘村墓葬，是一件西周时期的器物。此尊圆鼓腹，兽面纹位于尊的腹部，上、下各有两道凸弦纹。兽面纹左右两部分略有不对称，应该是铸造过程中产生的瑕疵（图四七，3）。

兽面纹为一独立的兽面图案。兽面两羊角两端相向内卷成云纹状，菱形耳，圆目，直鼻，嘴角内卷，张口露出尖牙。兽面两侧为躯干，不与兽面相连，躯干分上下两层，上层向上卷起，有刚毛；下层两折，兽目两侧的躯干呈爪状，躯干后段有戟状刺，再后有漂浮状"刺"，躯干尾部上扬。主题花纹之间刻画细线花纹，填充纹饰空白部分。

这件兽面纹尊器形与安徽屯溪西周一号墓中出土的父乙尊相似[1]。依郎剑锋的研究[2]，官塘尊属于 B 型 Ba 亚型，与父乙尊都是典型的中原形式。从纹饰上来看，父乙尊亦为羊角兽面纹，但兽面纹在细节方面刻画更为精致。此外父乙尊在兽面纹旁边还搭配了凤鸟纹，体现出了从商开始的羊角兽面纹与凤鸟纹母题并存的关系。陈公柔、张长寿[3]把父乙尊划为独立兽面纹 I 型 3 式，经对比可知官塘兽面纹尊属于 I 型 4 式，即"兽面纹的双角两端相向圆卷似云纹状"，这一类型的出现早至殷墟第二期。

二、凤鸟纹

凤鸟纹是一种动物纹饰，包含凤以及各类鸟的装饰图案。凤鸟纹的出现最早可以追溯到商代二里岗时期。西周早期凤鸟纹主题在青铜器中逐渐盛行，由于这一时期的凤鸟纹多小而简单，也被称作"小鸟纹"。

ZW00889 方彝器盖分为上下两层，各有一样式相同的凤鸟纹（图四八）。凤鸟纹整体较方正，身稍长尾略短。凤冠为单一曲线形，尖喙，圆眼，眼睛中间有代表瞳孔的圆点。鸟一只脚爪举起前伸，尖翅向上翘，尾羽下折分叉如鱼尾状。下层凤鸟纹尾羽上还有一片呈卷曲状的羽毛。由于方彝盖部空间有限，整个凤鸟形态根据空间有了适当的调整，使得鸟身体各部分的位置有了一些变化。而在器盖下层，为避免单个凤鸟纹所占空间不足，右侧添加了倒置的蝉纹从而让纹饰的构图紧凑。

学界对凤鸟纹的研究较多也较全面，各家提出了不同的分期方案。方彝上的凤鸟纹鸟身与

---

[1] 殷非滁：《安徽屯溪西周墓葬发掘报告》，载《考古学报》，1959年第4期，第59页。
[2] 郎剑锋：《吴越地区出土商周青铜器研究》，山东大学，2012年，第53页。
[3] 陈公柔、张长寿：《殷周青铜容器上兽面纹的断代研究》，载《考古学报》，1990年第2期，第137页。

图四八　方彝顶部正面纹饰拓片

尾部比例基本为 1∶1，依照晋海燕的划分①，属于 A 型方正型凤鸟纹，向下可细分到Ⅱ式 b 亚式中，即凤鸟冠为曲线型、尾部为垂尾且分尾的凤鸟纹。陈公柔、张长寿在有关青铜容器鸟纹断代的论文中②将凤鸟纹划分为小鸟纹、大鸟纹、长尾鸟纹三个大类，方彝上的凤鸟纹属于Ⅱ类大鸟纹 3 式，典型特点是尾羽折而下垂、末端呈叉状，这一样式主要出现在西周初期。在陈文中Ⅱ3 式与Ⅰ6 式特点相似，而Ⅰ6 式最早出现的年代也许在殷墟中期，殷末周初最为流行，西周早期也有发现。这两式之间或许有继承与发展的关系。

孟宪伟在他的一篇文章中提出一种观点③，即凤鸟纹为主题纹饰在西周初期开始盛行，可能与周天子宣扬天命有密不可分的关系，这一现象直接导致前期兽面纹的主体地位让位于凤鸟纹。枞阳方彝上凤鸟纹与兽面纹并存，兽面纹在器腹上，凤鸟纹在器盖上。综合上文对方彝蝉纹、兽面纹和凤鸟纹的分析可知，枞阳出土的这件方彝的年代应当为西周初期。

三、蝉纹

1. 方彝

ZW00889 方彝器盖下层在凤鸟纹的右侧饰有倒置的蝉纹（图四九，1）。蝉纹身体呈桃形，用两段波折纹组成体节，两组竖置卷曲云纹代表眼睛。蝉纹不处于器物显眼部位，而是作为凤鸟纹的辅助性装饰。

2. 蝉纹鼎

出土于金社乡杨市村的两件蝉纹鼎，编号分别为 ZW00954（图四九，2）、ZW00955（图四九，3），年代为春秋时期。两件鼎的纹饰几乎一模一样，都分布在器腹中部，共十二个蝉纹。垂叶形外围尖角向下，一分为二，纹饰对称分布。每个蝉纹由上下两部分组成，以左半部分为例，上半

---

① 晋海燕：《商周青铜器凤鸟纹饰的再思考》，载《民族艺术》，2007 年第 4 期，第 101 页。
② 陈公柔、张长寿：《殷周青铜容器上鸟纹的断代研究》，载《考古学报》，1984 年第 3 期，第 265 页。
③ 孟宪伟：《春秋战国时期青铜器凤鸟纹饰之变革》，载《艺术与设计（理论）》，2012 年第 3 期，第 156 页。

图四九 蝉纹

1. ZW00889 方彝蝉纹（右下角）　　2. ZW00954 鼎腹部纹饰拓片　　3. ZW00955 鼎腹部纹饰拓片
4. 孙家岗蝉纹鼎腹部纹饰拓片　　5. 杨家牌蝉纹鼎腹部纹饰拓片

部由 S 型纹饰围绕一个突出的大圆点、外加两组方块雷纹组成，下半部分布若干凹珠点。

在纹饰组合上，蝉纹上方为一条宽带，其上均匀地分布着凹珠点，宽带上下以一道凹弦纹和一道凸弦纹为界。器腹上下有六组扉棱将纹饰隔开。

1974 年安徽六安县孙家岗出土的两件蝉纹鼎①（图四九，4）器形与枞阳器物相似，但略有区别。六安两件器物器形、大小、纹饰均相同，鼎腹上部饰有以两道凸弦纹为界的蟠虺纹，鼎腹下部饰蝉纹，刻画简单，以卷曲云纹做蝉翼，也以扉棱为界隔开纹饰。

1982 年安徽怀宁县杨家牌出土两件纹饰、形制相同的鼎（图四九，5），原报告命名为云纹鼎②，上腹饰凸弦纹两周，间饰方格云纹，下腹饰变体蝉纹，加乳钉纹，犹如蝉眼。

依景闻对蝉纹的研究③，蝉纹是商代晚期中原地区较为偏好的一种装饰纹饰，上述几件器物都可归为无足蝉纹一大类，应为景文中 A 型Ⅲ式圆眼、无足、眼睛与身体连为盾形的蝉纹在春秋时期的发展。

江淮地区出土的这六件蝉纹鼎，经过对比，年代应相接近。当时这一地区蝉纹鼎形制固定，立耳、鼓腹、圜底、蹄足，用六组扉棱分割器腹纹饰，器耳也配以纹饰，装饰较为华丽。腹部纹饰通常分为上下两组，下组都为蝉纹，而上组则种类较多，有凹珠点、蟠虺纹、方格云纹等。因此，ZW00954、ZW00955 蝉纹鼎的年代可以拟定在春秋早期。此时的蝉纹形态，已从商、西周颇为写实的形式发展为写意为主，蝉眼从平面到圆而外凸似乳钉纹，身体仍为盾形但左右十分对称，多以云雷纹化为蝉翼。学者普遍将装饰在容器之上的蝉纹理解为象征饮食清洁之意④。

四、窃曲纹

本次整理的带有窃曲纹的器物有两件，一件是出土于官桥镇前程村墓葬的窃曲纹鼎，编号为 ZW00982，年代为西周；另一件是出土于杨市村的窃曲纹匜，编号是 ZW00953，年代为春秋。

1. 窃曲纹鼎

前程鼎口下饰有一周窃曲纹，上下各有一道凹弦纹作界栏（图五〇，1）。窃曲纹整体类似变形兽目，在保留完整兽目的基础上将其包裹在三条不同类型的曲线当中，上下勾曲相呼应，属于窃曲纹发展的初期阶段。该器物上的窃曲纹与父乙鼎口沿下窃曲纹（图五〇，2）十分相似，大体在西周中期流行⑤。

2. 窃曲纹匜

杨市匜口下饰有一周窃曲纹（图五〇，3），两条勾曲上下复合，形式完全相同，上下左右对称分布。虽然这一类型的窃曲纹仍然是源于兽面纹的变形，但较前期已经省略了兽目，曲线

---

① 邵建白：《安徽六安县发现两件春秋铜鼎》，载《文物》，1990 年第 1 期，第 53 页。
② 许文：《安徽怀宁县出土春秋青铜器》，载《文物》，1983 年第 11 期，第 68 页。
③ 景闻：《商、西周青铜器写实动物纹饰研究》，西北大学，2010 年，第 12 页。
④ 王娜：《古代器物中的蝉纹考略》，载《文物鉴定与鉴赏》，2013 年第 5 期，第 73 页。
⑤ 彭裕商：《西周青铜器窃曲纹研究》，载《考古学报》，2002 年第 4 期，第 421 页。

上花纹减少，变得较为简单。西周中期的遣叔吉父盨①器口部位、西周师克盨②口沿处的窃曲纹都与其类似。舒城河口出土鼎盖面所饰窃曲纹样式（图五〇，4）③，与杨市匜相同，年代为春秋早期。杨市匜的年代可以拟定在春秋早期。

1

2

3

4

图五〇 窃曲纹

1. ZW00982 鼎纹饰拓片　　2. 父乙鼎纹饰拓片　　3. 杨市 ZW00953 匜纹饰拓片　　4. 河口鼎盖面纹饰拓片

---

① 陈佩芬：《夏商周青铜器研究·西周篇下》，上海：上海古籍出版社，2004 年，第 339 页。
② 杨晓能：《美国圣路易斯市私藏师克盨的再考察》，载《考古》，1994 年第 1 期，第 70 页。师克盨目前共有三件，分别为：美国圣路易斯市私家收藏盖和器一套；陕西省博物馆器盖一件；北京故宫博物院盖和器一套。三件师克盨为同一组礼器。
③ 杨鸠霞：《安徽舒城县河口春秋墓》，载《文物》，1990 年第 6 期，第 58 页。

山东枣庄小邾国墓地三号春秋墓出土一件窃曲纹匜[①]，现藏于枣庄市博物馆，外形呈瓢形，前有流、后有卷尾龙鋬，器形和窃曲纹的样式与杨市匜基本相似，所不同的是小邾国匜为三蹄形足。对比这两件器物，结合它们出土的地理位置，可以看出春秋时期群舒地区与小邾国的文化交流。

五、重环纹

枞阳县横埠镇官塘村出土重环纹鼎2件，编号分别为ZW00950、ZW00951，年代为西周。此二鼎所饰重环纹均出现在器腹上部，单体纹饰左端外凸、右端内凹而首尾相连组成纹饰带，结构紧密，为主题纹饰。但二件鼎的重环纹饰在细节处还有一定区别：

（1）ZW00950鼎上的重环纹为四重，环右侧内凹为尖角，凹处明显，整体略呈椭圆形。纹饰以三个重环纹、外加一个涡纹装饰四个为一组在器物上呈环状分布。线条刻画较细，纹带较窄（图五一，1）。

（2）ZW00951鼎上的重环纹亦为四重，环右侧里环为直角，越向外环愈成内凹尖角。最里环内有一略呈椭圆的实心环，其上分布三个凹珠点（兼有两个、一个、没有等，分布不规则），整体略呈长方形。纹饰以五个重环纹、外加一个月牙状装饰六个为一组在器物上分布（图五一，2）。

重环纹为西周中期兴起的一种几何形纹饰，盛行于西周晚期，形象源自龙纹身上的鳞纹，也叫横鳞纹，主要出现在青铜容器之上，并多见于食器。从上述两件器物可以看出，这一阶段的重环纹已跳出鳞纹的限制，走上独立发展的道路并较为成熟。两件器物上的重环纹样式已从最初模仿鳞纹的环与环分隔较远而发展到环与环首尾相连，更具有连贯性，环数也不限于两重，并创造性地加入了其他杂饰，使长短搭配、更富几何美感。

从重环纹的装饰组合上来说，重环纹在靠近器物口沿处，并没有占据整件器物的主体地位；而两件鼎器腹下部均饰有一道凸弦纹，这样的组合使得整个器物显得简洁而端庄。

根据以上的对比和分析可以看出，商代青铜器上复杂精美的花纹被摒弃，人们因注重器物的实用性而不对纹饰有过高的要求，这导致简单、抽象的纹饰开始流行，刺激了几何纹的产生和发展。群舒对宗周青铜器器形的采纳，从一个侧面展现了中原与江淮地区的文化交融。

此外，前文提到的出土于金社乡杨市村的窃曲纹匜也饰有重环纹。重环纹位于龙形鋬的两侧，在龙身上左右对称分布（图五一，3）。从龙首向龙尾共分布有五组重环纹，根据龙身体的走向和宽窄的变化分布，均为四重重环纹但大小有区别，首尾相连，凹处为尖角但不十分明显。

西周晚期为重环纹的繁盛时期，这一时期纹饰种类复杂多变，推陈出新。发现于江淮

---

① 李海流：《小邾国贵族墓出土铜器鉴赏》，载《收藏界》，2013年第6期，第95页。

图五一 重环纹
1. ZW00950 鼎纹饰拓片　　2. ZW00951 鼎纹饰拓片　　3. 杨市匜鋬部纹饰拓片

地区、饰有重环纹的周代器物还有很多。进入春秋时期后，重环纹在大的趋势上逐渐从主题纹饰变成了辅助性纹饰，地位开始下降。

综上所述，这批出土于枞阳的青铜容器年代从西周到春秋，无论是对宗周青铜器器形的继承，还是自有的地区特色在装饰上的体现，都为该地区青铜器的研究提供了丰富的资料。枞阳出土青铜器纹饰，既有继承殷商审美的兽面纹，也有体现周人宣扬天命的凤鸟纹及具简洁大方审美意趣的重环纹。不同纹饰的选择暗含了历史的发展趋势，也透露了青铜器铸造的时间、装饰技法等信息。同时，这些纹饰也反映了中原与江淮地区在这一时期的文化交流，让我们能够由此揭开青铜文化的一角，为古代文明的再现提供必不可少的资料。即使是到了三千多年后的今天，这些纹饰也给我们带来美的启示，是一笔弥足珍贵的财富。

第三章 青铜器工艺与产地研究

第一节 青铜器范铸工艺

《礼记·礼运》云："昔者先王未有宫室，冬则居营窟，夏则居橧巢；未有火化，食草木之实，鸟兽之肉，饮其血，茹其毛；未有麻丝，衣其羽皮，后圣有作，然后修火之利，范金合土，以为台榭宫室牖户，以炮以燔以亨以炙，以为醴酪，治其麻丝，以为布帛，以养生送死，以事鬼神上帝，皆从其朔。"这段话大致描述了中国古代物质文化的发展，其中的"修火之利""范金合土"即指青铜器的冶炼和范铸。无疑，古人就已经把金属技术的发明看作人类发展从蒙昧到文明的转折点了。迄今考古发现的中国最早的铜器是出土于陕西临潼姜寨仰韶文化早期遗址的原始黄铜片，最早的青铜铸件是甘肃东乡林家马家窑文化遗址所出的青铜小刀。其后的龙山时代，青铜器发展迅速，已能人工冶炼红铜和青铜合金，金属工艺也有很大发展，为之后青铜时代的到来打下基础。在夏商周时期，青铜器的冶铸技术是国家机密，是当时社会政治、经济、思想及最高科技的集中体现，并对中国传统文化产生巨大影响，如现在常用的许多词汇就是从古代青铜器的铸造演变而来的。

青铜范铸学，是青铜器铸造技术的一个重要组成部分。研究范铸工艺，有利于更好地学习和还原中国古代青铜器的铸造技术。目前，国内学术界对于青铜器范铸工艺的研究正在逐步深入，并取得了很大成果[①]。但是这些研究多集中于当时的中原地区或是几个强大诸侯国所在地区出土的青铜器，对于江淮群舒青铜器的铸造工艺研究则寥寥无几。究其原因，可能是因为群舒青铜器在学界的重视程度不高所致。

本节在当前青铜器铸造工艺研究的基础上，以群舒所在地之一的枞阳县出土的一组器物为例，对群舒青铜器的范铸工艺进行初步探讨。

本节对所藏11件青铜器进行了整理，包括鼎6件，爵1件，彝1件，尊1件，匜1件及复合剑1件，这批青铜器年代主要在西周至春秋时期。一般而言，对古代青铜器铸造工艺的研究方法主要有两种，一是仔细观察器物上遗留的铸造痕迹，二是用科学试验的方法复原传统工艺。本节利用前一方法，对这批青铜器的范铸工艺形成初步的认识。

---

① 董亚巍先生从模拟实验出发，依据模范关系，科学检验，对青铜器的范铸逻辑提出明确概念。此外，郭宝钧先生的专著《商周铜器群综合研究》，华觉明先生的《中国古代金属技术——铜和铁造就的文明》，张昌平先生的《曾国青铜器研究》等著作均有对青铜器铸造工艺的研究。

一、青铜鼎的铸造工艺

依据纹饰，这批青铜器可分为变形蝉纹鼎、窃曲纹鼎、弦纹鼎、雷纹鼎、重环纹鼎五类。下面针对具体的典型器物，就其范铸技术中的制范技术和纹饰技术进行分析和论述。

（一）窃曲纹鼎

该鼎出土于枞阳官桥，系墓葬出土。年代为西周。编号为ZW00982。该鼎个体较小，破碎严重。两耳略向内靠，口沿外折、方唇，敛颈，深腹，腹下部微鼓，圜底，下接三蹄足。三蹄足形状大体一致，均上部较粗，下部较细。器耳内外侧中央各有一道凹弦纹，口沿下部饰一周以云雷纹为底的窃曲纹，蹄足上部外侧饰有兽面纹，中间有一道扉棱（图五二，1）。

由于破损严重，锈蚀较多，该鼎腹部铸造痕迹不甚清晰。器底外壁，两蹄足之间可见清晰的弧线三角形铸缝，为铜鼎底部泥范与腹部泥范的分型之处。另外器底外壁发现有三条从中心通向三蹄足根部的凸棱，组成"丫"形，分别与三蹄足根部内侧相连接。这三道凸棱横截面呈三角形，上尖下宽，比较规整，应为底范刻划痕（图五二，2）。关于底范刻划的原因，目前解

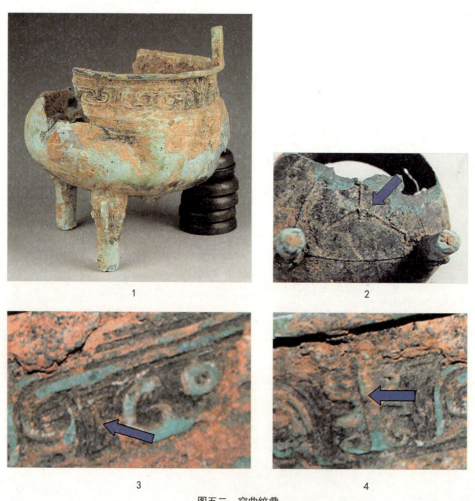

图五二　窃曲纹鼎
1. 全器　　2. 器底范线　　3. 纹饰　　4. 竖线范痕

释颇多，例如：一说是因为鼎、簋等类器物的底部不能太厚，但太薄又影响其强度，所以在外底施加凸棱以加强底部，此类凸棱主要是起底部加强筋的作用；二说是金属溶液充型后，器物铸型内的气体和夹杂物会排浮在上面，所以这类底范上的这些刻划起到了集渣、集气的作用，从而减少了产生气孔和加渣的可能，同时，还能提高铜液的充型能力；还有一说认为青铜器腹底部刻划痕仅是一种装饰性的图案，这一现象在西周时期的横水倗国墓地、北京琉璃河燕国墓地、长安普度村长甶墓、宝鸡㢲国墓地等地也有发现，可能底部刻划作为一种减少铸造缺陷的技术在当时业已通行[①]。而观察枞阳出土的这件窃曲纹鼎，器型小，体量轻，作为模仿中原青铜器而在底部进行刻划装饰的可能性比较大。

器表铸痕虽已不太清楚，但结合底部范痕，可认为腹部采用了三分法制模，铸缝应在三蹄足根部外侧中央，并向上延伸至器物口沿。此外，从底部铸造痕迹，未能清楚辨认金属芯撑。观察发现，该鼎三凸棱交点部位的痕迹为浇冒口的可能性比较大，此鼎为倒立浇铸成型无疑。

该鼎应为泥范整体浑铸而成。其铸型应由三块腹部泥范、一块腹部泥芯及一块底部泥范组成。足内是否有盲芯未知。鼎耳与口沿为整铸，耳孔也是呈外大里小状，且外表面光滑，可知耳的分型面当在双耳外侧，耳孔泥芯由腹部泥芯自带。

该鼎腹部窃曲纹凸起的线条及眼球为在范面压塑而成，瞳孔凹陷处为粘贴泥条所成，其云雷纹底应是在压塑的纹饰凹槽内粘贴细泥条来塑造凹槽纹饰的（图五二，3）。三蹄足外表面均有一致的兽面纹，由于鼎足中央为分型处，故纹饰从扉棱中心分型，分别在腹范两边缘内压塑，对合后为一个完整扉棱型腔，兽面纹压制同腹部窃曲纹。

该器外表面虽明显经过打磨，铸痕不清，但器底铸痕明显，"丫"形刻划痕的使用表明当时工匠在技术上进行了改进。该鼎腹部纹饰带上两纹饰的连接处不十分连贯，由于该鼎腹部残损，发现纹饰区竖线仅一道（图五二，4），推测该竖线可能为纹饰范的范痕。

（二）重环纹鼎

两件重环纹鼎出土于枞阳横埠，系墓葬出土。年代为西周。一件形制略大，一件略小，编号分别为ZW00951、ZW00950。纹饰基本相同，不同之处在于小者纹饰线条较细。下面对铸痕较清晰的ZW00950的范铸技术进行分析。

该鼎器口微敛，平折沿微，方唇，两方形耳立于口沿上外侈，一耳残断，耳上饰以连续并列的圆点，中间隔一界栏的图案花纹[②]。颈部微内收，腹部呈半圆型，圜底，下接三蹄足，根部及足端略粗，中间较细。鼎耳，耳外侧为三道凹弦纹两道凹珠点纹。器腹上部饰一周细密重

---

① 华觉民、肖梦龙、苏荣誉、贾莹：《丹阳司徒西周青铜器群铸造工艺》，见肖梦龙、刘伟主编：《吴国青铜器综合研究》，北京：科学出版社，2004年，第257页。朱凤瀚：《中国青铜器综论》，上海：上海古籍出版社，2009年，第763页。刘煜：《殷墟青铜器制作工艺的技术演进》，见中国社会科学院考古研究所编著：《21世纪中国考古学与世界考古学》，北京：中国社会科学出版社，2002年，第613页。

② 这种耳上的纹饰富有地方特色，同类纹饰群舒故地多有出土，如1959年舒城凤凰嘴出土的一件兽首鼎和两件铉鼎。参见殷涤非：《安徽舒城出土的铜器》，载《考古》，1964年第10期，第498页。

1

2

3

4

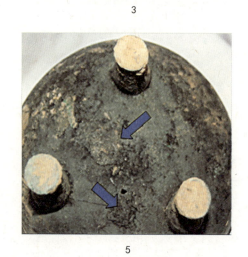

5

图五三　重环纹鼎（ZW00950）
1. 全器　　2、3. 底与足范线　　4. 器耳分铸　　5. 器底较厚处

环纹，器腹下部饰一周凸弦纹（图五三，1）。

该鼎三蹄足外侧中央各一条竖直铸缝，并向口沿方向延伸，贯穿腹部纹饰带，直至器物口沿。三足上两条铸缝分别与器底外壁三角形范缝相连接（图五三，2、3）。耳部采用分铸法，可能先铸器体，再将鼎耳插嵌于口沿进行补铸，耳下延伸二段，伸入鼎沿内，起加固作用（图五三，4）。其具体制作方法应与后母戊鼎鼎耳制作原理类似[①]，即鼎耳是在鼎身铸得后再在上安模、翻范、浇铸成形，浇注口可能设在鼎耳朝内没有花纹的一面，铸后再打磨。

该鼎铸痕清晰，器身应为泥范整体浑铸而成。其铸型应由三块腹部泥范、一块腹部泥芯及一块底部泥范组成，推测鼎足可能有盲芯。器耳分铸，单独制作耳范，插接于器身进行合铸。此外，器底发现几处较厚部位，可能是浇冒口所在或是后来补铸的痕迹（图五三，5）。未见芯撑痕迹，有无芯撑情况不详。

该鼎纹饰简单，器身重环纹及凸弦纹为在范面直接压塑而成，器耳的三道凹弦纹及凹珠点纹可能是在范面粘贴泥条和半圆形小珠制作而成的。

（三）雷纹鼎

该鼎出土于枞阳浮山，系墓葬出土。年代为春秋时期。编号为ZW00929。该鼎口微侈，平折沿，方唇，两方形耳立于口沿上微外侈，圜底，下接三蹄足，蹄足内侧扁平，蹄足根部及足端略粗，中间较细，一足残断。从残断的一足可见其为空心。器耳素面，器身口沿下饰雷纹及凸弦纹各一周（图五四，1）。

该鼎三蹄足外侧中央均可看到一条竖直铸造范缝，并向口沿方向延伸，贯穿腹部纹饰带，直至器物口沿。这三条相对应的竖直铸缝将整个纹饰带大体等分为三部分，应为三块器腹泥范的分型之处（图五四，2）。该鼎底部，两蹄足之间均可见到弧线形铸缝，其在器底外壁组成一弧线三角形，应为铜鼎底部泥范与腹部泥范的分型处。此外，器底外壁发现有金属芯撑一块（图五四，3）。该鼎器耳与口沿为整铸，耳为实心，耳孔外小里大，两个耳孔的底面都高于耳以外鼎口沿的平面（图五四，4～6）。两耳分别位于三足之间，为晚商以后常见的"耳足五点配列式"（图五四，7～10）。鼎足空心，内部为盲芯。

该鼎器表范铸痕迹清晰，为泥范整体浑铸而成，使用了分型制模、分模制范、制作芯盒等技术。这些范铸方法较为原始，中原地区在二里头文化时期及商代早期即已使用[②]。根据器表铸痕推测，该鼎使用了标准的三分法设计的模，器物铸型由三块腹部泥范、一块底部泥范、一块腹部泥芯和三块鼎足全盲泥芯组成。两方形直立沿耳的耳孔均呈外大内小状，说明鼎耳的型出自泥芯，铜鼎腹部泥范与腹部泥芯的分型面在双耳的外侧，耳部半盲泥芯由腹部泥芯自带，与腹部泥芯为一个整体。有学者指出，商至西周耳模外宽里窄、耳孔外大里小的鼎耳，多是在

[①] 冯富根、王振江、白荣金、华觉明：《司母戊鼎铸造工艺的再研究》，载《考古》，1981年第2期，第177页。

[②] 董亚巍：《范铸青铜》，北京：北京艺术与科学电子出版社，2006年，第12页。

枞阳商周青铜器

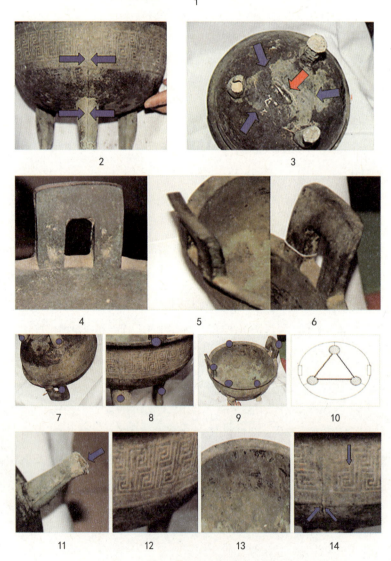

图五四　雷纹鼎
1. 全器　2. 竖直铸缝　3. 器底范线与芯撑　4～6. 器耳
7～10. 耳足五点配列　11. 足端　12、13. 饰纹与内壁　14. 接缝处弦纹

泥芯上造型的。这是因为一般圆形器的模都采用三分法，如果将耳固定在模上，就需要制作三个模，这样作模很难保证口沿以下的尺寸及纹饰的契合。因此，制模时只制作1/3型，做出的模两边为120度夹角，在这个模上复制三块范，对合后即是一个360度的圆形鼎空腔。另外，泥芯是在芯盒中制作的，制作泥芯时，将耳模安置在芯盒内的对称边缘，泥芯制好后，从泥芯中取出耳模时，泥芯上就具有了两耳的型腔。由于耳模是成型的空腔，拔模后泥芯体上耳的空腔中就会留下自带芯。所以，耳模一般都会作成外宽里窄，而耳孔则是外小里大的形状，则完全是为了从泥芯上顺利拔模[1]。底范的三角形范线向上折，与足内侧两范线相接，这与鼎足的铸造有关。这种三角形底范的设计，使腹部内范可以不带足部，且鼎足可以延长，摆脱早期鼎足为锥形的状态[2]。此外，该器底部浇冒口残痕不甚清楚，推测应为倒立浇铸成型，浇冒口设置可能位于足端或器底（图五四，11）。

该鼎纹饰简单，为一周云雷纹及一周弦纹，均为凸起的阳纹纹饰，纹饰较为平滑，基本与纹饰区外的器表素面区位于同一平面。器物内壁光滑，与外部几何形状保持平行，无凹陷现象（图五四，12、13）。据此推测，该器物模上是不塑纹饰，器物纹饰是翻范后在范面进行压塑的，故铸出纹饰为阳纹。而芯盒制作也是在无纹的模上进行的，即先翻制一套泥范，泥范面上无凹陷纹饰的凹型，粘贴泥片后，制成的芯盒内壁是平直的，与器表几何形状保持平行一致[3]。此外，该鼎纹饰带分为三部分，纹饰带是分别在每块范面上压塑的，纹饰接缝处即为合范处，纹饰带范线与足贯通，同一范内纹饰间未见铸缝，可知其并未采用中原地区的单元纹饰模技术。而接缝处纹饰的连接紧密度不如同一范内两纹饰连接紧密，纹饰与器壁不相符合，弦纹明显不在同一条线上，此为范制过程中的误差，可见其技术的落后（图五四，14）。

综上所述，这件雷纹鼎器型、纹饰及铸造技术与中原地区相似，但较为落后。第一，该鼎纹饰以雷纹及弦纹为主纹。而中原地区在商代早期已有用连续带状云雷纹作为主纹的青铜器了，到了商代晚期以后，云雷纹则作为地纹起陪衬作用[4]。在枞阳出土的这件春秋时期的鼎在形制、纹饰上模仿商代时期的中原，是其滞后性的表现。第二，从铸造技术上看，该鼎为整铸，范缝从器口沿直通到底；器表纹饰为在范面压塑而成的纹饰带等，这些工艺均为商代早期所流行。而该器合范之间的偏差错位，则表现了其范铸技术的粗糙与落后。

（四）变形蝉纹鼎

变形蝉纹鼎有两件，形制、大小、纹饰均相同，出土于安徽金社，系墓葬出土。年代为春秋时期。编号分别为ZW00954、ZW00955。

这两件鼎，口微敛，折沿方立耳，腹下部微鼓，圜底，足内侧扁平，根部及足端均略粗，

---

[1] 董亚巍：《范铸青铜》，北京：北京艺术与科学电子出版社，2006年，第26页。
[2] 朱凤瀚：《中国青铜器综论》，上海：上海古籍出版社，2009年，第758页。
[3] 董亚巍：《范铸青铜》，北京：北京艺术与科学电子出版社，2006年，第22页。
[4] 马承源：《中国青铜器》，上海：上海古籍出版社，1988年，第335页。

中间较细。器耳外侧表面有三道凹弦纹,其间填以规则排列的细小凹珠点纹。腹上部有两道凸弦纹,内亦饰凹珠点纹,下腹饰三角蝉纹,腹上下有六组扉棱将纹饰隔开。器足亦皆素面(图五五,1)。

铜鼎锈蚀严重,且范痕铸后被打磨干净,铸造痕迹不甚清晰,但此鼎的范铸逻辑性还是比较明显的。据足部内侧及其他部位的范痕,笔者认为这两件鼎也采用了标准的三分法设计的模,器物铸型由三块腹部泥范、一块弧线三角形底部泥范、一块腹部泥芯和三块鼎足全盲泥芯组成,与上述云雷纹鼎分范法大致相同(图五五,2)。其腹部泥范分型处当在蹄足外侧中央一线延伸至口沿,贯穿腹部纹饰及扉棱,即从扉棱厚度的中心分型。而两足之间的扉棱则没有分型,当是与制作纹饰一样在范面压塑出来的凹槽扉棱型(图五五,3)。鼎耳与口沿为整铸,鼎耳外宽里窄、耳孔外小里大。据此可知其铸造方法当与上述雷纹鼎鼎耳相同,即鼎耳的型出自泥芯,制作泥芯时,耳模为随意安置在芯盒内的对称边缘,故这两件三角蝉纹鼎的鼎足布列仍为匀称的"耳足五点配列式"。鼎器底外壁未发现金属芯撑,为使三角形底范悬空,推测可能底范侧边有三个榫卯和三方壁范相扣(图五五,4),由壁范负担重量①。此外,其中一鼎的一蹄足上发现浇冒口痕迹,说明器物采用倒立浇铸成型,浇冒口设在铜鼎足部(图五五,5)。

这两件鼎纹饰工整、细致,一改过去奔放的风格,表现出春秋早期器物特征。鼎内壁与外表几何形状保持平行,没有随外表局部纹饰的凸起而局部内凹(图五五,6),可知其制作时使用的是没有纹饰的素面模,器表纹饰皆是在无纹的范面用工具手工压塑而成。该鼎纹饰既有阳纹,也有阴纹,采用了压塑及堆塑相结合的纹饰制作技术。凸起的阳纹纹饰主要是两周凸弦纹和类似乳钉状的蝉纹内的纹饰,系在范面压塑而成。而两周凸弦纹下的细凹弦纹、鼎耳的三道细凹弦纹、蝉纹的轮廓线及内部的凹槽式雷纹则可能是在范面堆塑了细泥条。同理,该鼎器腹上部、鼎耳外侧、变形蝉纹内部的凹珠点纹也是制作时在范面粘贴细小的半圆形小珠。至于该鼎的扉棱,可分为两类,与鼎足对应的三组扉棱制作时在每块范面的两端上只留半个厚度,两块范对合后才是一个完整的扉棱空腔;而另三组扉棱位于范面中心,只须在范面压塑出完整型腔即可。

综上所述,这件三角蝉纹鼎的铸造技术虽落后于同时期中原地区,但是铸造规整、制作精良。由此可见群舒青铜器范铸工艺之一斑。

二、青铜匜的铸造工艺

青铜龙鋬四足匜一件,出土于枞阳金社,系墓葬出土。年代为春秋时期。编号为ZW00953。该匜破损较严重,其形制为长槽流深腹四蹄足龙形鋬式,鋬部及靠近流槽的一足断裂。器身略呈瓢形,口沿较直,流槽窄长,深腹圜底,下接四蹄足,后部有龙形鋬,龙有两柱形角,龙尾向外卷曲。颈部饰有一周窃曲纹,腹部饰有瓦楞纹。龙形鋬的龙身两侧各饰一周重环纹。

---

① 郭宝钧:《商周铜器群综合研究》,北京:文物出版社,1981年,第34页。

第三章　青铜器工艺与产地研究

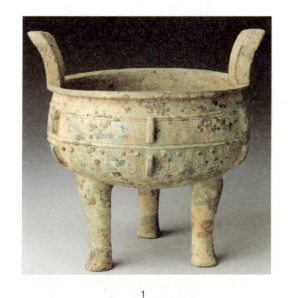

1

2

3

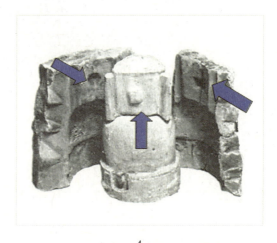

4

5

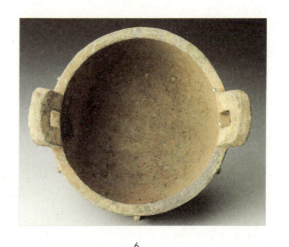

6

图五五　变形蝉纹鼎
1. 全器（ZM00954）　　2、3. 腹部及扉棱分范示意图　　4. 鼎的三分法示意图
5. 鼎足（ZM00955）　　6. 鼎内部（ZM00954）

图五六 龙錾四足匜
1、2. 全器　　3、4. 匜足细部　　5. 分范示意图
6. 龙形錾榫卯结构　　7. 龙形錾分范方式

这种造型及纹饰为西周至春秋时期常见（图五六，1、2）。

该器铸痕不甚清晰，可能受锈蚀及制后打磨的缘故。该匜蹄足的断裂处在器腹，断裂面光滑平整（图五六，3），同样，从另一未断裂蹄足与器身接合处亦可看到在器腹有折角形凹陷痕迹（图五六，4），故推测该匜器身与蹄足应为整铸，若器身与器足分铸不仅可以看到明显接铸痕迹，而且足断裂处应在足根部而非腹部。比较同期中原地区及长江流域出土青铜匜的铸造方法，推测其采用了分型铸造，铸后组装的铸制工艺，即先铸器身，再铸接附件。制作时器范共分三块，即壁范二分，底范方形，包四足内侧（图五六，5）。

龙形錾可能采用插接法与器身铸合，龙口部插接于匜口沿，龙尾内侧使用榫卯与器腹相扣（图五六，6），固定于器身。龙尾的榫卯结构位于尾部内侧的铜块上，这样设计可能是为了起到更好的固定作用。

龙形錾为单独制作而成，錾分范处在器身中央，范线贯穿头尾（图五六，7）。龙尾内侧的实心铜块推测应为浇冒口所在。铜块上还设置了榫头，用于和器腹进行卯接。

该匜纹饰简单，器身窃曲纹及瓦楞纹直接在腹范面上压塑，龙形錾器身上的细重环纹纹饰简单，直接在范面压印纹饰即可。龙形头部纹饰漫漶不清，推测其纹饰也是在范面直接压制而成。龙形錾的柱形龙角铸法类似，在两块范面直接压塑。但由于龙角呈两端粗中间细的形状，所以单个龙角的压塑也采用了两次压塑法，即一次压塑一半，两次压塑便成一整体。这样的操作，就会在范面压塑出两个对称的柱形龙角。

总之，这件青铜匜虽造型简单，但是铸造方法颇为先进，如使用了春秋时期流行的铸接技术。龙形錾的制作工艺更为精湛。

三、青铜尊的铸造工艺

兽面纹觚形尊一件，出土于枞阳横埠，系墓葬出土。年代为西周。编号为ZW00952。该尊形体似觚而稍粗，器口呈圆形，上口侈大，呈大喇叭状，腹部鼓出，圈足较高。颈与腹连接处饰两周凸弦纹，腹部饰有兽面纹，腹与圈足连接处也饰有两周凸弦纹。圈足有一孔。器身、圈足均有破碎（图五七，1）。

该器器身共见两道范缝，从圈足贯穿至口沿，对开分型，腹部各有一组兽面纹，可知尊范共两块（图五七，2）。泥芯上下各一块，形成圈足和尊的内腔。尊圈足部破碎孔洞大，无法推测是否有十字形镂孔。该尊分型少，铸造时有一定难度。腹部兽面纹有不对称现象，恐与分型少、在范面压制纹饰时产生偏差有关。与此尊类似的分范法，殷墟常见，此类觚泥范仅为两块，亦属对开分型，型芯为上下各一块（图五七，3）[①]。中原地区自商代中期起，圆形尊上出现了扉棱，而观察西周时期一些圆形尊，发现许多尊有三段扉棱出现错位的现象，从而认为尊的范是分为

---

① 冯富根、王振江、华觉明、白荣金：《殷墟出土商代青铜觚铸造工艺的复原研究》，载《考古》，1982年第5期，第532页。

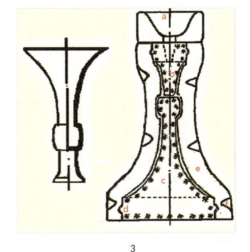

图五七　兽面纹尊
1. 全器　2. 范缝
3. 觚铸型示意图（a 浇口范　b 上芯　c 下芯　d 芯与范间的榫卯　e 范　f 范与范间的榫卯）

三段制作的①。根据此尊表面的范痕，其铸形三段六分的可能性不大，铸造技术是比较落后的。

该尊纹饰简单，为分别在两块范面各压塑出一组兽面纹即可。但两范纹饰有错位，可见其工艺之粗糙。

四、青铜爵的铸造工艺

青铜弦纹爵一件，出土于枞阳官桥，系墓葬出土。年代为西周时期。编号为 ZW00981。该爵破损严重。流残失，尾较长，口沿有两根蘑菇状的柱，直壁圆体圜底，腹部有一兽头鋬，三

---

① 董亚巍：《西周早期圆形尊的范铸模拟实验研究》，载《中原文物》，2010 年第 1 期，第 80 页。

锥足外撇。腹饰三周凸弦纹（图五八，1）。为商晚期至西周早期的风格。

该爵破损较严重，且范痕经过打磨，但仍依稀可辨。爵腹底部与三足相接处有范痕，并有向腹部中心延伸的趋势，其余部分被打磨掉了，并可见三足为实心足（图五八，2），推测爵底范采用三分法（图五八，3）。鋬内侧对应的爵腹可见到范痕，且鋬内侧爵腹弦纹与两边连接完整（图五八，4、5），故推测爵腹采用了四分法，分型处应分别在流、尾、鋬中心及与鋬对称的相对位置（图五八，6）。爵的鋬外中心隐约可见一道范痕，鋬内侧有两道披缝，

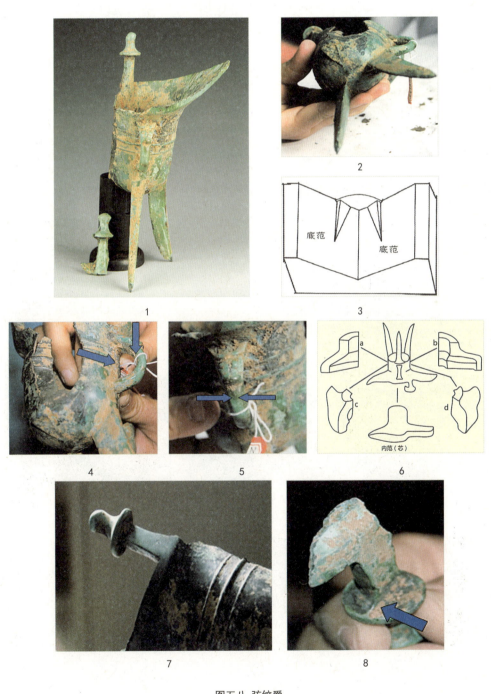

图五八　弦纹爵
1. 全器　　2、3. 爵底分范法　　4、5. 爵鋬范痕　　6. 爵腹分范法　　7、8. 爵柱和冒

故推测鋬的制作采用了在鋬内侧设置活块芯使之成形的技术。爵口沿上的两方形柱外宽内窄（图五八，7），说明爵的柱是在泥芯上制作的，这样的设计，是为了便于从泥芯上向外拔出柱模。爵的柱冒为蘑菇状，两端粗中间细，若柱帽为整范，则不易脱模。根据冒下部的范痕（图五八，8），可知柱冒是两半对开型制成的实心冒，其中一半是在泥芯上成型，另一半则在范上。综上，该爵分范复杂，共采用三块底范、四块腹范、一块腹芯，鋬为活块造型，柱和冒分别在泥芯和范上成形。

该爵纹饰简单，器身凸弦纹及鋬上兽面纹为在范面直接压塑而成。

五、青铜彝的铸造工艺

青铜方彝一件，出土于枞阳汤家墩，年代为西周。编号为ZW00889。该彝铸造精美，纹饰复杂。方彝体高，截面纵短横长，共分三段，屋顶形盖，腹壁直，向下收束，下承方形圈足，圈足内有一悬铃。器体共有四段扉棱。盖顶立有一方形伞状柱。方彝四面纹饰基本相同，唯一横长面腹上部中央各饰有一个牛首形环。盖面纹饰分两层，分别为云雷纹地大小凤鸟纹。器腹上部饰粗短凸楞纹，下部饰牛角兽面纹，以云雷纹为地。圈足饰有云雷纹地夔龙纹。扉棱两侧亦有纹饰（图五九，1）。

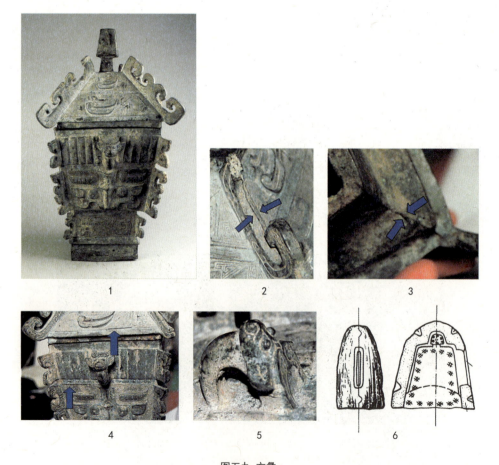

图五九 方彝
1. 全器　2、3. 扉棱范痕　4. 范面起稿线　5. 方彝牛首细部　6. 悬铃铸型
（摘自华觉明：《中国古代金属技术：铜和铁造就的文明》，郑州：大象出版社，1999年）

该方彝扉棱的外侧面虽然被铸后打磨掉了合范的范缝，但在扉棱的凹处中央，还是可以看到未被打磨掉的范缝痕迹（图五九，2、3）。故该方彝器盖铸型使用了四块壁范，一块泥芯；圈足处的扉棱与腹部的扉棱不在一条直线上，圈足与腹部可能为分段铸造，其铸型由各自四块壁范和腹部泥芯及圈足泥芯组成。腹部牛首形环及圈足内部悬铃应为分铸铸接而成。盖顶伞状柱出土时已断裂，其铸造方法未知，推测应为分铸插接而成。该方彝纹饰复杂，凸出器表的凤鸟纹、牛首兽面纹、夔龙纹应是在范面压塑而成。作为地纹的云雷纹呈细小凹槽式，并高出方彝基体面纹饰，其制作应是在压塑的纹饰凹槽内粘贴泥条所致[1]。在器物的纹饰区外围可见到一些凸起的细线（图五九，4），这些凸线不是范缝，而是在范面画出的起稿线，用以设计纹饰区域，因此，浇铸后除纹饰外亦留下了凸起的方格起稿线。这种在范面起稿制作纹饰的方法始于商代早期，一直沿用到西周以后[2]。此外，该方彝扉棱两边也具有凹槽式细纹饰，这些凹槽纹饰的制作，应是在范面的扉棱型腔面上粘贴泥条制成的。该器由扉棱中心分范，扉棱在范面的阴型边缘上只是半个厚度，两块壁范合起来才是一个完整的扉棱型腔，所以制范后范面边缘的扉棱是敞开着的，便可顺利在范面边缘的扉棱型腔面上粘贴细泥条制作纹饰[3]。

该方彝腹部的牛首形环内对应的腹部纹饰与两边连贯，推测这个牛首形环应是分铸插接而成（图五九，5）。该牛首形环范痕被打磨，推测采用了两分的范铸法。牛首纹饰及耳、角等直接在范面压塑即可。

圈足内有一悬铃，应为与腹部铸接。铃由铃舌、挂舌环、铃体、挂铃环四部分组成。铃舌居铃体中央，应为先铸，再由挂舌环将其套接在铃内。挂舌环也于铃体先铸。最后，将挂铃环与铃钮相套与方彝圈足腹底铸接而成。铜铃的铸型由两块壁范及一块泥芯组成（图五九，6）。

六、复合剑的铸造工艺

青铜复合剑一件，出土于枞阳旗山村，系墓葬出土。年代为战国。编号为ZW00859-2。剑体残断（图六〇，1）。据对该复合剑的成分分析所知（表五），该剑为铜、锡、铅、铁、砷的合金。刃部和脊部合金成分差别较大，剑脊颜色较剑刃浅，剑刃含锡量大于剑脊，锡易氧化发黑所致，表明了铸铜工匠使用两种合金来铸制复合剑。春秋时期的《考工记》已总结了铜锡合金的六种配比，用以铸造不同用途的青铜器物。作为刺杀武器的青铜剑，先用低锡青铜铸造剑脊，再用高锡青铜铸造剑从，使青铜剑刚柔相济，以提高战斗力[4]。该剑素格、素镡，剑首遗失，估计也是素首，剑茎两侧及剑镡两侧可明显见到范缝（图六〇，2）。所以该复合剑采用了两分法进行分范，且剑身与剑茎、剑镡分开铸造。由于该剑剑身由两种青铜合金组成，故剑身应采用了

---

[1] 董亚巍：《范铸青铜》，北京：北京艺术与科学电子出版社，2006年，第17页。
[2] 董亚巍：《范铸青铜》，北京：北京艺术与科学电子出版社，2006年，第17页。
[3] 董亚巍：《范铸青铜》，北京：北京艺术与科学电子出版社，2006年，第17页。
[4] 马承源：《中国青铜器》，上海：上海古籍出版社，1988年，第525页。

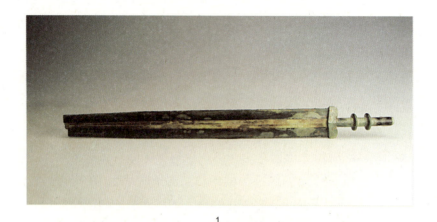

图六〇　青铜复合剑
1. 全器　　　2. 范痕

二次浇铸法，即先铸剑脊，再分别浇铸两侧剑从。该复合剑浇冒口不明，推测应位于剑身一侧。

这件复合剑的形式较为特殊，在群舒故地并不多见，但其铸造方法并不复杂。从外表观察，枞阳出土的复合剑与上海博物馆藏青铜复合剑外观相似，并且同属吴越风格，制作工艺理应相同或相近[①]。利用铜合金的不同性能铸造青铜剑，使之达到最好的战斗效果，表明工匠们对青铜的认识更加深入。

表五　青铜复合剑 ZW00859-2 剑刃与剑脊成分分析（%）

ZW00859-2	Sn	Pb	Cu	Fe	As
剑刃	70.38	10.68	13.26	3.07	1.35
剑脊	66.97	11.08	12.42	3.75	3.79

---

① 朱华东：《人形足与悬铃：以晋侯墓地出土青铜筒形器为缘起》，载《文博》，2011年第4期，第32页。

七、小结

枞阳地区出土的这一组青铜器既包含着自身文化特色，也带有中原地区的因素。如：鼎、方彝、爵的形制与中原地区常见青铜器形制相同，云雷纹、窃曲纹、重环纹、兽面纹等也是西周至春秋时期青铜器常见纹饰。龙纹鋬四足匜与皖南沿江地区的燕尾鋬三足匜就有很大不同，龙形鋬与燕尾鋬可能属于两个不同的系统，前者受中原形制的影响大一些，后者则可能是江南的形制。①但这组青铜器的群舒文化特色也较明显，如：此种垂叶纹在中原地区少见，复合剑也较为特殊。此外，这批青铜器还带有除中原、江淮以外地区的风格，如：圈足内悬铃的方彝。有学者指出，悬铃铜器出现于商代，西周时期流行，但其分布主要集中在西北地区，中原和南方地区少见。②总之，群舒青铜器的文化因素较为复杂，本节是从另外一个角度对其进行分析的。

综合以上对青铜器范铸工艺的分析，可以从制范技术和纹饰技术两方面得到以下初步认识：

（一）范铸工艺中的制范技术

铜容器的铸造以整体浑铸为主要方法，器物主体均为一次性整体铸造而成，部分器物的耳、鋬、足采用了分铸法，包括嵌插铸合法、焊接法。前者如重环纹鼎的耳，铜匜的四足、龙形鋬，后者如方彝圈足内的铜铃等。

铜鼎均采用三分分范法，其铸型由三块壁范和一块三角形底范及一块腹部泥芯组成，基本为"3+1+1"形式。早期三足器铸造均为"三壁范过足包底铸法"，到商代晚期开始出现三角形底范，并成为主流。③以后底范的形状也逐渐丰富。这是范铸技术进步的一个表现。一些鼎足可明显见有盲芯，另一些虽无法观察到，但据铸型工艺可以推测包含盲芯。从技术角度来说，圆鼎足部盲芯的设置，与耳、足"五点配列式"及分范位置在三足中线，三足之间设三角形底范有很大关系，是殷墟中期到晚期之间铸型技术演进的一个特点。④此外，这批铜鼎器物底部发现有可能是金属芯撑的痕迹，且铜鼎的浇冒口均位于鼎足部，采用倒浇的方法。

龙鋬四足匜的铸型工艺为"2+1+1"的形式，即由两块腹范、一块底范、一块腹部泥芯组成。四足分别铸造，再与腹部整铸。龙形鋬采用榫卯结构与器身铸接。其浇冒口位于足端，采用倒立浇注的形式。

兽面纹尊的铸型工艺为"2+1+1"的形式，即由两块泥范、一块腹部泥芯和一块圈足

---

① 张爱冰、张钟云：《江淮群舒青铜器研究的意义》，载《中国文物报》，2011年3月6日。
② 朱华东：《人形足与悬铃：以晋侯墓地出土青铜筒形器为缘起》，载《文博》，2011年第4期，第32页。
③ 郭宝钧：《商周铜器群综合研究》，北京：文物出版社，1981年，第35页。
④ 张昌平、刘煜、岳占伟、何毓灵：《二里冈文化至殷墟文化时期青铜器范型技术的发展》，载《考古》，2010年第8期，第79页。

泥芯组成。其浇冒口位于圈足底沿，采用倒立浇注的形式。

弦纹爵的铸型工艺为"4+3+1"的形式，即由四块腹部泥范、三块底部泥范和一块腹部泥芯组成。鋬为活块造型，柱和1/2的冒出自腹部泥范，另1/2的冒出自泥芯。浇冒口位置不明，位于足端或柱冒处。

方彝的铸型工艺为"4+4+4+3"的形式，即由四块盖部泥范、四块腹部泥范、四块圈足泥范及一块盖部泥芯、一块腹部泥芯、一块圈足泥芯组成。腹部与圈足分段铸接，盖顶伞状柱为分铸插接而成，圈足内部铜铃为分别制作再与器体铸接。浇冒口位置不明，器身浇冒口应位于圈足底沿。

复合剑铸型工艺简单，采用两分法分范。由于剑身为二次浇注，所以剑身与剑首部位分别铸造再进行整铸。

总体说来，枞阳这一组青铜器铸型并不复杂，如青铜鼎与同时期中原地区相比较为简单，但也不乏青铜方彝这一类铸型复杂的器物，可见群舒工匠在器物形制上的技术选择。

这组青铜器在铸后均进行过修整打磨，多不见铸造范缝，给分析其范铸方法带来极大困难，故推测难免有误。而且浇铸口痕迹不清晰，认为其应主要为倒立浇铸成型，浇冒口多设置于器物蹄足、圈足或底范与壁范的合范之处。

此外，这组青铜器中发现有一件复合器，青铜复合剑采用了二次浇铸法。依据中国冶金史上铜铁复合技术出现的时间，推测这件器物的年代当不早于战国早期。

（二）范铸工艺中的纹饰技术

青铜器纹饰多很简单，主要采用在范面直接压塑纹饰的方法。如：云雷纹鼎、重环纹鼎、窃曲纹鼎、三角蝉纹鼎、龙形鋬匜、爵等的纹饰。

方彝造型精美，纹饰复杂，实为商周青铜器中的精品。方彝纹饰的制法除在范面直接压塑外，还在范面作起稿线，以设计纹饰区域。作为陪衬的地纹为细密的云雷纹，其制法应是在压塑的纹饰凹面内粘贴泥条来塑造细凹槽纹饰。方彝横长面上的牛首形环纹饰制法也是在范面直接压塑而成。

虽然这组青铜器运用的纹饰技术种类繁多，但是，无论是纹饰压塑技术，还是商代中期开创的压塑主纹后起稿，再用泥条粘贴地纹的纹饰堆塑技术，都显得较为原始。而春秋中期以后中原地区广泛流行的单元纹饰范拼对技术，在这组青铜器上未见踪影，这也体现了其纹饰制作上的原始性。

总之，枞阳只是群舒故地分布的一个很小地区，本次调查采集的信息局限于枞阳县文管所收藏的部分器物，若仅仅以这组器物为例，当然不能全面反映群舒青铜器铸造工艺的相关情况。但是，管中窥豹，可见一斑。通过对这组器物的分析，可以了解到，在属群舒外围小国的"宗"国所在地，其青铜器范铸工艺基本沿袭商代至西周的技术。而与此同时的中原地区，则使用着更为进步的铸造技术。究其原因，可能有二：一是青铜器制作技术在当时可谓国家机密，中原诸侯国自然对其严格控制；二是青铜器制作技术的流传有一个时间差，西周至春秋早期时，群舒小国仍还停留在早期青铜器的制作工艺阶段。但是，初步分析只能得出群舒地区鼎、尊、彝、爵等一些常见器物的铸造工艺落后于同时期的中原地区。上文已经指出，群舒青铜器是以一种有着明显地域特征的青铜器组合，如以牺首鼎、铉鼎、汤鼎、龙耳尊、牺首尊、曲柄盉等为特色的。这些青铜器不论是从器物形制，还是从铸造工艺来看，都是十分精美的，并不逊色于中原地区。所以，可以推测，某一地区的青铜器铸造技术不能简单以先进、落后来区分，我们更应该考虑其技术风格的影响。技术风格应包括从原材料到工具再到艺术风格等一系列流程的选择。群舒青铜器制作的陶模、陶范、制作工具、青铜配比等现还未研究清楚，但是在艺术风格上，群舒选择了一种不同于中原的器形、纹饰。而艺术终究是由技术体现的，故在青铜器铸造上群舒地区有其特点，既有落后于中原地区的工艺，也有领先于它的地方。

第二节　青铜器材质与工艺

枞阳地区北接江淮和中原，南与铜陵、池州隔江相望，是中原、江淮与长江以南地区文化交流的重要通道。长期以来，该地区青铜文化研究一直是学界关注的热点，有学者指出从商代晚期到西周、春秋时期，该地区就存在着颇具特色的青铜文化[①]。枞阳地区先后出土了众多先秦时期的青铜器，包括青铜方彝在内的各类容器、兵器和工具有数十件，出土地点主要有汤家墩、旗山、老庄和陈家湾等，大多出自遗址、墓葬或窖藏，出土单元或共存关系明确。枞阳青铜器，既有方彝、垂腹鼎、弦纹爵等中原周式器形，也有龙錾匜和句鑃等江淮或长江流域本土器形，文化内涵丰富，为研究该地区铜器技术、区域青铜文化特征及其与周边地区青铜文化相互关系等学术问题提供了重要资料。鉴此，笔者对枞阳官桥前程、横埠官塘、老庄、杨市和陈家湾等地出土的部分先秦青铜器进行了考察，并选取了 22 件样品进行实验分析研究。本节所报告的内容就是这 22 件样品的检测分析结果，希望这批新的检测数据，将有助于更好地揭示枞阳地区先秦青铜技术特征和工艺水平，为该地区两周考古学及冶金史研究提供新的科学依据。

一、样品情况

2012 年 4 月，研究人员对现藏枞阳县文物管理所的青铜器进行了现场考察，并进行了便携式 XRF 无损分析和铜器样品采集。样品均取自器物残破处，在满足分析条件的情况下所取样品尽可能小。尽量选取不同种类的器物，以增强样品代表性，同一种类器物尽量选多件取样，以增加可比性。本次共对 20 件器物进行取样分析，包括 5 件西周铜器，1 件春秋铜器和 14 件战国铜器，计铜鼎 6 件、铁足鼎 2 件（T00053 取样 2 个）、铜爵 1 件、铜尊 1 件、铜壶 1 件、铜勺 1 件、铜剑 3 件、铜矛 2 件（T00059 取样 2 个）、铜戈 2 件，详见表六。

表六　取样信息统计表

器名	馆藏号	实验号	出土地点	取样信息	取样数量	时期
弦纹爵	T00138	ZY009	官桥前程	腹部断口处	1	西周
觚形尊	T00141	ZY018	官桥前程	圈足残断处	1	西周
铜鼎	T00140	ZY012	官桥前程	腹部残破处	1	西周
铜鼎	T00139	ZY015	官桥前程	口沿残破处	1	西周
铜鼎	T00107	ZY006	横埠官塘	耳残断部	1	西周
龙錾四足匜	T00110	ZY013	金社杨市	腹部残破处	1	春秋

---

① 李学勤：《安徽南部存在着颇具特色的青铜文化》，载《学术界》，1991 年第 1 期，第 37～40 页。

铜鼎	T00033	ZY005		腹部残破处	1
	T00058	ZY019		盖部残破处	1
	T00065	ZY014		器盖残片	1
弦纹壶	T00159	ZY017		壶盖残破处	1
铜剑	T00016-1	ZY007	旗山	残断处	1
	T00031	ZY008		柄部残破处	1
	T00057	ZY020		刃部残破处	1
铜矛	T00020	ZY004		残断处	1
铜戈	T00018	ZY002		残断处	1
铁足鼎	T00034	ZY021		腹部残破处	1
	T00053	ZY011		器盖残破处	2
		ZY022		腹部残破处	
铜勺	T00055	ZY010	老庄	残断处	1
铜戈	T00154	ZY003		残断处	1
铜矛	T00059	ZY001	陈家湾	刃部残破处	2
		ZY016		銎部残破处	

战国

二、化学成分检测和金相组织观察

按照标准的金相试样制备方法制好样品后，在 Leica DM4000M 金相显微镜下观察并拍照，其中铜器样品在观察、拍照前用 3% 三氯化铁盐酸酒精溶液浸蚀。在观察金相组织后，使用 SEM-EDS 分析样品基体及其各相的元素组成。本次分析所用扫描电子显微镜为德国 ZEISS EVO18 高分辨扫描电镜，能谱仪采用 BRUKER X Flash Detector5010，分析条件设定为加速电压 20 千伏，工作距离 7~10 毫米，激发时间 ≥ 60 秒。考虑到样品成分偏析和锈蚀等因素，在分析时尽量选取锈蚀较少的不同部位进行多次扫描，取平均值代表样品合金成分，对于某些样品中所含的微小夹杂物颗粒，由于只做定性，故只做一次测定。结果见表七、表八。

三、结果讨论

（一）青铜器的技术特征

从 20 件枞阳地区出土青铜器上取样 22 件，其中 3 件铁足鼎样品取自铜质部分。经成分和金相检测，发现这批铜器样品存在四个特点：① 22 件样品主要为铅锡青铜、锡青铜和铅青铜，其中1件铜矛刃部为铅锡青铜、銎部为铅青铜；②器物皆为铸造成型，部分器物如铜戈（T00154）呈铸后受热组织；③所有样品均含有大小不等夹杂物颗粒；④部分样品中有自由铜沉淀。下面分别加以讨论：

（1）此次分析的22件样品中，有7件铅锡青铜，均为东周时期铜器，锡含量在2.0%～15.5%之间，铅含量在6.9%～28.7%之间；有11件锡青铜，其中6件东周铜器锡含量超过17%，最高达32.8%，被认为是高锡青铜[1]，另外5件锡含量在2.7%～15.7%之间；有4件铅青铜，其中1件为铜矛（T00059）的銎部，铅含量在11.3%。总体看来，铅锡青铜合金元素含量的变化幅度较大，高锡青铜在锡青铜中所占的比例较大，铅青铜集中在西周阶段，由于分析样品数量有限，尚不能对该地区先秦铜器的合金配比规律和特征做进一步探讨。

有些器物不同部位合金元素含量和组织状态存在差异，如铁足鼎（T00053）的器盖和腹部、铜矛（T00059）的刃部（图六五）和銎部。检测显示每件器物上的两件样品合金组成和金相组织均不一样（表七、图六三、图六四），表明铁足鼎的器身和器盖应是分别制成；而铜矛的刃

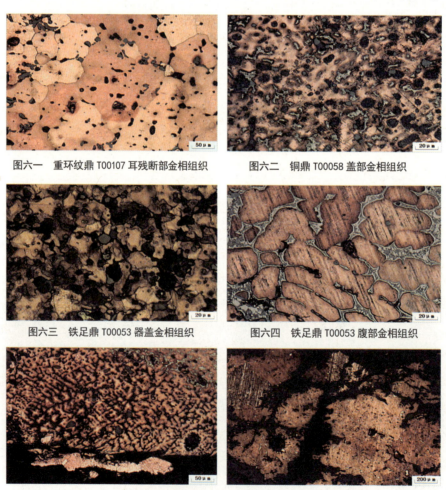

图六一　重环纹鼎 T00107 耳残断部金相组织　　图六二　铜鼎 T00058 盖部金相组织

图六三　铁足鼎 T00053 器盖金相组织　　图六四　铁足鼎 T00053 腹部金相组织

图六五　铜矛 T00059 刃部金相组织　　图六六　铜戈 T00154 残断处金相组织

---

[1] Scott D.A, Metallurgy and microstructure of ancient and historic metals (Los Angeles: The J.Paul Getty Trust, 1991), pp. 25.

第三章　青铜器工艺与产地研究

表七　枞阳地区出土先秦青铜器的化学组成和金相组织鉴定结果

器名	馆藏号	实验号	取样信息	测试部位	主要元素成分 (Wt%) Cu	Sn	Pb	其他	金相显微组织	材质与制作技术
铜鼎	T00140	ZY012	腹部残破处	区域面扫	84.8	1.2	14.0		铸后受热，基体为 α 固溶体，晶肉存在偏析，未见 δ 相，有细小硫化物夹杂，铅颗粒弥散分布，可见铸造缩孔	Cu-Sn-Pb 合金，铸后退火
				区域面扫	83.3	1.2	15.6			
				平均成分	84.0	1.2	14.8			
	T00139	ZY015	口沿残破处	区域面扫	95.3	2.7	2.0		α + (α+δ) 树枝晶组织，偏析明显，部分 α 晶肉内有滑移带，(α+δ) 共析组织数量多，形态细小，沿枝晶分布，细小硫化物夹杂均匀分布，可见铸造缩孔	Cu-Sn-Pb 合金，铸造
	T00107	ZY006	耳残断部	区域面扫	89.0	1.0	10.0		铸后受热，铜 α 固溶体等轴晶组织，铅和硫化物夹杂分布较均匀，或孤立存在于晶肉，局部存在滑移带	Cu-Pb(Sn) 合金，铸后受热（图六一）
				区域面扫	88.3	1.0	10.6	Fe: 1.1		
				区域面扫	88.2	1.0	9.7	Fe: 1.1		
				平均成分	88.5	0.7	10.1	Fe: 0.7		
	T00033	ZY005	残破处	区域面扫	70.5	8.0	21.5		基体为不明显偏析的 α 相，晶间可见少量 (α+δ) 共析体，(α+δ) 共析组织数量较少，呈岛屿状分布，大小不等铅颗粒状分布于晶内，大量硫化物夹杂均匀分布	Cu-Sn-Pb 合金，铸后受热
				区域面扫	67.0	7.2	25.8			
				平均成分	68.8	7.6	23.6			
	T00058	ZY019	盖部	区域面扫	70.0	10.6	19.5		α 固溶体树枝晶及 (α+δ) 共析体组织，α 枝晶粗大，偏析明显，(α+δ) 共析组织均匀分布，大小不等铅颗粒岛屿状分布，基体可见少量硫化物夹杂	Cu-Sn-Pb 合金，铸造（图六二）
	T00065	ZY014	器盖残片	区域面扫	81.7	2.0	16.3		α 固溶体树枝晶粗大，呈岛屿状分布，(α+δ) 共析颗粒均匀分布，基体有少量硫化物夹杂	Cu-Sn-Pb 合金，铸造

213

续表

器类	编号	样品	部位	分析类型	Cu	Sn	Pb	其他	金相组织	合金/工艺
铁足鼎	T00034	ZY021	腹部	区域面扫	70.1	1.9	28.1		铸后受热，基体是不明显偏析的α相，局部出现等轴晶，为再结晶晶粒，晶间残存少量（α+δ）相，有硫化物夹杂和大小不等铅颗粒弥散分布	Cu-Sn-Pb合金，铸后受热
				区域面扫	60.9	7.8	31.2			
				区域面扫	71.6	1.7	26.7			
				平均成分	67.5	3.8	28.7			
	T00053	ZY011	器盖	区域面扫	88.7	11.3			铸后受热，铜α固溶体等轴晶组织，晶肉有极少量δ相，晶间界出现锈蚀，有铅和硫化物夹杂呈颗粒状，沿晶界分布	Cu-Sn合金，铸后受热（图六三）
				区域面扫	90.1	9.9				
				平均成分	89.4	10.6				
		ZY022	腹部	区域面扫	86.0	14.0			α+(α+δ)树枝晶组织，偏析明显，(α+δ)相较多，形态细小，连接成网状，硫化物夹杂呈颗粒状，沿析组织分布，有自由铜沉淀	Cu-Sn合金，铸造（图六四）
				区域面扫	85.2	14.8				
				平均成分	85.6	14.4				
弦纹爵	T00138	ZY009	腹部断口处	区域面扫	96.5	3.5			铸后受热，α固溶体等轴晶组织，晶肉存在偏析，共析体呈岛屿状分布，少量硫化物夹杂和高铁相夹杂物	Cu-Sn合金，铸后退火
				区域面扫	96.5	3.5				
				平均成分	96.5	3.5				
觚形尊	T00141	ZY018	圈足残断处	区域面扫	89.2	0.9	9.9		铸后受热，铜α固溶体等轴晶组织，晶肉不规则颗粒状，多黏连呈颗粒均匀分布，可见铸造缩孔	Cu-Pb合金，铸后退火
				区域面扫	88.6	1.0	10.5			
				平均成分	88.9	0.9	10.2			
龙鋬四足匜	T00110	ZY013	腹部残破处	区域面扫	72.5	21.0	6.6		α+(α+δ)树枝晶组织，(α+δ)共析数量多，偏析明显，沿枝晶均匀分布，部分α晶均匀分布，共析体呈网状	Cu-Sn-Pb合金，铸造
				区域面扫	86.9	5.8	7.3			
				平均成分	79.7	13.4	13.9			
弦纹壶	T00159	ZY017	壶盖	区域面扫	66.0	33.4		Si: 0.6	α+(α+δ)共析组织，硫化物夹杂均匀分布，连接成网状，共析体，全部腐蚀优先腐蚀	Cu-Sn合金，铸造
				区域面扫	69.0	31.0				
				平均成分	67.5	32.2		Si: 0.3		
铜勺	T00055	ZY010	残断处	区域面扫	84.7	15.3			α+(α+δ)共析斑状(α+δ)共析组织互联成网状，大量粗大多角花斑粒和铸造缩孔弥散分布	Cu-Sn合金，铸造
				区域面扫	84.0	16.0				
				平均成分	84.3	15.7				

续表

类别	编号	样品号	部位	测试类型	Cu	Sn	Pb	Si	金相描述	材质、工艺
铜剑	T00016-1	ZY007	残断处	区域面扫	81.2	18.9			α+(α+δ)树枝晶组织,偏析明显,(α+δ)组织数量多,呈多角形斑纹状,连接成网状,(α+δ)优先锈蚀,有自由铜沉淀	Cu-Sn合金,铸造
				区域面扫	81.6	18.5				
				平均成分	81.4	18.7				
	T00031	ZY008	柄部	区域面扫	87.8	12.2			α+(α+δ)树枝晶组织,偏析明显,(α+δ)组织数量多,连接成网络状,有黑色缩孔和自由铜沉淀	Cu-Sn合金,铸造
				区域面扫	76.2	23.8				
				平均成分	82.0	18.0				
	T00057	ZY020	刃部	区域面扫	69.9	30.2			α固溶体树枝晶组织,偏析明显,(α+δ)共析组织数量多,形态细小,沿共析组织分布,有少量自由铜沉淀	Cu-Sn合金,铸造
				区域面扫	66.8	33.2				
				区域面扫	65.0	35.0				
				平均成分	67.2	32.8				
	T00020	ZY004	残断处	区域面扫	68.1	31.9			α+(α+δ)树枝晶组织,偏析明显,(α+δ)共析组织数量多,形态细小,有硫化物夹杂颗粒状,沿共析组织分布,边缘锈蚀,有自由铜沉淀	Cu-Sn合金,铸造
				区域面扫	79.4	20.6				
				平均成分	73.8	26.2				
铜矛	T00020			区域面扫	85.0	3.5	11.1		α+(α+δ)树枝晶组织,偏析明显,(α+δ)共析组织数量较多,均匀分布于枝晶间隙,(α+δ)优先腐蚀,有少量自由铜沉淀,少量硫化物颗粒和夹杂物沿析体分布	Cu-Sn-Pb合金,铸造(图六五)
	T00059	ZY001	刃部	区域面扫	73.6	15.9	10.5			
				区域面扫	85.2	3.8	11.0			
				平均成分	81.3	7.8	10.8			
	T00059		鏊部	区域面扫	88.4		11.6		铅青铜组织,α固溶体枝晶分布,铅青点状均匀分布,α相优先腐蚀,α相优先分布,α相优先分布,呈不规则颗粒状,细小硫化物夹杂物细小分布	Cu-Pb合金,铸造
				区域面扫	88.9		11.1			
				平均成分	88.7		11.3			
铜戈	T00018	ZY002	残断处	区域面扫	77.1	15.6	7.3		α+(α+δ)树枝晶组织,偏析明显,(α+δ)共析体连接成网状,晶内残存细小δ相,晶间出现锈蚀,有少量自由铜沉淀	Cu-Sn-Pb合金,铸造
				区域面扫	78.1	15.3	6.6			
				平均成分	78.0	15.5	6.9			
	T00154	ZY003	残块	区域面扫	70.7	28.0		1.2	铸后受热,铜锡α固溶体组织出现锈蚀,晶间小铸造缩孔,有细小铸造缩孔,有少量自由铜沉淀	Cu-Sn合金,铸后受热(图六六)
				区域面扫	62.0	26.3		1.1		
				平均成分	66.4	27.2		1.2		

部为铅锡青铜，銎部为铅青铜，区别明显，可能是对铜矛使用过程中出现的缺损进行补铸造成的，这种现象在古代青铜器中较为常见①，但由于铜矛表面打磨较好，加之锈蚀严重，未能观察到两次浇铸的接口。

（2）此次分析的22件铜器样品皆为铸造组织，包括铜锡二元合金铸造组织、铜铅二元合金铸造组织、铜锡铅三元合金铸造组织和铸后受热组织等。11件锡青铜中有9件锡含量均大于6%，其中6件为高锡青铜，显微组织也都呈现与锡含量相吻合的特征（表七），呈α固溶体加（α+δ）共析体铸造组织，偏析明显，（α+δ）共析体粗大，互联成网状，有少量铸造缩孔。值得注意的是，铁足鼎（T00053）的器盖和铜戈（T00154）显示铸后受热，组织出现均匀化。铜戈（T00154）局部可见（α+δ）相（图六六），表明这件铜戈受热温度较低，受热时间较短，组织未完全均匀化。

4件铅青铜的铅颗粒以点状、块状、球状均匀分布于晶内或晶间，其中重环纹鼎（T00107）、立耳鼎（T00140）和弧形尊（T00141）样品均有组织均匀化的特征，表明它们铸后受过热（图六一）。鼎和尊等容器可供食物、水和酒的蒸煮或保温，应是在使用过程中受热造成的。7件铅锡青铜中，铅含量均较高，铜鼎（T00033）和铁足鼎（T00034）的腹部铅含量达25%左右，呈不规则大颗粒状分布于铜基体中，另外5件器物的铅颗粒形态稍小，大多沿共析体分布。部分铅锡青铜器物也出现铸后受热现象，组织出现均匀化（图六二）。

（3）本次分析的22件铜器样品夹杂物以硫化物为主，呈小颗粒状，多与铅或（α+δ）共析体伴生，或存在于晶粒界面上。扫描电镜对样品硫化物夹杂成分分析结果表明，多数样品的含硫量在20%左右（表八），硫化物夹杂的存在表明冶炼所用矿石不是纯净的氧化矿。部分为含铁的铜硫化物夹杂，有学者就古代铜器中铁含量做过研究，认为铁含量的变化能够反映铜矿冶炼技术的某种改变②。

冶铜技术产生早期所开采的高品位氧化铜矿中含铁矿石较少，在相对低的温度和较差的还原条件下，铁矿石被还原成金属铁的可能性很小。当开采的铜矿逐渐进入富含铁矿石的硫化矿带时，会在造渣过程中加入铁矿石造渣。一方面，铜器中会夹裹含铁的硫化物；另一方面，在较高的冶炼温度和较强的还原条件下，这些铁矿石被还原成金属铁并熔入铜中的可能性就较大，冶炼得到的是含铁较多的粗铜。枞阳汤家墩使用硫化矿冶炼冰铜③，皖南铜陵、南陵、贵池、繁昌等地出土的周代菱形铜锭含铁量较高，特别是安徽贵池徽家冲出土的菱形铜锭铁含量高达30%④。由此可见，这些铜器铜料可能是采用硫化矿石冶炼所得。

---

① 李济、万家保：《殷虚出土青铜鼎形器之研究》，见"中央"研究院历史语言研究所编：《古器物研究专刊第四本》，1970年，第9～14页。
② Craddock P.T, Meeks N.D, "Iron in ancient copper", Archaeometry (1987), 29(2):187-204.
③ 郁永彬、王开、陈建立、梅建军等：《皖南地区早期冶铜技术研究的新收获》，载《考古》，2015年第5期，第103～113页。
④ 华觉明：《中国古代金属技术——铜和铁造就的文明》，郑州：大象出版社，1999年，第74～78页。

表八　枞阳出土部分东周铜器所含夹杂物的成分分析

器物名	馆藏号	实验号	取样部位	夹杂物主要成分(Wt %)			备注
				S	Cu	Fe	
铜鼎	T00033	ZY005	腹部残破处	26.6	73.4		铜硫化物
	T00058	ZY019	盖部残破处	18.8	80.1	1.1	铜硫化物（含铁）
	T00139	ZY015	口沿残破处	22.1	75.6	2.3	铜硫化物（含铁）（图六七）
	T00107	ZY006	耳残断部	22.7	73.8	3.5	铜硫化物（含铁）（图六八）
铁足鼎	T00053	ZY011	器盖残破处	18.6	81.4		铜硫化物
		ZY022	腹部残破处	21.9	75.6	2.5	铜硫化物（含铁）
弦纹爵	T00138	ZY009	腹部断口处	26.1	61.1	12.9	铜硫化物（含铁）（图六九）
弧形尊	T00141	ZY018	圈足残断处	18.7	79.0	2.3	铜硫化物（含铁）
龙錾四足匜	T00110	ZY013	腹部残破处	15.1	78.7	6.2	铜硫化物（含铁）
弦纹壶	T00159	ZY017	壶盖残破处	20.5	75.3	4.2	铜硫化物（含铁）
铜剑	T00031	ZY008	柄部残破处	18.4	81.6		铜硫化物
铜矛	T00020	ZY004	残断处	21.5	78.5		铜硫化物（图七〇）
铜戈	T00018	ZY002	残断处	20.6	79.4		硫化物

（二）青铜剑的制作工艺

吴、越是我国最早铸造青铜剑的地区之一。《新序·杂事篇》云："夫剑产干越。"高绣注："干，吴也。" 3件取样分析的青铜剑（T00016-1、T00031和T00057）均为锡青铜，锡含量分别为18.0%、18.7%和32.8%。锡含量适当的合金能够保证较高的机械性能；布氏硬度大于80，一般多在150～200之间；抗拉强度大于17（吨/平方英寸），一般多在19～20（吨/平方英寸）适合于制造用于刺杀、射击及切削等用途的剑、矛、镞之类锋刃器[1]，3件铜剑含锡量均符合这种要求；另外，当锡含量接近19%时，合金呈现金灿灿的色泽，正是作为铜剑所需要的颜色，表明吴越地区铸铜工匠已熟练掌握器物种类跟合金材料选择之间的对应关系。

编号为T00016-1铜剑与古越阁藏兽面纹剑较为相似，古越阁藏兽面纹剑的剑格上同时使用了错金和镶嵌孔雀石工艺[2]，这种工艺和装饰风格在吴越地区较为常见。枞阳文物管理所藏的铜剑剑格上可见较多错金纹饰，错金纹饰之间有凹槽，可能是用来镶嵌绿松石或孔雀石等，但由于镶嵌物已脱落而无法确知。

东周时期吴越出现的青铜复合剑，从一个侧面反映了古代工匠对青铜合金成分与性能之间

---

[1] 孙淑云：《当阳赵家湖楚墓金属器的鉴定》，见北京钢铁学院冶金史组编：《中国冶金史论文集》（二），北京：科学出版社，1994年，第303～312页。

[2] 李学勤：《古越阁所藏青铜兵器选粹》，载《文物》，1993年第4期，第18～28页。

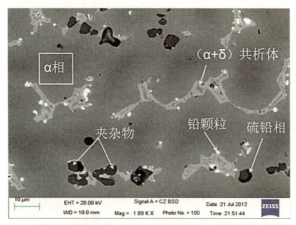

图六七 窃曲纹鼎(T00139)组织的背散射电子图像

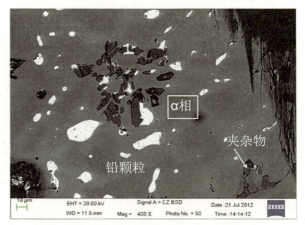

图六八 重环纹鼎(T00107)组织的背散射电子图像

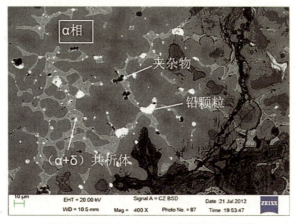

图六九 弦纹爵(T00138)组织的背散射电子图像

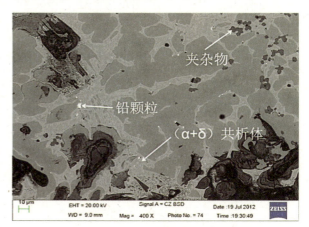

图七〇 铜矛(T00020)组织的背散射电子图像

关系的深刻了解，剑的中脊和两刃用合金成分不同的青铜铸接而成，由于剑脊与剑从的成分差异导致了剑身出现了两种色泽，因此又将这种剑称为"双色剑"。陈佩芬[1]、何堂坤[2]、彭适凡[3]等曾对青铜复合剑作了成分和组织的研究，指出其是采用低锡和高锡青铜两种合金制作而成。廉海萍对上海博物馆藏的4把复合剑残剑的制作工艺进行了研究，结果表明吴越青铜剑基本是采用低锡青铜制作韧性好的剑脊，高锡青铜制作强度和硬度高的剑从，使用榫卯结构以铸接法将剑脊与剑从结合成一体[4]。丁忠明等对山东新泰周家庄出土的2把青铜复合剑进

---

[1] 陈佩芬：《古代铜兵铜镜的成分及有关铸造技术》，见上海博物馆馆刊编辑委员会编：《上海博物馆馆刊》（第一期），上海：上海人民出版社，1981年，第143～150页。

[2] 何堂坤：《鄂州战国青铜兵刃器初步考察》，载《江汉考古》，1990年第3期，第56～62页。

[3] 彭适凡、华觉明、王玉柱：《江西出土的青铜复合剑及其检测研究》，载《中原文物》，1994年第3期，第101～103页。

[4] 廉海萍、谭德睿：《东周青铜复合剑制作技术研究》，载《文物保护与考古科学》，2002年增刊，第319～334页。

行了检测分析，结果表明新泰青铜复合剑的低锡区设置在剑脊与剑刃之间，截面结构呈现 4 个燕尾槽形、2 个六边形、1 个哑铃形的 3 种形式[①]。

枞阳出土的复合剑（T00016-2）的剑脊呈米黄色，表面粗糙，剑从呈暗绿色，有釉质感，表面平整。便携式 XRF 分析表明，枞阳出土的复合剑的刃部和脊部合金成分差别较大，脊部的锡含量小于刃部，表明了铸铜工匠使用两种合金来铸制复合剑。从外表观察，枞阳出土的复合剑与廉海萍分析的上海博物馆藏青铜复合剑外观相似，并且同属吴越风格，制作工艺理应相同或相近。

四、结 语

本文对枞阳地区出土的部分先秦青铜器进行了初步检测分析。22 件样品中有 11 件锡青铜、7 件铅锡青铜和 4 件铅青铜；所有器物均为铸造成型，部分器物金相组织有铸后受热特征。铁足鼎的器身和器盖合金成分不同，应是分别制成；铜矛的刃部为铅锡青铜，骹部为铅青铜；该地区出土的东周青铜剑的制作工艺较为复杂，3 件取样分析的铜剑均为高锡青铜，部分铜剑还使用了错金、镶嵌及复合剑的制作工艺。尽管本次分析的样品数量有限，尚不足以全面揭示该地区出土青铜器的材质和制作工艺特征，但为继续深入地研究该地区先秦青铜技术和区域青铜文化积累了数据资料。

---

① 丁忠明、曲传刚、刘延常、吴来明、穆红梅：《山东新泰出土东周青铜复合剑制作技术研究》，载《文物保护与考古科学》，2012 年增刊，第 75～86 页。

第三节 青铜器矿料来源

微量元素示踪法是青铜器矿料来源研究中常用的自然科学方法之一。国外学者自20世纪60年代即开始探索这一方法的应用，迄今已建立了意大利阿尔卑斯山铜矿、阿戈尔多铜矿以及北美各自然铜矿床的特征元素数据库，并将微量元素示踪法和铅同位素示踪技术相结合，探讨了北欧青铜时代瑞典铜器的矿料来源，认为瑞典铜器所用铜料主要来自意大利的阿尔卑斯山铜矿、伊比利亚半岛和撒丁岛[1]~[5]。近年来，国内学者也开始关注微量元素示踪法在青铜器矿料来源研究中的应用，探讨了铜矿冶炼过程中微量元素的化学行为和变化规律，筛选出对铜矿来源具有指示意义的示踪元素组合，并采用这一方法，对来自安徽淮北、铜陵、南陵、繁昌、滁县以及山西侯马、陕西扶风和辽西地区等地青铜器的矿料来源进行了初步研究[6]~[9]。

目前，应用微量元素示踪法探讨青铜器矿料来源时，主要采用ICP-AES测定青铜器基体的微量元素。ICP-AES分析需采用酸溶法进行样品制备，对锈蚀严重的青铜器难以测定其微量元素。激光剥蚀电感耦合等离子体质谱仪(LA-ICP-MS)是20世纪80年代出现

---

[1] Gilberto Artioli, Benno Baumgarten, Marcello Marcelli, Barbara Giussani, Sandro Recchia, Paolo N imis, I laria G iunti, Ivana A ngelini, P aolo O menetto, "Chemical a nd i sotopic t racers i n Alpine copper deposits: Geochemical links between mines and metal", Geo.(2008)Alp, 5(s):139-148.

[2] Gilberto Artioli, Paolo Nimis, Gruppo ARCA, Sandro Recchia, Marcello Marelli, Barbara Giussani. "Geochemical links between copper mines and ancient metallurgy: the Agordo case study", Rendiconti online Soc. Geol. It.(2008), 4: 15-18.

[3] George Rapp, James Allert, Vanda Vitali, Zhichun Jing, Eiler Henrickson, Determining geologic sources of artifact copper: source characterization using trace element patterns. Johan Ling, Eva Hjärthner-Holdar, Lena Grandin, Kjell Billström, Per-Olof Persson, "Moving metals or indigenous mining? Provenancing Scandinavian Bronze Age artefacts by lead isotopes and trace elements", Journal of Archaeological Science(2013), 40(1): 291-304.

[4] Johan Ling, Zofia Stos-Gale, Lena Grandin, Kjell Billström, Eva Hjärthner-Holdar, Per-Olof Persson. "Moving metals II: provenancing Scandinavian Bronze Age artefacts by lead isotope and elemental analyses", Journal of Archaeological Science（2014）, 41(1): 106-132.

[5] Martín Resano, Esperanza García-Ruiz, Frank Vanhaecke, "Laser ablation-inductively coupled plasma mass spectrometry in archaeometric research", Mass Spectrometry Reviews (2010),29: 55-78.

[6] 秦颍、朱继平、王昌燧、董亚巍：《利用微量元素示踪青铜器矿料来源的实验研究》，载《东南文化》，2004年第5期，第89~92页。

[7] 魏国锋、秦颍、杨立新、张国茂、龚长根、谢尧亭、范文谦、王昌燧：《若干古铜矿及其冶炼产物输出方向判别标志的初步研究》，载《考古》，2009年第1期，第85~95页。

[8] 魏国锋、秦颍、王昌燧等：《若干地区出土部分商周青铜器的矿料来源研究》，载《地质学报》，2011年第3期，第445~458页。

[9] 廖华军、罗武干、李桃元等：《吉家院墓地出土青铜器的矿料来源初探》，载《华夏考古》，2013年第2期，第140~144页。

的一种固体微区化学组成测定的新技术。该技术采用激光剥蚀系统代替使用强酸溶解样品的前处理过程，从而可直接分析固体样品，具有无需预处理、需要样品量小、快速、无损、灵敏度高等特点，可望用于古代金属文物微量元素的原位无损分析。

在国外，LA-ICP-MS已在钱币、陶器、铁器、颜料等考古材料的研究中得到较好的应用，甚至被认为可取代X射线荧光分析和中子活化分析[1]。2011年，凌雪等首次采用LA-ICP-MS测定了甘肃礼县、陕西陇县、宝鸡、凤翔出土春秋时期青铜器的微量元素，探讨了该方法分析金属文物微区微量元素的可行性[2]；2013年，陈开运等人通过对古钱币中的铅同位素进行飞秒激光剥蚀—多接收电感耦合等离子质谱分析，建立了铅同位素原位微区无损伤分析方法[3]。

安徽省枞阳县北接江淮、中原，南与铜陵、池州隔江而望，是中原、江淮与长江以南地区文化交流的重要通道。近年来，随着江淮和皖南青铜文化遗存、特别是铜陵师姑墩青铜铸造遗存的最新发现，枞阳县境内的青铜文化遗存引起了学界的广泛关注。本工作将采用激光剥蚀电感耦合等离子体质谱，对枞阳境内出土西周至战国时期青铜器和汤家墩遗址出土炼渣中的铜颗粒进行微量元素原位无损分析，以探明枞阳青铜器的矿料来源，为探讨枞阳古铜矿资源的输出奠定科学基础，并有望建立一种金属文物微量元素原位无损分析的新方法。

一、样品介绍

实验所用青铜器残品均采自枞阳县文物管理所。2012年4月，安徽大学历史系研究人员对枞阳县文物管理所的青铜器进行了现场考察和样品采集。采集样品时，严格遵循"最小干预""保护文物的原真性"等文物保护的基本原则，在具有代表性器物断口和残破处截取少量样品，尽量不破坏文物的原貌，并对器物全貌、取样部位进行了照相和文字记录，查证了器物的原始编号等资料。本次工作共采集到13件青铜器样品，其中西周时期4件，春秋时期1件，其余均为战国时期。

铜颗粒样品为炼渣中的颗粒夹杂，所用炼渣分别采自汤家墩遗址和铜陵矿冶遗址。古粗铜样品采自湖北黄石铜绿山矿冶遗址。样品详细情况如表九所示。

---

[1] 凌雪、贾腊江、柳小明、金普军、杨小刚、袁洪林、赵丛苍：《春秋时期秦青铜器微量元素的激光剥蚀等离子体质谱》，载《兰州大学学报》（自然科学版），2012年第48卷第1期，第8～14页。

[2] 陈开运、范超、袁洪林、包志安、宗春蕾、戴梦宁、凌雪、杨颖：《飞秒激光剥蚀—多接收电感耦合等离子质谱原位微区分析青铜中铅同位素组成——以古铜钱币为例》，载《光谱学与光谱分析》，2013年第33卷第5期，第1342～1349页。

[3] 杨立新：《安徽沿江地区的古代铜矿》，见安徽省文物考古研究所、安徽省考古学会编：《文物研究》第八辑，合肥：黄山书社，1993年，第194～203页。

表九　样品概况

实验编号	馆藏号	样品名称	时代	采样信息	出土地点
tjdc-1	--	铜颗粒	商代晚期	炼渣断面	汤家墩遗址
tjdc-2	--	铜颗粒	商代晚期	炼渣断面	汤家墩遗址
tjdc-3	--	铜颗粒	商代晚期	炼渣断面	汤家墩遗址
tjdc-4	--	铜颗粒	商代晚期	炼渣断面	汤家墩遗址
tlsc-1	--	古粗铜	东周	遗址采集	铜绿山矿冶遗址
tlc-1	--	铜颗粒	东周	炼渣断面	铜陵矿冶遗址
zy-1	T00110	铜匜	春秋	錾残破处	枞阳杨市村
zy-2	ZW00898	铜勺	战国	腹部残片	枞阳旗山村
zy-3	T00053	铁足鼎	战国	器盖处	枞阳老庄村
zy-4	T00065	铜鼎	战国	腹部残片	枞阳旗山村
zy-5	T00065	铜鼎	战国	腹部残片	枞阳旗山村
zy-6	T00159	弦纹壶	战国	盖残破处	枞阳旗山村
zy-7	T00034	铁足鼎	战国	腹部残片	枞阳旗山村
zy-8	T00154	铜戈	战国	残断处	枞阳老庄村
zy-9	T00059	铜矛	战国	銎部残破处	枞阳陈家湾
zy-10	T00139	窃曲纹鼎	西周	口沿残破处	枞阳官桥镇前程村
zy-11	T00140	立耳鼎	西周	腹部残破处	枞阳官桥镇前程村
zy-12	T00138	弦纹鼎	西周	腹部断口处	枞阳官桥镇前程村
zy-13	T00141	铜尊	西周	圈足残断处	枞阳官桥镇前程村

二、实验方案

1. 仪器和测试条件

青铜器和炼渣中铜颗粒微量元素的原位分析在中国科学院壳—幔物质与环境重点实验室进行。测试所用的LA-ICP-MS由美国PerkinElmer/SCIEX公司生产的Elan DRC Ⅱ型等离子体质谱仪和美国Coherent公司生产的GeoLas Pro激光剥蚀系统组成。

激光器种类：ArF准分子激光；激光波长：193 nm；能量密度：10 J/cm^2；剥蚀速率：5～10 Hz；He载气流速：0.3 L/min；激光预热时间：30 s；激光剥蚀时间：40 s；激光束斑直径：32 μm；剥蚀类型：单点剥蚀；每次剥蚀深度：0.1～0.2 μm。

2. 实验方法

采用切割机将炼渣切割到合适大小，并使炼渣中所夹杂的铜颗粒出露于断面；对青铜器进行超声波清洗，然后将其镶嵌在电木粉中，进行表面抛光处理，使之出现一个光亮无污染的测试平面。将镶嵌、打磨、抛光后的青铜器样品和带有铜颗粒的炼渣样品放置于80 cm^{3}的剥蚀池中，剥蚀的物质送入四级杆质谱仪中，首先在高温等离子体中进行离子化，然后在四级杆质谱中进行测定。

前期工作中，本课题组已对铜矿冶炼过程中微量元素的化学行为进行了较为深入的研究，筛选出了对铜矿来源具有指示意义的示踪元素组合[1~2]。本次实验中，仅对青铜器和铜颗粒中对铜矿来源具有指示意义的 Co、Ni、As、Au、Ag、Sb、Bi 等元素进行了分析检测，结果如表一〇所示。

表一〇 青铜器和炼渣中铜颗粒的 LA-ICP-MS 分析结果（μg/g）

实验编号	样品名称	Co	Ni	As	Ag	Sb	Au	Bi
tjdc-1	铜颗粒	121.43	195.43	9311.81	1103.92	4129.35	9.04	918.09
tjdc-2	铜颗粒	207.44	460.36	28172.66	733.36	2867.99	2.97	909.09
tjdc-3	铜颗粒	115.74	1434.89	4638.93	2596.62	288.08	27.71	404.13
tjdc-4	铜颗粒	305.32	985.32	3622.80	9763.82	1025.40	5.65	12035.43
tlsc-1	古粗铜	14.00	1205.90	72.70	798.48	185.16	17.01	17.19
tlc-1	铜颗粒	78.60	86.72	210.44	228.24	16.58	3.08	24.90
zy-1	铜匜	218.38	209.91	1653.60	2727.05	350.56	9.03	14718.47
zy-2	铜勺	402.22	1013.86	4058.96	3232.08	1262.48	28.20	1005.75
zy-3	铁足鼎	133.89	804.59	3538.12	3039.88	1833.61	18.11	1958.73
zy-4	铜鼎	309.02	686.16	2849.77	2735.90	1574.52	18.96	1688.70
zy-5	铜鼎	335.68	723.52	2052.11	2660.40	1075.46	20.33	2330.27
zy-6	弦纹壶	286.50	2519.65	10698.91	2998.59	5353.80	93.82	617.43
zy-7	铁足鼎	261.74	729.77	3629.47	3945.50	1021.27	11.66	1908.83
zy-8	铜戈	81.10	31.32	272.56	341.43	19.16	0.32	28.28
zy-9	铜矛	35.68	357.45	1714.60	2819.25	260.49	16.10	447.08
zy-10	窃曲纹鼎	68.07	129.31	2104.67	1589.66	675.19	3.39	4408.49
zy-11	立耳鼎	7.55	15.96	2251.69	7906.91	349.34	9.03	7587.33
zy-12	弦纹鼎	111.77	167.84	4948.18	1109.79	1420.02	7.76	4106.95
zy-13	铜尊	8.48	46.45	1161.08	2641.64	362.55	1.66	1337.15

三、结果与讨论

1. 汤家墩遗址炼渣中铜颗粒的 LA-ICP-MS 分析

采用微量元素示踪法研究枞阳青铜器的矿料来源，首先应探明枞阳古铜矿冶炼金属产品的

---

[1] 魏国锋、秦颍、杨立新、张国茂、龚长根、谢尧亭、范文谦、王昌燧：《若干古铜矿及其冶炼产物输出方向判别标志的初步研究》，载《考古》，2009 年第 1 期，第 85～95 页。

[2] 魏国锋、秦颍、王昌燧等：《若干地区出土部分商周青铜器的矿料来源研究》，载《地质学报》，2011 年第 3 期，第 445～458 页。

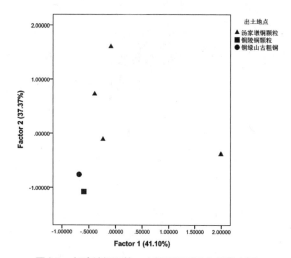

图七一 各遗址铜颗粒、古粗铜的因子分析散点图

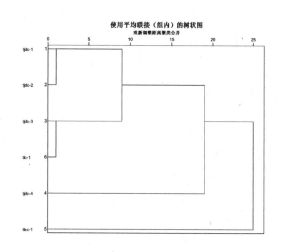

图七二 各遗址铜颗粒、古粗铜的聚类分析树状图

微量元素特征，这是解决枞阳青铜器矿料来源的前提和基础。

枞阳位于长江中下游金属成矿带中部，铜矿资源十分丰富。20世纪80年代以来，安徽省文物考古研究所先后在枞阳县境内发现了井边、拔茅山、铜山、铜矿岭、牛头山、生鸡园、安凤中学、腊鹅地、罗黄斗等铜矿开采遗址，时代上至商周、下至宋代，散布范围数百平方公里[1]~[3]。商周时期的汤家墩遗址位于枞阳县周潭镇七井村，1989年发掘时发现了炼渣、陶范、铜矿石、炉壁等冶炼遗物[4]。采用LA-ICP-MS对汤家墩遗址古炼渣中的铜颗粒进行原位微量元素分析，有望了解枞阳古铜矿冶炼金属铜的微量元素特征。

为便于比较，本工作也对铜陵和铜绿山矿冶遗址的金属铜样品进行了LA-ICP-MS分析（表一〇）。从表一〇的数据可以看出，较之铜陵古炼渣中的铜颗粒和铜绿山古粗铜样品，汤家墩遗址古炼渣中铜颗粒的Co、As、Sb、Ag和Bi等元素含量较高。根据文献资料，枞阳境内的拔茅山、井边等铜矿的Ag、Bi等元素含量较高[5]~[7]，与汤家墩遗址冶炼铜金属的元素特征较为相符。据此可以推测，汤家墩冶炼遗址所用的铜矿可能来自枞阳县境内，汤家墩遗址可能是枞阳

---

[1] 汪景辉：《安徽古代铜矿考古调查综述》，见安徽省文物考古研究所、安徽省考古学会编：《文物研究》第八辑，合肥：黄山书社，1993年，第204~210页。

[2] 安徽省文物考古研究所、枞阳县文物管理所：《枞阳县井边东周采铜矿井调查》，载《东南文化》，1992年第5期，第89~90页。

[3] 安徽省文物考古研究所：《安徽枞阳县汤家墩遗址发掘简报》，载《中原文物》，2004年第4期，第4~14页。

[4] 章水军、曾键年、王思源等：《安徽庐枞盆地井边铜（金）矿床成矿特征及探矿地质因素探讨》，载《矿床地质》，2010年第5期，第915~930页。

[5] 张寿稳：《安徽省枞阳县拔茅山铜矿地质特征》，载《资源调查与环境》，2007年第28卷第3期，第193~197页。

[6] 卫成治、何定国：《安徽省枞阳县王庄地区铜矿地质特征及成因探讨》，载《安徽地质》，2009年第19卷第1期，第35~38页。

[7] 中国社会科学院考古研究所实验室：《放射性碳素测定年代报告（一七）》，载《考古》，1990年第7期，第663~668页。

古铜矿的一个冶炼场所。

为进一步比较，采用社会科学统计软件 SPSS，以 Co、Ni、As、Au、Ag、Sb、Bi 等元素为变量对炼渣中的铜颗粒和古粗铜进行因子分析和聚类分析，结果如图七一和图七二所示。

因子分析散点图（图七一）显示，汤家墩遗址炼渣中铜颗粒的分布尽管较为分散，但均分布在铜陵和铜绿山铜颗粒的上方，与铜陵和铜绿山铜颗粒的分布区域明显不同，表明汤家墩遗址冶炼金属铜的微量元素组合特征不同于铜陵和铜绿山的。

在因子分析的过程中，对数据采取了降维处理。为验证因子分析的可靠性，可采用聚类分析对数据进一步处理。从图七二的聚类分析树状图可以看出，在阀值 $\lambda=10$ 时，所有样品分为三类，其中铜陵古炼渣中的铜颗粒与汤家墩遗址的三个铜颗粒聚为一类，铜绿山的古粗铜样品与汤家墩炼渣中的铜颗粒 tjdc-4 各自聚为一类。tjdc-4 中的 Bi 含量高达 12035.43μg/g，远高于其他样品，这可能是该样品不与汤家墩其他铜颗粒聚在一起的原因。

铜陵的铜颗粒虽然与汤家墩的聚在了一类，但从二者的微量元素特征图来看（图七三），铜陵冶炼铜颗粒的 As、Sb、Ag、Bi、Ni 等元素含量明显低于汤家墩冶炼铜的，表明枞阳与铜陵虽然隔江相望，但两地铜矿的冶炼金属产品在微量元素组合特征上还是具有一定差异性的。

综合 LA-ICP-MS 与多元统计分析的结果，汤家墩遗址冶炼金属铜具有不同于铜陵和铜绿山的微量元素特征，利用微量元素示踪法探讨枞阳古铜矿的输出方向和枞阳青铜器的矿料来源是可行的。

2. 枞阳青铜器的 LA-ICP-MS 分析

枞阳县境内商周遗址众多，已出土各类容器、兵器和工具等数十件西周至战国时期的青铜器。该地青铜器的文化内涵十分丰富，既有中原周式器形，也有江淮或长江流域本土器形，出土地点主要包括汤家墩、官塘、前程、杨市和旗山等，大多为遗址、墓葬或窖藏出土，出土单元或共存关系明确。探明枞阳青铜器的铜矿来源，对于探讨枞阳古铜矿的开发、输出及其与周边地区青铜文化的关系至关重要。

图七四为文中所检测枞阳青铜器的微量元素特征图，结合表一〇的数据，可以看出，除

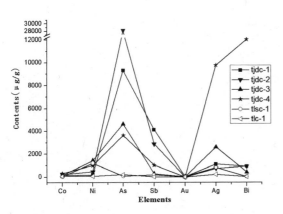

图七三 各遗址冶炼铜颗粒、古粗铜的微量元素特征图

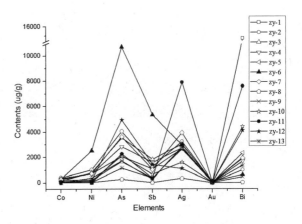

图七四 枞阳青铜器的微量元素特征图

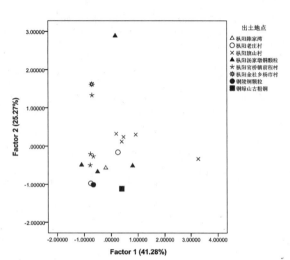 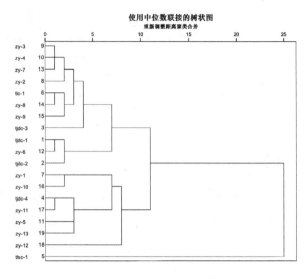

图七五 枞阳青铜器与各遗址冶炼金属铜的因子分析散点图　　图七六 枞阳青铜器与各遗址冶炼金属铜的聚类分析树状图

zy-8 等个别青铜器外，大多数枞阳青铜器的微量元素组合特征较为相似，其 As、Sb、Ag、Bi 等元素含量较高，与汤家墩遗址铜颗粒的微量元素特征比较接近。

为进一步探讨枞阳青铜器的矿料来源，采用社会科学统计软件 SPSS，以 Co、Ni、As、Au、Ag、Sb、Bi 等元素为变量，对枞阳青铜器与各遗址炼渣中的铜颗粒和古粗铜样品进行多元统计分析，结果如图七五和图七六所示。

图七五为枞阳青铜器与各遗址冶炼金属铜的因子分析散点图。从图中可以看出，大多数枞阳青铜器均与汤家墩遗址冶炼铜颗粒分布在同一个区域，而铜陵和铜绿山的冶炼金属铜分布在枞阳青铜器和汤家墩遗址冶炼铜颗粒的下方，且双方距离较远，表明枞阳青铜器的微量元素组合特征与汤家墩遗址冶炼金属铜的较为接近，其所用铜矿很可能来自枞阳当地。

聚类分析的结果（图七六）与因子分析结果基本相同。在阈值 $\lambda=12$ 时，全部样品分为两类。所有枞阳青铜器与汤家墩冶炼金属铜颗粒聚为一类，铜绿山古粗铜单独聚为一类，从而进一步表明枞阳青铜器与汤家墩冶炼金属铜在微量元素组合特征上具有一定的相似性。

在聚类分析树状图中，当阈值 $\lambda=10$ 时，所有的西周铜器聚为一类，暗示这四件西周器所用铜矿应来自枞阳县境内的同一个铜矿点。本次检测的西周铜器，均出自枞阳县官桥镇前程村，且均具有明显的中原周式风格。聚类分析的结果表明，这些中原周式风格的青铜器并非从中原输入，而是当地居民在中原西周文化的影响下，在枞阳采用当地的铜矿冶炼铸造而成，这对探讨中国商周时期青铜冶铸技术的传播具有重要的学术价值。

虽然来自铜陵的冶炼金属铜与枞阳青铜器和汤家墩遗址铜颗粒聚在一大类，但是从图七七的微量元素特征图来看，除 zy-8 外，其余枞阳青铜器的微量元素组合特征与铜陵冶炼铜颗粒的明显不同，其 As、Sb、Ag、Bi 等元素含量明显高于来自于铜陵的冶炼铜。由图七八可见，zy-8 和铜陵冶炼铜的微量元素特征极为相近，这与图七六中 zy-8 与 tlc-1 聚为一小类的情况相

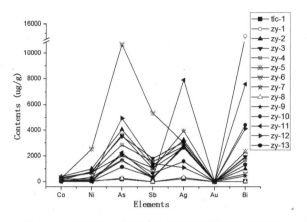
图七七 枞阳青铜器与铜陵冶炼铜颗粒的微量元素特征图

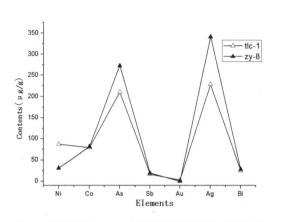
图七八 枞阳青铜器 zy-8 与铜陵冶炼铜颗粒的微量元素特征图

符。考古调查资料显示，枞阳县境内最早开采的井边铜矿，其年代为东周时期[1]，而铜陵铜矿的开采年代上限可至西周时期[2]。考虑到枞阳汤家墩遗址距离长江较近，与铜陵隔江相望，铜陵铜矿完全有可能向西输出到长江以北的枞阳县境内。

综上所述，枞阳青铜器从西周至战国时期，所用铜矿来源似乎并无较大变化，主要来自汤家墩遗址周边的枞阳县各铜矿点；同时，有少量铜器的铜矿可能来自长江以南的铜陵地区。铜陵铜矿在向北输出到中原的过程中，应该经过了枞阳地区。

四、结论

LA-ICP-MS 的分析结果表明，汤家墩遗址冶炼铜颗粒的 Co、As、Sb、Ag 和 Bi 等元素含量较高，其微量元素特征与枞阳境内拔茅山、井边等铜矿的较为相符，而不同于铜绿山和铜陵的冶炼金属铜。汤家墩遗址是枞阳古铜矿的一个冶炼场所，其所用的铜矿主要来自枞阳县境内的各古铜矿点，利用微量元素示踪法探讨枞阳古铜矿的输出方向和枞阳青铜器的矿料来源是可行的。

枞阳青铜器与各遗址冶炼金属铜的因子分析和聚类分析结果显示，大多数枞阳青铜器的微量元素特征与汤家墩遗址冶炼铜颗粒的较为相近。从西周至战国时期，枞阳青铜器所用铜矿来源无较大变化，主要来自汤家墩遗址周边的枞阳县境内；同时，有少量器物的铜矿可能来自长江以南的铜陵地区。根据聚类分析的结果，具有中原周式风格的枞阳西周青铜器，并非从中原输入到枞阳县境内的，而是枞阳当地居民在中原西周文化的影响下，采用枞阳的古铜矿在本地

---

[1] 安徽省文物考古研究所：《安徽枞阳县汤家墩遗址发掘简报》，载《中原文物》，2004 年第 4 期，第 4~14 页。

[2] 安徽省文物考古研究所、铜陵市文物管理所：《安徽铜陵市古代铜矿遗址调查》，载《考古》，1993 年第 6 期，第 507~517 页。

冶炼铸造而成。

　　LA-ICP-MS 具有的快速、无损、灵敏度高等特点，使其可用于古铜矿冶遗址炼渣中所夹杂铜颗粒的原位无损分析，从而为利用炼渣探讨各矿冶遗址冶炼金属产品的微量元素特征提供了一种快速、有效的新方法，对采用微量元素示踪法探讨中国三代青铜器的矿料来源具有重要的应用价值。

第四章 古代矿冶遗址与冶炼遗物研究

第一节 古代矿冶遗址

"我们不仅研究青铜器本身来源，即它的出土地点，还要研究他们的原料来源，包括对古铜矿的调查、发掘和研究。这是中国古代青铜器研究的一个新领域，也是中国考古学新开辟的一个领域"[①]。

"国之大事，在祀与戎"。商周时期，作为祭祀礼器、战争武器、生活用具的青铜器，无论在政治、军事还是经济上，均关系到国之命脉。作为冶铸青铜所需的铜矿资源，因其天赋财富不可多得，它的开采、利用和交换、运输自古以来便受到统治阶级的保护与重视。也正因为如此，作为工业文化遗产重要组成部分的古铜矿遗址，它的调查与研究对探讨古代社会的政治、经济、文化等方面均有一定的意义。

枞阳县位于安徽省西南部，长江中下游北岸的江淮地区，是中原、江淮、江南三地文化交流、撞击的地域。1949年以来，该地区先后出土商周时期青铜器近百件，种类繁多，造型优美，纹饰华丽，地域特征明显，文化内涵丰富。然而，关于该地区古矿冶遗址的分布信息，目前所见文献资料仅是零星的、或仅对某一遗址开展的初步调查，缺少系统的整理与研究。大量资料表明，地质上位于庐枞盆地、与著名铜都铜陵隔江相望的枞阳县，区位优势明显，水陆交通方便，矿产资源丰富，历史源远流长。从《枞阳县志》《枞阳文物志》等相关文献资料以及枞阳县第二次、第三次全国文物普查名录来看，这里不仅铜矿资源丰富，而且现存不少古矿冶遗址。因此，对该地区古矿冶遗址开展更系统、深入的调查研究，对探讨安徽乃至全国古代矿冶遗址分布、矿料来源、采冶技术均有着重要的意义。

一、自然地理

（一）地理位置与交通

枞阳县行政区划隶属现安徽省安庆市。夏商时期属扬州之域，西周时被封为宗国，春秋时已建城，战国时名为松阳，西汉时以枞阳名县，地处吴、越、楚三国交战地带。地理坐标位于东经117°05′～117°43′，北纬31°01′～31°38′。西以白兔湖、菜子湖与桐城市共水，西南一隅与安庆市毗邻，北与无为、庐江两县接壤，东南与铜陵、贵池隔江相望。

枞阳县外临长江下游，处丘陵地带，在生产力低下的古代，陆上交通较为不便，水运是重

[①] 夏鼐、殷玮璋：《湖北铜绿山古铜矿》，载《考古学报》，1982年第1期，第1～14页。

要的交通方式。此地水系发达，河湖众多，主要河流有横埠河、杨市河、钱桥河、罗昌河、枞阳河等；湖泊有菜子湖、陈瑶湖、白荡湖、枫沙湖、神灵赛湖、羹脍赛湖、连城湖等，总水面达42,000公顷①，长江流经县域84公里。水路航道主要有长江航道、菜子湖水系航道、白荡湖水系航道、陈瑶湖水系航道，历来水上输入输出便利通达。根据《鄂君启节舟节》铭文"自鄂市，逾油，徒（涉）汉，就邵，就芑（云阳）。逾汉，就郢。逾夏，内口。逾江，就彭逆，就松阳。"其中"松阳"经考证就是现枞阳。可见在战国时，鄂君启运输货物的大型船队，自鄂出发，曾多次往来、停靠于枞阳沿江一带。枞阳地区水系发达，自古便是水路运输的重要地段。

（二）地形地貌

县内地貌趋势北高南低，中部低平，低山丘陵岗冲相间，滨江环湖。东北部为低山区，以枞阳、无为、庐江三县交界处的三公山海拔最高，有674.9米。低山由正长岩、石英正长岩、火山岩构成，山脉走向多北东向，较为陡峻。西北部是低丘岗地平原区，多由中生代侏罗、白垩纪火山岩构成。中西部是丘陵冲区，为火山岩盆地中心，以中生代火山岩组成的丘陵为主，一般高度在三四百米。东南部为江湖洲圩平原区，长江自西南至东北环形，地势开阔平坦，河流纵横。

（三）气候特征

该县气候属于北亚热带向中亚热带过渡的湿润季风气候区。四季分明，光照充足，气候温和，雨量充沛，季风显著，孕育着丰富的地表资源。年平均气温16.5℃，最高气温40.9℃，最低气温 –13.5℃，气温分布南高北低，春季升温缓慢，秋季升温较快。县境内由于光照充足，雨量、气温适中，适合农作物生长，林木茂盛，植被类型为落叶—常绿阔叶混交林地带。其中阔叶林的麻栎、苦栎、青岗栎等优质木材分布广泛，用其制碳，释热量大，便于就地取材。不仅可以为古代铜矿冶炼业提供充足的燃料，同时这些木材材质坚硬，抗火抗蚀能力强，为深井采矿提供适合的支护木材。

二、地质概况

（一）地质特征

任何一个地区现今独特的地质结构和矿物组成均是地壳经历了漫长而又复杂的动力学演化的结果。距今10亿至4亿年间，枞阳县处于下扬子系海中。其后，在距今约1.95亿年的三叠世，受印支运动影响，扬子板块与华北板块碰撞始成陆地。在中侏罗纪晚期至白垩纪早期，该地火山多次爆发，岩体中断裂成群。沿断裂地壳下陷，陆地大规模褶皱隆升，构成了庐枞火山岩盆地。其后，伴随燕山期岩浆构造—岩浆—成矿一系列强烈的地壳运动，形成县境内目前的地质构造。

今县境位于郯(城)-庐(江)断裂带与沿江破碎带之间的庐(江)枞(阳)中生代火山盆地中部，地处扬子板块北缘与华北板块拼合带，属于长江中下游成矿带②（图七九、八〇）。县境内地层以中生代火山岩为主，有多处断裂带，拥有丰富的铜铁矿资源。

---

① 枞阳县地方志编纂委员会：《枞阳县志》，合肥：黄山书社，1998年，第72~73页。
② 常印佛、吴言昌：《长江中下游铜铁成矿带》，北京：地质出版社，1991年，第96~97页。

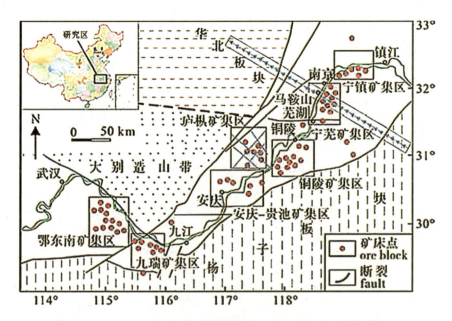

图七九　长江中下游成矿带主要矿集区、矿床分布及地震剖面位置示意图
（据 Pan et al.,1999; 周涛发，2008 改绘）

（二）矿产资源

县境内矿产种类丰富，有铜、铁、金、铀、煤、石灰石、大理石等。铜矿分布于县境中部及北部，自东北至西南延伸作带状，有数十处。根据目前地质调查研究，境内发现的铜矿床主要有：

拔茅山铜矿：地属会宫镇，位于庐枞火山岩盆地南缘。矿体呈带状产于受次级北东及北东东向断裂破碎带控制的蚀变带中[①]。矿床具斑岩铜矿的围岩蚀变特征，可称之为带状斑岩铜矿，属中部矿体。矿石成分主要有黄铜矿、斑铜矿、辉铜矿、黄铁矿等，地表有孔雀石、蓝铜矿。含铜矿物多呈细脉状或赋存石英脉中呈细脉浸染状产出，含铜品位 0.41% ~ 1.27%[②]，1957 年探明铜蕴藏量为 1.2 万吨。除拔茅山外，岩体南接触带内侧小拔茅山矿体较好，平均品位大于 1.5%。可见该地铜矿具有储量多、品位高等特点，易被发现和利用。

牛头山铜矿：地属会宫镇，位于庐枞盆地西南缘。该铜矿床共圈出大小矿体 28 个，分布在龙门院组底部及罗岭组顶部矿化蚀变带中，呈层状、似层状顺层产出，近东西向分布[③]，属于火山气液—沉积铜矿床[④]。主要矿物有黄铜矿、黄铁矿、斑铜矿、辉铜矿，地表可散见孔雀

---

① 汪忠兴、程加云：《枞阳县拔茅山矿区拔茅山—余家园—李家湾—石庄环状成矿带地质特征及找矿潜力分析》，载《安徽地质》，2008 年第 3 期，第 183 页。

② 汪忠兴、程加云：《枞阳县拔茅山矿区拔茅山—余家园—李家湾—石庄环状成矿带地质特征及找矿潜力分析》，载《安徽地质》，2008 年第 3 期，第 182～184 页。

③ 程春生：《安徽省枞阳县牛头山铜矿床地质特征及找矿分析》，载《城市建设理论研究》，2012 年第 19 期。

④ 宋文霞：《安徽省枞阳县拔茅山—牛头山铜矿床地质特征及找矿方向》，载《沉积与特提斯地质》，2002 年第 22 卷第 3 期，第 95～99 页。

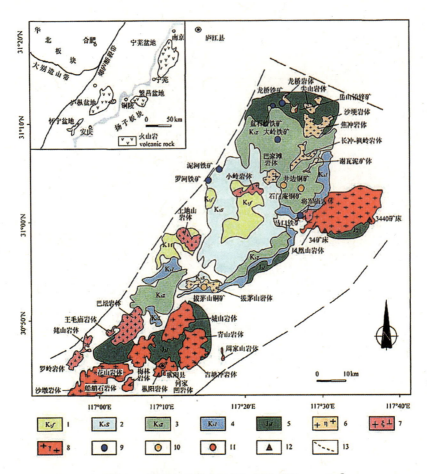

图八〇　庐枞盆地地质矿产略图（周涛发等，2010）[①]
1-浮山组；2-双庙组；3-砖桥组；4-龙门院组；5-罗岭组；6-二长岩；7-正长岩；
8-A型花岗岩；9-铁矿床；10-铜矿床；11-铅锌矿床；12-金铀矿床；13-断裂

石、褐铁矿等[②]。矿石为细脉浸染状，含铜平均品位0.99%，自然类型划分为四种：含铜凝灰岩、含铜碳质凝灰岩、含铜安山角砾岩、含铜钾化硅化凝灰岩。

井边—石门庵铜矿：地跨枞阳县钱铺、白湖和庐江县砖桥等乡镇，位于盆地东南缘。矿体呈脉状产于斑（玢）岩体外侧，严格受断裂控制，矿脉大都沿北东向构造带展布[③]。主要包括井边矿段和石门庵矿段。该铜矿床为含铜石英脉型，属于中低温热液脉型铜（金）矿床[④]。典型矿物组合为石英—黄铜矿—黄铁矿。矿石构造主要有细脉状、网脉状和晶洞（簇）状构造，次为角砾状构造等。矿石中主要金属矿物为黄铜矿，次为黄铁矿、斑铜矿等；氧化带一般有孔雀石、

---

① 周涛发、范裕等：《长江中下游成矿带火山岩盆地的成岩成矿作用》，载《地质学报》，2011年第5期，第712～730页。

② 程加云、卫成治：《安徽省枞阳县牛头山铜矿床地质特征、矿床成因、找矿标志及找矿方向分析》，载《安徽地质》，2010年第2期，第109～111页。

③ 石磊：《安徽庐枞地区铜金矿床地质地球化学特征及成因》，合肥工业大学硕士毕业论文，第23页。

④ 覃永军、曾键年等：《安徽庐枞盆地井边铜（金）矿床成矿特征及控矿地质因素探讨》，载《矿床地质》，2010年第5期，第915～930页。

褐铁矿等，鲜见自然铜。1957年探明金属铜蕴藏量有1.6万吨，铜平均品位为1.31%[1]。这种高品位的矿体，易被发现和开采。

大刨山铜矿：地属会宫镇，该矿床属于含铜大理岩型，主矿体有5个，矿体长120～250米，矿石主要有斑铜矿和黄铜矿，平均含铜0.58%～0.77%，已探明该矿铜金属储量为1.6万吨。

除以上四大铜矿床外，经地质调查发现的铜矿点还有：

柳峰山金铜矿点：地属白湖乡，位于淮阳山字型构造前弧东翼中段，庐枞火山岩盆地中部，是热液充填形成的脉状矿床。其矿物共生组合大致有镜铁矿—黄铁矿—黄铜矿型，石英—黄铁矿—黄铜矿—斑铜矿型，黄铁矿—黄铜矿—铁锰碳酸盐型。不同地点铜品位相差较大[2]。

佘家凹铜金矿：地属官埠桥镇，位于庐枞中生代陆相火山岩盆地南缘。该矿是一脉状充填型铜金矿点，矿体呈脉状、透镜状，属于与火山岩作用有关的中低温热液型矿床。铜矿矿化与硅化关系密切，矿化不均匀，多产于石英脉或硅化褐铁矿化碎裂岩中。铜金矿多赋存于近南北向构造的破碎带中，含铜品位0.1%～2.22%[3]。

天头山铜金矿：地属雨坛乡，位于庐枞盆地的西南缘。该矿规模较小，矿体主要呈含金铜硅化石英脉状，金铜共生，铜矿体一般包含金矿体。矿床类型为与次火山岩有关的热液型金(铜)矿，铜的平均品位在0.50%～1.52%[4]。

王庄地区铜矿：地属雨坛乡、官埠桥镇，位于庐枞盆地西南部，天头山铜（金）矿东侧约3千米。矿体以铜矿为主，呈脉状、透镜状，属于中低温热液填充式石英脉型铜矿[5]。在两条矿化破碎带内已查明矿体13个，其中铜矿体8个，铜金矿体1个，铜银矿体2个。矿石自然类型主要有石英脉型铜矿、石英脉型铜（金）矿、硅化脉型铜（银）矿。矿物主要是黄铜矿、黄铁矿，次为斑铜矿、自然金、自然银；氧化带有孔雀石、褐铁矿、针铁矿。黄铜矿呈浸染状或细脉状展布，铜品位在0.23%～2.52%之间，平均品位0.98%。

县境内铜矿矿点分布较广，数量较多，仅拔茅山——七家山——柳峰山等地，已达60多处。其他如公堰埠的簸箕山、引家凹、铜家岭、龙城山、小鲍子山，孙家畈的施家山，将军庙的斋家凹、盘龙凹、黄山寨，雨坛的胡家老屋、龙潭，官埠桥的朱家洼、龙王尖、皂角树，会宫的松罗山、杀虎台、西崖、大铜山，项铺镇的螺丝尖、七棵松等地也都有分布[6]。

---

[1] 张乐骏、周涛发等：《安徽庐枞盆地井边铜矿床的成矿时代及其找矿指示意义》，载《岩石学报》，2010年第9期，第2729～2738页。

[2] 姚成侯、王亚光：《安徽省枞阳县柳峰山地区金铜矿点地质特征及找矿方向》，载《安徽地质》，2012年第3期，第183～185页。

[3] 马冬：《安徽省枞阳县佘家凹铜金矿原生晕特征及矿床成因探讨》，载《现代矿业》，2009年第4期，第63～66页。

[4] 李祥征：《庐枞盆地天头山金(铜)矿床找矿地质条件分析》，载《南方国土资源》，2013年第7期，第40～42页。

[5] 卫成治、何定国：《安徽省枞阳县王庄地区铜矿地质特征及成因探讨》，载《安徽地质》，2009年第1期，第35～38页。

[6] 枞阳县地方志编纂委员会：《枞阳县志》，合肥：黄山书社，1998年，第74页。

综上所述,枞阳县境内铜矿床矿点多,主要产于火山岩中,偶见于正长岩中[①]。含铜品位差异大,矿床多受热液填充形成。矿体主要分为三类:一是矿体呈带状产于玢岩、斑岩体边部的斑岩型铜矿床,如拔茅山铜矿;二是矿体呈脉状产于斑(玢)岩体外侧热液脉状铜矿床,如井边—石门庵铜矿、天头山铜金矿床。三是矿体呈层状、似层状顺层产出的火山气液—沉积铜矿床,如牛头山铜矿。不同矿床的规模不一,部分矿床包含多处矿点或矿脉,大多是受断裂带控制的含铜石英(硅化)脉状铜矿,少数为浸染型含铜硅化"带状"铜矿。含铜矿物多呈脉状、细脉状、细脉浸染状、透镜状。矿石以黄铜矿居多,次为斑铜矿、辉铜矿,部分矿床的氧化带中包含有孔雀石、蓝铜矿。不同矿床的含铜品位有差异,同一矿床中不同矿区含铜品位也变化较大,其中井边—石门庵铜矿铜的平均品位高达1.31%,很可能在早期已被古代矿工开采利用。

三、安徽省及枞阳县境内古代铜矿遗址的分布

(一)安徽省境内古代铜矿遗址分布

中国铜矿资源,分布广泛而又集中。安徽,位于中国华东地区,铜矿资源丰富,交通便利,具有悠久的产铜历史,是我国南方重要的铜产地。现代地质勘探资料表明,中国大陆的储铜点主要分布在长江中下游的湖北、湖南、江西、安徽及西南的云南等地,而长江中游、下游是中国一条蕴藏最为丰富的铜矿带[②]。从地质构造来看,安徽省地跨长江、淮河、新安江三大水系,处于南北地理交汇过渡地带,地貌特征多样。全省跨中朝准地台、秦岭地槽褶皱系、扬子准地台三大构造单元,岩浆活动频繁,地质构造复杂[③],矿产资源丰富。截至2010年,安徽省已查明铜矿产地125处,其中,大型矿床3处,中型矿床6处,小型矿床16处,小型以下矿产地100处,共生矿产地21处,伴生矿产地20处,累计查明铜矿金属量664.1871万吨,保有铜金属量431.2783万吨,位居全国第5位。主要分布在铜陵、庐江、安庆、池州、宣城、滁州等地区。其中安庆地区累计查明铜矿金属量71.0035万吨,占全省的11.02%。

安徽古代铜矿主要分布在安庆到马鞍山的长江沿江地区,属于下扬子断陷构造,总面积约三千平方公里。矿床类型以矽卡岩型铜矿床为主,还有少量的沉积岩中层状铜矿床[④]。主要成矿期在早白垩纪燕山运动时期,约距今1.3亿年。铜矿石以矽卡岩铜矿石为主,并有丰富的磁铁矿石和磁黄铁矿矿石,此外还有辉铜矿和斑铜矿。其中表生铜矿物主要有自然铜、辉铜矿、孔雀石、铜蓝和赤铜矿等[⑤]。

---

① 枞阳县地方志编纂委员会:《枞阳县志》,合肥:黄山书社,1998年,第74页。
② 刘诗中、卢本珊:《铜岭古铜矿性质探讨》,载《华夏考古》,1997年第3期,第61~67页。
③ 雷为民:《简析安徽省矿产资源储量分布现状及发展展望》,载《科教文汇(下旬刊)》,2011年第3期,第194~195页。
④ 中国矿床编委会:《中国矿床》,北京:地质出版社,1996年,第108~114、63~66页。
⑤ 杨立新:《安徽沿江地区的古代铜矿》,见安徽省文物考古研究所、安徽省考古学会编:《文物研究》第8辑,合肥:黄山书社,1993年,第194~203页。

目前安徽省内已发现的古代矿冶遗址主要为采矿和冶炼两种类型,个别遗址可能是铸造遗址。古矿冶遗址主要分布在沿江山地和丘陵地区,一般采矿和冶炼遗址相距较近,多为山上采矿、山下冶炼的格局。根据遗址分布的特点,大致可以分为皖南、枞庐(枞阳—庐江)、滁马(滁州—马鞍山)三大古矿区。皖南地区位于长江南岸,现已查明的铜矿遗址主要在沿长江的南陵、铜陵、泾县、青阳、繁昌、贵池等市县,铜矿资源丰富,遗址密集,范围达两千平方公里,多是以采冶中心为主的古代辐射型矿区。该区铜矿大部分矿体较小,为鸡窝富矿体型,含铜品位较高,矿体发育好,地层浅,正符合古代在生产力低下的情况下进行小规模开采,无需深采即可获取富集的铜矿石。同时这一地区铜矿多铜铁型,表层多赤铁矿和磁铁矿,矿体地表也生长有铜锈草,便于古人找矿[①]。鉴于以上特点,皖南采矿历史悠久,时代最早者为夏商—春秋时期,向下不断延续,最晚者为宋代,约六十余处。主要包括大工山、凤凰山、狮子山、铜官山、铜山等中心矿区。其中在南陵江木冲、铜陵凤凰山、木鱼山三处发现有铜锭。南陵江木冲冰铜渣和冰铜锭的发现与分析结果表明,大工山区不仅掌握了熔炼硫化矿成铜的工艺,而且掌握了冰铜富集熔炼技术,是我国最早使用硫化矿炼铜并采用硫化矿—冰铜—铜工艺的地区[②]。枞庐地区位于江淮之间,是先秦淮夷、群舒的活动区域,铜矿遗址主要分布在枞阳、庐江、无为三县的交界山区,大多为采矿遗址,时代上限可至东周,下限至宋代。滁马地区位于安徽铜矿区的

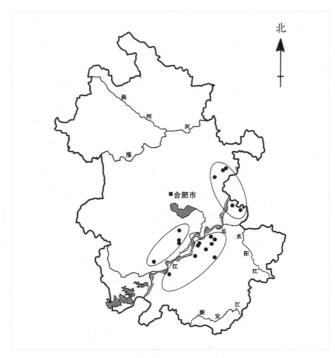

图八一 安徽省古代冶炼遗址分布图

---

① 杨立新:《皖南古代铜矿初步考察与研究》,见安徽省文物考古研究所、安徽省考古学会编:《文物研究》第3辑,合肥:黄山书社,1987年,第181~190页。

② 穆荣平:《皖南古铜矿遗址及其冶炼技术的初步研究》,中国科学技术大学自然科学史硕士研究生论文,1987年。

北端，主要分布在滁州黄道山、琅琊山、全椒铜井山、马鞍山小金山、当涂金山，与宁镇铜铁矿区相连，开采年代约在汉代到唐宋时期（图八一）。

（二）枞阳县境内古铜矿遗址分布

枞阳县位于长江北岸，属于庐枞盆地成矿带，铜矿资源丰富，采冶历史悠久，拥有灿烂的青铜文化遗产。

早在1989年，安徽省文物考古研究所对枞阳汤家墩遗址①展开发掘工作，发现有6件铜器和7块陶范残片，并将其推断为一处商代晚期遗址。同年，安徽省文物考古研究所又对井边采铜矿井展开考古调查②。1993年，杨立新③、汪景辉④对矿冶遗址开展了初步的调查与研究，在枞阳县发现的古代采矿遗址有井边、拔茅山、铜山、安凤中学、牛头山、生鸡园、柿树、大凹岗、大包（刨）山等。然而两次调查发现的遗址，现在有的已消失。在枞阳县第三次全国文物普查中，发现古代铜矿遗址11处，其中采矿遗址7处，冶炼遗址3处，铸造遗址1处，主要分布在井边、铜坑、罗黄斗、铜矿岭、铜山、牛头山、拔茅山、汤家墩等地。其时代上限可至商代晚期，下限至宋代，规模大，延续时间长⑤。

该地区古代矿冶遗址主要分布在中东部白湖、钱铺、会宫、周潭四个乡镇，其中会宫乡和白湖乡采矿遗址分布最为集中（图八二）。这些乡镇周围水路发达，交通方便。如白湖乡和会宫乡两地，矿产资源可沿白荡湖水系在境内运输，同时该水系又与长江相连，直通长江向上，再从太湖笠泽（今吴淞江）出海，沿海岸北行，达于淮口，溯淮西行，至于泗水，再由泗达于黄河，最后到都城（镐京，今陕西西安）⑥。

枞阳境内矿冶遗址主要坐落在山腰或山坳中。冶炼遗址周围，分布有炼铜炼铁废渣等冶炼遗物，有些甚至因地壳变化、水流等原因，大量集中堆积于山脚及凹地中，当地人俗称"铁屎"。采矿遗址多位于树木茂盛，柴草丰富的山体上，矿井隐藏较深，暴露面积小。当地人俗称"老窿""古人洞"等，绝大多数是当地群众在开采矿石时发现。采矿遗址周围，除了残留部分古代矿井外，地表上散见有铜铁矿石以及采矿过程中选剩的废石，有些地区的地面上还生长着具有指示铜矿作用的铜草。这些具有指示作用的孔雀石和铜草，不仅为古铜矿遗址的发现带来便利，同时在生产力不甚发达的古代，很可能也在当时矿工们寻矿过程中发挥了重要作用。铜草，

---

① 安徽省文物考古研究所：《安徽枞阳县汤家墩遗址发掘简报》，载《中原文物》，2004年第4期，第4～14页。
② 宫希成：《枞阳县井边东周采铜矿井调查》，载《东南文化》，1992年第5期，第89～90页。
③ 杨立新：《安徽沿江地区的古代铜矿》，见安徽省文物考古研究所、安徽省考古学会编：《文物研究》第8辑，合肥：黄山书社，1993年，第196页。
④ 汪景辉：《安徽古代铜矿考古调查综述》，见安徽省文物考古研究所、安徽省考古学会编：《文物研究》第8辑，合肥：黄山书社，1993年，第206页。
⑤ 枞阳县文物管理所：《枞阳县全国第三次文物普查资料》，2011年。
⑥ 裘士京：《江南铜研究·中国古代青铜铜源的探索》，合肥：黄山书社，2004年，第91页。

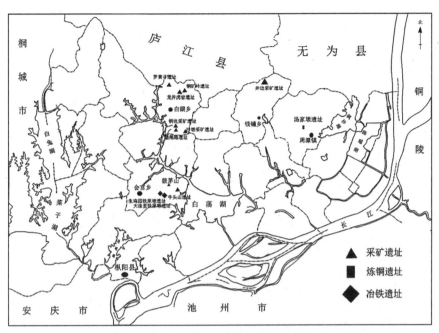

图八二 枞阳县古代铜矿遗址分布图

学名海州香薷,因深秋时节绽开出紫色的花,呈牙刷状,又称"牙刷草""九月蒿"。这种植物主要生长在长江中下游一带的产铜区,用以指示铜矿。一般而言,"铜草"特别茂盛的地方,其下必为富(铜)矿。根据唐代段成式《酉阳杂记》卷16记载:"山有葱,下有银,光隐隐正白。草青赤秀,下有铅;草颈黄秀,下有铜。"可见古人已意识到用一些特殊植物来指示铜矿。孔雀石,古称"空青""绿青",是一种含铜的碳酸盐化石。根据刘向所著《别录》记载:"空青,生益州山谷及越嵩山有铜处,铜精熏则生空青,其腹中空。三月中旬采,亦无时。"《唐本草》:"此物出铜处有,乃兼诸青,但空青为难得,今出蔚州、兰州、宣州、梓州。宣州者最好,块段细,时有腹中空者。蔚州、兰州者片块大,色极深,无空腹者。"孔雀石常与含铜矿物共生,产于铜的硫化物矿床氧化带,存于铜矿脉的地表露头处。在开采铜矿的初期,由于孔雀石色泽艳丽,易被察觉,人们常通过这种露出地面部分的矿石颜色来寻找铜矿。这两种指示性物质,自古至今,在人类寻矿探矿的过程中发挥着重要作用。

四、枞阳县境内古矿冶遗址调查

(一)遗址的发现

2013年暑假,在第三次全国文物普查成果的基础上,安徽大学考古专业、枞阳县文物管理所对县境内的古矿冶遗址展开了一次踏勘调查。在准备过程中,调查小组一方面参考前人的文献记载,结合该地地质构造、矿床堆积等,初步对县境内古矿冶遗址进行考证选址;另一方面通过开展多次调研会,在与当地基层工作人员及村民的交流中,进一步划定明确调查范围及路线。

虽然20世纪90年代安徽省文物考古研究所曾对该地的矿冶遗址进行过零星的调查工作。

然而二十余载过去，由于矿冶遗址多坐落在深山峡谷之中，大多无人问津，且又受到自然和人力因素的双重破坏，部分早期有记载的古矿冶遗址已荡然无存。如项铺镇铜山凹，会宫镇柿树、大包（刨）山等遗址均因被破坏而难觅遗迹。综合各方面资料，最终确定调查的古矿冶遗址共12处，包括1处青铜冶铸遗址，2处冶铁遗址，9处采铜遗址。1处冶铸遗址，即周潭镇的汤家墩遗址；2处冶铁遗址，分别是地处会宫镇的生鸡园铁屎墩、大洼里铁屎墩遗址；9处古铜矿遗址为钱铺乡的井边，白湖乡的铜坑、腊鹅地、沙墩、龙井虎宕、罗黄斗、铜矿岭以及会宫镇的牛头山、拔茅山采矿遗址。

（二）调查方法

枞阳县境内古矿冶遗址多分布在山地和丘陵地区，调查过程中，针对不同遗址的地理位置、地貌特征、遗址特点以及目前保存状况等因素，在充分利用相关资料、地图、信息搜索的基础上，参考当地居民及专业地矿人员的建议，以地表散布的遗迹和遗物为线索，以山坡、河流之畔的自然地势为重点，在借鉴传统拉网式调查方法的基础上，将地面堆积与断层剖面相结合进行考察研究；同时结合谷歌卫星地图、GPS等对遗址位置、采集遗物地点展开精确定位，将矿冶遗址点划分为若干小区展开系统调查（图八三）。

（三）调查的特点与难度

虽然大多遗址地表散见的铁渣、孔雀石及铜草等物质，都具有明显的采冶特征，为调查工作提供了找矿依据，带来便利，但仍有大量的人为和自然因素增加了调查难度。一方面，部分遗址由于建设工程的影响，古代采矿遗存或深埋于地下，或藏匿于屋前房后，有些甚至损毁殆尽。调查者只能进行拉网式的大面积的普查，依据表象寻找遗迹。另一方面，多数矿冶遗址保存在崇山峻岭之上，由于多年的封山育林，荆棘密布载途，大树参天蔽日，野猪蛇虫出没，山高路险，环境恶劣，为开展调查工作带来巨大阻碍。为了克服困难，只得请当地村民手挥刀斧开路，才能勉强徒步上山进行调查。

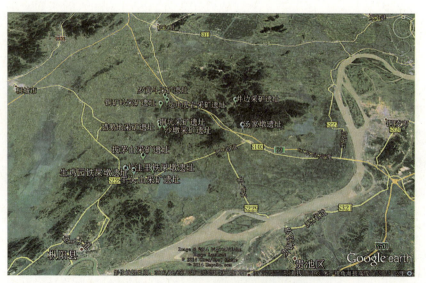

图八三　枞阳县矿冶遗址 GPS 卫星分布图

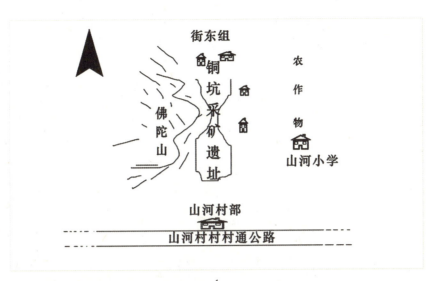

图八四　铜坑采矿遗址
1. 平面示意图　　2. 矿洞口　　3. 矿石

（四）遗址调查概况

本次共调查采铜矿遗址9处、冶铜遗址1处、炼铁遗址2处。

1. 采铜遗址

（1）铜坑采矿遗址

该遗址位于枞阳县白湖乡山河村佛陀山东麓街东组、山河村村部东侧。东距柳峰山2公里，西面紧临佛陀山，南距山河村村部20米。遗址中心处地理坐标是北纬30°55′27.2″，东经117°19′30.3″，海拔高度19米，面积1,608平方米（图八四，1）。

采矿遗址发现于山腰处，周围林草茂密，隐藏较深。因暴露面积较小，当地人俗称"鸡窝"，系古代露天开采遗留下的遗存。该采矿坑南北走向，呈不规则形，长67米，宽24米，深5～8米，坑口周围发现很多碎铜矿石，但没有其他遗物（图八四，2）。矿坑年代久远，岩壁暴露在外，可见坑内陡壁。坑底积土较厚，叠压有大量近现代遗物。

本次调查在该遗址采集矿石标本1件。

铜坑矿石（图八四，3）：表面呈灰绿色，局部泛红褐色，矿石为层状。形状近似椭圆，短径4.3厘米，长颈6.2厘米，高约1.5厘米。

根据矿坑残存结构，可初步判断该遗址应为一处露天开采铜矿石的矿场。露天开采的方式一般适用于露头矿，要求矿体浅，有一定的面积及铜矿储量，具有铜矿资源利用充分、回采率高、贫化率低等优点，但需剥离大量废石。这是人类最早采用的一种采矿方式，沿用至近现代。

（2）腊鹅地采矿遗址

该遗址位于枞阳县白湖乡山河村腊鹅地组西南腊鹅山西麓。东距柳峰山1.5公里，西南紧邻腊鹅地山、距佛陀山0.5公里，西距山河村部300米。遗址中心处地理坐标是北纬30°55′05.9″，东经117°19′39.2″，海拔高度38米，面积132平方米（图八五，1）。

遗址背靠腊鹅山，坐落于一现用房屋屋后。山上树木茂盛，地表上生长有铜草。矿坑隐藏于树林中，南北走向，长16.5米，宽8米，深3~5米，周围分布有许多废石和铜矿石，初步判断是一处露天开采铜矿石的铜场（图八五，2）。调查发现，这一铜坑已部分损坏，山上树根进入岩体，岩壁已松动脱落。从岩壁的剖面观察，树根根枝粗状，错综交叉，可见该矿坑应具有一定的深度。

本次调查在该遗址采集矿石标本1件。

腊鹅地矿石（图八五，3）：近似长方体，长4.6厘米，宽3厘米，高约2厘米。表面粗糙，呈粉砂状，泛浅绿色，局部呈灰褐色。剖面中间部分夹杂一层红褐色物质，似铁矿石。

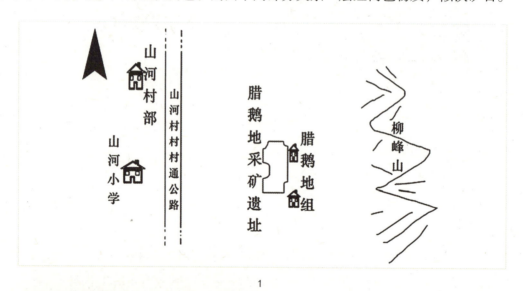

1

2

3

图八五　腊鹅地采矿遗址
1. 平面示意图　　2. 矿口外部环境　　3. 矿石

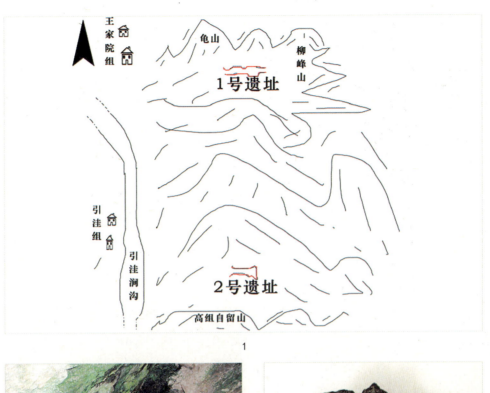

图八六 沙墩采矿遗址
1. 平面示意图　　2. 遗址局部　　3. 矿石

（3）沙墩采矿遗址

沙墩采矿遗址，位于枞阳县白湖乡沙墩山引洼山西麓。该地共发现2处采矿遗坑，相距200米左右。1号坑东紧临柳峰山，北面紧临龟山；2号坑西距引洼洞沟0.5公里，南距高组自留山0.7公里。在2号矿井口西1米处测得地理坐标是北纬30°55′04.2″，东经117°20′16.8″，海拔高度133米，总面积790.6平方米（图八六，1）。

遗址周围林木茂盛，可见有碎矿石，地表上大面积生长铜草（图八六，2）。1号遗址，为不规则的椭圆形大坑，长39.5米，宽10.8米，最深达6米，四面均为陡壁。2号遗址为长条形大坑，长26米，宽14米，最深达8米，南北走向，一面平缓，三面为陡壁，南面、北面有探矿长沟。岩壁剖面可见有清晰的地层堆积。西端靠岩壁处，有一圆形大洞。

本次调查在该遗址采集矿石标本1件。

沙墩矿石（图八六，3）：形状不甚规整，表面浅绿色夹杂红褐色。最长5厘米，最宽3厘米，高约2厘米。

图八七　龙井虎宕采矿遗址
1. 遗址外部环境　　2. 矿石

（4）龙井虎宕采矿遗址

该遗址位于枞阳县白湖乡龙井村虎宕组东北100米处的虎宕。南距牛山0.5公里，西南距曹冲水库1.4公里，东南距夏家村民组300米，西距柳寺—曹冲村村通公路400米。地理坐标是北纬30°58′59.5″，东经117°20′14.9″，海拔高度80米（图八七，1）。

虎宕一带，三面环山，树林茂密，柴薪充足，地表生长有铜草，铜矿资源丰富，具备优越的采冶条件。该遗址发现于陶边山西麓，坐落在一现代矿井之上，原古矿基址已遭严重破坏。现代矿井的井口周围用石头累筑成台，上置铁质井架。根据当地群众介绍，龙井虎宕古矿井形制为一竖井，口呈方形，内为圆形，俗称"古人洞"。2007年，在当地矿工顺着原井口继续往下开采时，曾发现内有平巷，还挖出了许多圆形木头和木铲。其后当地矿工又在老井口的基础上继续开采，破坏殆尽。由此推断，该遗址在当时应是一处竖井—平巷相结合的古代采矿遗址。

本次调查在该遗址采集矿石标本1件。

龙井虎宕矿石（图八七，2）：平面似斧刃状，表面浅绿夹杂少量黑色斑块，长4.7厘米，宽4厘米，高约2.6厘米。

（5）罗黄斗采矿遗址

该遗址位于枞阳县白湖乡古楼村罗黄斗山西麓。西南距章洼水库约300米，西距章洼组小塘50米，东距庐江县罗河镇大鲍庄山100米。在矿洞前3米处，测得该遗址地理坐标是北纬

图八八　罗黄斗采矿遗址
1. 局部照片　　2. 矿石

30°59′47.5″，东经117°19′53.7″，海拔高度86米（图八八，1）。

矿洞坐落于山腰空旷处，在当地居民的引领下，一路沿山间小道向上，周围群山起伏，绿水环绕，林木丛生，地表上可见大量的铜锈草和碎铜矿石。该矿洞为一长坑，长8米，宽1.4米，由西北向东南延伸。破岩凿一略呈八字形的洞口，即为目前所见矿口，洞口长1.4米，宽1.5米，面朝西北，被土覆盖，在洞口处隐约可见有一平向和斜向矿井。现存矿洞前横排一组块石，积水很深，很难进入展开进一步的观察，年代不详。

本次调查在该遗址采集矿石标本1件。

罗黄斗矿石（图八八，2）：形状近似正方体，边长约4厘米，通体呈黄绿色，局部有黑色斑块。

（6）铜矿岭采矿遗址

该遗址位于枞阳县白湖乡龙井村铜矿岭山东麓。东距龙井村部—廊院组村村通水泥路0.5公里，西靠铜矿岭山，西南距过旗山余脉100米，西北距龙城山约1公里。地理坐标是北纬30°58′26.2″，东经117°19′25.3″，海拔高度42米，面积300平方米（图八九，1）。

遗址坐落于一当地村民住房约150米处，周围群山环绕，地表上杂草丛生，散件有碎矿石。根据调查发现，该遗址暴露在外的遗迹是一条长坑，长约13米，宽3～12米（图八九，2）。接近陡崖处，有一略呈圆形的大坑，直径约12米，然后破岩凿井，洞口面朝西南，略呈方形，长宽约5米，面朝东南，具体深度不明（图八九，3）。坑内积满雨水，有些地方已被土覆盖。保存较差，无法靠近，很难展开进一步探查。

本次调查在该遗址采集矿石标本1件。

铜矿岭矿石（图八九，4）：形状近似三棱锥，表面粗糙，呈青绿色，氧化程度高，长2厘米，

图八九　铜矿岭采矿遗址
1. 平面示意图　2. 长坑局部环境　3. 陡崖圆坑凿井局部环境　4. 矿石

图九〇　牛头山采矿遗址
1. 平面示意图　　　　2. 采矿遗址

宽 1.2 厘米，高 0.8 厘米。

据现状初步判定，该处应是一个先露采探矿至一定深度后，再追踪矿脉凿井开采而留下的遗址。

（7）牛头山采矿遗址

该遗址位于牛头山西侧山坡，地属枞阳县会宫镇晓春村合元组。东紧临皖城矿业有限公司，距唐家山 100 米，西距饶山 120 米，背靠牛头山，南距松元庄 150 米，北距拔茅山 250 米。在矿前 1 米处，测量地理坐标为北纬 30°49′30.3″，东经 117°19′25.6″，海拔高度 37 米，面积 67.2 平方米（图九〇，1）。

根据现代地质记载，牛头山地区分布有大量铜矿床，铜矿资源丰富，开采至今。该遗址发现于牛头山山脚处，周围野草茂盛，生长有大量铜锈草。矿坑略呈"八"字形，四周均为山岩，当地人称"古人坑"，是古时开采铜矿留下的遗迹（图九〇，2）。调查未采集到相关的实物。

（8）拔茅山采矿遗址

拔茅山采矿遗址，位于枞阳县会宫镇建设村。东距白荡河 3 公里，南边紧临拔茅山脚的小铜山北麓，东北距原安凤中学 300 米，西南距铜陵至安庆公路 4 公里，西北距原安凤中学 300 米。矿前 1 米处，测量地理坐标为北纬 30°51′05.8″，东经 117°18′05.4″，海拔高度 39 米，面积 1,950 平方米（图九一，1）。

遗址面朝东，背靠大山，为一前椭圆形、后铲形的石坑。除北面外，其余三面都是陡崖。山体西南陡崖下部有一直径约 3.2 米的横穴，20 世纪 80 年代初以来，由于当地群众不断在此露采矿石，矿井已遭到破坏，内积水较深。根据矿井残存结构判定，应为露天开采。露天采矿一般沿矿脉开采，由于矿脉急陡，古代矿工为了减少剥离量，采用陡坡开拓。该遗址三面边坡十分陡峭，说明当时的先民已能分辨围岩的稳定性程度。地表上散见大量铜矿石，但未发现任何炼渣和陶范，很可能该地仅是一处采矿遗址，而冶铸不在此处进行。

本次调查在该遗址采集矿石标本共 3 件，初步判断均为孔雀石。

拔茅山矿石 1 号（图九一，2）：形状近似方体，通体泛绿色，局部氧化程度高，长约 4 厘米，宽约 4 厘米，高约 3 厘米。

图九一　拔茅山采矿遗址
1. 遗址外部环境　2. 矿石1号　3. 矿石2号　4. 矿石3号

拔茅山矿石2号（图九一，3）：形状似缺角方体，较规整，呈泛青绿色，局部有褐色或灰白色石，长约4厘米，宽约4厘米，高约1.8厘米。

拔茅山矿石3号（图九一，4）：呈片状，通体呈浅绿色，局部有红褐色斑块，长3.5厘米，宽3厘米，高1.2厘米。

（9）井边采矿遗址

该遗址位于枞阳县钱铺乡井边行政村北约500米处狮形山脚下，周围群山环抱。井边遗址地属下扬子断裂构造的三官山脉，蕴藏有丰富的铜、铁、煤等矿产。根据早年的调查信息得知，该地铜矿资源丰富，以硫化矿石黄铜矿为主。当地群众在开挖铜矿时，经常会碰到古代矿井，已发现有7处。古矿井遗存由竖井、横巷、斜巷等结构组成，该矿开采方法应多是井采。巷底部及井边堆积有废弃的碎石、碎木炭渣粒层、陶片、木铲、支护木等遗物以及铜锤、铜钎、铜凿、铜锛、木铲、木棰、竹筐、平衡石等采矿工具[1]。竖井井口直径1米左右，斜井宽1.2米左右，高1.5米，平巷的宽、高和斜井相近（图九二，1、2）。

平巷内发现有木炭屑和碎石，有的甚至还有一层用火烧烤的红烧土，表明当时可能已使用了"火爆法"或"火焖法"采掘矿石。根据明代陆容《椒园杂记》卷一四中对"火爆法"的记载：

---

[1] 宫希成：《枞阳县井边东周采铜矿井调查》，载《东南文化》，1992年第5期，第89～90页。

图九二　井边采矿遗址
1. 遗址全貌　　　　2. 遗址局部

"采铜法，先用大片柴，不计段数，装叠有矿之地，发火烧一夜，令矿脉柔脆。次日火气稍歇，作匠方可入身，动锤尖采打。凡一人一日之力，可得矿二十斤，或二十五斤。"具体方法是将矿体先掘一长槽，在槽内铺上木炭和干柴，用土覆盖并将燃料点燃，待矿体燃烧至一定温度，再泼水，矿体会因热胀冷缩较为强烈而变得疏松[1]，可大大降低人力，提高工作效率。在南陵桂山乡沙滩脚古铜矿遗址、山西运河洞沟汉代铜矿遗址等遗址中均有发现相关遗存。这种方法其后也被用来开凿运河，沿用时间长。

平巷内还发现有倒塌的木质支护，直径30厘米[2]。这种木架支护的井巷开采方式，在围岩比较松软的地质条件下，可以有效控制地层的顶压、测压、地鼓，维护井筒或巷道围岩稳定，防止采空区坍塌事故，是一种行之有效的支护方式[3]。可惜的是，在近几年的调查过程中，由于受到建设工程的影响，早年发现的矿井遗存现已荡然无存。但根据县文物所保存的井边木支护样品，碳14测年得出，该树木的年代为距今2260±30年，即东周时期，同出土遗物的年代特征相吻合。由此表明，井边采矿遗址早在东周时期就已被先民开采。

2. 汤家墩冶铸遗址

该遗址位于枞阳县周潭镇七井村发洪山下小七井大涧西侧。距县城约95公里，西距大山东边大涧沟200米、西山口水库1公里，北距发洪山300米，东距枫沙湖3公里。该地地势西高东低，所处位置恰在长江冲积平原与山区的交界地带。地理坐标是北纬30°55′11.3″，东经117°30′04.2″，海拔高度28米，总面积13,407平方米（图九三，1）。

遗址为北高南低的长方形台地，高出周围地面3～5米，文化层厚3米左右（图九三，2）。1986年，县文物工作者进行文物普查时，在该遗址地面及剖面发现陶鬲足、纺轮等一些文化遗物。1987年7月，七井窑厂工人在遗址西南端取土时，出土1件西周时期饕餮纹青铜方彝，造型庄重，制作精细，花纹古朴凝重，是件难得的青铜精品。1989年9月至10月间，安徽省文

---

[1] 裘士京：《江南铜研究——中国古代青铜铜源的探索》，合肥：黄山书社，2004年，第52页。
[2] 王乐群：《枞阳文物志》，北京：中国文史出版社，2003年，第28页。
[3] 韩汝玢、柯俊：《中国科学技术史·矿冶卷》，北京：科学出版社，2007年，第29页。

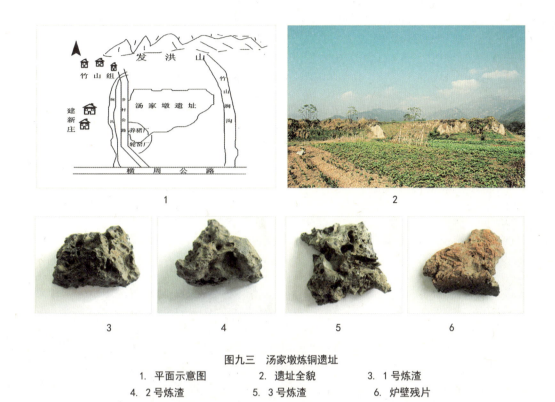

图九三 汤家墩炼铜遗址
1. 平面示意图　　2. 遗址全貌　　3. 1 号炼渣
4. 2 号炼渣　　　5. 3 号炼渣　　6. 炉壁残片

物考古研究所组织专业人员对汤家墩遗址进行了科学的发掘，将其年代初步判断为商代晚期①。发掘出土的陶器、石器、青铜器、印纹硬陶、原始瓷五类文物达百余件，并发现有多块绿色铜矿石。最为重要的是，还发现了 7 块陶范残片，均为铸造铜容器的范模。该遗址及其发现的遗物，为研究我国早期范铸工艺和当时的文化面貌和社会经济生活提供了重要资料。1988 年 3 月，汤家墩遗址被公布为县级重点文物保护单位；2012 年 7 月，该遗址成为省级重点文物保护单位。

遗址周围群山环抱，坐落在村庄之间，上为耕地。地表上仍散见有零星分布、不同器型的陶器残片，如鼎足、鬲足、口沿、豆柄等，有些陶片上刻划有几何纹、堆塑有附加堆纹等。残留台地的剖面上不但依稀可见遗址地层的堆积情况，而且残留有大量的炼渣。

本次调查在汤家墩遗址共采集标本 4 件，炼渣 3 件，炉壁残片 1 件。

汤家墩 1 号（图九三，3）（N30°55.092′，E117°33.084′）：在前往汤家墩遗址的土路上发现一炼渣。表面呈流体状，黑色，多孔，形状不规整，尺寸为长 7 厘米，宽为 5 厘米，高约 3.2 厘米。

汤家墩 2 号（图九三，4）(N30°55.125′，E117°33.033′)：为一炼渣，在遗址西南侧发现。近似长方体，表面灰黑色，质重，局部有小孔。尺寸长 6.5 厘米，宽 5.1 厘米，高 5 厘米。

汤家墩 3 号（图九三，5）：样品为一炼渣，距遗址保护碑东南约 30 米的台地边缘发现。呈不规则琉璃状，通体泛淡绿色，间或青灰色，断口处疏松多孔，长约 4.5 厘米，宽约 12 厘米，

---

① 安徽省文物考古研究所：《安徽枞阳县汤家墩遗址发掘简报》，载《中原文物》，2004 年第 4 期，第 4~14 页。

高约 10 厘米。

汤家墩 4 号（图九三,6）：该样品为炉壁残片，呈片状。外层为砖红色，较致密，内层为青黑色，疏松多孔，最长处约 8.5 厘米，最宽约 7 厘米。

鉴于调查过程中在该遗址发现有大量的炼渣遗物，以及 1989 年发掘中发现的弧形容器陶范等证据，足以证明该遗址为一处商周时期的铜器冶铸遗址。

3. 冶铁遗址

（1）生鸡园铁屎墩冶炼遗址

该遗址位于枞阳县会宫乡栏桥村。东距朱家对面山 50 米，南距草皮塌山 150 米，西距生鸡园组南 50 米、草皮塌山东麓 150 米，北距小拔毛山 3 公里。遗址的南端边沿，测得地理坐标是北纬 30°49′18.9″，东经 117°17′16.6″，海拔高度 27 米，总面积约 3600 平方米（图九四,1）。

遗址坐落于民居后耕地之上，周围丘陵环抱，树木茂盛，仅有一条山道进入。地表上聚集有大量的铁渣堆积，当地人称"铁屎墩"。这些铁渣堆积，常被村民用来砌墙、铺路，面积已不断减小，顶部遭到破坏，形成一洼地。炼渣形态多为碎粒状，表面铁锈色，堆积于山脚旁，略呈圆形，高出地表 3～5 米。从剖面看，炼渣中间夹有黄土层，但未发现有其他的文化遗物。初步判断为一处宋代的冶炼遗址（图九四,2）。

采集炼渣标本共 3 件。

铁屎墩 1 号（图九四,3）：形状不甚规整，疏松多孔，表面有琉璃状光泽，色黑，局部呈蓝色。长 3.8 厘米，宽 2.8 厘米，高约 2 厘米。

铁屎墩 2 号（图九四,4）：形状不规整，表面呈黑褐色，有光泽，侧面疏松多孔。长 6 厘米，

图九四　生鸡园铁屎墩冶炼遗址
1. 平面示意图　2. 遗址局部　3. 1号炼渣　4. 2号炼渣　5. 3号炼渣

图九五 大洼里铁屎墩遗址
1. 平面示意图　2. 冶铁遗址全貌　3. 铁渣堆积局部面貌
4. 1号炼渣　5. 2号炼渣　6. 3号炼渣

宽5.5厘米，高约2.8厘米。

铁屎墩3号（图九四，5）：在生鸡园铁屎墩遗址上方台地发现。形状不规整，表面粗糙多孔，夹杂砂粒，呈黑褐色。长6厘米，宽4.2厘米，高约3厘米。

（2）大洼里铁屎墩遗址

该遗址位于枞阳县会宫乡，城山村南面大洼里庄所在地，蛇皮沟山西面山洼内。东边紧临蛇皮沟山，南距城头山300米，西南距段公尖山300米，西紧临大洼里涧沟、距白洋洼山100米，北距铜陵至安庆公路1公里、城山洼庄150米。地理坐标为北纬30°49′33.4″，东经117°16′18.6″，海拔高度51米，总面积约978平方米（图九五，1）。

这一遗址从北向南分布着3个土丘状的、由铁渣堆积而成的墩子，当地人称"铁屎墩"。铁渣堆高出地面4～7米，炼渣呈黑色，多为椭圆形、蜂窝形、圆柱形，大者如盘、小者如豆，以碎粒最多（图九五，2、3）。调查过程中，该遗址未发现有铁矿，可能是一处单纯的冶炼遗址。

采集到炼渣标本3件。

大洼里1号（图九五，4）：呈不规则状，表面呈红褐色或黑褐色。长5厘米，宽4.2厘米，高4厘米。

大洼里2号（图九五，5）：呈不规则状，表面灰色，体积较大，约有人头大小，已经废弃为田边石块，采集仅敲下一小块作为样本。长6.5厘米，宽4.5厘米，高1.6厘米。

大洼里3号（图九五，6）：表面疏松多孔，呈半椭圆形蜂窝状，红褐色或灰褐色。长4厘米，宽3.7厘米，高约3厘米。

在第二次文物普查时，该遗址堆积层中发现有宋代的影青瓷碗口、青瓷罐底等遗物，经初步考证，此为宋代的冶炼遗址。又隋代开皇十八年废枞阳郡，改同安郡；虽唐宋期间此地不断改名，北宋前期仍属舒州同安郡。由此推断，如此大规模的冶铁遗迹，可能与宋代同安监有关。

五、结语

通过这几次调查，笔者对枞阳县境内矿冶遗址的分布、规模、保存状况有了初步认识。

1. 县境内矿冶遗址分布集中。铜矿资源主要集中于白湖、会宫、周潭、钱铺一带。遗址大多坐落在山腰或通风干燥的坡地上，周围多有群山环绕，树木丛生。在当时，很可能这些山岗上也生长了茂盛的树木，即可提供就近伐薪烧炭，又可为当地居民提供搭建工棚所需的木料及生产生活用具，而且在采矿遗址中还可用来作为支护木以保证井巷安全。另一方面，将冶炼点设置于地势较高的岗丘坡地上，既有利于冶炼时通风防潮，维持炼炉高温，保证粗铜有效还原，又可方便在山坡上排放废渣[①]。

2. 调查的12处矿冶遗址地表特征明显，方便找矿。冶炼遗址上分布有大量的冶炼废渣，这些炼渣呈颗粒状，因受到长期地质变化及雨水冲刷，大量堆积于山下。采矿遗址上散见有孔雀石、铜锈草等指示性物质。正是这两类物质，为该地古代矿工提供了简单易行的找矿方法。

3. 调查中发现的采矿遗址数量居多。枞阳境内采矿矿点多，多为露天采矿，省事而多产。露天采矿是人类最早使用的采矿方式，要求这一地区铜矿的矿量充足而矿体浅。一般而言，早期开采铜矿由浅入深，从矿脉露头逐步向深部拓展，先露采，后坑采。露天开采的优点是铜矿资源利用充分，回采率高，贫化率低，但需剥离大量废石。当矿体赋存深度大，矿体厚度小，剥离工作量大，露天开采经济效益低于地下开采时，则古代矿工便开始依据地形和矿体的赋存特征，选用地下开采方法[②]。参考井边铜矿的碳14年代数据，可推断最迟在战国时期，该地矿工就已采用竖井、横巷、斜巷相结合的井巷支护开采技术。这种由竖井底部开拓平巷或斜巷形

---

① 湖北省文物考古研究所：《湖北省大冶市铜绿山古铜矿冶遗址保护区调查简报》，载《江汉考古》，2012年第4期，第18～34、133～134页。

② 卢本珊：《商代江南铜矿开采技术》，载《文物保护与考古科学》，2005年第4期，第48～53页。

成的井巷联合开拓技术，具有工程量小、运输简易等优点。支护木的运用是在借鉴了房屋建筑的木构梁柱技术的基础上，井巷开采方法发展到一定时期的结果。在长期开采过程中，当井巷开采断面不断增加和竖井深度不断加深，如何更好地抵抗井巷的围岩压力成为问题[1]。矿井中运用支护木，根据较松围岩的地质条件，用木框支护井巷，可以防止触带上土层塌方，保证开采顺利进行[2]。

4. 调查发现的铜铁冶炼遗址相对较少。虽然三处冶炼遗址中，仅有一处是炼铜遗址。然而，汤家墩冶炼遗址文化内涵丰富，出土遗物特征明显，不但发掘有大量陶片、青铜器，而且出土有铸铜容器陶范、炼渣等。据此可判定，枞阳地区大规模的铜矿冶炼最晚始于商周时期。

5. 县境内矿冶遗址的保存状况较差，部分遗址因年久失修、雨水冲刷，已湮没于地下。调查的几处遗址，大多也已开展耕作或者进行现代工业建设等，破坏殆尽，很难进一步研究其内部结构并进行年代推断。矿冶遗址作为人类历史上重要的工业遗产，应受到政府部门和各界人士的广泛重视，及时采取必要的保护工作，防止进一步损毁。

---

[1] 易德生：《东周时期矿物识别方法及矿冶技术刍议》，载《赤峰学院学报（自然科学版）》，2011年第12期，第48～53页。

[2] 张潮、黄功扬：《铜绿山古代矿井支护浅析》，载《江汉考古》，1986年第3期，第68～70页。

第二节 冶炼遗物

汤家墩遗址位于安徽省枞阳县周潭镇七井行政村菊山自然村南300米处，是一处较典型的台地遗址。遗址南距长江约17公里，北有三官山脉，东3公里处有沙湖和陈瑶湖，所处的位置恰在长江冲积平原与山区的交界地带。1986年，枞阳县文物工作者进行文物普查时，在该遗址地面及剖面发现陶鬲足、纺纶等一些文化遗物。1987年，七井窑厂工人在遗址西南端取土时发现1件西周时期饕餮纹青铜方彝，造型庄重，制作精细，花纹古朴凝重，是件难得的青铜精品。1989年，安徽省文物考古研究所主持发掘汤家墩遗址，面积达198平方米，出土了铜器、炉渣、炉壁、铜矿石和陶范等大量与冶铸有关的遗迹和遗物[①~②]。这些遗物和遗迹的发现，说明了汤家墩遗址是长江中下游地区商周时期非常重要的青铜文化遗址。

随着20世纪80年代以来皖南商周铜矿遗址的调查、发掘[③]以及近年铜陵师姑墩遗址青铜冶铸遗存的发现与整理[④]，长江北岸的枞阳、无为、庐江等地的青铜文化遗存日益受到学术界的关注。本工作采用科技手段对汤家墩遗址的炉渣、炉壁等冶炼遗物进行分析检测，以了解该遗址的冶铸性质和技术，相关研究结果对探讨枞庐地区青铜冶铸技术的起源及其与周边地区青铜文化的互动关系意义重大。

一、样品介绍

本次研究所用的炉渣和炉壁样品均来自汤家墩遗址。炉渣多为流体状，形状不甚规整，大小不一，大者重约1千克，小者仅有数十克，表面呈褐色或黑灰色，局部有铜绿斑点（图九六）。炉壁残片呈片状，最长处约8.5cm，最宽约7cm，断面纹理呈弧状，厚度3~4cm（图九七）。内壁粘附有少量流体状黑色附着物，外层为砖红色，较致密，内层为青黑色，疏松多孔，外表面有植物茎纹路，系由草拌黏土掺杂少量砂粒筑成。

二、实验仪器

样品的成分分析在景德镇陶瓷学院古陶瓷研究所进行，所用仪器为美国EDAX公司生产的束斑直径为300μm的Eagle-III型能量色散X射线荧光光谱仪（XRF）。

---

① 王乐群：《枞阳县文物志》，北京：中国文史出版社，2003年，第16~18页。
② 安徽省文物考古研究所：《安徽枞阳县汤家墩遗址发掘简报》，载《中原文物》，2004年第4期，第4~14页。
③ 安徽省文物考古研究所、安徽省考古学会编：《文物研究》第八辑，合肥：黄山书社，1993年，第194~210页。
④ 张小雷、朔知：《青铜考古的新成果——安徽铜陵师姑墩遗址发掘的收获与意义》，载《中国文物报》，2011年4月15日，第4版。

图九六　汤家墩遗址 1 号炼渣

图九七　汤家墩遗址炉壁

X 射线衍射（XRD）分析采用北京普析通用仪器有限责任公司生产的 XD – 3 型 X 射线衍射仪。具体工作条件为：电压 36kV，电流 25mA，衍射扫描范围：10°～70°，测试波长为 1.54Å。

扫描电镜能谱分析采用日本生产的型号为（JEOL JSM-7500F）+ EDX(Oxford X-MAX-20)的冷场发射扫描电子显微镜。

炉渣中金属颗粒微量元素的原位分析在中国科学院壳—幔物质与环境重点实验室进行。测试所用的 LA-ICP-MS 由美国 PerkinElmer/SCIEX 公司生产的 Elan DRC Ⅱ 型等离子体质谱仪和美国 Coherent 公司生产的 GeoLas Pro 激光剥蚀系统组成。激光器种类：ArF 准分子激光；激光波长：193 nm；能量密度：10 J/cm2；剥蚀速率：5～10 Hz；He 载气流速：0.3 L/min；激光预热时间：30 s；激光剥蚀时间：40 s；激光束斑直径：32 μm；剥蚀类型：单点剥蚀；每次剥蚀深度：0.1～0.2 μm。

三　结果与讨论

1. XRF 分析

汤家墩遗址出土有陶范、炉壁、炉渣、铜矿石等青铜冶铸遗物。陶范是用于铸造青铜器的，表明该遗址可能存在青铜器铸造作坊。在此情况下，判明汤家墩遗址炉壁上黏附的炉渣和遗址文化层中出土的炉渣是熔铜渣还是炼铜渣，对认定该遗址的冶炼性质至关重要。

熔铜渣系由炉壁侵蚀融化后与造渣剂相互作用而成，其中来自炉壁的成分之间的比例应与炉壁中相应成分间的比例一致[①]。表一为汤家墩遗址炉渣和炉壁的XRF分析结果。可以看出，炉渣中的钙、铁含量均远高于炉壁中的相应含量，表明炉渣中的钙、铁成分不是来自于炉壁。考虑到熔铜时加入较多的钙、铁成分会人为加大炉渣量，在操作和经济上是不可取的，这些成分只能来自于炼铜所用的原料——铜矿石。

前期的研究工作表明，古代炼铜渣中的铁含量普遍较高，而熔铜渣中的铁含量较低。宁夏照壁山、湖北铜绿山和皖南沿江地区出土炼渣的Fe_2O_3含量普遍在40%以上[②]，小双桥遗址铸造铜渣的Fe_2O_3含量大多在6%以下[③]。汤家墩遗址炉渣的高铁含量，符合炼铜渣的基本特征。

表一　汤家墩炼渣及炉壁的XRF数据

样品编号	样品类型	Al_2O_3	SiO_2	P_2O_5	K_2O	CaO	TiO_2	MnO	Fe_2O_3	ZnO	SrO	ZrO_2	S	Cu
Slag-1	炉渣	9.06	36.99	1.48	0.89	3.87	0.22	0.28	45.04	0.02	0.02	0.02	0.348	0.992
Slag-2	炉渣	7.01	49.58	1.2	1.02	3.71	0.25	0.43	33.48	0.02	0.04	0.02	0.324	1.944
FW-3	炉壁	16.5	74.69	0.56	2.31	0.6	1.03	0.08	3.95	0.01	0.02	0.05	0.016	0.12

2. XRD分析

研究资料显示，自公元前4000年以后，所有炼铜渣基本上都有硅酸铁，以铁橄榄石、普通辉石和钙铁辉石最为常见[④]。小双桥遗址熔铜渣的主要物相成分有石英、赤铜矿、锡石、黑铜矿、白铅矿和孔雀石等矿物，没有发现炼铜渣所常见的铁橄榄石、普通辉石等[⑤]。汤家墩遗址两个炉渣样品的XRD分析结果（图九八）显示，其主要物相为铁橄榄石和石英，含有少量的金属铜，与炼铜渣的物相特征基本相符。

3. SEM-EDX分析

铜颗粒是包含于炉渣中的冶炼遗物，其元素成分隐藏着重要的冶金信息。因此，通过炉渣中铜颗粒的扫描分析，可以探索其冶铜工艺。表一二为汤家墩遗址炉渣中金属颗粒的SEM-

---

[①] 李延祥、韩汝玢、宝文博等：《牛河梁冶铜炉壁残片研究》，载《文物》，1999年第12期，第44~51页。

[②] 魏国锋、秦颖、王昌燧等：《若干古铜矿及其冶炼产物输出方向判别标志的初步研究》，载《考古》，2009年第1期，第85~95页。

[③] 黄娟、魏国锋、宋国定等：《郑州小双桥遗址出土青铜器的矿料来源分析》，载《中原文物》，2011年第63卷第1期，第147~152页。

[④] 泰利柯特：《世界冶金发展史》，周曾雄、华觉明译，北京：科学技术文献出版社，1985年，第12~18页。

[⑤] 黄娟、魏国锋、宋国定等：《郑州小双桥遗址出土青铜器的矿料来源分析》，载《中原文物》，2011年第63卷第1期，第147~152页。

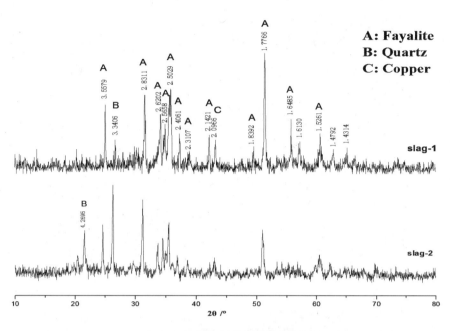

图九八 汤家墩遗址炉渣的 XRD 图谱

EDX 分析结果（图九九至一〇三）。从能谱分析结果看，大部分金属颗粒为纯铜颗粒，个别含有一定量的 Fe 和 S。所有样品中均未发现低品位冰铜颗粒，表明这些炉渣都是还原渣。根据李延祥和洪彦若等先生的研究，"氧化铜—铜"和"硫化铜—铜"两种冶铜工艺均产生还原渣[①~②]，汤家墩遗址的还原渣产自上述哪一种工艺尚需进一步探索。

表一二 汤家墩遗址炉渣中金属颗粒的 SEM-EDX 分析结果

样品编号	测试位置	Cu	Fe	S
Slag1-c1	A	100.00	--	--
	B	100.00	--	--
Slag1-c2	A	94.95	5.05	--
	B	82.63	17.37	--
Slag2-c1	A	100.00	--	--
Slag2-c2	A	97.61	2.39	--
Slag2-c3	A	100.00	--	--
Slag2-c4	A	93.36	--	6.64
Fw3-c1	A	100.00	--	--
	B	100.00	--	--

① 李延祥、洪延若：《炉渣分析揭示古代炼铜技术》，载《文物保护与考古科学》，1995 年第 7 卷第 1 期，第 28~34 页。

② 李延祥、王兆文、王连伟等：《大井古铜冶炼技术及产品特征初探》，载《有色金属》，2001 年第 53 卷第 3 期，第 92~96 页。

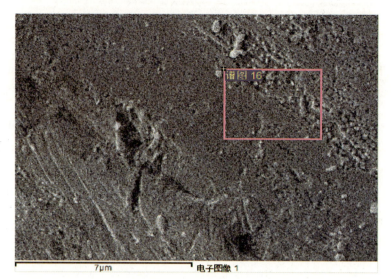

图九九　汤家墩遗址炉渣中金属颗粒 Slag1-c1 的 SEM 图像

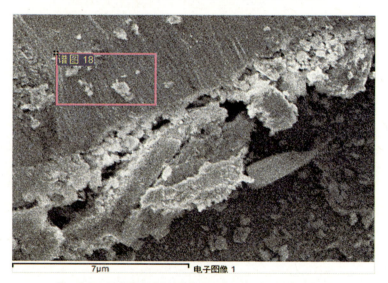

图一〇〇　汤家墩遗址炉渣中金属颗粒 Slag1-c2 的 SEM 图像

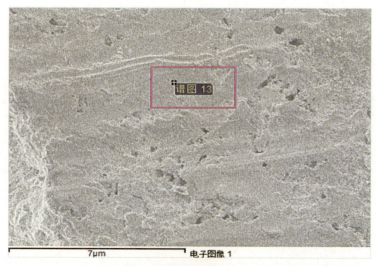

图一〇一　汤家墩遗址炉渣中金属颗粒 Slag2-c1 的 SEM 图像

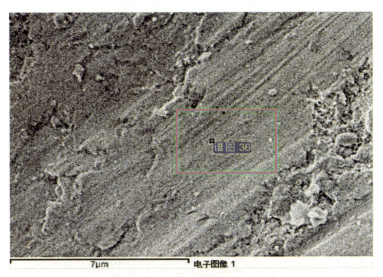

图一〇二　汤家墩遗址炉渣中金属颗粒 Slag2-c2 的 SEM 图像

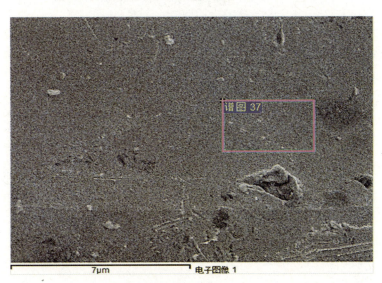

图一〇三　汤家墩遗址炉壁中金属颗粒 FW3-c1 的 SEM 图像

4. LA-ICP-MS 分析

1966 年，美国物理学家 A.M. 弗里德曼（A.M.Friedman）等人综合前期的大量研究，发现铜制品中 As、Ag、Sb、Bi、Fe、Pb 等微量元素的含量与其所用铜矿石类型具有一定的关联性，并计算出了铜制品中不同含量范围的 As、Ag、Sb、Bi、Fe、Pb 等微量元素来自于自然铜、氧化铜矿和硫化铜矿三种矿石的概率（表一三、一四）[1]。据此，可以判断古代铜制品所用的矿石类型。

---

[1] A.M.Friedman, M.CONWAY, M.KASTNER, et al, "Copper Artifacts: Correlation with Source Type of Copper Ores", SCIENCE(1966), 152:1504-1506.

表一三 微量元素含量范围表

数值单位	含量范围（%）
1	<0.004
2	0.004－0.01
3	0.01－0.04
4	0.04－0.1
5	0.1－0.4
6	0.4－1.0
7	1.0－4.0
8	4.0－10
9	>10

本文采用 LA-ICP-MS，对汤家墩炉渣中所夹杂铜颗粒中的 As、Ag、Sb、Bi 等四种微量元素的含量进行了检测分析，结果如表一五所示。根据弗里德曼的研究方法，可以计算出铜颗粒中各元素含量分别来自于氧化铜矿和硫化铜矿的概率[①]。以样品 Slag1-c1 为例，其 As、Ag、Sb、Bi 元素的含量分别为 0.93%、0.11%、0.41%、0.09%，对应表一三中的数值单位分别为 6、5、6、4。根据这些数值单位，可在表一四中找出对应的概率，如 As 元素，数值单位为 6，这一含量范围来自氧化铜矿的概率为 0.08，来自硫化铜矿的概率为 0.13。据此，得出全部铜颗粒中各元素分别来自于两种铜矿石的概率，结果如表一六所示。

表一四 As、Ag、Sb、Bi 等微量元素来自于不同类型铜矿石的概率

数值单位	砷（As）			银（Ag）		
	Ⅰ	Ⅱ	Ⅲ	Ⅰ	Ⅱ	Ⅲ
1	0.84	0.62	0.43	0.1	0.62	0.27
2	.05	.04	.03	.05	.08	.03
3	.05	.08	.03	.26	.12	.13
4	.05	.19	.23	.58	.04	.27
5	.05	.04	.07	<.005	.15	.13
6	<.005	.08	.13	<.005	.04	.17
7	<.005	<.005	.03	<.005	<.005	.03
8	<.005	<.005	.10	<.005	<.005	.03
9	<.005	<.005	<.005	<.005	<.005	<.005
数值单位	锑（Sb）			铋（Bi）		
	Ⅰ	Ⅱ	Ⅲ	Ⅰ	Ⅱ	Ⅲ
1	1.00	0.85	0.50	1.00	0.73	0.60
2	<0.005	.04	.03	<0.005	.04	.03
3	<.005	.04	.17	<.005	.19	.23
4	<.005	.08	.03	<.005	.08	.03
5	<.005	.04	.17	<.005	<.005	.03
6	<.005	<.005	.07	<.005	<.005	10
7	<.005	<.005	.03	<.005	<.005	<.005
8	<.005	<.005	.07	<.005	<.005	<.005
9	<.005	<.005	<.005	<.005	<.005	<.005

注：Ⅰ，自然铜；Ⅱ，氧化矿；Ⅲ，硫化矿

---

① A.M.Friedman, M.CONWAY, M.KASTNER, et al,"Copper Artifacts: Correlation with Source Type of Copper Ores",SCIENCE(1966), 152:1504－1506.

表一五　汤家墩遗址炉渣中铜颗粒的 LA-ICP-MS 分析结果（单位：%）

实验编号	样品名称	As	Ag	Sb	Bi
Slag1-c1	铜颗粒	0.93	0.11	0.41	0.09
Slag2-c2	铜颗粒	2.82	0.07	0.29	0.09
Slag2-c3	铜颗粒	0.46	0.26	0.03	0.04
Slag3-c1	铜颗粒	0.36	0.98	0.1	1.2

表一六　汤家墩遗址炉渣中铜颗粒来自于不同类型铜矿石的概率实验编号

实验编号	矿石种类	出现概率				概率乘积	标准化概率（单位：%）
		As	Ag	Sb	Bi		
Slag1-c1	氧化铜矿	0.08	0.15	<0.005	0.08	4.8×10-6	<11.91
	硫化铜矿	0.13	0.13	0.07	0.03	3.55×10-5	88.09
Slag2-c2	氧化铜矿	<0.005	0.04	0.04	0.08	6.4×10-7	<1.53
	硫化铜矿	0.03	0.27	0.17	0.03	4.13×10-5	98.47
Slag2-c3	氧化铜矿	0.08	0.15	0.04	0.19	9.12×10-5	12.13
	硫化铜矿	0.13	0.13	0.17	0.23	6.61×10-4	87.87
FM3-c1	氧化铜矿	0.04	0.04	0.04	<0.005	3.2×10-7	3.07
	硫化铜矿	0.07	0.17	0.17	<0.005	1.01×10-5	96.93

弗里德曼等人的研究结果表明，铜颗粒中一定含量范围内的 As、Ag、Sb、Bi 等元素同时来自于某种铜矿石中的概率与其分别来自于该种铜矿石中的概率的乘积有关[1]。据此，根据汤家墩遗址炉渣中铜颗粒的 As、Ag、Sb、Bi 等微量元素含量，计算出汤家墩遗址炉渣中铜颗粒产自氧化铜矿和硫化铜矿的概率（表一六）。汤家墩遗址的铜颗粒均来自炉渣，应为氧化铜矿或硫化铜矿的冶炼产物，因此，将铜颗粒产自两种矿石的概率标准化为100%。

表一六的计算结果显示，汤家墩遗址炉渣中的铜颗粒产自硫化铜矿的标准概率均在87.87%以上，远大于产自氧化铜矿的标准概率，从而表明汤家墩遗址的铜颗粒为硫化矿冶炼产物，遗址文化层中的炉渣为硫化矿冶炼渣。

四　结论

根据炉渣与炉壁的 XRF 数据的对比及炼渣成分的波动性，可以判定炉壁为冶炼炉残片；结合电镜能谱分析结果，汤家墩遗址炉渣中的金属颗粒大部分为纯铜颗粒，个别含 Fe 和 S，而

---

[1] A.M.Friedman, M.CONWAY, M.KASTNER, et al, "Copper Artifacts: Correlation with Source Type of Copper Ores", SCIENCE(1966), 152:1504-1506.

且均没有发现低品位冰铜，这说明汤家墩遗址冶炼类型为还原熔炼；通过 LA-ICP-MS 分析，再结合弗里德曼的研究，计算出汤家墩遗址炉渣中铜颗粒产自硫化铜矿的概率均在 87.87% 以上，远大于产自氧化铜矿的概率，这表明汤家墩遗址的铜颗粒为硫化铜矿冶炼产物，汤家墩遗址所使用的矿料主要为硫化铜矿。

综合上述研究结果，汤家墩遗址以硫化铜矿为主要原料，采用"硫化铜—铜"的冶铜工艺。同时，又考虑到汤家墩遗址文化层中出土有铸铜所用陶范，汤家墩遗址在获取铜后很可能就地进行铸造。因此，汤家墩很可能是一个冶铸一体化的青铜冶铸遗址。本次研究，进一步明确了汤家墩遗址的冶铸性质，为深入研究汤家墩遗址的冶铸工艺、矿料来源奠定了基础，对研究枞庐地区的青铜冶铸技术的起源及安徽沿江地带古铜矿冶技术的发展具有非常重要的意义。

第五章 考古与历史研究

第一节 淮式鬲

在江淮和皖南沿长江地区青铜文化的历史进程中，淮式鬲的出现、迁播和消亡，意义重大。20世纪90年代，王迅最早将在江淮地区出土的一种周代陶鬲称为"淮式鬲"，主要特征有折肩，三足内聚，裆较高，足尖较细，多饰绳纹，并定性为西周时期出现的典型淮夷陶器①。2002年，学术界主流基本认可江淮地区西周时期出现的折肩鬲、淮式鬲，是探寻淮夷文化的重要线索②。2004年，高广仁、邵望平引论淮式鬲具有高跟平足、折肩等特点③。王迅的研究主要以20世纪80年代出土材料为基础，高广仁等先生所论又颇为简略，因此，随着近20年考古新材料的不断增加（图一○四），有必要对这一重要命题重新加以梳理，对所谓淮式鬲的形态特征、地层年代和空间分布做出更明晰的界定，以便于对江淮地区周代遗存的年代序列和文

图一○四　江淮地区折肩鬲分布简图

---

① 王迅：《东夷文化与淮夷文化研究》，北京：北京大学出版社，1994年，第115页。
② 杨立新：《安徽考古的世纪回顾与思索》，载《考古》，2002年第2期，第3页。
③ 高广仁、邵望平：《析中华文明的主源之一——淮系文化》，见山东大学东方考古研究中心编：《东方考古》第1辑，北京：科学出版社，2004年，第47页。

化面貌作进一步探讨。

一

折肩鬲早见于肥东吴大墩遗址，标本 T3④:7(图一〇五,1)，夹砂红陶，斜折沿，圆唇，鼓腹，有明显折角，瘪裆，圆锥状实足跟，腹部以下饰绳纹[①]。简报将其划为第五期，根据地层叠压关系和出土器物的特征，该期与含山大城墩遗址第五期相当，年代在西周中期。

含山大城墩遗址共进行过四次发掘，在前三次发掘资料中，标本 T4:4:8(图一〇五,2)，夹砂灰陶，侈口，宽沿，尖唇，束颈，微鼓腹，瘪裆，三乳状空袋足，足尖略平内收，上腹饰二周凹弦纹，腹饰粗绳纹。其形态与肥东吴大墩标本 T3④:7 相似，只是肩部折角没有后者明显。该标本为大城墩第四期遗物，开始出现折肩特征。第五期陶鬲一般特征为体近扁方，口唇外侈，颈略内收，肩部外突，有三个矮圆锥状足。标本 T5:4:20（图一〇五,3），侈口，方唇，微鼓腹，肩部饰一周阴弦纹，肩部以下饰绳纹。该标本已具折肩鬲雏形。大城墩四期、五期大体相当于商周之际和西周早期。在第四次发掘中，折肩鬲均出于第五期地层，标本 T17（5A）:231（图一〇五,4），夹砂灰陶，斜折沿，方唇，鼓腹，瘪裆，三圆锥形足内收，沿以下至足饰绳纹，腹中部绳纹被抹断。标本 M12:2（图一〇五,5），夹砂灰褐陶，侈口，方唇，圆肩，联裆，圆锥状足，足尖略平，腹饰二周弦纹，颈至足饰间断绳纹。M12 还出土一件陶簋，标本 M12:1（图一〇七,6），泥质黑陶，侈口，卷沿，束颈，斜肩，鼓腹圜底，喇叭状高圈足，圈足饰二周弦纹。M12 开口④层下，打破⑤层，标本 T17（5A）:231 位于 T17⑤A 层，所以标本 M12:2 晚于 T17（5A）:231，已经从鼓腹变为圆肩，最大径逐步上移[②]。

20 世纪 80 年代初，北京大学在霍邱、六安、寿县地区的调查和试掘，发现有折肩鬲资料。霍邱绣鞋墩遗址标本 T1④a:6（图一〇六,1），为简报第三期遗物，侈口，折沿近平，方唇，短颈，微折肩，弧裆略低，深袋足，实足为锥柱状，通体饰中绳纹；标本 T1②:9（图一〇六,3），为简报第四期遗物，夹砂灰陶，侈口，折沿近平，方唇，短颈，广肩，斜腹，最大径在肩部，高弧裆，深袋足，三足呈锥状内收，实足较高，扁平足尖，通体饰中偏细绳纹。三期、四期大体相当于西周中期、晚期。六安众德寺遗址标本 T1⑦:45（图一〇五,6），为简报第四期遗物，夹砂黑灰陶，斜折沿，圆唇，肩部圆折，肩部以下残，饰间断绳纹；标本 M1:1（图一〇五,7），夹砂黑陶，窄折沿，圆唇，折肩，弧裆较高，裆部内陷呈瘪裆，平足跟，三足呈尖锥状内收，通体饰中细绳纹。伴出陶罐一件标本 M1:2（图一〇八,2），侈口，折沿，圆鼓腹，平底内凹，

---

① 张敬国，贾庆元:《肥东县古城吴大墩遗址试掘简报》，见安徽省文物考古研究所编:《文物研究》第 1 期，合肥：黄山书社，1985 年，第 24～26 页。

② 安徽省文物考古研究所:《安徽含山大城墩遗址发掘报告》，见《考古》编辑部编:《考古学集刊》第 6 辑，北京：中国社会科学出版社，1989 年，第 93～99 页；安徽省文物考古研究所等:《安徽含山大城墩遗址第四次发掘报告》，载《考古》，1989 年第 2 期，第 103～117 页。

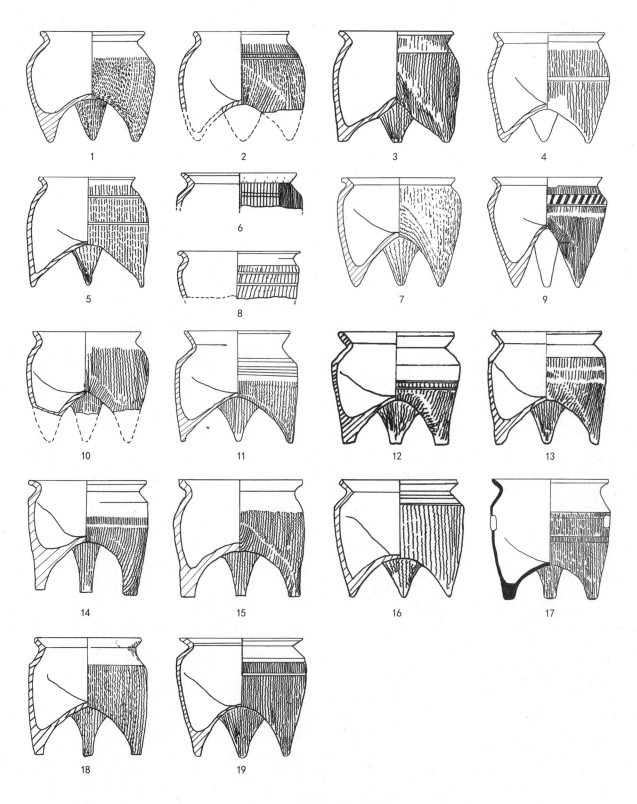

图一〇五　江淮及周边地区出土陶鬲

1. 肥东吴大墩 T3 ④：7　2. 含山大城墩 T4:4:8　3. 含山大城墩 T5:4:20　4. 含山大城墩 T17（5A）：231
5. 含山大城墩 M12:2　6. 六安众德寺 T1 ⑦：45　7. 六安众德寺 M1:1　8. 安庆张四墩 T2 ④：2　9. 枞阳汤家墩 T6 ⑨：9　10. 庐江大神墩 T332 ④：5　11. 霍邱堰台 T0712 ⑤：9　12. 霍邱堰台 T0909 ⑦：2　13. 霍邱堰台 T0710 ⑦：1　14. 霍邱堰台 T0909 ③：3
15. 聂家寨遗址采集　16. 沂源姑子坪 M2:6　17. 信阳平西五号墓随葬　18. 大悟吕王城 T5 ⑥：137　19. 临沂中恰沟采：1

腹部有上下两排浅绳纹，夹砂红陶。M1 开口在⑥层下，竖穴土坑墓，属第四期。第五期虽无完整的陶鬲标本，但基本形制同第四期，唯肩部较突出，沿下角略小。第四期相当于西周中期，第五期相当于西周晚期[1]。

最近十年来，又陆续有多处折肩鬲资料公布。六安堰墩遗址，标本 T604⑥:6（图一〇六，8），夹砂黑陶，内沿稍凹，圆唇，束颈，折肩，斜直腹微向内倾斜，弧裆较高，高柱足，足部较粗壮，接地面积大，肩部以下饰间断中绳纹。该遗址出土一件折腹簋，标本 T1006⑧:10（图一〇七，5），泥质红陶，器表磨光，平沿略斜，圆唇，折腹，喇叭形圈足，与前述含山大城墩遗址第四次发掘资料中的簋 M12:1[2]在形制上相似。根据堰墩遗址的地层关系，本折腹簋早于鬲 T604⑥:6，而与大城墩鬲 M12:2 同时，因此堰墩折肩鬲的年代晚于大城墩鬲 M12:2，不早于西周中期[3]。

安庆张四墩遗址公布了 6 件折肩鬲，特点是折沿或微卷沿，折肩，斜腹。标本 T2④:2（图一〇五，8），卷沿，方唇，折肩，斜腹内收，腹部以下残，器表饰弦断绳纹。这 6 件标本分属张四墩遗址商周遗存的一期和二期，其中一期相当于西周中晚期，二期相当于西周晚期[4]。

枞阳汤家墩遗址公布折肩鬲 3 件，标本 T3⑥:2（图一〇六，2），夹砂红陶，窄折沿，圆唇，弧裆较高，三足呈尖锥状内收，素面；另外两件腹部以下残，但均能看出明显的折沿折肩特征。另标本 T6⑨:9（图一〇五，9），斜折沿，圆唇，体瘦较高，腹径大于口径，裆较高，尖足，饰细绳纹，腹上部饰附加堆纹，腹部抹断绳纹，也可称为"折肩鬲"[5]。

庐江大神墩遗址公布了折肩鬲 4 件。标本 T322④:5（图一〇五，10），侈口，尖唇，束颈，圆肩，弧裆较高，颈部以下饰绳纹，裆部绳纹被抹。同一地层还有一件，与本器形制基本相同。另外两件残破严重，仅剩部分口沿，折沿，圆折肩[6]。

霍邱堰台遗址发掘面积 2,770 平方米，出土遗物丰富，仅折肩鬲标本就有约二十件，其特征包括折肩，斜弧腹，弧裆内瘪和柱状足跟，部分标本肩部装饰扉棱[7]。典型折肩鬲标本包

---

[1] 北京大学考古系等：《安徽省霍邱、六安、寿县考古调查试掘报告》，见北京大学考古系编：《考古学研究（三）》，北京：科学出版社，1997 年，第 247～250 页，第 263～265 页。

[2] 安徽省文物考古研究所等：《安徽含山大城墩遗址第四次发掘报告》，载《考古》，1989 年第 2 期，第 103～117 页。

[3] 安徽省文物考古研究所等：《安徽六安市堰墩西周遗址发掘简报》，载《考古》，2002 年第 2 期，第 30～45 页。

[4] 北京大学考古系，安徽省文物考古研究所：《安徽安庆市张四墩遗址试掘简报》，载《考古》，2004 年第 1 期，第 20～31 页。

[5] 安徽省文物考古研究所：《安徽枞阳县汤家墩遗址发掘简报》，载《中原文物》，2004 年第 4 期，第 4～14 页。

[6] 安徽省文物考古研究所、庐江县文物管理所：《庐江大神墩遗址发掘简报》，载《江汉考古》，2006 年第 2 期，第 8～11 页。

[7] 安徽省文物考古研究所：《霍邱堰台——淮河流域周代聚落发掘报告》，北京：科学出版社，2010 年，第 263～267 页。

括，T0712⑤:9（图一〇五，11），夹砂灰褐陶，侈口，折沿，圆唇，束颈，折肩，器腹近直，裆部较矮，肩部以上素面，上腹部饰三道凹弦纹，下腹部饰竖向细绳纹。T0809⑧:4（图一〇六，6），夹砂黑陶，足部为红褐色，侈口，高折沿，圆方唇，折肩明显，腹部近直微向内倾斜，弧裆微瘪，矮柱状实足跟，器表饰斜向弦断绳纹，肩部以上绳纹被抹平，肩部饰三道凹弦纹。T0909⑦:2（图一〇五，12），夹细砂灰陶，侈口，方唇，矮柱状实足跟，器表饰竖向细绳纹，肩部以上绳纹抹平。T0811⑤:3（图一〇六，7），夹砂灰陶，侈口，方唇，束颈，折肩，腹部微弧向内倾斜，弧裆微瘪，柱状实足跟较高，接地面较小，足部有抹痕，器表饰弦断粗绳纹，肩部绳纹被抹平。T0710⑦:1（图一〇五，13），夹砂红褐陶，侈口，方唇，束颈，柱状实足跟较高，肩部以上素面抹光，肩部以下饰竖向绳纹，腹部饰两道浅凹弦纹。T0909③:3（图一〇五，14），夹砂灰陶，侈口，矮折沿，方唇，束颈，折肩，斜直浅腹，高柱状实足跟，器腹饰弦断绳纹，肩部绳纹被抹平。T0911③:4（图一〇六，9），夹细沙黑陶，侈口，折沿，圆唇，折肩，微弧腹，高弧裆，高柱状实足跟，上腹抹光，肩部饰数道凹弦纹，器腹饰一道凹弦纹，足部饰斜向绳纹。标本 T0810⑤:3（图一〇六，10），夹细沙灰陶，侈口，折沿，圆唇，束颈，折肩，微弧腹，弧裆略低微瘪，高柱状实足跟，肩部以上素面抹光，肩部饰三道凹弦纹，肩部以下饰竖向细绳纹，并有三道等距凹弦纹，三足上肩部贴敷三条对称竖向扉棱。我们认为除了报告中的乙类 E 型鬲之外，有一些标本同样也可称为折肩鬲。标本 T1011③:2（图一〇六，4），夹砂红褐陶，侈口，折沿，方唇，束颈，高领，鼓肩，弧腹，高弧裆微瘪，高锥状实足跟，器表饰竖向细绳纹，颈部绳纹抹平，器腹饰两道凹弦纹，本器同样具有折肩的形态，因此我们认为也应当作为折肩鬲的标本。标本 G1:1（图一〇六，5），夹砂红褐陶，侈口，折沿较高，方唇，束颈，折肩，斜直腹，瘪裆，深袋足，锥状实足跟，器表饰斜向绳纹，肩部以上素面抹光，器腹饰两道浅凹弦纹，原报告上将其归为 F 型鬲。

二

折肩鬲出土数量不少，形态特征并不完全相同。根据足部特征的不同，可以将其划分为 A、B 两型。

A 型：锥状实足跟。侈口折沿，束颈折肩，最大径在肩部，弧裆或微瘪裆，足的外形呈圆锥状，足端面平。一般饰绳纹和凹弦纹，极少数为素面。根据裆部及足部高矮分为 Aa、Ab 两个亚型。

Aa 型：矮锥状实足跟。裆部低矮，足部呈矮锥状，实足跟，接地面积小。此类器物发现不多，前述霍邱绣鞋墩遗址标本 T1④a:6 和霍邱堰台标本 T0712⑤:9 即为此型。

Ab 型：高锥状实足跟，弧裆较高。根据颈部和腹部形状分为 Ⅰ、Ⅱ 两式。

AbⅠ式：折沿较矮，短颈，斜弧腹，三足内收较明显。典型器物发现于枞阳汤家墩遗址、六安众德寺遗址和霍邱绣鞋墩遗址。枞阳汤家墩 T3⑥:2、六安众德寺 M1:1、霍邱绣鞋墩 T1②:9。另肥东吴大墩标本 T3④:7，肩部较靠下，形态略有不同，含山大城墩标本标本 T4:4:8 微鼓腹，与吴大墩 T3④:7 近似，可能为地域差异所致。

型式 年代	A 型		B 型	
	Aa 型	Ab 型	Ba 型	Bb 型
西周中期	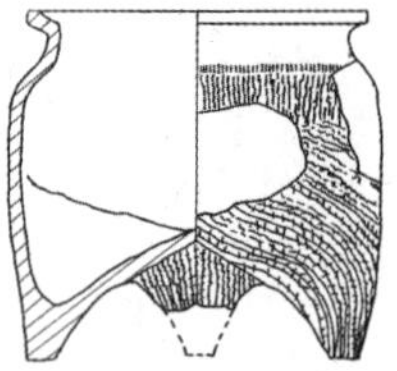 1	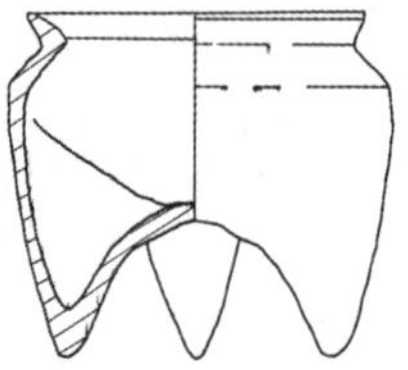 2		
西周晚期		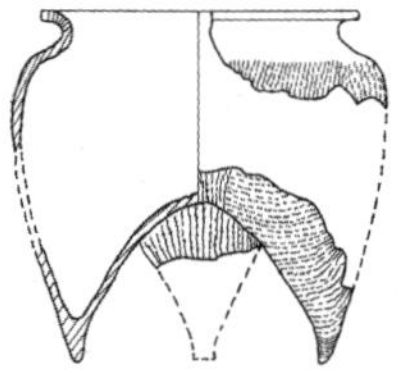 3	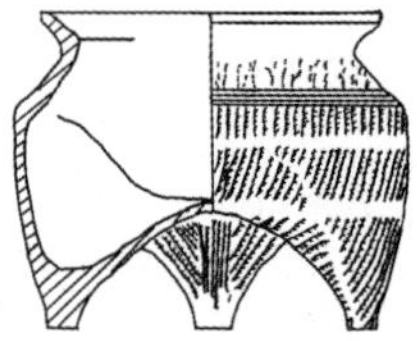 6	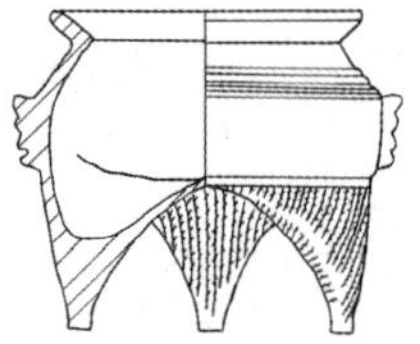 9
春秋早期		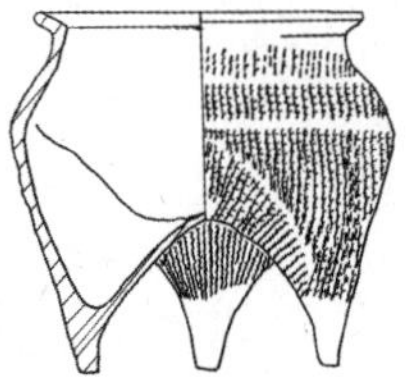 4	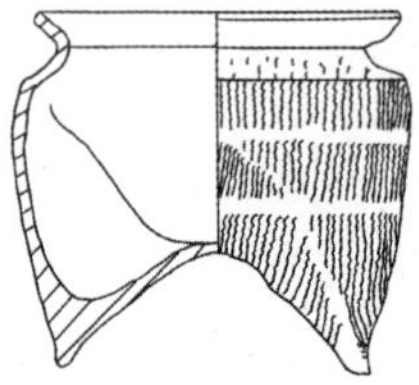 7	
春秋中期		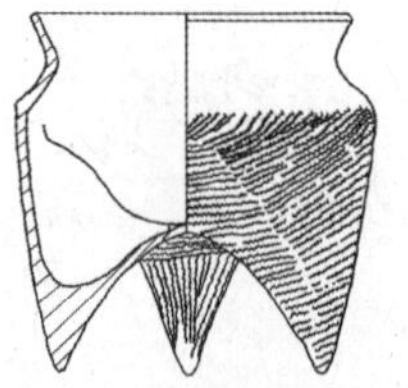 5	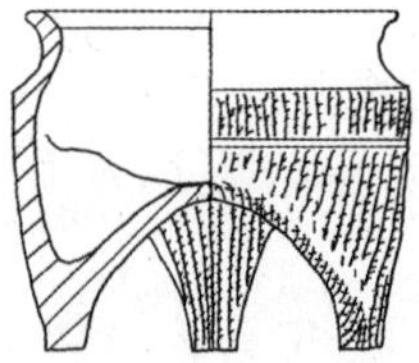 8	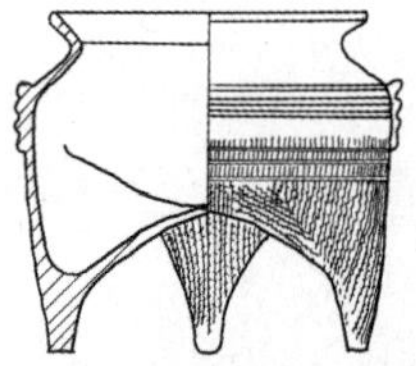 10

图一〇六 陶折肩鬲型式及其演变图

1. Aa 型（霍邱绣鞋墩 T1 ④ a：6）　2. Ab 型Ⅰ式（枞阳汤家墩 T3 ⑥：2）　3. Ab 型Ⅰ式（霍邱绣鞋墩 T1 ②：9）
4. Ab 型Ⅱ式（霍邱堰台 T1011 ③：2）　5. Ab 型Ⅲ式（霍邱堰台 G1：1）　6. Ba 型Ⅰ式（霍邱堰台 T0809 ⑧：4）
7. Ba 型Ⅱ式（霍邱堰台 T0811 ⑤：3）　8、Ba 型Ⅲ式（六安堰墩 T604 ⑥：6）　9. Bb 型（霍邱堰台 T0911 ③：4）
10. Bb 型（霍邱堰台 T0810 ⑤：3）

AbⅡ式：折沿趋高，束颈，颈部较高，斜直腹，三足略内收。此类典型器物见于霍邱堰台遗址，前述标本 T1011③:2 和 G1:1 均属于此。

B 型：柱状实足跟。侈口折沿，少数微卷沿，束颈，折肩，弧裆或者微瘪裆，足呈圆柱状，足跟与地面接触面积较大。一般肩部以下皆饰绳纹，部分在肩部加饰一道或数道凹弦纹，有些为弦断绳纹。根据肩部有无扉棱可进一步分为 a、b 两个亚型。

Ba 型：折肩较明显，肩部无装饰。根据足部高矮和裆部形状可分为Ⅰ、Ⅱ、Ⅲ三式。

BaⅠ式：高折沿，柱状足粗矮，弧裆或弧裆微瘪。该类器物比较典型的标本见于霍邱堰台遗址，T0809⑧:4、T0909⑦:2、T0806③:1 都属于此类。

BaⅡ式：柱状足加高变细，弧裆微瘪。该类器物的典型标本仍见于霍邱堰台遗址，T0710⑦:1、T0811⑤:3、T0810⑤:5 都属于此类。

BaⅢ式：高柱状实足跟，足部粗壮，高弧裆或高弧裆微瘪。该类器物典型标本见于六安堰墩遗址和霍邱堰台遗址。前述六安堰墩标本 T604⑥:6 和另有霍邱堰台标本 T0909③:3 是本式代表。

Bb 型：肩部饰三个等距离扉棱，高柱状实足跟，弧裆较高或微瘪。此类器物在霍邱堰台遗址出土 7 件，其中两件完整。前述标本 T0911③:4 和 T0810⑤:3 属于此型。

Aa 型鬲以霍邱绣鞋墩遗址标本 T1④a:6（图一〇七，1）为代表，属于该遗址第三期遗物，同一地层出土折肩罐 T1④a:35（图一〇七，2）与霍邱堰台折肩罐 M36:1（图一〇七，3）形态近似，M36:1 和 M48:1 折腹簋（图一〇七，4）属于同期，此类折腹簋在含山大城墩第四次发掘资料中也有发现（M12:1），属于其第五期，大城墩第四次发掘资料中的分期与前三次并不相同，通过与前三次发掘资料的对比，其年代应在前三次的五期和六期之间，大体相当于西周中期。

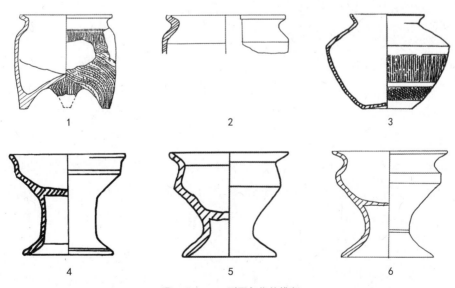

图一〇七 Aa 型鬲年代的推断
1. 霍邱绣鞋墩 T1④a:6　2. 霍邱绣鞋墩 T1④a:35　3. 霍邱堰台 M36:1
4. 霍邱堰台 M48:1　5. 六安堰墩 T1006⑧:10　6. 含山大城墩 M12:1

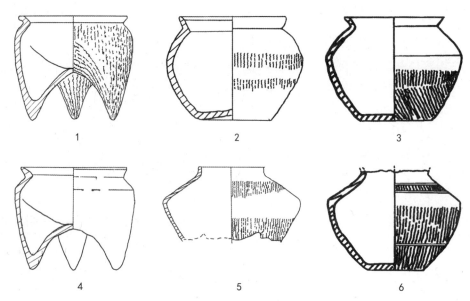

图一〇八 AbⅠ式鬲年代的推断
1. 六安众德寺 M1：1　2. 六安众德寺 M1：2　3. 霍邱堰台 M43：4
4. 枞阳汤家墩 T3⑥：2　5. 枞阳汤家墩 T2⑤：12　6. 霍邱堰台 T0915（11）a：1

AbⅠ式鬲典型标本为枞阳汤家墩 T3⑥:2（图一〇八，4）、六安众德寺 M1:1（图一〇八，1）和霍邱绣鞋墩 T1②:9。众德寺 M1 开口在⑥层下，伴出的鼓腹罐 M1:2，与霍邱堰台 M43:4（图一〇八，3）和 M32:3 鼓腹罐形态近似，后二者属于堰台遗址第二期，年代在西周中期偏晚。绣鞋墩 T1②:9 从地层上来说晚于 Aa 型的 T1④a:6，为绣鞋墩遗址第四期遗物，年代在西周晚期。汤家墩 T3⑥:2 形态上与众德寺 M1:1 酷似，但为素面，比较特殊，在其稍晚地层出土折肩罐一件 T2⑤:12（图一〇八，5），此折肩罐与霍邱堰台 T0915(11)a:1（图一〇八，6）形制和纹饰近同，不晚于西周中期。综上，AbⅠ式鬲的年代约在西周中期至西周晚期。

AbⅡ式鬲典型标本为霍邱堰台 T1011③:2 和 G1:1。T1011③:2 与 T0813⑤层属同一年代组，为堰台遗址二期，根据碳-14测年数据[①]，位于 T0813⑤层的木炭样本年代为距今 2615±30 年，经高精度表校正后，约为公元前 853 至公元前 765 年，年代在西周晚期至春秋早期。G1 开口于 T0705③层下，打破⑦层，年代较晚，属于堰台遗址最晚一期，其年代约在春秋中期。

BaⅠ式鬲多见于霍邱堰台遗址，根据北京大学 1979 至 1981 年在湖北孝感地区的调查资料[②]，聂家寨遗址采集的陶鬲（图一〇五，15）与此式接近，该简报将其年代定为西周中期。但根据堰台遗址地层，T0809⑧:4、T0909⑦:2 和 T0806③:1 均位于同地层组，与 T0813⑤层年代接近，属于堰台遗址二期，根据上述碳-14数据，BaⅠ式折肩鬲的年代约在西周晚期。

BaⅡ式鬲，霍邱堰台 T0710⑦:1、T0811⑤:3（图一〇九，1）和 T0810⑤:5，根据堰遗

---

① 安徽省文物考古研究所：《霍邱堰台——淮河流域周代聚落发掘报告》，北京：科学出版社，2010 年，第 379 页。
② 北京大学考古专业商周组等：《晋豫鄂三省考古调查简报》，载《文物》，1982 年第 7 期，第 1~16 页。

址的地层堆积情况，T0811 ⑤层和 T0810 ⑤层均叠压在二期的 T0809 ⑧层和 T0806 ③层之上，属于堰台遗址的第三期地层组，因此 BaⅡ式折肩鬲应当稍晚于 BaⅠ式，又根据器物特征显示，两类之间并无明显断层，应是一脉相承的。在山东沂源县姑子坪周代墓葬①M2 中出土的折肩陶鬲标本 M2:6（图一〇五，16），侈口，方唇，折沿折肩，弧形裆内凹，实足跟较为细高，肩部磨光并饰三周凹弦纹，肩部以下饰绳纹，其形制特点与堰台 T0811 ⑤:3 近似。姑子坪 M2:14 罍（图一〇九，4）同堰台 M36:1 陶罐也极其相似。姑子坪 M2 年代约在西周晚至春秋早期，因此我们推断 BaⅡ式折肩的年代应当在春秋早期。

BaⅢ式鬲，霍邱堰台 T0909 ③:3 与该遗址 T0813 ③层为同一年代组，根据报告提供的碳-14 年代数据，为距今 2475±30 年，经高精度表校正年代后为公元前 770 至公元前 480 年，年代区间在春秋早期偏晚至春秋中期②。河南信阳平西五号墓中随葬的一件陶鬲（图一〇五，17），形态特征与六安堰墩 T604 ⑥:6 相似，该器物为夹砂黑陶，侈口折沿，束颈折肩，斜腹内收，弧裆较高，高柱状实足跟，肩至足部遍饰绳纹，腹部饰四道凹弦纹。所不同的是这件陶鬲三足上肩部各有一个附耳为扁圆形，这在目前所出折肩鬲资料中是较罕见的。平西五号墓的年代在春秋早期，因此我们推断 BaⅢ式折肩鬲的年代当在春秋早期至春秋中期。

Bb 型鬲两件典型标本 T0911 ③:4 和 T0810 ⑤:3 均发现于霍邱堰台遗址，依地层关系来看，其在年代上存在差异，分别与 T0813 ⑤层和 T0813 ③层为同年代组，根据上述碳-14 数据来看，其年代分别约在西周晚期和春秋中期。从陶质和纹饰的考究程度来看，此两者应为"仿铜陶鬲"，

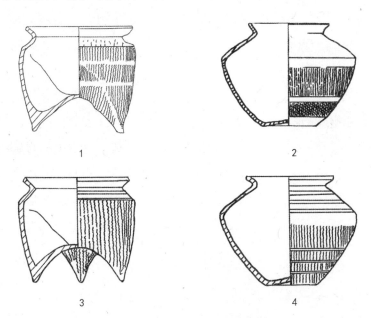

图一〇九　BaⅡ式鬲年代的推断
1. 霍邱堰台 T0811 ⑤:3　2. 霍邱堰台 M36:1　3. 姑子坪 M2:6　4. 姑子坪 M2:14

---

① 山东大学考古系等：《山东沂源县姑子坪周代墓葬》，载《考古》，2003 年第 1 期，第 33～43 页。
② 安徽省文物考古研究所：《霍邱堰台——淮河流域周代聚落发掘报告》，北京：科学出版社，2010 年，第 379 页。

在湖北大悟吕王城遗址，也发现一件类似的"仿铜陶鬲"①，标本 T5⑥:137（图一〇五，18）夹砂褐色陶，侈口，折沿，折肩，腹壁近直，柱状足较高，腹部近肩处装饰三个等距离扉棱，肩部以下饰绳纹。此类"仿铜陶鬲"在张家坡墓地发现较多，但折肩特征不见于张家坡墓地。张家坡墓地Ⅵ式"仿铜陶鬲"的年代在西周中期至晚期②（图一〇九）。根据霍邱堰台的地层关系，我们推断 Bb 型折肩鬲的年代当在西周晚期至春秋中期。

通过以上出土折肩鬲资料的排比，可总结如下：Aa 型鬲年代在西周中期，Ab Ⅰ式鬲流行于西周中期至西周晚期，Ab Ⅱ式鬲见于西周晚期至春秋中期。Ba 型Ⅰ、Ⅱ、Ⅲ式鬲有较紧密的衔接关系，其年代分别相当于西周晚期、春秋早期和春秋中期，Bb 型鬲则流行于西周晚期至春秋中期（图一〇六）。另外，A 型鬲（锥状足）仅见于江淮地区，周边的信阳、孝感等地区的折肩鬲均为柱状足。

三

在对折肩鬲的形制和年代有了初步认识之后，我们再来观察江淮地区出土的青铜折肩鬲。

江淮地区青铜折肩鬲最早在舒城凤凰嘴墓葬③出土，共有 3 件，形制基本相同，侈口，束颈，折肩，高弧裆，尖锥状足（图一一〇，1）。其同组器物包括附耳平盖鼎、牺首鼎、曲柄盉和罐形缶等，其中牺首鼎和曲柄盉器型特殊，是群舒文化中重要的构成因素，时空特征明显，简报上定其年代为春秋中期。潜山黄岭墓④又出土 4 件，形制相同，侈口，束颈，折肩，斜腹，三空心尖锥状足，肩下饰一对称扉棱，有盖，盖上有一圆形捉手。伴出器物包括曲柄盉、龙型提梁盉和联体甗，简报上定其年代为春秋早期。

折肩铜鬲与折肩陶鬲之间当存在着某种联系。凤凰嘴和黄岭的青铜折肩鬲其折沿折肩明显的特征，非常接近于上述 Ba 型鬲，而高弧裆和三尖锥状足又非常接近于 Ab 型鬲。三尖锥状足的陶折肩鬲最早见于江淮地区，因此，有理由认为凤凰嘴和黄岭出土的青铜折肩鬲，渊源来自本地区的折肩陶鬲。

江淮地区周边，河南信阳平桥春秋墓 M1⑤出土青铜折肩鬲 2 件，形制相同，侈口、圆唇、鼓腹、分裆、三柱状袋足，足跟平齐，颈部饰窃曲纹，腹部与三足上部有较小扉棱，唇沿上有

---

① 孝感地区博物馆：《湖北大悟吕王城遗址》，载《江汉考古》，1990 年第 2 期，第 31~43 页。
② 中国社会科学院考古研究所沣西发掘队：《1967 年长安张家坡西周墓葬的发掘》，载《考古学报》，1980 年第 4 期，第 457~502 页。
③ 安徽省文化局文物工作队：《安徽舒城出土的铜器》，载《考古》，1964 年第 10 期，第 498~503 页。
④ 潜山县文物局：《潜山黄岭春秋墓》，见安徽省文物考古研究所、安徽省考古学会主办：《文物研究》第 13 辑，合肥：黄山书社，2001 年，第 125~127 页。
⑤ 河南省博物馆等：《河南信阳市平桥春秋墓发掘简报》，载《文物》，1981 年第 1 期，第 9~14 页。

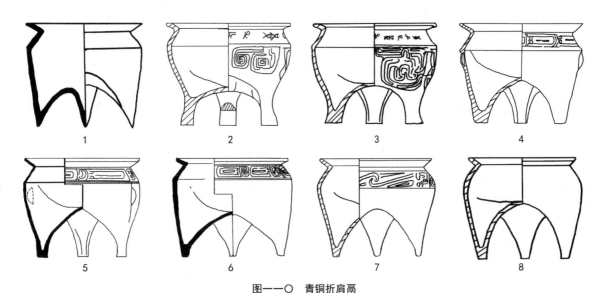

图一一〇 青铜折肩鬲
1. 舒城凤凰嘴出土　2. 信阳黄君孟 G2:A4　3. 信阳黄君孟 G2:A5　4. 信阳平西五号墓出土
5. 京山苏家垅黄季鬲　6. 枣阳郭家庙 GM17:3　7. 中恰沟 M1:5　8. 莒县西大庄 M1:4

十二字铭文。信阳明港①共出土两批青铜器,第一批有青铜折肩鬲2件,侈口、束颈、折肩、分档、袋足,足外有扉棱,肩部饰重环纹,腹部饰直弦纹。第二批有青铜折肩鬲2件,侈口、束颈、折肩、分档、袋足,素面无纹饰。信阳黄君孟夫妇墓②出土青铜折肩鬲2件,形制不同,标本G2:A4敛口、折肩、斜腹、三足外撇,腹部饰窃曲纹,口沿下有十六字铭文(图一一〇,2)。标本G2:A5敛口、折肩、斜腹、三足较直,腹部饰窃曲纹,口沿下有十字铭文(图一一〇,3)。信阳平西五号墓③除出土陶折肩鬲外,另有青铜折肩鬲一件,侈口、尖唇、束颈、折肩、斜腹、高柱状足,肩下三空足上部各饰一扁圆形扉棱,肩上饰重环纹一周(图一一〇,4)。黄君孟夫妇墓青铜器组有较多铭文,是典型的黄国墓葬,其出土折肩鬲特点为柱状足外撇,腹部饰窃曲纹,且口沿下饰有铭文。黄君孟夫妇墓等级较高,其器物组合也较丰富,总体上以鼎、豆、壶、罍、盘、匜为主,黄夫人墓还随葬有曲柄盉和罐,其中青铜豆和青铜壶鲜见于群舒文化遗存,而曲柄盉也以柱状实足、腹部圆凸的特点与群舒曲柄盉有显著的区别。黄君孟夫妇墓器型颇显厚重,与凤凰嘴组和黄岭组相比,虽同为折肩鬲,但其差异大于共性。

湖北京山苏家垅出土黄季鬲2件④,形制、大小和纹饰相同,宽口沿薄唇,腹饰一周方形环纹,腹与足之间有一道弦纹,三足上饰有新月形扉棱,口沿上铸有九字铭文(图一一〇,5)。

---

① 信阳地区文管会等:《信阳县明港发现两批春秋早期青铜器》,载《中原文物》,1981年第4期,第16～17页。
② 信阳地区文管会等:《春秋早期黄君孟夫妇墓发掘报告》,载《考古》,1984年第4期,第302页。
③ 信阳地区文管会等:《河南信阳市平西五号春秋墓发掘简报》,载《考古》,1989年第1期,第20～25页。
④ 湖北省博物馆:《湖北京山发现曾国铜器》,载《文物》,1972年第2期,第47～54页。

随县桃花坡 M2 出土青铜折肩鬲 2 件①，形制、大小和纹饰相同，口沿近平，折肩，裆较高，颈部饰环带纹。随县周家岗出土青铜折肩鬲 2 件②，形制、大小和纹饰相同，敛口，斜平沿，折肩，三袋足，足下端呈柱形，口沿下饰重环纹一周，口沿上有铭文，被刮掉。枣阳郭家庙曾国墓地③中，出土青铜折肩鬲一件，标本 GM17:3（图一一〇，6），敛口，仰折沿，方唇，束颈，斜折肩，弧裆，肩部饰重环纹。曾国青铜折肩鬲以枣阳郭家庙曾国墓地和京山苏家垅黄季鬲最具代表性，郭家庙标本 GM17:3 为矮截锥状足，肩部饰重环纹，这也是曾国折肩鬲的普遍特点。郭家庙 GM17 的随葬青铜器物组合为鼎、壶、鬲、杯，与江淮地区有较大区别，其中鼎为附耳圜底蹄形足，口沿下饰一周窃曲纹，耳内外侧各饰一组重环纹。青铜折肩鬲肩部饰有重环纹的风格与信阳地区表现出了较大的共性，如信阳平西五号墓青铜折肩鬲特点也是柱状足，肩部饰有重环纹。另外京山苏家垅黄季鬲也是折肩重环纹鬲，其上铭文为"惟黄朱抵用吉金作鬲"，是嫁到曾国来的黄国女子的器物④。苏家垅铜器组器型除鬲外，还有鼎、豆、壶、甗、簋、盉、盘、匜等，其中豆和壶鲜见于舒器群，却与黄国器物群更为接近，而且在曾国遗存中没有发现曲柄盉这一器类。因此，曾国和黄国遗存在文化面貌上表现出了较多的一致性，联系也较为密切，与以凤凰嘴和黄岭组为代表的群舒遗存则差异较大，其文化属性也有较明显的区分。

山东沂水县河北村出土青铜鼓腹鬲1件⑤，折肩不明显，平沿外折，束颈，微鼓腹，分裆，款足。临沂中恰沟发现青铜折肩鬲 1 件（M1:5）⑥，侈口，折沿，微鼓腹，裆较高，袋足较深，实足跟呈圆柱状，肩饰夔纹（图一一〇，7）。在同一地点还伴出有陶折肩鬲，采:1（图一〇五，19），夹砂灰陶，侈口，斜沿，沿上饰四道凹弦纹，分裆较高，实足跟呈圆柱状，颈部抹光，肩部有凹槽一道，腹足饰细绳纹，腹部绳纹有抹平截断痕。莒县西大庄出土鼓肩鬲1件⑦，方唇，侈口，束颈，鼓肩，联裆，高袋形足，通体素面（图一一〇，8）。鲁东南地区青铜折肩鬲其足略呈锥状，这与江淮地区类似，但是其肩部饰有纹饰却与信阳地区和曾国表现出了较大的共性。莒县西大庄的青铜鬲虽为素面，但是其折肩并不明显，呈鼓腹形态，这也是这一地区青铜鬲的特点。禚柏红曾将其命名为"莒式鬲"，并与"淮式鬲"做过比较⑧。他提出"莒式鬲应是在中原周式瘪裆袋足鬲的基础上，糅合了当地夷人素面鬲的文化因素，而产生的一种新的文化因素，非周非夷"，并认为莒式鬲的形制极同于江淮地区的淮式鬲。他从陶鬲和铜鬲两方面

---

① 随州市博物馆：《湖北随县安居出土青铜器》，载《文物》，1982 年第 12 期，第 51~58 页。
② 随州市博物馆：《湖北随县发现商周青铜器》，载《考古》，1984 年第 6 期，第 510 页。
③ 襄樊市考古队等：《枣阳郭家庙曾国墓地》，北京：科学出版社，2005 年，第 64 页。
④ 李学勤：《论汉淮间的春秋青铜器》，载《文物》，1980 年第 1 期，第 54~59 页。
⑤ 马玺伦：《山东沂水发现一座西周墓葬》，载《考古》，1986 年第 8 期，第 756~758 页。
⑥ 临沂市博物馆：《山东临沂中洽沟发现三座周墓》，载《考古》，1987 年第 8 期，第 701 页。
⑦ 莒县博物馆：《山东莒县西大庄西周墓葬》，载《考古》，1999 年第 7 期，第 38~46 页。
⑧ 禚柏红：《莒文化研究》，见山东大学东方考古研究中心编：《东方考古》第 6 辑，北京：科学出版社，2009 年，第 222 页。

出发，认为二者可能同出一源，"莒式鬲"影响"淮式鬲"的可能性较大。然而通过我们前文的分析，淮式鬲的产生也是在中原周式鬲的基础上，同本地文化因素相结合而来，其发展在本地有不间断的传承，流行年代从西周中晚期至春秋中期，其上限与莒式鬲并无太大差异。在青铜鬲的比较中，二者形制虽有相似之处，但是就"折肩"这一特征，莒式鬲远没有淮式鬲表现得明显，甚至在莒式鬲中就没有发现纯粹的折肩鬲，无论是凤凰嘴组还是黄岭组青铜折肩鬲，与鲁东南地区还是存在一定差异的。对此张钟云有过类似论述，他提到"除舒城的尖足鬲外，其余地方皆为平柱足。从时间上看，本地的鬲要早于随县和信阳地区的，而山东地区的折肩不明显。因此，这种鬲很可能发源于江淮区域，而尖足是其母型"[①]。陈学强最近整理了信阳、随州和皖西地区的部分青铜折肩鬲，推断青铜折肩鬲渊源于东夷文化的圆肩鬲，在与本土文化的交流中，改圆肩为折肩，改细足为粗壮的柱足。其中群舒所属的皖西地区青铜折肩鬲的型式较为统一，尖足、高体的特征也较为原始，因此其发生也应当较早[②]。

四

综上所述，似可得出以下几点认识：

所谓淮式鬲，应专指江淮地区出土的折肩锥足鬲，不论是陶鬲还是铜鬲，均属于淮式鬲的范畴。折肩陶鬲与折肩铜鬲形态既相一致，时空范畴又相重叠，应为同一文化或族群之遗存。折肩鬲的分布，以淮河以南、大别山以东、巢湖以西、南及皖南沿长江地区为核心，核心区周边，可为淮河上游、大别山西麓和鲁东南地区。折肩陶鬲的年代，至迟在西周中期既已出现，西周晚期至春秋早期最为兴盛，春秋早期后段至春秋中期渐趋衰落。折肩铜鬲的兴衰，应与折肩陶鬲大体一致。

西周中期以前，江淮地区商周遗存更多地体现出了中原地区文化风格，如含山大城墩四期、霍邱绣鞋墩二期等。从西周中期开始，折肩陶鬲开始出现，时代最早的是 Aa 型和 Ab Ⅰ 式鬲，均为锥状足。霍邱绣鞋墩三期折肩罐与张四墩西周遗存一期、汤家墩二期、大神墩、堰墩早期和堰台一期、二期出土的折肩罐形制接近。在堰墩、堰台和大城墩遗址发现形制相近的折腹簋，应是在中原陶簋基础上腹部弯折创新而成。

至迟到西周晚期开始出现青铜折肩鬲。从器物组合上看，青铜折肩鬲多与曲柄盉、牺首鼎、附耳平盖鼎、罐形缶等同出。1959 年舒城凤凰嘴铜器出土以来，这种有着明显地域特征的器物组合在江淮和皖南沿长江地区多次被发现，考古与历史学界，基本认定其为周代群舒文化之遗存。江淮地区出土折肩陶鬲的遗址中，六安堰墩、霍邱堰台、庐江大神墩和枞阳汤家墩均有曲柄陶盉伴出，且在这些遗址中曲柄盉和折肩鬲出土地层基本一致，时代较早的霍邱绣鞋墩和六

---

① 张钟云：《淮河中下游春秋诸国青铜器研究》，见北京大学考古学系编：《考古学研究（四）》，北京：科学出版社，2000 年，第 159～160 页。

② 陈学强：《青铜折肩鬲渊源初探》，载《苏州文博论丛》，2011 年第 2 期，第 22～29 页。

安众德寺遗址却未有发现。信阳地区也有曲柄盉与折肩鬲伴出的情况，黄君孟夫人墓出土两件青铜折肩鬲和两件青铜曲柄盉，铜鬲均为柱状足，标本 G2:A4 足外撇，其纹饰和铭文方面也与江淮地区区别明显；信阳平桥春秋墓 M:1 中有青铜鬲两件和陶曲柄盉两件，该鬲饰有扉棱，且三足微外撇。因此这两处墓葬的文化属性与江淮地区也有所区别。曾国遗存中鲜有曲柄盉的发现，其青铜折肩鬲多为柱状足，饰有重环纹，部分铸刻铭文，表现出了与信阳地区的某种共性，而与江淮地区有着明显的区别。江淮地区的师姑墩商周遗存中，近年出土有诸如折肩鬲、曲柄盉等器型[①]，引人注目，这不仅与隔江相望的枞阳汤家墩遗址面貌相近，与皖西地区周代遗存也有相似之处。江淮和皖南沿长江地区这种以折肩鬲、曲柄盉为典型器物的周代遗存的地层与年代最终被确立，因此，以此类器物组合为代表的族群文化之疆域，当不限于大江以北。

春秋中期以后，折肩鬲逐渐消失，各遗址中印纹硬陶和原始瓷器的数量开始增多，显然是受到吴文化的影响，到了春秋晚期至战国，随着楚文化的向北及向东推进，淮式鬲逐渐被小口高裆的楚式鬲所取代而退出历史舞台。

---

① 张小雷、朔知：《青铜考古的新成果——安徽铜陵师姑墩遗址发掘的收获与意义》，载《中国文物报》，2011 年 4 月 15 日，第 4 版。

第二节 原始瓷

原始瓷，顾名思义，是指瓷器的原始阶段，是瓷器的雏形。它是在长期烧制白陶和印纹硬陶的基础上，不断完善瓷土原料的选取，提高烧成温度，改进器表施釉等工艺而创制出来的。原始瓷的成功烧制，至少需要满足三个条件，即瓷土或瓷石类耐火原料的选取和使用、釉的发明、陶窑的改进和烧成温度的提高，缺一不可。原始瓷的创烧，开辟了我国陶瓷史的新纪元。

安徽省位于华东腹地，地跨淮河、长江两大流域，全境依自然地势可分为淮北、江淮和皖南三大区域。江淮地区由于其北连淮河，南接长江，成为南北方过渡地带，是南北文化交流、传播和碰撞的重要地区。西周春秋时期，江淮地区为淮夷文化覆盖区，在淮河以南、巢湖以西、大别山以东，南及皖南沿长江地区，为偃姓群舒散居的区域。群舒故地周边，北有周文化、徐文化，西有楚文化，东南有吴越文化。江淮群舒故地周代青铜文化继夏商时期继续发展，新出原始瓷是其重要组成部分，自不能为我们所忽略。

一、原始瓷出土概况

江淮群舒故地出土周代原始瓷多为残片，较完整器约有26件，可辨器形为豆、碗、盅、盂和盖，主要出土单元罗列如下（图一一一）：

1. 安徽枞阳县汤家墩遗址[①]

出土原始青瓷30余片，均为青釉，釉层不均匀，脱釉较多，器形有豆、碗、盅、盖、盂等，原发掘报告将该遗址划分为两期，一期原始瓷数量极少，二期明显增加，其中较完整可复原器物11件。

一期碗1件。标本T7⑦:13，侈口、尖唇、饼状圈足。口径12.5、底径6.4、高4厘米（图一一二，1）。

二期豆4件。标本采:8，敞口、尖唇、折腹、喇叭形把、豆盘内外壁均有弦纹。口径13.6、底径6.4、高7厘米（图一一二，2）。标本T4④:18，口残，折腹、矮圈足、内壁有一组弦纹、外壁下部一道凹弦纹。底径6.4、残高4厘米（图一一二，3）。标本T6③:29，把残，敞口尖唇、斜沿、折腹、内外底均有弦纹。口径10.4厘米（图一一二，4）。标本T2③:15，盘残，喇叭形豆把、足外撇。底径8、残高5.8厘米（图一一二，5）。

盅3件。标本T1⑤:1，敞口、尖唇、斜直壁、平底、内壁弦纹。口径10.4、底径5.8、高5.2厘米（图一一二，6）。标本T4④:19，底残，敞口、卷沿、尖唇、内壁弦纹。口径11.2厘米（图一一二，7）。标本T8③:31，口残，平底、内壁弦纹。底径5.2、残高4.2厘米（图一一二，8）。

---

① 安徽省文物考古研究所：《安徽枞阳县汤家墩遗址发掘简报》，载《中原文物》，2004年第4期，第12～13页。

图一一一　江淮群舒故地周代原始瓷出土地点（□表示遗址地点、△表示墓葬地点）

碗 1 件。标本 T6④:27，口残，凹底、内壁弦纹。底径 7.6、残高 1.5 厘米（图一一二，9）。

盂 1 件。标本 H2⑤:14，底残，侈口、圆唇、束颈、折肩、腹下部压印席纹。口径 14、残高 4 厘米（图一一二，10）。

盖 1 件。标本 H2:2，侈口圆唇、内壁弦纹。口径 10.4、高约 1.6 厘米（图一一二，11）。

2. 安徽六安堰墩遗址①

原始瓷种类和数量较少，仅见豆一种。标本 T707②:3，灰白胎，器表所施青釉已大部分脱落，侈口、圆唇、斜腹略弧、高圈足，器表及豆盘内有多道轮制时留下的细密旋痕。口径 13.8、高 9.2 厘米（图一一二，12）。

3. 安徽肥东吴大墩遗址②

第五期西周中期文化遗存中出土原始瓷豆 1 件。标本 T3④:3，敞口、圆唇、腹微折、高圈足、

---

① 安徽省文物考古研究所、六安市文物管理所：《安徽六安市堰墩西周遗址发掘简报》，载《考古》，2002 年第 2 期，第 40 页。

② 张敬国、贾庆元：《肥东县古城吴大墩遗址试掘简报》，见安徽省文物考古研究所、安徽省考古学会编：《文物研究》第 1 辑，合肥：黄山书社，1985 年，第 29 页。

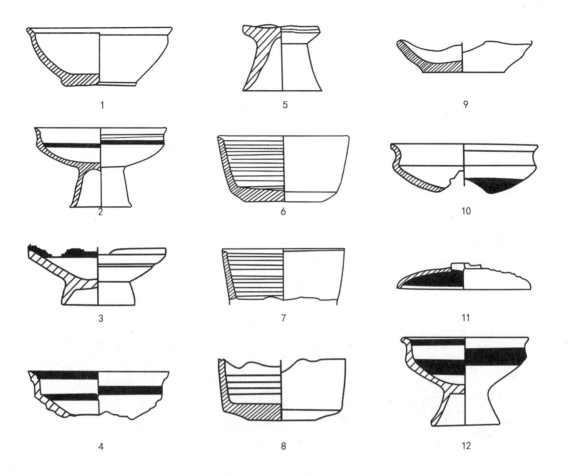

图一一二 江淮群舒故地出土原始瓷（一）

汤家墩　1. 瓷碗 T7⑦：13　2~5. 瓷豆 采：8、T4④：18、T6③：29、T2③：15
　　　　6~8. 瓷盅 T1⑤：1、T4④：19、T8③：31
　　　　9. 瓷碗 T6④：27　10. 瓷盂 H2⑤：14　11. 瓷盖 H2：2

六安堰墩　12. 瓷豆 T707②：3

素面施青釉。口径 10.5、高 4.5 厘米（图一一三，1）。

4. 安徽含山大城墩遗址[①]

第五期西周早期地层出土豆 1 件。标本 T3:4:7，敞口、尖唇、斜壁、圜底、高圈足、腹饰数周凹弦纹，外施一层薄釉。口径 9.8、高 15.6 厘米（图一一三，2）；

第六期西周晚期至春秋早期地层出土豆 4 件。如标本 T3:3:1，敞口、尖唇、折盘、喇叭形圈足、腹外壁和内壁饰数周阴弦纹。口径 13.4、高 5.9 厘米（图一一三，3）。标本 T6:2:4，口外侈、方唇、折壁平底、柄较高、喇叭形圈足。口径 13、高 7.3 厘米（图一一三，4）。标本 T1:2:6，敞口、尖唇、浅折盘、矮柄、喇叭形圈足（图一一三，5）。

---

① 安徽省文物研究所：《安徽含山大城墩遗址发掘报告》，见中国社会科学院考古研究所编：《考古学集刊》第 6 辑，北京：中国社会科学出版社，1989 年，第 95~98 页。

盅2件。大小形制相同，口外侈、尖唇、深腹、壁稍斜、平底、小圆饼圈足、饰数周凹弦纹。如标本T5:3:7。口径11.3、高6.4厘米（图一一三，6）。

5. 安徽霍邱堰台遗址①

第四期春秋早中期地层出土豆1件。标本T0813③:7，豆盘残、矮粗柄、喇叭状圈足、素面。底径9.4、残高6.4厘米（一一三，7）。

碗1件。标本T0913②:3，侈口、卷沿、微折腹、矮圈足、素面。口径11、底径6、高4厘米（图一一三，8）。

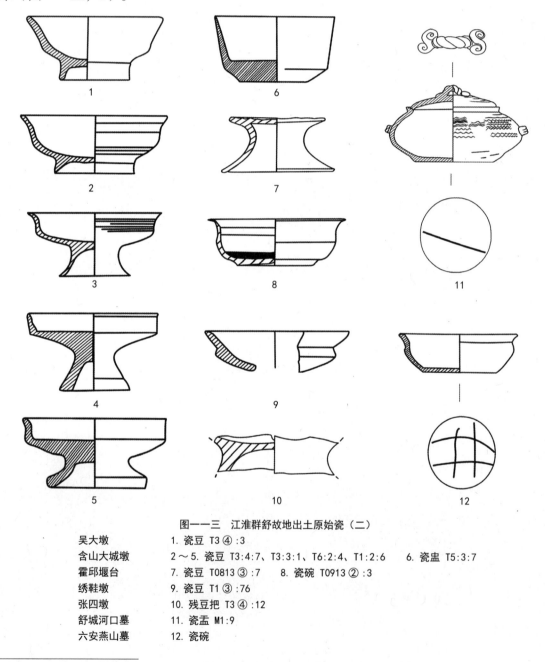

图一一三　江淮群舒故地出土原始瓷（二）

吴大墩	1. 瓷豆 T3④:3
含山大城墩	2～5. 瓷豆 T3:4:7、T3:3:1、T6:2:4、T1:2:6　6. 瓷盅 T5:3:7
霍邱堰台	7. 瓷豆 T0813③:7　8. 瓷碗 T0913②:3
绣鞋墩	9. 瓷豆 T1③:76
张四墩	10. 残豆把 T3④:12
舒城河口墓	11. 瓷盂 M1:9
六安燕山墓	12. 瓷碗

① 安徽省文物考古研究所：《霍邱堰台——淮河流域周代聚落发掘报告》，北京：科学出版社，2010年，第309页。

6. 安徽霍邱绣鞋墩遗址①

第四期西周晚期地层出土原始瓷豆1件。标本T1③:76，残，敞口、尖唇、斜腹外折、外表有轮制痕、内盘底有旋纹、白灰色。口径12厘米（图一一三，9）。

7. 安徽安庆张四墩遗址②

西周晚期地层出土原始瓷豆1件。标本T3④:12，仅余残豆把，为原始青瓷（图一一三，10）。

8. 安徽舒城河口墓③

除成组铜器以外，出土印纹陶罐2件和原始瓷盂1件。标本M1:9，盂盖圆隆，中央置绳索状半环纽，纽的两端附S形贴塑，底部有轮制旋涡痕迹，并刻陶文"一"。口外侈、广肩、扁圆腹、底微凹。腹两侧附对称半环耳，耳上饰两道弦纹。器表施一层极薄的酱色釉，腹饰细波浪纹。通高7.8、口径7.4、腹径11.4厘米（图一一三，11）。

9. 安徽六安燕山墓④

除成组铜器以外，出土印纹硬陶3件和原始瓷碗1件。碗敞口、双唇、宽口沿外折、口面向内倾斜、束颈、圆肩、最大腹径在肩部，自肩而下渐收敛，圆饼实足。内底有螺旋纹，外底心刻有"井"字文符号。胎灰白坚硬，除外底露胎表里均旋青黄色釉。口径13.6、高3.8、底径7.8厘米（图一一三，12）。

此外，江淮地区还有一些商周遗址出土原始瓷，如，安徽怀宁跑马墩遗址出土印纹硬陶及原始瓷⑤，安徽枞阳金山大小神墩遗址出土少量原始瓷⑥，安徽巢湖庙集大城墩遗址出土原始瓷豆⑦，安徽安庆棋盘山遗址出土原始瓷碗、豆、罐、杯⑧等。

二、原始瓷分型研究

群舒故地周代原始瓷的年代，除上述地层关系之外，还可做基本的器形比较分析。

豆 出土数量最多，共14件，其中10件较完整豆根据圈足的高矮可划分成A、B两型。

A型：敞口、矮圈足。根据腹部特征又进一步划分为a、b两个亚型。

---

① 北京大学考古系商周组、安徽省文物工作队：《安徽省霍邱、六安、寿县考古调查试掘报告》，见北京大学考古系编：《考古学研究（三）》，北京：科学出版社，1997年，第240页。

② 北京大学考古系、安徽省文物考古研究所：《安徽安庆市张四墩遗址试掘简报》，载《考古》，2004年第1期，第29页。

③ 安徽省文物考古所、舒城县文物管理所：《安徽舒城县河口春秋墓》，载《文物》，1990年第6期，第58~66页。

④ 安徽省博物馆、六安县文物管理所：《安徽六安县发现一座春秋时期墓葬》，载《考古》，1993年第7期，第657页。

⑤ 杨德标、金晓春、汪茂东：《安徽怀宁跑马墩遗址发掘的主要收获》，见安徽省文物考古研究所、安徽省考古学会编：《文物研究》第8辑，合肥：黄山书社，1993年，第123~135页。

⑥ 安徽省地方志编纂委员会编：《安徽省志·文物志》，北京：方志出版社，1998年，第25页。

⑦ 中国考古学会编：《中国考古学年鉴》(1987年)，北京：文物出版社，1988年，第158~159页。

⑧ 中国考古学会编：《中国考古学年鉴》(2006年)，北京：文物出版社，2007年，第212~213页。

Aa 型：斜折腹、浅盘。标本汤家墩 T4④:18（图一一四，1）。

Ab 型：微折腹、深腹。标本大城墩 T3:4:7（图一一四，3）、吴大墩 T3④:3（图一一四，4）。

B 型：喇叭形把、高圈足。根据豆柄的粗细、盘和腹部的特征又进一步划分为 a、b、c 三个亚型。

Ba 型：粗豆柄、尖唇、浅盘。标本绣鞋墩 T1③:76（图一一四，9）、汤家墩 T6③:29（图一一四，10）和采:8（图一一四，11）。

Bb 型：细高豆柄、微敞口、浅盘、折腹。标本大城墩 T1:2:6（图一一四，12）、T6:2:4（图一一四，13）。

Bc 型：细高豆柄、敞口、深盘、腹微鼓。标本大城墩 T3:3:1（图一一四，14）、堰墩 T707②:3（图一一四，17）。

碗 共 4 件，其中 3 件较完整器，根据口部不同可分为两型。

A 型：侈口、尖唇、矮圈足、凹底。根据腹部特征又可以划分为两个亚型。

Aa 型：折腹。标本汤家墩 T7⑦:13（图一一五，1）。

Ab 型：腹部微鼓。标本堰台 T0913②:3（图一一五，4）。

B 型：敞口、双唇、宽口沿外折、口面向内倾斜、束颈、圆肩、最大腹径在肩部、自肩而下渐收、圆饼实足。标本燕山原始瓷碗（图一一五，6）。

盂 共 2 件，器形差别较大，可划分为 A、B 两型。

A 型：侈口圆唇、束颈、折肩，标本汤家墩 H2⑤:14（图一一五，9）。

B 型：外侈口、带盖、盖中央置绳索状半环钮、钮两端附 S 形堆塑、广肩、扁圆腹、腹两侧附对称半环耳、底微凹，标本舒城河口 M1:9（图一一五，11）。

盅 共 5 件，形制相似，差别不大，均为外侈口、卷沿、尖唇、斜直壁、口大底小、平底、小圆饼圈足，典型标本为汤家墩 T1⑤:1（图一一五，13）和大城墩 T5:3:7（图一一五，15）。

Aa 型豆与浙江江山和睦出土的原始瓷豆江和（乌）1:1（图一一四，2）[①]相近，年代约为商代后期[②]。Ab 型豆与安徽铜陵师姑墩 T6④:9 豆（图一一四，5）[③]和安徽屯溪土墩墓 M2:70 钵（图一一四，6）[④]相近，师姑墩豆的年代约为西周中晚期，屯溪 M2 的年代应不晚于西周晚期。因此，Ab 型豆的年代约为西周中晚期。A 型原始瓷豆的演变趋势为圈足变矮，腹部加深。

Ba 型豆与汤家墩 T6③:29、绣鞋墩 T1③:76、安徽南陵千峰山土墩墓 D16M2:4 豆（图一一四，7）近似，千峰山豆的年代约为西周末或更早一些[⑤]；又与浙江海宁夹山土墩墓 D6M3:19 豆（图一一四，

[①] 牟永抗、毛兆廷：《江山县南区古遗址、墓葬调查试掘》，见浙江省文物考古研究所编：《浙江省文物考古所学刊》（1981 年），北京：文物出版社，1981 年，第 70~71 页。

[②] 杨楠：《商周时期江南地区土墩遗存的分区研究》，载《考古学报》，1999 年第 1 期，第 23~64 页。

[③] 安徽省文物考古研究所：《安徽铜陵县师姑墩遗址发掘简报》，载《考古》，2013 年第 6 期，第 17~18 页。

[④] 殷涤非：《安徽屯溪西周墓葬发掘报告》，载《考古学报》，1959 年第 4 期，第 64~70 页。

[⑤] 安徽省文物考古研究所：《安徽南陵千峰山土墩墓》，载《考古》，1989 年第 3 期，第 223~224 页。

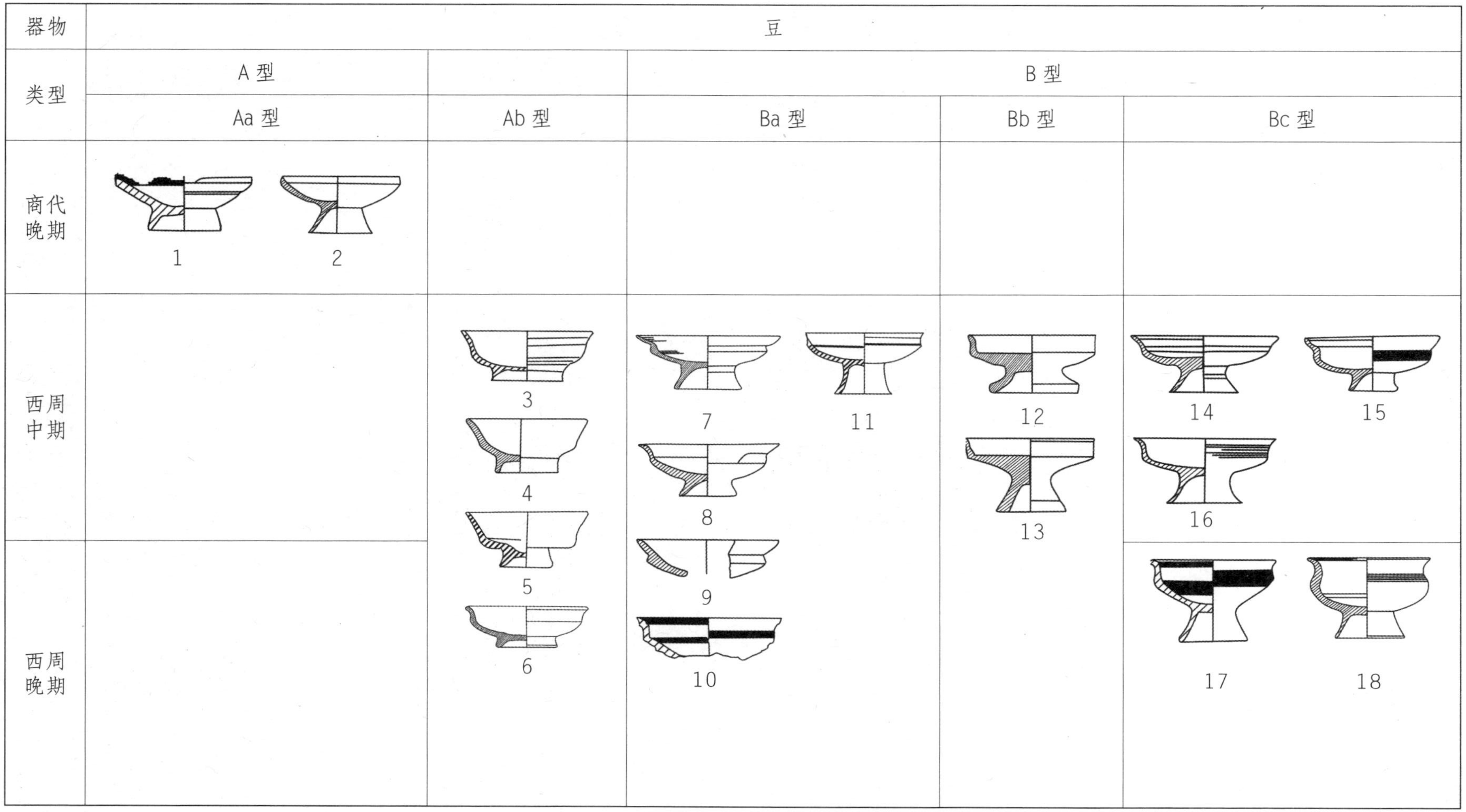

图一一四 器物型式演变图（一）

1. 汤家墩 T4④:18
2. 江山和睦江和（乌）1:1
3. 大城墩 T3:4:7
4. 吴大墩 T3④:3
5. 师姑墩 T6④:9
6. 屯溪 M2:70
7. 干峰山 D16M2:4
8. 海宁夹山 D6M3:19
9. 绣鞋墩 T1③:76
10. 汤家墩 T6③:29
11. 汤家墩采:8
12. 大城墩 T1:2:6
13. 大城墩 T6:2:4
14. 大城墩 T3:3:1
15. 句容浮山 VM1:1
16. 屯溪 M5:35
17. 堰墩 T707②:3
18. 屯溪 M7:10

8）近似，海宁夹山豆的年代约为西周中期①。因此，Ba 型豆的年代可拟定在西周中期至西周晚期。Bb 型豆，与江苏句容浮山果园 M2:6、M3:1 豆相似，年代约在西周中期，不晚于西周晚期②；又与江苏丹徒赵家窑团山 T204(6):7 豆相似，年代约为西周早中期③。屯溪土墩墓 M1:3、22、31 豆亦与之相似，M1 的年代，可定为西周前期④。因此，Bb 型豆的年代不早于西周早期，同时不晚于西周晚期。Bc 型豆，大城墩 T3:3:1 与句容浮山土墩墓 VM1:1 豆（图一一四，15）形制相似，年代约为西周中期⑤；又与屯溪土墩墓 M5:35 豆（图一一四，16）相似，M5 的年代比 M1 稍晚，年代约在西周中期⑥。堰墩 T707②:3 与屯溪土墩墓 M4:5、M7:10 豆（图一一四，18）相似，年代约为西周中晚期⑦，因此 Bc 型豆的年代约为西周中晚期。

Aa 型碗与宁镇地区马迹山遗址 T4②:14 碗形制相似，以同期镇江丹徒断山墩第二期木炭作为标本得出的碳 –14 测年数据为公元前 787±80 年，树轮校正为公元前 890±100 年，约为西周中期⑧；与安徽宁国官山西周土墩墓 T612③:9 碗（图一一五，2）相似，年代约在西周中期偏晚至西周晚期⑨；又与师姑墩 T7④:10 碗（图一一五，3）形制相似，年代约为西周中晚期⑩。因此，Aa 型碗的年代约为西周中期，最晚可延续到西周晚期。

Ab 型堰台 T0913②:3 碗出土于该遗址第四期文化层，根据碳 –14 测年数据，年代为距今 2475±30 年，约在春秋早中期⑪；又与浙江长兴县便山土墩墓 D403:4 盅式碗（图一一五，5）近似，年代应不早于西周中晚期，不晚于春秋中晚期⑫。因此，Ab 型碗的年代可拟定在春秋早中期。

---

① 杨楠：《商周时期江南地区土墩遗存的分区研究》，载《考古学报》，1999 年第 1 期，第 23～64 页。

② 宁结：《江苏句容县浮山果园西周墓》，载《考古》，1977 年第 5 期，第 296 页。

③ 刘建国、戴宁汝、张敏：《江苏丹徒赵家窑团山遗址》，载《东南文化》，1989 年第 1 期，第 100～101 页。

④ 邹厚本：《江苏南部土墩墓》，见文物编辑委员会编：《文物资料丛刊》第 6 辑，北京：文物出版社，1982 年，第 71 页。

⑤ 杨楠：《商周时期江南地区土墩遗存的分区研究》，载《考古学报》，1999 年第 1 期，第 23～64 页。

⑥ 李国梁：《屯溪土墩墓发掘报告》，合肥：安徽人民出版社，2006 年，第 102～106 页。

⑦ 殷涤非：《安徽屯溪周墓第二次发掘》，载《考古》，1990 年第 3 期，第 288 页；杨楠：《商周时期江南地区土墩遗存的分区研究》，载《考古学报》，1999 年第 1 期，第 32 页。

⑧ 张敏：《宁镇地区青铜文化研究》，见高崇文、安田喜宪主编：《长江流域青铜文化研究》，北京：科学出版社，2002 年，第 290 页。

⑨ 安徽省文物考古研究所：《安徽宁国市官山西周遗址的发掘》，载《考古》，2000 年第 11 期，第 20～22 页。

⑩ 安徽省文物考古研究所：《安徽铜陵县师姑墩遗址发掘简报》，载《考古》，2013 年第 6 期，第 17～18 页。

⑪ 安徽省文物考古研究所：《霍邱堰台——淮河流域周代聚落发掘报告》，北京：科学出版社，2010 年，第 379 页。

⑫ 浙江省文物考古研究所：《浙江长兴县便山土墩墓发掘报告》，见浙江省文物考古研究所编：《浙江省文物考古研究所学刊（1980-1990）》，北京：科学出版社，1993 年，第 140～141 页。

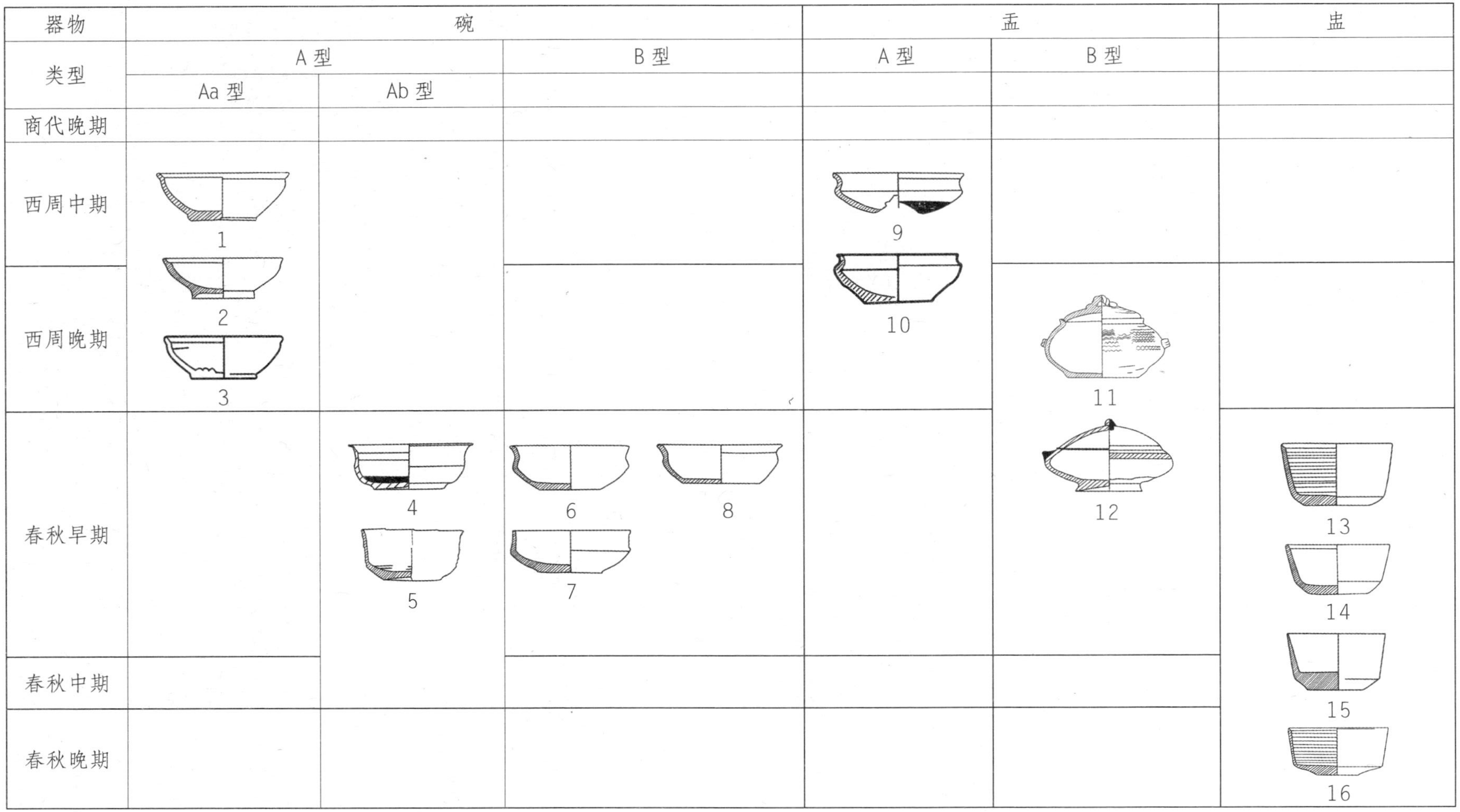

图一一五 器物型式演变图（二）

1. 汤家墩 T7 ⑦:13
2. 宁国官山 T612 ③:9
3. 师姑墩 T7 ④:10
4. 堰台 T0913 ②:3
5. 长兴便山 D403:4
6. 燕山村墓
7. 铜陵古铜矿遗址
8. 丹阳凤凰山 T502 ④:2
9. 汤家墩 H2 ⑤:14
10. 宁国官山 T611 ②:15
11. 舒城河口 M1:9
12. 横山镘儿墩 DHM:45
13. 汤家墩 T1 ⑤:1
14. 铜陵古铜矿遗址
15. 大城墩 T5:3:7
16. 安吉三官土墩墓 M1:3

B型碗与江苏金坛鳖墩西周墓M1:2碗相近,金坛鳖墩M1木炭标本碳-14测年数据为距今2820±105年,树轮校正年代是2935±130年[1],有的学者认为墓葬同出瓷器年代应较碳-14测年数据晚,大体处于春秋早期[2]。其他近似材料还有,安徽铜陵铜矿遗址出土原始瓷碗(图一一五,7),年代在春秋早期[3];江苏丹阳凤凰山遗址出土原始瓷碗T502④:2(图一一五,8),年代在春秋前期[4]。因此,B型碗的年代可拟定为春秋早期。

A型盂与宁国官山遗址T612③:12、T611②:15盂(图一一五,10)形态相似,年代约在西周中期偏晚至西周晚期[5]。

B型盂出自墓葬,同出鼎、簠、盂、缶铜器组合,器形和纹饰风格体现了西周晚至春秋早期的特点[6]。江苏丹徒横山馒儿墩DHM:45盂(图一一五,12)与之相似,时间约为两周之际[7]。因此,B型盂的年代约在西周晚期至春秋早期。

盅的比较材料有:铜陵古铜矿遗址出土原始瓷盅(图一一五,14),年代为春秋早期[8];浙江安吉三官土墩墓M1:3盅(图一一五,16)[9],年代约为春秋晚期。因此,原始瓷盅的出现时间应不晚于春秋早期,延续使用可至春秋晚期。

综上所述,似可得出如下认识:

1. 原始瓷所出单元年代:

绣鞋墩遗址:西周中期;堰墩遗址:西周中晚期;汤家墩遗址:西周中、晚期至春秋时期;吴大墩遗址:不晚于西周晚期;大城墩遗址:西周中晚期至春秋时期;堰台遗址:春秋早中期;河口墓:西周晚期至春秋早期;燕山墓:西周晚期至春秋早期。

2. 群舒故地商代原始瓷出土数量有限,除Aa型豆以外,还有若干零星发现,如,1974年

---

[1] 镇江市博物馆、金坛县文化馆:《江苏金坛鳖墩西周墓》,载《考古》,1978年第3期,第152～154页。

[2] 刘兴、吴大林:《谈谈镇江地区土墩墓的分期》,见文物编辑委员会编:《文物资料丛刊》第6辑,北京:文物出版社,1982年,第85页。

[3] 安徽省文物考古研究所、铜陵市文物管理所:《安徽铜陵市古代铜矿遗址调查》,载《考古》,1993年第6期,第152～154页。

[4] 凤凰山考古队:《江苏丹阳凤凰山遗址发掘报告》,载《东南文化》,1990年第1期,第306页。

[5] 安徽省文物考古研究所:《安徽宁国市官山西周遗址的发掘》,载《考古》,2000年第11期,第20～22页。

[6] 安徽省文物考古所、舒城县文物管理所:《安徽舒城县河口春秋墓》,载《文物》,1990年第6期,第58～66页。

[7] 南京博物院、镇江博物院、丹徒县文教局:《江苏丹徒横山、华山土墩墓发掘报告》,载《文物》,2000年第9期,第37页。

[8] 安徽省文物考古研究所、铜陵市文物管理所:《安徽铜陵市古代铜矿遗址调查》,载《考古》,1993年第6期,第152～154页。

[9] 浙江省文物考古研究所:《安吉三官土墩墓发掘简报》,载《东方博物》,2010年第3期,第82页。

安徽肥西馆驿大墩孜遗址商文化上层出土原始瓷豆残器3件，1983年安徽六安东古城商城遗址采集青釉瓷罐肩部残片等[①]。西周时期，群舒故地原始瓷数量开始明显增多，其中又以西周中晚期最为多见。

三、原始瓷纹饰、釉色、制作工艺及装饰特征

群舒故地周代原始瓷纹饰单一，素面器物所占比例较高。纹饰以弦纹为主，个别复杂的可见旋纹、席纹、波浪纹等。纹饰在器物的内外壁、盘内外、底内外以及盖内外各个部位均有出现（表一七）。

表一七 原始瓷纹饰统计表 （单位：件）

纹饰＼器形	豆	碗	盅	盉	盖
弦纹	5	1	5	1	1
旋纹	1				
螺旋纹		1			
席纹				1	
波浪纹				1	
素面	8	1			

釉色以青釉为主，胎色多呈灰色或灰白色，釉层多不均匀，脱釉较多。原始瓷上釉方法可分为浸釉法和刷釉法，一般而言，浸釉法胎釉结合较好，而刷釉法釉层多有剥落，以枞阳汤家墩和六安堰墩遗址出土的瓷豆为例，表釉多见剥落，釉层浓淡不均，似有流釉痕迹，疑为刷釉法上釉。

轮制工艺已较为普遍，如六安堰墩出土的原始瓷豆器表及豆盘内有多道轮制时留下的细密旋痕，霍邱绣鞋墩遗址出土的原始瓷豆外表有轮制痕，河口墓原始瓷盉底部亦有轮制留下的旋涡痕迹。

贴塑是把预先捏制好的部件采用粘贴方法，使其和整体结为一体，起到装饰作用。河口墓原始瓷盉，盖中央立绳索状半环钮，形如两绳相交，方便提携，集装饰和实用为一体，钮的两端对称附有S形的贴塑。

四、原始瓷性质分析

西周时期，安徽江淮地区为淮夷文化所覆盖，在巢湖以西、大别山以东地区建立了众多的群舒方国。群舒故地所出周代遗存，如牺首鼎、折肩鬲、曲柄盉等为群舒文化或族群所创造，

---

① 胡悦谦：《安徽古青瓷和浙江古青瓷的关系》，见安徽省博物馆编：《安徽省博物馆40年论文选集》，合肥：黄山书社，1996年，第102页。

学界几成定论。春秋中期以后,楚国先后兼并了沿淮的一些小国,又征服了群舒。随着东南吴越的相继兴起,吴越与楚国在江淮地区交争不断,直到进入战国以后,楚威王灭越,尽取江东吴国故地,从江北到江东,包括整个江淮地区皆为楚有。由此可见,西周春秋时期,江淮群舒故地除了融合中原周文化的本土文化之外,还受到过楚文化和吴越文化的影响。

那么,在江淮群舒故地与上述群舒遗物伴出的原始瓷,其文化属性又是如何呢?笔者认为,江淮群舒文化遗存中的原始瓷,是受吴越文化影响下的产物,甚至就是吴越文化向北迁播的体现,理由如下:

首先,群舒故地出土的原始瓷豆、碗、盅和盂,与皖南、苏南、浙北土墩墓出土的同类器物相似,具有明显的江南文化特点,如上文所述原始瓷豆与屯溪、南陵千峰山、海宁夹山、句容浮山等土墩墓所出相近,原始瓷碗与宁国官山土墩墓、铜陵师姑墩遗址、铜陵古铜矿遗址、江苏金坛鳖墩西周墓、江苏丹阳凤凰山遗址等所出相近,原始瓷盅与安吉三官土墩墓、铜陵古铜矿遗址所出相似等。

其次,群舒故地出土的原始瓷以豆、碗、盅、盂等日常生活用品为主,不见北方地区常见的簋、罍、瓮、瓿等器形,使用身份没有严格的限制,这与皖南、苏南、浙北等吴越文化区平民和贵族墓葬皆出原始瓷的现象一致。而河南、陕西等北方省份出土的原始瓷,大多出自墓主身份偏高的大墓中,以晋侯墓地为例,出土原始瓷的墓葬只有晋侯及其夫人墓,陪葬墓中未见一件原始瓷,且原始瓷随葬时常和重型青铜器放置一处,可见在北方原始瓷的使用及随葬有身份上的区别①。

再次,吴越土墩墓中"硬陶和釉陶同出"的现象极为普遍,已成为吴越文化的一个典型特征,而群舒故地原始瓷和印纹硬陶同出的比例同样极高。在上述材料中,除霍邱绣鞋墩遗址未见印纹硬陶外,其余遗址均有出土记录,具体情形如:汤家墩遗址出土印纹硬陶600余片,陶色有红褐和灰色两种,纹饰有回纹、席纹、方格纹、叶脉纹、复线回纹、三角填线纹、菱形填线纹、折线纹、水波纹、米筛纹、复线菱形纹、圆圈纹、三角纹、变体雷纹等10多种,可辨器形有罐和瓮。堰墩遗址出土印纹硬陶以瓮为主,多回纹、席纹、云雷纹等。吴大墩遗址与原始瓷同出的第五期文化层出土印纹硬陶。大城墩遗址印纹硬陶出土较多,纹饰主要有方格纹、席纹、叶脉纹、几何纹、波折纹、弦纹、菱形纹等。张四墩遗址出土了不少印纹硬陶残片,纹饰有回纹、席纹。堰台遗址出土少量印纹硬陶,纹饰有席纹、回纹、方格交叉纹等。河口墓出土印纹硬陶罐2件,形制大小相同,器表拍回形纹。燕山墓出土硬陶罐1件,无纹饰,另有一件回纹印纹硬陶器。

第四,河口和燕山墓中出土的原始瓷器底部有清晰的刻划符号,这种做法广见于屯溪土墩墓、安徽广德赵联土墩墓②、千峰山土墩墓、江苏无锡璨山土墩墓③、浙江驿亭凤凰山土墩墓④、

---

① 梦耀虎、任志录:《晋侯墓地出土原始青瓷》,载《文物世界》,2002年第2期,第5~7页。
② 安徽省文物考古研究所:《安徽广德县经济开发区赵联土墩墓发掘简报》,见安徽省文物考古研究所、安徽省考古学会编:《文物研究》第16辑,合肥:黄山书社,2006年,第156页。
③ 无锡市博物馆:《无锡璨山土墩墓》,载《考古》,1981年第2期,第136页。
④ 浙江省文物考古研究所、浙江省上虞市博物馆:《浙江上虞驿亭凤凰山西周土墩墓》,载《南方文物》,2005年第4期,第9~10页。

浙江衢州发现的原始瓷①等。有学者曾对屯溪土墩墓出土刻划符号进行了研究，认为屯溪原始瓷和几何印纹硬陶刻划的文字与符号，是由古越族创造并使用的②。

第五，河口墓中出土的原始瓷盂的绳索状纽、"S"形贴塑，见于江浙两地，皖南也有一定数量出土，主要地点如江苏溧水宽广墩墓③、江苏金坛裕巷土墩墓群一号墩④、江苏丹徒衡山、华山土墩墓⑤、浙江德清三合塔山土墩墓⑥、浙江德清独仓山和南王山土墩墓⑦、浙江绍兴洪家墩村墓葬⑧、浙江德清火烧山原始瓷窑址⑨等。

第六，从窑业技术来看，硬陶和原始瓷的成功烧造要求很高的温度（1200℃），像中原地区的商代升焰式竖穴窑，窑室最高温度不超过1000℃，只能烧造灰陶、红陶、白陶，而不能烧造硬陶和原始瓷，南方地区的龙窑则可以堪此重任。目前南方原始瓷窑址的考古发现集中于江西、浙江、福建地区，如，江西鹰潭角山商代中晚期原始瓷窑址，除了窑炉遗迹外还伴随出土有大量原始瓷残片⑩，吴城遗址发现的原始瓷窑址更被认为是中国殷商时期南方地区原始瓷的烧造中心⑪；浙江地区主要有东苕溪中游商代原始瓷窑群⑫、德清火烧山、亭子桥原始瓷窑址⑬以及萧山前山春秋战国原始瓷窑址⑭；福建地区则有武夷山西周原始瓷窑址⑮。江淮地区近年来

---

① 衢州市文物管理委员会：《浙江衢州市发现原始青瓷》，载《考古》，1984年第2期，第133页。
② 王业友：《安徽屯溪发现的先秦刻划文字或符号刍议》，载《东南文化》，1991年第2期，第130页。
③ 刘建国、吴大林：《江苏溧水宽广墩墓出土器物》，载《文物》，1985年第12期，第24页。
④ 南京博物院：《江苏金坛裕巷土墩墓群一号墩的发掘》，载《考古学报》，2009年第3期，第419页。
⑤ 南京博物院、镇江博物院、丹徒县文教局：《江苏丹徒横山、华山土墩墓发掘报告》，载《文物》，2000年第9期，第37页。
⑥ 德清县博物馆：《浙江德清三合塔山土墩墓》，载《东南文化》，2003年第3期，第41~42页。
⑦ 浙江省文物考古研究所、德清博物馆：《浙江德清县独仓山及南王山土墩墓发掘简报》，载《考古》，2001年第10期，第48页。
⑧ 绍兴县文物保护管理所等：《绍兴出土的印纹硬陶和原始青瓷器》，载《东方博物》，2005年第1期，第66~69页。
⑨ 朱建明：《浙江德清原始青瓷窑址调查》，载《考古》，1989年第9期，第779~788页；故宫博物院古陶瓷研究中心、故宫博物院古器物部：《"浙江原始青瓷及德清火烧山等窑址考古成果汇报展"学术座谈会综述》，载《故宫博物院院刊》，2012年第5期，第151~158页。
⑩ 江西省文物工作队、鹰潭市博物馆：《江西鹰潭角山窑址试掘简报》，载《华夏考古》，1990年第1期，第34~50页。
⑪ 黄水根：《吴城商代遗址考古三十年》，载《南方文物》，2003年第3期，第15~17页；李玉林：《吴城商代龙窑》，载《文物》，1989年第1期，第79~81页；黄水根、申夏：《吴城遗址商代窑炉的新发现》，载《南方文物》，2002年第2期，第3~4页。
⑫ 浙江省文物考古研究所等：《浙江东苕溪中游商代原始瓷窑址群》，载《考古》，2011年第7期，第3~8页。
⑬ 浙江省文物考古研究所等：《德清火烧山——原始瓷窑址发掘报告》，北京：文物出版社，2008年，第16~19页。
⑭ 浙江省文物考古研究所、萧山博物馆：《浙江萧山前山窑址发掘简报》，载《文物》，2005年第5期，第4~14页。
⑮ 武夷山市博物馆：《武夷山市竹林坑西周原始青瓷窑址调查简报》，载《福建文博》，2011年第1期，第24~26页。

原始瓷出土的数量越来越多,但尚未发现生产原始瓷的窑址,因此,群舒地区的原始瓷很有可能来自陶瓷烧制技术发达的江浙闽,或即吴越地区。

综上所述,江淮群舒故地的原始瓷和苏浙、皖南等南方地区的共性较大,无论是从器物的形制、装饰艺术还是到使用习俗都惊人的相似,而江淮之间的原始瓷无论是出土数量、器物的精美程度,都远不如吴越地区,因此,西周、春秋时期,群舒文化与吴越文化之间相互碰撞、相互影响,但在原始瓷方面,更多的应是吴越文化对江淮地区的北向影响。

第三节 舒口

姚鼐，清代著名文学家，安徽桐城人，字姬传，一字梦谷，室号惜抱轩，世称惜抱先生，与方苞、刘大櫆一起并称为"桐城三祖"，为桐城学派散文的集大成者。姚鼐提倡文章要"义理""考证""辞章"三者相互为用，总结文章的"神、理、气、味、格、律、声、色"为八大要素，提出用"阳刚""阴柔"区别文章的风格。乾隆二十八年即1763年姚鼐进士及第，任礼部主事，当过山东、湖南乡试副考官，还曾充任会试同考官。乾隆三十八年即1773年，姚鼐担任四库全书馆纂修官，但在馆不到两年，即辞官回乡。后直到其去世的四十年间，姚鼐始终在学院讲学中度过，先后在扬州、安庆、徽州等地，主讲于梅花、江南紫阳、南京钟山等书院。姚先生平生著述颇丰，代表作有《惜抱轩文集》《九经说》《登泰山记》《老子章义》《庄子章义》等，还曾编选《古文辞类纂》。姚鼐著《惜抱轩文集》一书共十六卷，包括诗集和文集两个部分，以写景散文、诗集为主，是研究姚鼐其人及桐城派的重要史料。在卷二郡县考部分，作者对安徽省内古地名如钟离、当涂、龙舒等进行了考证，其中对枞阳一地作者写道："盖得今桐城东南地，东汉县废。《左传》杜注：'庐江舒县有鹊尾渚。'按：鹊尾在今桐城东乡江侧。舒县地本不至江，东汉废枞阳并入舒，舒地遂及江矣。枞阳入舒，则枞阳水为舒口。《魏志·臧霸传》'吴兵屯舒口，欲救陈兰'是也。"①作者在此处将古枞阳称为"舒口"，并且引用了《三国志·魏书·臧霸传》中的"舒口"作为论据。

枞阳何以称为"舒口"，或枞阳是否为古"舒口"这一问题，学术界至今未予关注和说明，因此，本节尝试就相关史料进行一番梳理和考查。先是梳理《惜抱轩文集》原文，其次考察枞阳县的历史沿革和山川河流，最后讨论《臧霸传》中的"舒口"。

关于这一论题的资料，最直接的当然是姚鼐所撰《惜抱轩文集》原文，此外还有一些地方志，如《庐江县志》《桐城县志》《枞阳县志》等，尤其《枞阳县志》②是笔者研究的重要参考资料。古籍类的主要包括《左传》《史记》《新唐书》《读史方舆纪要》《三国志》等，此外笔者还翻阅了一些辞典类的工具书，主要包括《康熙字典》《中国历史地名大辞典》《中国古今地名大辞典》《安徽大辞典》③《中国古典诗词地名辞典》④等。

《康熙字典·未集下·舌部·部外6画》⑤中对"舒"一字进行了详细的解释，如《春秋·僖公三年》："徐人取舒。"注：舒国，今庐江舒县，其中并未涉及舒口。《中国古今地名大辞典》中对舒、舒城县、舒庸、舒鸠等地也进行了相应的描述，依然没有提及舒口。笔者接着又翻阅

---

① 姚鼐：《四库家藏·惜抱轩文集》，济南：山东画报出版社，2004年，第12页。
② 枞阳县地方志编纂委员会：《枞阳县志》，合肥：黄山书社，1998年。
③ 安徽大辞典编纂委员会：《安徽大辞典》，上海：上海辞书出版社，1992年。
④ 魏嵩山：《中国古典诗词地名辞典》，南昌：江西教育出版社，1989年。
⑤ 张玉书：《康熙字典》，北京：中华书局，1958年。

了《安徽大辞典》《中国古典诗词地名辞典》等工具书，依然只有舒、舒城等地的记载。

"舒县地本不至江，东汉废枞阳并入舒，舒地遂及江矣。枞阳入舒，则枞阳水为舒口"。要论证"舒口"，首先我们要对舒地进行考查。春秋时期有舒国，《史记·项羽本纪》正义引《括地志》称，"今庐江之故舒城是也"，《左传·文公十二年》（公元前615年）"楚……成嘉（若敖曾孙子孔）为令尹。群舒叛楚。夏，子孔执舒子平及宗子，遂围巢"。"平"即为舒君名，自此舒与宗子等小国一起被楚国所灭。由此可知舒县来源于春秋时期的古群舒国，甚至有人认为舒即为群舒，如《新唐书·宰相世系表五》曰：舒"又曰群舒，又曰舒蓼，又曰舒庸，又曰舒鸠，一国而有五名。"群舒，《左传·宣公八年》又称众舒，是一批偃姓小国的总称，包括舒、舒鲍、舒庸、舒鸠、舒龙、舒蓼、舒龚、宗、巢、六、英等小国，舒国只是其中一国。《清一统志》旧说及府县志，都认为舒城为古舒县，庐江为古龙舒。经考证，"舒县即舒城县"之说，实属谬误。三国时期社会动荡，战乱不断，庐江郡分治为二，魏庐江郡治六安、吴庐江郡治皖城（潜山），原庐江毁于战祸，西晋时复设庐江郡，治舒县，行政中心在今舒城县县城东北处。

汉置舒县，清代顾祖禹撰《读史方舆纪要》卷二十六庐州府舒城县沿革条载："古舒国。汉置舒县，为庐江郡治……后没入东魏，县寻废。唐开元二十二年，分合肥、庐江二县地，于故舒城置舒城县，属庐州。"故城在今安徽庐江县西，隋代更名为庐江。舒城是汉时舒县的故地、中心和治所。舒的位置大约在今安徽庐江县西南至舒城一带。

东汉时期，废枞阳县并入舒县，隶属庐江郡，后隶属扬州刺史部，舒县地域扩展到长江岸边。枞阳县内河流经过枞阳汇入长江，枞阳即为古"舒口"。而这一词早在三国时期就已经出现，吴将陆逊于吴黄武七年即公元228年在峡石、挂车河（今属桐城）大败魏扬州牧曹休兵骑3万，吴屯兵于舒口。但对于"舒口"一地的具体位置，学者们却有不同的意见，陈伟与魏嵩山[①]先生都认为，"舒口"一地应该是在舒城县东，如杭埠河入巢湖某地，所依据的材料为《三国志·魏书·臧霸传》中有关"舒口"的记载。但不管《三国志》中所载"舒口"是不是在今枞阳境内，枞阳在汉代时期隶属舒县这一点是不容置疑的，县内河流通过枞阳入江，将枞阳称为"舒口"也在情理之中。

枞阳县历史悠久，早在旧石器时代就有先民在此居住。西周时期为宗子国，西汉元封五年即公元前106年置县，属庐江郡，名曰"枞阳"，距今已有2100多年。其县名的由来，有三种说法：一、《尔雅·释木》曰："枞，松叶柏身。"《本草纲目》曰："柏叶松身者桧也，松叶柏身者枞也。"《说文》中述县城后山多枞木，"县城位山南，因名枞阳"。二、从古宗子国，《左传·文公十二年》（公元前615年）："楚……成嘉（若敖曾孙子孔）为令尹。群舒叛楚。夏，子孔执舒子平及宗子，遂围巢。""平"即为舒君名。杜注："宗国为群舒之属，即枞阳，是古代偃姓方国，汉武帝在旧邑设县，以古国为名。"三、古代的时候枞阳有许多枞木，人们

---

① 陈伟：《楚"东国"地理研究》，武汉：武汉大学出版社，1992年；魏嵩山：《中国古典诗词地名辞典》，南昌：江西教育出版社，1989年。

便将发源于大别山、流经城内、经菜子湖入长江河段的这段河流,定名为"枞川"。又因县城在枞阳北岸,水北为阳,因此称为枞阳。

枞阳人民历来重文尚读,"穷不丢书"是其优良传统。枞阳县人杰地灵,史称"诗人之窟、文章之府、气节之乡",是清代最大散文流派桐城派的故乡,著名的"桐城三祖"方苞、刘大櫆、姚鼐均出生于枞阳。桐城派与清王朝整个朝代相始终,前后绵延200余年①,理论体系完整、创作特色鲜明,规模大、时间久、作品丰、影响深远,为中国文学史所仅见。

枞阳县辖13个镇、9个乡,地理位置十分优越,是古代兵家必争之地,三国时,东吴大将吕蒙就曾建城于下枞阳。此外,枞阳还是古代漕运的重要中转站。枞阳县属长江流域,境内陈瑶湖、白荡湖、菜子湖和"两赛"即神灵赛和羹脍赛两湖4个水系。

桐城、怀宁、潜山、舒城各地的河流,汇流至菜子湖,再入长江,这便是枞阳长河②。长河源远流长,自大别山麓起源,全长两百余里,共汇入十余条支流,在连城山西麓的一块巨石上,镌刻有"四水会同"四个大字,指的就是长河汇入桐、怀、潜、舒四地之水,或者说汇入大沙河、挂车河、龙眠河、孔城河等地之水,它们自北向南,途经菜子湖、连城湖,又折转向东,最终汇入长江。在陆路交通还不发达的过去,水运码头作为不可或缺的交通枢纽,长河沿途舟来船往,渡口星罗棋布,有梅林渡、上枞阳渡、芦花渡、柳林渡、下枞阳渡、上江口渡等,其中最为繁华热闹的是枞阳渡,"上码头"因之而得名。这漫漫长河从枞阳入江,因其水源来自古舒地境内,因此枞阳古称"舒口"。根据史书记载,明代朝廷在下枞阳设置了漕粮仓和盐仓,舒口成为庐江、桐城、怀宁、潜山、太湖、宿松、望江等县的漕粮集散地与食盐中转站,船来舟往,商贾云集,繁盛一时。

姚鼐撰《惜抱轩文集》卷二:"枞阳入舒,则枞阳水为舒口。"并且引用《三国志·魏书·臧霸传》(卷十八):"权遣数万人乘船屯舒口,分兵救兰"作为论据。笔者翻阅了《三国志》中与此事件相关的记载,如《三国志·吴书·陆逊传》《三国志·魏书·曹休传》《三国志·魏书·明帝纪》等,试图从中找寻线索,遗憾的是"舒口"一词在这些文献并没有相应的记载。此外,研究《三国志》的相关论著,如《三国志集解》《三国志辞典》等,笔者也未找到关于"舒口"的相关材料。

研究资料的缺乏迫使笔者只能从原文中找寻答案。《三国志·魏书·臧霸传》中记载舒口这一地方的原文为:臧霸"迁徐州刺史"③,"从讨孙权,先登,再入巢湖,攻居巢,破之。张辽之讨陈兰,霸别遣至皖,讨吴将韩当,使权不得救兰。当遣兵逆霸,霸与战于逢龙,当复遣兵邀霸于夹石,与战破之,还屯舒。权遣数万人乘船屯舒口,分兵救兰,闻霸军在舒,遁还。霸夜追之,比明,行百余里,邀贼前后击之。贼窘急,不得上船,赴水者甚众。由是贼不得救

---

① 江小角、方宁胜:《桐城派研究百年回顾》,载《安徽史学》,2004年第6期,第91~99页。
② 胡堡冬:《枞阳:吴楚分疆第一州》,载《合肥晚报》,2013年3月4日。
③ (晋)陈寿:《三国志》卷18,北京:中华书局,1959年。

兰，辽遂破之"。通过这段描述我们可以知道臧霸任徐州刺史后，与魏将张辽一起征讨孙权，臧霸先一步行动，进入了巢湖地区，攻破了居巢县。张辽讨伐吴军将领陈兰时，另派遣臧霸到皖即今安徽省潜山县，讨伐吴将韩当，使孙权不得解救陈兰。韩当派遣军队迎战臧霸，臧霸与他们交战于逢龙即今安徽省桐城市境，韩当又派部兵力在夹石阻拦臧霸，夹石在今安徽省舒城县与桐城市交界处，现名大关。臧霸大破韩当后，回军驻扎在舒。此时，孙权派数万人乘船驻扎在舒口，分兵援救陈兰，听闻臧霸军队驻扎在舒，便往回跑。臧霸连夜追击，到天亮时，行军一百多里，就将吴军前后拦截住了。吴军被包围，情况万分危急，但是又上不了船，落入水中的士兵有很多。吴军自顾不暇，因此也不能去援救陈兰，张辽遂打败了陈兰。而吴军将领陈兰这时又驻扎在什么地方呢？《三国志·魏书·张辽传》给出了答案。《三国志·魏书·张辽传》曰[1]："陈兰、梅成以氏六县叛，太祖遣于禁、臧霸等讨成，辽督张郃、牛盖等讨兰。成伪降禁，禁还。成遂将其众就兰，转入灊山。灊中有天柱山，高峻二十余里，道险狭，步径裁通，兰等壁其上。辽欲进，诸将曰：'兵少道险，难用深入。'辽曰：'此所谓一与一，勇者得前耳。'遂进到山下安营，攻之，斩兰、成首，尽虏其众。"陈兰、梅成占据氐等六县作叛，太祖曹操于是派遣于禁、臧霸等人讨伐梅成，又命张辽督率张郃、牛盖等人讨伐陈兰。当时梅成假装投降于禁，于禁引军便还。不料梅成趁机带其军众投往陈兰，二人转入灊山自守，灊山中有天柱山，高耸险峻约有二十余里，道路奇险狭窄，步行小路只能勉强通行，陈兰等人在上面修筑壁垒。张辽意欲登山进兵，将领们皆说："此山道路险恶，我军兵少，很难可以深入用兵。"张辽却说："这正是所谓的一对一的拼搏，勇敢者才能抢先一步。"于是进至山下安营，起兵上山攻击，最终斩下陈兰、梅成首级，俘虏了陈兰的全部部下。《三国志·魏书·张辽传》这一段说明了吴军将领陈兰驻扎的地方为"灊山"，即今安徽省潜山县，具体驻守在今天柱山的高山之上。

综合以上情节，魏将臧霸讨伐吴将陈兰的路线大致可以理清：魏将驻守合肥，臧霸跟随他讨伐孙权，攻下居巢，后臧霸奉命讨伐驻守潜山的吴将陈兰，臧霸追击至潜山，吴与臧霸战于逢龙、舒两地，臧霸破吴后驻扎于舒地。此时，孙权派数万人从巢湖乘船前来驻扎于舒口，分兵救兰，听说臧霸驻扎舒地，连夜往回逃跑，臧霸则趁夜追击。因此臧霸讨伐吴将陈兰的路线图为：从合肥出发，途经巢湖、居巢，在潜山攻下吴将，追击至逢龙，交战于夹石、舒两地，臧霸退驻于舒口，孙权援兵驻扎于舒，臧霸连夜追击至合肥，臧霸回兵。以上路线非常清晰。

众所周知，古代行军没有先进的代步工具，一般士兵主要还是靠步行，加上时间又是夜里，因此即使全速行走一晚路程也不会太长，由此我们可以推断，舒口距离舒地并不远。值得注意的是历史上"舒"这一地名其实有两个地方，楚、汉之际分九州郡置，当时的庐江郡辖有今安徽长江以南大部分地区，西汉景帝后移辖江北地，治所在舒县，这一舒县是在今安徽庐江县西南的地方，处于吴国与魏国分界线附近。而在庐江郡内还有一个舒县，位置为今安徽舒城县。但不论是哪个舒县，他们距离枞阳的距离都远远超过百里，因此《三国志》中的"舒口"肯定

---

[1]（晋）陈寿：《三国志》卷17，北京：中华书局，1959年。

不是姚鼐文中的"舒口"，姚鼐在此引用，可能是未经仔细考查之故。陈兰当时在天柱山，也就是今天霍山县的南边，皖县故城在今安徽潜山县城，夹石在今舒城、桐城两地之间，是由皖县北上必经之路。吴国的人要救陈兰，有两种途径：一种是沿大别山、霍山东麓北上，过夹石后转而向西。还有一种是入巢湖，在巢湖西岸的某地，如舒口，舍舟西行。而且臧霸屯兵、返回都是驻扎在"舒"，又从"舒"连夜追击位于"舒口"的吴军，这个"舒"只有舒城县城，从舒城县城向南15公里到夹石，向东行百余里到达巢湖。夹石是位于潜山到桐城、舒城的交通要道上，"舒口"大致在舒城东边，位于杭埠河入巢湖的地方，再行数十里即到巢湖，正因为如此，臧霸才驻扎在舒城，可以向南向东进军，同时防御这两个方向的敌人。后来臧霸追击吴兵，天亮，行百余里即至吴师屯船的地方，这里的百余里，大致就是舒县故城向东距离巢湖的距离①。所以说《三国志》中的"舒口"与姚鼐先生在《惜抱轩文集》中所载的"舒口"应该不是在同一地点。

综上，姚鼐在其《惜抱轩文集》中将枞阳名为"舒口"，其合理性在笔者看来主要有以下几点：首先，姚鼐在其文章中自己也说了，是因为东汉时期并枞阳入舒，舒地遂扩展至长江，舒地入长江之口枞阳自然也就被称为"舒口"，这种将大江大河入水之处称为某某口的命名方法并不少见，如有名的花园口、汉口、吴淞口等；其次，从枞阳县的历史沿革出发，枞阳在历史上曾多次被并入舒地：春秋时期为群舒之地；东汉时期枞阳并入舒县；南朝宋初为舒县，属豫州庐江郡，后废舒县；南朝齐复置舒县，属庐江郡；南朝梁废舒县；唐朝时期又隶属舒州；第三，根据枞阳境内的山川河流情况来看，枞阳长河从大别山东麓出发，流经枞阳城内，经菜子湖最终汇入长江，而大别山东麓至菜子湖这一路途，大部分地区隶属古舒地，因此将枞阳称为"舒口"并不为过。至于《三国志》中的"舒口"，经考证并不在今枞阳县境，魏嵩山在《中国历史地名大辞典》中也认为"舒口"在今安徽舒城县的东边，再具体点应该就是在今杭埠河入巢湖处。

---

① 陈伟：《楚"东国"地理研究》，武汉：武汉大学出版社，1992年，第70～73页。

结语·枞阳文化光耀千秋

北纬三十度线是地球上一个最神秘莫测而引人注目的地带。世界最高峰、最深的海沟坐落于此,世界性的大河流大都在此线附近入海。无数的奇观幻景在此区间汇聚,同时又存在着许多令人难解的谜团;它既是从古到今频发自然灾害、灾难深重的区域,又是人类史前文明遗迹、人类文化遗产最为集中的地方。这条弧线,将四大文明古国串联起来,最辉煌的早期文明都发端于此。公元前6世纪前后,就在这条线上,世界上不同民族同时产生了他们的精神领袖和精神导师。专家说,北纬三十度是地球上气候最温和、人口最密集、经济最发达、人类最灵敏、人文最活跃的地区。安徽省西南部的枞阳县就是北纬三十度线上的一个点。

"滚滚长江东逝水,浪花淘尽英雄"。全长6,300公里、流域面积达180平方公里的长江,从苍茫高原流向浩瀚大海,一路歌吟,迎来多少文化胜景;从蛮荒远古到繁华当代,尽情挥洒,送走多少文明奇观和传奇故事,长江是中华母亲河、东方文化江。枞阳地处长江下游北岸,长江流经县域达84公里。

"枞阳山水甲天下,邑中文化实起于兹"。枞阳大地,襟江带湖,水域辽阔;山峰耸立,层峦叠嶂;沃野千里,地腴物丰。优越的地理位置,秀丽的自然风光,宜人的生态环境,谁不钟情深爱,谁不徜徉流连,人们像雁阵般地栖息于此。勤劳勇敢、倾慕文化的当地土著先民和敢于创新、自强不息的外来移民,和谐相处,安居乐业,不懈追求,建功立业,人习礼书,人文蔚起,崇文尚武,文化繁荣。他们不仅将枞阳大地开垦为富饶的鱼米之乡,还创造了悠久而丰厚的古代文明和先进的社会主义文明,使得地域面积1,808.1平方公里、人口97万的枞阳县成为长江文明项链上闪闪发光的一颗珍珠,成为中华文明版图上的一方圣土。

一

枞阳所处地区,是地球七大地质板块中的六块板块的缝合交接之处,地壳的运动,对地球的磁场、重力场和电力场产生了巨大影响,使得这一地区成了地球最敏感、最复杂的地带。这里气候宜人,物种繁多,早期文明最容易在此发端。距今约40万年前的旧石器时代,人类祖先即在横埠镇一带活动,出现了远古文化的曙光。在距今5,500年的新石器时期,枞阳属著名的薛家岗文化、良渚时期文化的分布范围,先民在此生息、繁衍、劳作,开始佩戴玉器,有了较高水平的农业文明、宗教文明和政治文明。商至西周,聚落群体遍及全县,对外交流日益频繁,经济、文化不断发展,人们已熟练掌握了找矿、采矿、选矿、青铜冶炼等技术,铸造了精湛的青铜器，创造了光彩辉煌的青铜文化艺术。枞阳县域成为中华大地文明发育最成熟、色彩最绚丽的地区之一。

西周至春秋时期，枞阳为群舒之地。群舒作为江淮方国的荦荦大者，建国至少有六百年，其活动的时间和地域对江淮地区早期文化的发展产生了极大的作用，在中华文明的形成和发展过程中发挥了重要的作用。战国时从"鄂城运舟下浮，经过彭蠡，直至松阳（鄂君启金节舟节作"松易"）"，枞阳境内的松阳等沿江港埠，成为船舶停靠、避风、作业的天然良港和重要的物资集散地，并逐渐发展成集港口、军事要地、商业贸易、居民汇聚地于一身的较大规模的城邑都市。此一时期，先辈们开始使用铁质、玻璃质的器物，出现了天平和砝码。在此期间，楚文化浸润江淮，枞阳呈现出以楚文化为主，中原、吴越等多种文化并驱发展的态势。文化勃兴，思想活跃，人们念祖之情，爱国之心，忠君之忱，达到了翕然成风的程度。枞阳百姓逐渐养成了在穷乡僻壤中奋起向上、在困境中顽强求发展的优良传统和作风。枞阳文化出现第一次高峰。

汉武帝元封五年（公元前106年）始设枞阳县治，名曰"枞阳"。古代交通不便，水运是重要的交通方式。从秦汉至唐宋的一千多年间，人口流动成为枞阳地方历史的一大特色。枞阳人借助长江及其支流之优势，可以方便地与外界交流，从长城到岭南、从四川彭州到上海崇明岛，都留下了他们的足迹。他们不满足于现状，从封闭走向开放，信息通畅，文化视野开阔，创新意识浓，常常得风气之先。特定的地缘，方便的交通线，东晋和南北朝的侨置，使得较高素质的外来移民落户这里。思想观念开放、兼容并蓄的枞阳人展开双臂欢迎他们的到来。本土文化开始辐射，各种文化相互交融，枞阳成为黄河与长江两大古代文化传播、交流、撞击的重要地域。

文物是人类文化的载体和见证，枞阳县境内发现的文化遗物，则反映了枞阳这一时期文化的位置和体系。枞阳镇旗山村出土的汉代青釉铺耳瓿和北圣村出土的青釉双耳罐，都是南方窑厂烧制的产品，而带有"青盖作镜自有绝，辟去不祥宜古市，长保二亲利孙子"铭文的铜镜（枞阳镇北圣村出土），则有中原文化的气息。北圣村出土的六朝时期的青瓷虎子、鸡首壶等是典型的浙江越窑产品，而钱铺乡出土的南朝四系盘口壶却与江西丰城窑的器物有着惊人的相近。1987年在横埠发现的青瓷四系盘口壶，是寿州的典型器。2004年笔者在横埠镇某工地上采集到一件青釉双圈纹瓷钵残片，是唐代名窑江西洪州窑所生产。义津镇出土的青釉褐彩圆斑纹深腹罐、周潭镇出土的青瓷褐彩盂等，则是湖南长沙窑产品。1984年在会宫乡征集的唐代青釉褐彩莲瓣纹直口罐，有专家认为是枞阳人自己生产的瓷器。馆藏的宋代文物中，既有江西景德镇窑的影青柳斗纹六足炉（横埠镇出土），也有江西吉州窑的蕉叶纹瓷枕（横埠镇出土）、安徽繁昌窑的影青釉素面执壶（会宫镇出土）和寿州窑黄釉印纹瓷枕（义津镇出土），还有一件居然是遥远的蜀地彭州窑烧造的青釉白彩莲瓣纹罐（官埠桥镇出土），这些瓷器无不是产自长江流域的著名窑口。使用这些器物所表现出的文化选择仍然凸显出地域的文化构成和文化倾向，在一定程度上印证了枞阳地区在古代不同历史时期人们的生产水平、社会面貌、生活结构和精神需求。因而，站在现代的视角上，我们可以这样说古代枞阳地区的文化始终是一个开放的体系，受到中原文化的影响，同时又带有很强烈的长江流域的文化特色和本地区文化创造的印记。

佛教文化是这一时期的一个亮点。姚鼐在《刘海峰先生八十寿序》中说："夫黄、舒之间，天下奇山水也，郁千余年，一方无数十人名于史传者。独浮屠之俊雄，自梁陈以来，不出二三百里，肩背交而声相应和也。其徒遍天下，奉之为宗。岂山川奇杰之气，有蕴而属之邪？"晋梁时期，枞阳大地"浮屠始昌，为室为堂"，东晋时，高僧清洪在青山创建石屋寺，南朝陈太建年间，天台宗的创立者智者大师爱浮山形胜，在浮山创建华严寺，浮山道场成为天台宗祖庭。宋朝时，法远禅师住浮山，在会圣岩内完成了佛教的重要文献——《浮山九带》。文学家欧阳修慕名拜访，法远以下围棋之道作比方，阐明佛学哲理，令欧阳修叹服，法远及法远宣讲佛法之地浮山，声名远扬，宋仁宗赐号"圆鉴"，敕建浮山华严寺。从此，华严、合明、白云、赤城诸寺香火兴旺，高僧名宿往来其间，香客信徒肩背相接，佛教文化席卷枞阳县域。后来枞阳文学"清澄无滓""元气通畅"风格的形成与其深受禅宗思想的影响是分不开的。

多姿多彩的山山水水、良好的区域文化环境、一座座金碧辉煌的寺庙，是吸引人的磁场，名人雅士竞相而来，驻足而叹。秦始皇出巡，察枞阳山川；汉武帝射蛟，唱《枞阳之歌》；左慈居浮渡名山，建炉炼丹；吕蒙率兵扎营，筑城蒲州；陶侃领枞阳令，运甓惜阴；孟郊爱浮山胜境，诗情勃发；欧阳修与高僧手谈，因棋说法；范仲淹怀崇敬之情，为远禄祖师塔题铭；黄庭坚登达观之巅，饱吟山水；张同之心挂碧云，秘密探母……

随着文化的输出和输入，本土文化和外来文化水乳交融，文化在这里慢慢地积淀，悄悄地升华，再次勃兴。枞阳文化又一次达到了高峰。

地处山水岙区、与外界联系密切的枞阳在元末明初出现了历史上规模最大的移民大潮，徽州和江西籍等地的移民纷纷迁入。明清时期，中国文化挣脱了大一统的史官文化后，出现了民间文化部落。在来自文化水平更高、信仰朱子学说的婺源和鄱阳籍移民的影响下，在地方行政官员的重视下，枞阳文化顺应历史潮流，传承儒学之风日盛，重文尚读、穷不丢书的学风得以发扬光大，学者文人多讲性理之学，或尊奉陆王，或笃守程朱，而结社讲学论政蔚然成风。自明正德年间枞阳镇人何唐首开自由讲学之风，至明万历年间浮山镇人方学渐、枞阳镇人赵鸿赐、童自澄相继创办书院，一直到清朝初年戴霜崖、戴名世父子在汤沟镇陈家洲开馆执教，枞阳大地私塾、学馆、书院遍设，莘莘学子遍及城乡，中黄榜的进士和举人就达千人以上。区域文明随之昌盛发达，才子文人层出不穷，历史文化更加丰富多彩，1808.1平方公里的枞阳大地成为中国文化最发达的地区之一。

随着江西移民的迁入，属楚音的江西弋阳腔传入枞川，迅速与属吴声的昆山腔相碰撞，枞阳人将一刚一柔的楚音、吴声揉为一体，同时吸收李自成起义军军中乐人及山（西）陕（西）商帮带来的西秦腔剧目和音乐唱腔，并结合本土的俚歌俗曲，培育了一种新腔，史称"枞阳腔"。

明万历、崇祯年间，㠀山镇人阮大铖作传奇（即南戏）11种，"所撰《燕子笺》《春灯谜》足称才调双全"，尤其是《燕子笺》被时人推为才人之笔，成为流传甚广的传奇杰作，其中《奸遁》《狗洞》等折，至今仍为昆曲保留剧目。他"精教声伎"，悉心培育，亲自调教的家庭戏班，能唱昆腔、弋阳腔，也唱枞阳腔，"于天启崇祯时，名满江南"。《燕子笺》《春灯谜》在南京上演，识者以为可"接道儿（汤显祖号清远道人）之憨梦"。一时间，"梨园子弟争演唱之"，"大江南北脍炙人口"，在中国戏剧史上有很大的影响。阮大铖精于音律，在创作、编剧上具有极高的才能，在戏曲编、导、音、美诸方面造诣颇深，并取得了一定的成果，是一位很有成就的戏曲家，被称为昆腔派的领袖，对晚明戏曲的发展作出了颇多的贡献。

雨坛乡人齐之鸾，于明正德年间首开枞阳士子由进士入翰林院为庶吉士之先例，他学识渊博，文辞宏丽，造语出人意表，充满个性，"开吾乡风气之始"，为枞阳文化的崛起起了先导作用。

枞阳镇人钱澄之，一生著述宏富，"内容涉及哲学、文学、史学诸学科，精深邃密，卓有建树，其学术成就堪与黄宗羲、方以智、王夫之、顾炎武共相颉颃，代表了那个时期的最高水平之一"。

"博学清操垂百世"，浮山镇人方以智是个了不起的大人物。《清史稿》《浮山志》称其："凡天文、舆地、礼乐、律数、声音、文字、书画、医药、琴剑、技勇，无不析其旨趣。著书数万字，名流海外。"周亮工评其："自诗文、词曲、声歌、书画、双钩、填白、五木、六博以及吹箫、挝鼓、优俳、评话之技，无不精妙。"《数度衍》卷首李世熊《序》曰：方以智"合忠臣、孝子、才人而一人矣。性命之学，三才物理之学，声音文字之学，与夫一技一艺，莫不穷其源、造其极，诚古今第一男子，名甲天下"。他一生的大部分时间是在颠沛流离中度过的，环境极其恶劣，生活极端艰苦，真可谓历尽千劫万难。然而，他那种追求社会进步、锲而不舍的刻苦钻研学问的精神，并未被遭受的种种磨难所折服，始终保持着豁达气质与清正品操，始终以顽强的毅力著书立说，他的不少著作就是在屡遭大祸、几至灭门之时，兵荒马乱之际，流窜逃难途中，躲藏在深山老林中完成的。他将西学与中学熔于一炉，融合三教，兼综百家，竭精殚神地进行批判性研究，著书百余种，涉及诸多学科，是我国古代一位杰出的思想家、哲学家、科学家、文学家、考据家、书画家、医学家、戏曲家和武术家。有学者认为，方以智的"哲学和王船山的哲学是同时代的大旗，是中国17世纪时代精神的重要侧面"，"是我国17世纪最杰出的大百科全书派的大学者"。

枞阳人秉承程、朱道统，尊崇秦汉及唐宋八家散文，敢于创新，不断拓展，著书立说，自成体系，创立了系统完整的散文理论，缔造了清代文坛上显赫一时、风靡全国、影响深远的散文创作理论体系。

方以智将哲学用于指导文学，提出关于端本于经、练要于史、修辞于汉、析理于宋的崭新见解，反映了当时枞阳学者的学术倾向。枞阳镇人钱澄之"摒弃俗学八股文，专治经书古文"，他的文章有《易经》的精洁，《诗经》的典雅，屈子的恺恻，庄子的高荡，为枞阳人树立了作文的楷模。枞阳镇人方孝标提出了"道德、政治、教化乃文章之本，而文章即道德、政治、教化之华"的见解，倡导作文要"立诚""有物"。最为称道的是，他在戴名世之前、第一次提出了"以古文为时文"的纲领性口号，对戴名世乃至方苞的散文创作和文学理论形成有重大的影响。正是这些文化巨人的奋力进取，开创了枞阳散文理论体系的先河，为枞阳散文理论的形成奠定了坚实的基础。长期生活在汤沟镇陈家洲的戴名世，为了完成振兴古文的使命，高扬"率其自然"的旗帜，倡导古文创作应做到立诚有物，道、法、辞合一，精、气、神并重，纵横百家而能自成一家之文。他是这一时期的文章领袖，是枞阳散文理论体系创建的先驱者。

义津镇人方苞是枞阳散文理论体系创建的奠基者。他高举"义法"大旗，要求作文追求雅洁的文风，强调文章在内容与形式方面达到完美统一，并对文学创作上的艺术表现手法提出了一些符合古代文学自我发展规律的具体要求，在我国文学理论发展史上颇具特色，具有一定的地位。继之而起的是汤沟镇人刘大櫆，在散文的艺术美方面发表自己的见解，他的"音节神气"主张，具有可贵的独创性。他的作品以神为主，才雄气肆，文采照耀，诗赋古文，兼行不废，因袭变化，二者并重，对枞阳散文体系的形成和发展，起到了承前启后、继往开来的关键作用，不愧为枞阳散文理论体系创建的中坚。

钱桥镇人姚鼐，是枞阳散文理论体系领军人物中创作成就最大的作家，他的文学理论具有集大成的特色。他综合各家文学理论，提出"义理、考据、辞章"三者不可偏废的观点，强调"神、理、气、味"与"格、律、声、色"相统一，倡导"阳刚""阴柔"之说，他把庄子的艺术论、审美观融进了以儒学为主体的枞阳散文理论，创造性地提出了"道与艺合，天与人一"的主张，使道德论与艺术论在新的起点上取得新的平衡。至乾隆年间，枞阳的散文理论体系在姚鼐的努力下，最终完成了由抽象到具象，再到更高程度上的抽象的发展过程，已臻于完备。枞阳人将散文艺术范式，用周密的理论框架固定下来，从而解决了只就形式或单从内容着手都无法准确把握的理论难题，即如何实现内容与形式的有机结合，如何在继承传统和锐意创新中，达到纪实性、哲理性、致用性、文学性的高度统一。这是枞阳散文理论体系对中国古典文论作出的特殊贡献，至于其理论体系的严密性、系统性、完备性，更达到了前人未曾达到的高度。

姚鼐及其弟子带着《古文辞类纂》，先后讲学于全国各地，以姚鼐为中心的强有力的作家集团得以形成，一场声势浩大的古文运动向全国展开。枞阳人的散文理论体系风行全国，文章风气遍及神州，到处可见枞阳文人及其弟子的身影，无论是京城，还是乡野，学子们诵读着枞阳人创作的美文佳章，以枞阳人的文章作范文楷模。

这一时期，枞阳文化具有特点鲜明的文化品格，主要表现在以桂林方氏家族"坐集千古之智"的治学态度为代表的兼容并包的文化襟怀，以枞阳学士怀藏着强烈的入世愿望为代表的通权达变、志在进取的人生品格。

枞阳文化，犹如长江之水一般飘逸空灵、奔腾不息，多元化绽放，开放程度高，召唤性强，辐射力强，影响力大。正是由于一大批优秀的枞阳人"做人要完成人的神性"（这是方东美常讲的一句话），孜孜不倦地学习再学习，勤奋忘我地研究再研究，放眼世界，努力向前，从而使自己的知识像清泉那样畅流不竭。他们顽强不息地传播文明，把"枞阳之花"播撒到祖国各地乃至海外，进而使其从区域文化范围上升到主流文化圈，成为强势文化。枞阳文化第三次达到高峰。

二

古往今来，枞阳这块玄妙神奇、精华深蕴、地灵人杰的风水宝地，名人辈出，英华荟萃。

明清之际，更是"文章甲天下，冠盖满京华"。唐代的阮枞江，宋代的阮晋卿，元代的王胜、徐良佐，明代的方法、章纶、钱如京、齐之鸾、盛汝谦、阮鹗、吴应宾、方学渐、吴用先、方大镇、阮自华、何如宠、赵鸿赐、左光斗、阮大铖、孙临，清代的方孔炤、方仲贤、方文、方以智、潘翟、方中德、钱澄之、方中通、余霖、方苞、方观承、姚范、刘大櫆、张裕叶、胡虔、光聪谐、姚鼐、王灼、刘开、姚元之、姚莹、程学启、张晓驷、姚孟成、吴汝纶、萧穆、吴樾，近现代的倪淑、倪婉、刘崙公、施从云、陈澹然、章逐明、方履中、陈雪吾、吴芝瑛、童长荣、李光炯、史推恩、光升、章伯钧、史尚宽、储炎庆、方东美、李则刚、施剑翘、朱光潜、黄镇、慈云桂、光仁洪……他们或为宰辅重臣、政坛要员，或为文苑英华、鸿儒学者，或为仁人志士、民族英烈，或为革命中坚、军事将领，或为艺界泰斗、梨园名流，或为科坛精英、民间巧匠，或为巾帼女杰、慈母孝子。古代先贤，光照史册，近世名人，各领风骚，现代英才，灿若星汉，无不在历史上留下了浓墨重彩的一笔。

小巧玲珑的浮山，云雾缭绕的白云岩，峻峦耸秀的大青山，石崖苍苍的岱鳌山，傲立江滨的幕旗山；浩浩荡荡的长江水道，钟灵毓秀的枞阳河，蜿蜒流淌的麻溪河，碧水连天的白荡湖，渚矶星罗的莲花池……不仅是枞阳大地上一幅幅美丽的风景画，也是一条文化长廊。一大批重要人物和文化名流留恋钟情这片山水，在此或建功立业，或寄情山水，或挥毫题诗，近千首（篇）脍炙人口的诗文见证了历代文人雅士对这块土地的一腔痴情。

"枞阳山水美如画，虾蟹味美诗人醉"。一大批重要人物和文化名流在枞阳留下大量诗歌作品，对境内诗歌相继兴起有着直接影响。"自齐蓉川（之鸾）给谏以诗著有明中叶"，县域内诗风日盛，影响深远。

阮大铖在艺术上是多面手。从阮大铖存世的近两千首诗作来看，他的诗，或庄丽，或淡雅，或旷逸，或香艳，达到了形释神愉之境，渗透着封建文人的审美情趣，在中国诗坛上独树一帜，有"有明一代一流（唯一）之诗人"之美誉，享有极高的声誉。章太炎曾说："（阮）大铖五言诗以王、孟意趣而兼谢客之精炼。律诗散不逮，七言又次之。然榷论明代诗人如大铖者鲜矣。"

浮山镇人方仲贤是一个作诗高手，她的诗一洗铅华，归于质直，硬朗开阔，朴实无华，以诗为史，感于时事，忧国忧民，面向现实，风格多样。清代学者朱彝尊说她的诗很似孟郊，沈德潜读其诗评道："如读杜老伤时之作。闺阁中乃有此人！"她与姐姐方孟式、堂妹方维则、弟媳吴令仪和吴令则相聚唱和于浮山"清芬阁"，吟哦推敲诗篇，出现了长江中下游地区著名的"名媛诗社"。女性结社，带有明显的近代文明色彩，是妇女解放和中国社会走向进步的重要标志。

方文与堂侄方以智年相若，同学达14年之久，他"作诗不下五六千首"，前期学杜，多苍老之作；后期专学白居易，明白如话，长于叙事，施闰章论其诗云："尔止为诗，虽民谣里谚，涂巷琐事，皆可引用。兴会所属，冲口成篇，款曲如话，真至浑融，自肺腑中流出，绝无补缀之痕。"他的《都下竹枝词》："金丝烟是草中妖，天下何人喙不焦？闻说内廷新有禁，微醺不敢厕宫僚。"是中国最早吟咏烟草的诗歌。方文与后期的方贞观、方世举，以"方氏三诗人"号称于世。

钱桥镇人吴坤元，"好苦吟，一字未稳，数自改易"。陈焯评她的诗"典朴、清真，无柔曼绮靡之习"，王士禛说她的诗"天真烂漫，惭归平淡"，是一位杰出的女诗人。

钱澄之的诗深得白居易、陆游神髓，于平淡中蕴藏着深厚的民族感情，其诗集至今颇有影响，韩荧称道："读先生之诗，冲淡深粹，出于自然，度王（维）孟（浩然）而及陶（潜）。"朱彝尊评其诗："心存忠义，地处闲逸，情真，景真，事真，意真。田间一集，庶几近之。"他的五言古诗多为纪事、纪行之作，篇篇精彩，剪裁得体，描写生动，细节毕肖。其七律，沉雄劲健、慷慨激越、沉郁悲凉。他往往将律诗、绝句组诗化，常有二十首、三十首、甚至长达六十首者，显现出才力的充沛、构思的精熟。与顾炎武、吴嘉纪并称"江南三大遗民诗人"。

方以智"七岁赋诗"，此后便开始诗歌创作，坚持50余年之久，终其生而未辍，创作延续时间长，作品数量相当可观。他的《古诗》中的"我欲依神仙，神仙不可托"之句，慷慨言志，不慕神仙，不怕艰险，不畏饥寒，始终热情积极。他还是一位提倡诗歌革新、诗界革命的诗人，他创作的《牛角饮》一诗："一牛角，两牛角，满斟四五壶，双手向前握。苗儿各唱四声歌，笑我江南不能学。"自然浑成，以俗为雅，炉锤之妙，使人叹服。向民间学习，运用口语入诗，胎孕现代新诗，论者认为他是"清诗之使用口语最早的作者"。

自钱澄之、方以智之后，枞阳诗者如林。"海峰出而大振，惜抱起而继之，然后诗道大昌。盖汉魏六朝三唐两宋以及元明诸大家之美无不一备"。

刘大櫆在清代有很大的诗名，诗作近900首，其诗宗杜甫，而取苏轼、黄庭坚之处尤多。他认为："诗贵独立，不贵附和，当深求本领，而后博以古人之风轨气韵，融液而神明"，"极写夫日月风云之状，使人读之，可以歌，可以泣，不知手足之舞蹈也"。所以他写的诗，随意洒脱，直抒胸臆，多为言志之作。他作的《登迎江寺塔》诗："浮图千尺大江隈，目尽南天百粤开。三峡倒流春江去，乱帆低挂夕阳来。河山自古推雄镇，叱咤当年想霸才。顾盼只今成往事，芦花如雪鸟飞回"，饱含深沉之思，豪迈奔放，才情纵横，别开生面，成为咏景诗中的名篇。姚鼐说："（刘大櫆）文与诗并极其力，能包括古人之异体，熔以成其体，雄豪奥秘，麾斥出之，岂非其才之绝出今古者哉。"有人认为，自刘海峰先生晚居枞阳，以诗教后进，江南江北为诗者，大率称海峰弟子。

程秉钊说："惜抱诗精深博大，足为正宗。"姚鼐在承传师说的基础上，以元明以来诗歌发展的历史为基本前提，顺应当时士人学古的潮流，在《与鲍双五》尺牍中自觉地、明朗地提出了"熔铸唐宋"的论诗宗旨，这标志着清代诗歌发展进入了一个新的阶段。他的诗歌，构思细密，意涵丰富，沉雄横逸，真切雅洁。诗的语言总是鲜明纯净，具体感人，易以调动欣赏者的再造想象；而就语言的那种由历史形成的感情色彩而言，姚鼐往往好用那些高旷淡雅、超凡拔俗的能体现古君子风节、情趣的词汇，从而形成了一种清真而又雄浑的诗美。无怪乎姚莹诵其诗后，在《识小录》中赞叹不已地颂道："（姚鼐）诗以五古为最，高处直是盛唐诸公三三昧，非肤袭貌取者可比。七古用唐高调者，时有王、李之响；学宋人处时入妙境；尤不易得。七律工力甚深，兼盛唐、苏公之胜。七绝神俊高远，直是天人说法，无一凡近语矣。"曾国藩推尊姚鼐，把他的文奉为"百年之宗"，将他的诗崇为"国朝第一家"。

枞阳是一座崇尚诗歌的历史名城。枞阳镇人王灼于清嘉庆年间选辑的《枞阳诗选》20卷，收诗2,900首，作者158余家。1989年枞阳县地方志办公室编辑的《续枞阳诗选》，上承道光年间，收诗2,000首，作者168人。枞阳人创作的一首首脍炙人口的华章佳句千古流传，一座悠长悠长的诗歌画廊由此而搭建。

"枞阳诗语尤瑰奇，乡邦文献天下宗"。枞阳人在学术研究上硕果累累，已载入中国乃至世界文献宝库，影响海内外。

生活在浮山镇一带的"桂林方氏家族"，族望人杰，名流辈出，从方学渐开始，到方大镇、方孔召、方维仪、方以智、方中通等，个个志洁行芳，人人才雄学博，五代风流不绝，学术成就卓著，在《周易》的研究上成果斐然，又是象数派易学的集大成者，方氏家族对中国文化的发展作出了重大贡献。

方以智著书数万字，许多学术成果都具有开拓性或达到了他生活的那个时代所达到的最高水平。他以唯物主义观点明确提出的有关"质测之学"和通几（哲学）寓于质测（自然科学）的重要论断，开创了"质测"学派的先河，在我国自然科学史和哲学史上都具有很大意义。他关于"宙（时间）合宇（空间）"的新阐发，"真破天荒之一决也"，在中国时空观念发展史上，独树一帜，极其光辉。他在《一贯问答》一书中第一次从广义逻辑上使用了"矛盾"这个概念，在当时来说，是非常具有新意的。他的"阳统阴阳""两端贵先""两端之中，又有两端""相侵相逼"的哲学思想，在中国古代辩证法思想史上堪称凤毛麟角之见，第一次明确提出对立统一的矛盾法则是宇宙的根本法则。他站在更高的角度，力扫窠臼，第一次提出了"一分为二"和"合二为一"的合理命题，为丰富我国古代辩证法思想作出了卓越的贡献。在《通雅》一书中，他首倡文字改革，是中国主张汉字拼音的最早倡议者，罗常培曾说："（此书）在三百年前居然有这种大胆的汉字革命论，我们不能不承认他是罗马字注音的响应！"他的《物理小识》，是我国古代专门论述自然科学方面的百科全书式的著作。其中包含大量的朴素唯物论和朴素辩证法思想资料。他不仅搜集、整理、总结、综合了我国古代已有的科学成就，批判地吸收了当时由西欧传来的科学知识，而且就其中不少问题提出了自己的独到见解，有许多当时世界上远未出现的新观点和新思想。清乾隆年间，纪晓岚为首的四库馆臣称其"考证奥博，明代罕与伦比，崛起明末而开清初考据学之先河。"梁启超在《中国近三百年学术史》中评道："（方以智《物理小识》所言）颇多妙悟，与今世科学言暗合，要之此等书在三百年前，不得谓非一奇著也。"日本学者认为这部书是"当奈端（牛顿）之前，中国诚可以自豪的"著作。《物理小识》的编写时间与意大利伽利略《关于托勒密和哥白尼两大世界体系》这一西方科学巨著的出版时间（1632）差不多同时，我国在这样早的时期就出现了像方以智这样可以与伽利略相媲美的科学家，出版了像《物理小识》这样的科学巨著，实在是中华民族的骄傲。

清顺治十八年（1661），27岁的浮山镇人方中通撰成《数度衍》，书中内容包括了当时东西方数学方面的重要研究成果，问世后被誉为数学百科全书。方中通在数学研究上的一个闪光点，就是敢于探索数学上的未知领域，具有先进性和独创性。在中国数学史上，他是论约瑟夫斯问题、对数概念、微积分原理的第一人,并在中国第一次明确提出"0"的乘法运算法则。方中通是清初科学工作者中非常优秀的人物,他融汇中西,对促进中国数学的发展起到了不容忽视的作用。

清政治家、文学家、书法家、方志学家,水利专家、植棉专家——枞阳镇人方观承任直隶总督时,深得乾隆皇帝的赏识,列入"五督臣"之中。他于乾隆三十年(1765)绘著成的《棉花图》,对棉花从选种到销售再到织布、染色的生产全过程进行了精深的研究和系统的总结,准确地反映了我国18世纪中期以前的棉花生产技术水平已居世界领先地位,"是迄今已知国内外最早的植棉专著和较完备的棉作学、棉织学图谱"。

成书于乾隆四十四年(1779)的《古文辞类纂》,是姚鼐根据自己的文学观点和标准精心编撰的一部著名的古文辞选巨著。其内容形式俱精,评说校勘皆准,文辞兼备,博而不芜,堪称古典文学第一善本,自嘉庆二十五年(1820)姚鼐门人康绍镛在广东刊行以来,二百年间,刻印至上百起,流传风行于世,"读书治学之士,无论其为汉学为宋学,为学者为文人,为旧学为新学,后来成就各不相同,然当其读书之始,学文之日,固无一人不读此书,无一人不受此书之益"。一直被读书人奉为圭臬,成为知识分子案头的常备书籍。

钱桥镇人姚莹,在任台湾道期间,率领军民多次打退侵略台湾的英国殖民主义者,为保卫祖国宝岛立下了赫赫战功。他不仅是中国近代史上一位坚决抵抗外国入侵的爱国官员,还是一个具有远见卓识、主张开眼看世界的爱国思想家。他在《康輶纪行》等著作中,有许多关于台湾和西藏的详细材料,用大量的事实说明台湾和西藏自古以来就是中国的领土,最先呼吁人们重视台湾和西藏问题,提醒人们警惕外国殖民者觊觎台湾、西藏的险恶用心。他以独到的眼光,看待台湾和西藏问题,即使是在当下,姚莹的诸多见解、警示和实践,对于我们识破各种分裂台湾、西藏的可耻活动,仍有着极大的思想启迪作用。

会宫镇人史尚宽终身进行民法学的研究和立法实践,是中国历史上第一部民法典起草人,他历经20年编纂完成的《民法全书》,影响大,学术价值高,地位显著,标志着中国式的民法理论完整体系的建立,被学界誉为"中国民法第一人"。史尚宽的民法思想,承上启下,沟通历史与未来,是链接中国传统民法学与现代民法学的关键性环节。

"有诗人的最高情操、哲学家的最深思想"的方东美(义津镇人),是一个有着诗人浪漫气质和情怀的哲学家。被台、港学术界誉为中国现代哲学思想史上的"东方诗哲"。他终身钦慕于中国古代哲学所臻至的完美与高度,力主中国哲学与文化应恢复先秦儒家、道家健康饱满的生命精神。他深入中西哲学的堂奥,吸纳中国古代的生命哲学思想,又糅合现代西方博格森、怀特海等人的哲学,乃至古代华严哲学,并以儒家的《易经》哲学贯通之。他熔铸古今,融汇百家,又最终回归于中国文化的本位,创造了一个富有特色的哲学系统,为中国哲学的现代转折指点了一条新路。方东美思想博大,著作等身。他的学术成就具有世界影响,被誉为"东方一代大哲"和"民国以来在哲学上真正学贯中西之第一人"。

麒麟镇人朱光潜,具有中西合璧的丰赡学养,是一位名满天下的资深学者。他的教学、学术生涯长达60余年。60年的教学生涯,桃李满天下;700多万字的论著和译著,声名驰世界;

字里行间所透出的学术品格,神采耀寰宇。从学生时代起,他就花大力气从事介绍西方学术文化的工作,移西方美学之花,接中国传统之本,用具有现代科学理论形态的西方文化成果来开拓中国传统文化的天地,重新发现中国文化的价值。他是最早最多翻译引进世界美学成果,并与中国传统美学内容相结合的第一位著名学者。他"坚持马列第一义",主张"美是主客观的辩证统一",并以"马克思主义美学实践观点"和"整体的人的全面发展观点"不断丰富发展这一主张,创立了自己的美学理论体系,形成了一个颇有影响的美学流派,沟通了"五四"以来中国现代美学和当代美学、旧的唯心主义美学和马克思主义美学、西方美学和中国传统美学,成为中国美学史上一座横跨古今、连接中外的"桥梁"。被公认为"中国现代美学的开山大师""中西美学融合的第一尝试者"和"学问渊博、戛戛独造的美学大家",是具有国际影响的美学家、文艺理论家、文学家、翻译家和教育家。他的美学思想代表了中国现代美学的最高水平和发展轨迹,为中国美学事业的建设和发展作出了巨大的开创性的贡献,影响至为深远。

"翰墨飘香见史韵,入古出新自成家"。在中国书画史上,枞阳书画家的地位非同一般。见于《宋元明清画家年表》《中国画家大辞典》《中国美术家大辞典》《墨林今话》《安徽画家》等丛书的枞阳籍书画家多达200余人。

女画家方仲贤,师法李公麟,精于佛像白描,尤其精绘观音罗汉,被清诗人王士祯称为"妙品"。钱桥镇人姚文燮善画,尤精山水,康熙三年(1664)所作《山水册页》,成为宝画,载入《宋元明清画家年表》,朱彝尊称其"画手前身李伯时(李公麟)"。

枞阳镇人方亨咸,善诗文,尤精书法绘画事,山水得大痴法,力追古雅,兼绘花鸟,意态如生。所绘《百民梧桐卷》被清《国朝画识》等书评为"神品"。据《宋元明清画家年表》载:"顺治十二年(1655)至康熙十七年(1678)间所作《云横翠岭图》《竹石图》《山水扇》《深山垂纶图》均被珍藏于北京故宫博物院。论者谓:"(方亨咸)绘事,早年不过游戏,患难后足迹遍天下,画遂进。其不规于古人,所以更胜于古人,终成清代大家。"谢坤《书画录》云:"吉偶人物,从板重而求灵活,法亦古矣。"当时,方亨咸绘画风格与程青溪、顾见山时称鼎足,格高兴逸,博大沉雄。"人得其寸缣,珍若缪玉"。

百科全书式的人物方以智,"十二工书法,隶草腾龙螭""少小嗜学二王字,妄取张颠怀素意",幼时的方以智勤于书法,练篆籀,好摹印。他习书由楷入,学颜真卿、虞世南,也学过赵字,后上追钟、王,对章草更有一番深深的研究。他的书法,得晋之逸趣,唐之法度,或肖二王,秀丽妩媚;或法怀素,遒劲潇洒。《方以智诗词书画略述》称其书法曰:"其圆润浑厚之笔,取法于钟、王,疏密大小之姿,变化于北魏;而驰骋奔放之势,又出于张旭、怀素之间,别有精神,自成风貌。"处于十分艰难的困境之中的方以智,"意兴所适,或诗或画,偶一为之,多作禅语,自喻而已,不期人解也"。他的每一件绘画作品的纪年不以清帝纪元年号,直面明确自己的立场,立志不与清朝政权合作。方以智的绘画作品,好用秃笔焦墨写成,画风幽淡,荒疏简远,母题多为枯山寂水、孤树奇石、墨竹兰草,注重笔墨情趣,不计形似而有生趣,充满禅意,追求一种直入元人堂奥的闲逸洒脱的水墨韵致。

"岂但文章雄百代,即论翰墨亦千秋"。姚鼐是一位书法大家,近代学人马其昶曰:"泾县包世臣善评书,推邓山人、刘文清、及先生(姚鼐)为国朝第一,故先生非独诗文美也,其翰墨亦绝为世重。"姚鼐的《论书六绝句》,是书法理论史上的名篇,至今仍为书界所传诵。在《论书六绝句》中,他主张"论书莫取形模似",书法作品不应追求形似,应充满神韵,力争做到"古今习气除积尽","笔端神功应天随"。姚鼐在书法理论上的独到见解,当为后辈书家学习和借鉴的标榜。姚鼐不仅在书法理论上有所建树,还创作出许多颇具功力的艺术佳品。杨仁恺主编的《中国书画》称:"(姚鼐)晚年书法臻妙,师王献之,格调疏逸,秀拙处近董其昌。"他以学问文章之气体味笔法、线条、结构之妙,信手书写,挥洒自如,笔法舒展有致,书风清疏枯淡,逸气悠扬。个性特征显露,形成自家面目,具有大家之风。包世臣在《艺舟双辑》中,将"国朝书品"分为神、妙、能、逸、佳五品,每品又为上、下等,而把姚鼐的行草书评为"妙品下二人",将其书法同邓石如、刘墉并称为"国朝第一",足见姚鼐在当时书坛之影响。如今姚鼐的书法作品,已列为禁止出境的文物。

生活于清嘉庆、道光年间的姚元之(钱桥镇人)的隶书作品,风格飘逸和丽,在京城冠绝一时,无有匹敌。蒋宝龄的《墨林今话》云:"先生隶书、行书、草书,笔画精妙。"他还以花卉白描人物名于画史,《桐阴论画》等书谓其"所画花卉,不落时下窠臼,落笔别有机杼","所作果品,别饶风致,可与南田、新罗争胜"。姚元之描摹赵承旨的《十六罗汉》,群神威杀之气跃然纸上,充分展示出其线条的功力。黄石田看后大惊不已,大呼"今人不让古人"。浮山镇人吴廷康,喜欢金石考证,书法"篆隶铁笔,直窥汉人",所画兰花,寥寥数笔,金石之气盎然。

到了近现代,汤沟镇人陈澹然不仅文章有旷世之才,遗下墨迹亦豪放沉雄,不乏大家风范。会宫镇人吴芝瑛,沉潜书道,勤奋创作,书法、诗文俱臻佳境,其事迹、书法、诗文,被世人誉为"三绝"。她的书法初学董其昌,书风平淡古朴,笔画圆劲秀逸,布局疏朗匀称,力追古法。手书《小万柳堂摹古》四卷,为时人叹赏,谓可乱真。中年临魏碑《崔敬邕墓志》,乃一变其面目,写出了新姿异态,骨架结构欹侧挺拔,宽博严整,笔画细劲而圆,力感含蓄,显得柔畅妍丽,康有为誉为"能品"。其瘦金体作品,清丽劲拔,有着独特的风格。横埠镇人黄近玄,善于国画,翎毛作品尤为突出,他的杰作《母鸡》立轴参加上海美展,曾轰动全国,蜚声一时。

提起人民大会堂里那幅精美绝伦的艺术巨作——《迎客松》图,恐怕就无人不知、无人不晓了。电视上、报刊上都经常出现党和国家领导人、各界英模人物以及来访的外国贵宾在《迎客松》图前留影的画面。而这幅芜湖铁画的杰出代表作《迎客松》的创制者,是生于枞阳镇的储炎庆。以铁传画的杰出艺术家、新一代铁画艺人中的领军人物储炎庆创制的大型铁画《迎客松》,构图别致,意境清新,锻迹锤斑,骨力传神。整个作品显得雄浑、大气而又挺拔、俊秀,充满生机与活力,绝妙地体现出中华民族的传统文化精神。他身不离车间,手不离铁锤,敲打随心,点化顽铁成丹青,创制了大量铁画精品,使芜湖铁画艺术的发展达到了一个新的高峰,为传承、激活、发展芜湖铁画和培养铁画新人,使芜湖铁画走向世界、蜚声五洲,作出了重大贡献。储炎庆被誉为"新中国成立后芜湖铁画的第一传人"。

"革命先驱，征途未搁丹青笔；艺坛巨匠，遗迹仍留翰墨香。"将军、外交家黄镇（横埠镇人）创作了大量的书画作品，是一位卓有成就的书画家。他在长征途中创作的《长征画集》是伟大长征的片断纪录，是真实的革命史料，也是非常珍贵、价值颇高的艺术品。刘海粟先生认为该画集是黄镇"从油画入手，博览宋元名迹"，"是中西结合的结果"，所收的画"气韵深厚、精神焕发、用笔活脱、自成一家"。1989年4月人民出版社出版的《黄镇书画集》收画115幅、书法作品26幅、篆刻作品43方。他的作品，神形兼备，运笔豪放而遒劲，又饶有高古的气韵，气势雄强而宽博，而又有神清气朗的意趣，论者以"革命画家""艺坛巨匠"称之，是一位根底深厚、造诣颇深、蜚声中外的书画家。

名人留名胜，枞阳更风流。如今，枞阳县域内不仅保存着阮枞江墓、钱如京养马塘、何如宠故居、何如宠摩崖题诗、阮鹗墓、方学渐墓、吴用先义田碑、方大镇摩崖石刻、左光斗忠毅亭、阮大铖读书处、方以智摩崖题刻、方以智墓、钱澄之生活用井、钱澄之手植罗汉松、钱澄之墓、方苞养鱼植荷池、刘大櫆故居、刘大櫆墓、张裕叶墓、姚鼐墓、吴汝纶墓、程学启墓、陈澹然墓、杨澄鉴墓、房秋五旧居（双瞻阁）、章伯钧故居等枞阳籍历史名人遗存，还有汉武帝射蛟台、陶侃洗墨池、欧阳修弈棋处、黄庭坚读书处、元禄祖师塔、三宝塔、王守仁题刻、钟惺题诗、史可法题姚康墓碑、祁隽藻题张裕叶墓碑、张裕钊题吴元甲墓碑、柏文蔚旧居（松柏山房）等外籍历史名人古迹。与历史名人有关的文物点，点缀在山水之间，构成了一个独特的人文景观群，成为游人瞻仰、凭吊、怀古佳处。

三

"一方水土养一方人，一方水土育一方遗产"。人类在历史发展过程中遗留下来的近500处厚重的历史文化遗存，像一捧珍珠，洒落在枞阳大地的青山绿水之间。现已有1处公布为国家级重点文物保护单位，15处公布为省级重点文物保护单位。2011年完成的全县第三次文物普查以及大量的文献资料、考古发掘表明，这里的文化资源相当丰厚，地域特色非常鲜明，有许多优秀的文化遗产特别引人注目。

（一）文化遗址，采冶遗址，内涵相当丰富

1990年6月，在横埠镇方正村后方窑厂采集了2件旧石器时代的标本，"凸刃砍砸器"出土于网纹红土层中，绝对年代距今约40～90万年；"单刃尖状砍砸器"出土于下蜀黄土之中，绝对年代距今约15～31.8万年。方正旧石器出土地点的发现，证实了枞阳这块土地在距今40万年前的旧石器时代，就有古人类活动。麒麟镇夜成墩、钱桥镇小柏墩、浮山镇子华墩等典型的新石器时代古文化遗址，文化层厚达2米以上，包含物十分丰富，采集的标本有石器、陶器等，石器有石斧、石锛、石铲、石网坠、石镞、石刀、石棒等，大都磨制规整，角棱分明，通

体平滑，光泽发亮。陶器以手制为主，胎壁多不平，见有轮修痕迹；陶质以夹砂陶为主，次为泥质陶，少数夹炭或夹蚌末，陶色以橘黄、棕红色为多，黑衣和红衣少见；纹饰以素面为主，有少量的弦纹、切纹、捺窝纹、凹槽纹、沟槽纹等。新石器时代的遗物以种类最多的鼎足最有代表性，可分为圆柱形、鸭嘴形、扁形、侧扁形，它们的发展关系是：圆柱形→鸭嘴形→扁形→侧扁形，其年代距今4000～5500年。这些地层堆积厚、文化面貌复杂的新石器时代古文化遗址，将枞阳的文明史上溯到5500年以前。以白湖乡神墩庄和龙城小墩、钱铺乡井边神墩、汤沟镇仪山和平神墩、周潭镇汤家墩为代表的商至战国时期的聚（村）落遗址，遍及全县各地，出土了兽面纹方彝、连环云雷纹鼎、重环纹鼎、素面柳叶状矛、五穿戈、带环月形刀等一批精纯美好、流光溢彩的青铜器。

这些遗址，蕴藏着丰富的文化内涵，包含了古代社会众多的信息，从物质文化史的角度向世人展示了上古时期枞阳地方历史的发展脉络，对揭示地域文明的发端和文化特征意义重大。

枞阳境内的丘陵山地，柴薪充足，香薷（有铜矿的地方，都有香薷生长，当地人称"铜草"）茂盛，矿产资源丰富，采冶开发时间早，延续时间长，时代跨度大，矿冶遗址类型多样，蕴含信息多，文化内涵丰富，具有历史、科学、艺术、学术、社会等多方面的价值。

20世纪90年代初，钱铺乡狮形山西坡存有7处古代矿井。2010年，枞阳县第三次文物普查组野外调查队在白湖乡柳峰山麓山河村的铜坑、腊鹅地、沙墩，龙井村的铜矿岭、老虎宕和古楼村的罗黄斗等地发现了6处古代采矿遗址。这些采矿遗址，既有露天开采遗留下的铜坑，也有开凿的立井或斜井遗存，其年代大多是春秋战国时期。当时井采的具体步骤是在地表凿立井或斜井至矿体部位后，再开平巷或斜巷，沿矿体走向延长采矿，有的呈台阶式向下延伸，实际上采矿过程也是井巷开拓过程，探采结合，节约成本。开采深度达60米左右。采掘矿石已广泛使用了先进的"火爆法"或"火焖法"，这种方法在炸药尚未发明的时代，比之用锤钎直接剥离矿石，要省工省力得多。为防止矿井倒塌，已采用了在平巷内围岩进行木质支护的安全设施。在周潭镇汤家墩遗址的西周文化层中出土的陶范模，器形有一定的弧度，当是铸造容器的范，并且还发现了大量铸造铜液渣以及方彝、鼎、锛、凿、耒、锥、镰、镞等种类较多的铜器，有的铜器表面黏附许多小砂粒。这足以表明，早在先秦时期，枞阳一带应是古代较大规模的采冶中心，先民们已掌握了采矿、冶炼结合，互为一体的综合性开发铜矿资源的技能。这里在上古时期就是我国有名的产铜地，不仅是商周王朝、中原地区乃至中国青铜时代铸造礼乐重器的铜原料的主要来源地之一，也成为中国大地较早开始综合性开发铜矿资源、炼铜铸器的地区。其矿冶遗址为探讨长江中下游古铜矿的分布、利用及开发提供了重要证据，有助于研究人类早期文明中江南、淮夷、中原三地的铜矿来源及文化特征，在探讨群舒、吴越、淮夷、楚文化和古代中原、江淮、江南三地的文化交流上有着举足轻重的作用和不可替代的地位，为研究我国古代尤其夏、商、周三代铜矿原料产地这个重大学术课题提供了宝贵的信息和资料来源，对探索长江流域青铜冶炼技术的起源和文明的发生具有重要意义。

北宋神宗熙宁八年（1075）至南宋宁宗嘉定七年（1214）的139年间，舒州同安监在枞阳会宫乡城山开炉铸币。朝廷官员张同之常住浮山，管理铸钱事务。城山蛇沟、黄冲、小平诸山山坡存有不少古矿井遗迹，城山大洼里有大面积的冶炼废渣堆积，附近江域曾出土了总量达16,000多公斤未流通使用过的"崇宁通宝"。宋时的城山一带，"炉火照天地，红星乱紫烟；赧郎明月夜，歌曲动寒川"，寂静的深山沸腾了，一派火热景象。同安监的设置，铸币量的增加，刺激了矿业的持续发展，枞阳采冶业再度兴旺。

枞阳古代矿冶业兴起于商代或更早的时期，此后较大规模的矿冶活动持续不断，少有中止，前后延续近三千年，经久不衰，构成了一部比较漫长而辉煌的地方矿冶业发展史，在中国冶金史上写下了极其耀眼的篇章。

（二）古代墓葬，历史名人之墓，分布相当广泛

横埠镇官塘西周早期墓出土的重环纹盆形铜鼎、重环纹球腹蹄足铜鼎、分解式兽面纹筒形铜尊，器物组合关系明确，器形端庄厚重，纹饰立体感强。在形制、纹饰上展现出西周的时代风格，在器物组合方面残留殷商的文化痕迹，是考察中原青铜文化与皖江青铜文化互动、交流的重要材料。

金社乡杨市春秋中期墓随葬的三角蝉纹铜圆鼎、窃曲纹龙錾匜，造型优雅，花纹流畅，具有明显的地域特点，在全国范围内鲜见，在探讨群舒、吴越、淮夷和古代中原、江淮、江南三地的文化交流上有着举足轻重的作用和不可替代的地位。

旗山战国墓群位于枞阳镇旗山村的低山丘陵地带，在大约直径3公里的范围内都有分布，是一处以战国中晚期墓为主、并有少量西汉早期墓的大型墓群。随葬品有陶器、原始瓷器、玉器、铜器、铁器、琉璃器六大类，尤以铺首衔环三足陶罐、绳纹圜底陶罐、羽状纹地四山铜镜、兽纽子母口附耳铜盖鼎、云雷纹铜句鑃、涡纹青玉环、素面青玉瑗等文物甚为珍贵，特别引人注目。旗山战国墓群处于同期墓葬文化的交汇点上，形成了自己的特点，呈现出以楚文化为主，中原、吴越文化并驱发展的态势。

义津镇迎龙隋墓共出土瓷器19件，盘口壶、莲瓣纹高足盏、弦纹盘、刻花纹钵等青釉瓷，形制虽然简单，但造型工整，制作精良，釉色光滑匀净，纯正莹润，十分美观。如此温暖而明朗的釉色，对人们生理与心理的刺激均比较温和，给人一种美的享受。

在官埠桥镇团山，枞阳镇三里岗、唐家老屋，钱桥镇大塘等地宋代墓葬中发现的印花斗笠碗、高足杯、敛口盂、瓜棱执壶、刻花粉盒、素面盆、六瓣莲花苞式注碗与六瓣瓜棱形执壶组成的温酒器等一批景德镇烧制的影青釉瓷器，造型各异，器体轻薄，瓷质细腻，工整精致，胎白坚硬，胎釉烧结紧密，叩之有清脆的金属声音，器身施釉匀称，上下一致，釉色介于青白二色之间，青中有白，白中泛青，光洁明亮，明净透彻，追求玉的质感，清新淡雅，温润可爱，均为宋代影青瓷中的精品。

浮山镇巴洼山宋墓出土了钗、簪、花插等比较完整的银器20余件，均属发饰类，大都鎏金，多有铺号。其制作采用翻铸、镂空、焊接、錾刻、捶打、压印等多种技法，具有较高的工艺。

其造型精巧别致，构图紧密和谐，花纹繁缛优美，镂雕剔透玲珑，既有栩栩如生的花鸟虫鱼、飞禽走兽，亦有神态逼真的人物图像，还有精美绝伦的几何纹、卷云纹等，显示了宋代银器制作已达到了高度水平。这些银器制作考究，种类较多，式样纷呈，是极其难得的珍贵金属工艺品，反映了宋代妇女对美的追求以及当时银制品细工工艺的成就。

枞阳境内地貌复杂多样，环境幽雅，为历代世家大族、名人雅士倍加推崇的魂栖之所。唐阮枞江，宋阮晋卿、赵文卿，元王胜，明章纶、阮鹗、吴应宾、方学渐、姚旭，清方孔炤、方以智、钱澄之、刘大櫆、姚鼐、吴汝纶、萧穆，近现代陈澹然、李光炯、史推恩、房秩五、储炎庆等风云人物都长眠于斯。人以名传，墓以人传。这些墓葬，是重要的文化遗产，其文化价值将与日俱增。

枞阳境内已发现古（历史名人）墓葬达200多处，以土坑竖穴式为多，砖室或砖石混构墓次之，也有少量的石室墓发现，具有墓葬年代久、延续时间长、战国两宋墓葬多、随葬物品位高、墓主名气大、学术价值高等特点。

（三）地面建筑，风格各异，特色相当鲜明

位于义津镇的义津老街，是江淮地区著名的物资集散地和商贸发达的繁华市集之一。始建于明代初年，形成于明代中叶，兴盛于明末清初，鼎盛于清代和民国。现存古建筑约156间（套），面积约9,000平方米。整体格局是前店后居或前店后坊，均临街而建。临街商铺和民宅、作坊大都为抬梁式穿枋砖木结构，每进之间为勾连搭组合，两面坡屋顶，青砖灰瓦，两端置封火墙，竹笆泥墙，黄黏土地坪。义津老街保持着徽派建筑向江北延伸过渡、同时受到江西建筑影响的显著特征，是最能反映枞阳民居特色的老房子，是县内仅存的一处保存古建筑最多、体量最大的一条老街。

陈瑶湖镇水圩村谢氏宗祠、白湖乡古楼村李氏宗祠、白湖乡小岭村徐氏宗祠、钱铺乡黄冲村汪氏宗祠、枞阳镇祖庄村何氏宗祠、枞阳镇正大街陈氏宗祠、周潭镇周潭村周氏宗祠门楼（八角亭）、周潭镇大山村章氏宗祠、横埠镇合龙村汪氏宗祠等明清时期的祠堂建筑，大都以天井为中心，以三间式为基础，连结组合成多种形式，布局合理，雄伟壮观。装饰丰富的木构架，多以抬梁式为主，承重大梁中间略拱起，两端以粗大的立柱支撑；四周维护的高墙，既有硬山直上的搏风墙，也有错落有致的马头墙。建筑上的石质、砖质、木质构件，精心安排，精雕细镂，或用细线勾勒，或用浮雕，或用圆雕，或镂空剔透，或浮镂结合，尽雕琢之能事，美轮美奂。雕刻题材有人物故事、飞禽走兽、奇花异草、吉祥图案（文字）、山水风光、亭台楼阁等，层次分明，千姿百态，成为一个个栩栩如生的艺术品。

县域内的浮山中学"中大楼"、浮山东麓的"双瞻阁"、项铺镇龙虎村"陶氏宗祠门楼"、枞阳镇古塘村"松柏山房"、白湖乡旸岭村"白柳公社矾矿大窑"、周潭镇大山村"大会堂"等近现代建筑，保存较好，庄重秀美，渗透着多种文化的内涵。

一座座散布在全县各地特色鲜明的地面建筑，是本地人文史的亲历者和见证人，是地域历

史的物质遗存，是地方文化的实物载体，其文化品位非同一般。

（四）摩崖题刻，雕刻作品，价值相当巨大

枞阳的摩崖石刻在全国有一定影响。全县境内现已发现摩崖石刻356块，其中浮山315块、白云岩21块、青山12块、连城山2块、洗墨池旁2块、龙城山3块、火龙山1块。浮山摩崖石刻已公布为全国重点文物保护单位。

这些时刻，年代跨度大，延续时间长。最早到唐代，最晚的刻于1954年，跨历8代，历时1100余年，基本上包括了唐代以来的各种代表性书体，能在一定程度上反映我国书法发展的基本轨迹，是研究书法史的珍贵实物。

从内容上看，石刻多为诗词歌赋，也有纪事、题咏、题名、题句、佛经、对联等作品。第三次文物普查野外调查小组，于2008年12月在钱铺乡火龙山老虎洞旁石壁上，新发现了一块刻于明崇祯十六年（1643）的摩崖石刻，其内容居然与明末农民起义军有关。形式多样的纪事摩崖，涉及千百年来众多的历史人物活动、重要事件、佛道二教、寺院兴衰、塔亭营建、道路修整、山水开发、自然灾害等许多方面。内涵丰富，史料价值巨大。

现存的摩崖石刻，可考的作者达219人。既有达官显贵、社会名流、文人墨客的题咏，又有僧侣道徒、失意官员、隐士遗贤的作品。由于这些人的经历、修养、文化各不相同，因而他们题刻的书法水平亦有很大区别。有楷、行、草、篆、隶等多种，各种书体争奇斗艳，异趣横生，或清秀挺拔，或圆润遒媚，或纤细柔婉，或雄浑豪放，或庄严拘谨，或气势夺人，俨然是一座书法宝库，蔚为大观，再现了历代游人不同学识、性格、游历、宦迹的风貌，产生了流派纷呈、风格各异的艺术效果。

县域内还分布着石雕、木雕、砖雕作品。 山镇 山村阮家享堂西侧"黄龙出洞地"的阮鹗墓前，自南向北依次排列着一组东西相对、共有14件大型石刻造型组成的石雕群像：文臣像，头戴软帽，身着朝服，双手合交于胸前，紧握牙笏，面容苍劲，锁目沉思；武将像，顶戴头盔，身着胄装，脚踏长靴，单手叉腰，垂目敛神，威严肃穆；石马，背有马鞍，腹下中空，头套络环，缰绳搭背，昂首而立，双目前视，四腿作用力踏地状，呈现出跃跃欲腾的动态；石象，长鼻翻卷，四肢均匀，粗壮有力，躯体肥硕敦突，尾巴紧缩臀部；石麒麟，形如虎豹，头若雄师，粗颈圆睛，昂首怒吼，英姿威武，形象勇猛；石羊，卷角长耳，双目欲闭，伏卧似眠，温顺可爱，显示一副神情安闲、静穆庄重的神态；华表，顶端装饰蹲狮，表柱满刻祥云，须弥座镌雕荷花。在省内罕见、制作于明代晚期的阮鹗墓石雕，均用整块白石质地的石料雕琢而成，体积硕大，用料考究，集线刻、浮雕、圆雕等多种技法于一体，精雕细琢，刀法复杂细腻，造型生动，神态逼真，具有高超的技艺和强烈的艺术感染力。

（五）馆藏文物，精美绝伦，品位相当高雅

"像这种造型、像这种花纹的西周初期青铜方彝，全世界只有2件，一件藏于美国福格艺术

博物馆，另一件出土于枞阳，而枞阳出土的这件方彝的圈足内装有铜铃，更为少见。"专家如是说。周潭镇汤家墩遗址出土的"兽面纹青铜方彝"，表面布满纹饰、图案：钮上为细线阴刻的三角状蕉叶纹，盖上铸昂首挺胸、振翅欲飞的凤鸟，彝身上部饰犹如垂帘的直棱纹，下部浮雕巨晴凝视、大口獠牙、粗鼻广角、似牛又似虎的兽面纹，方座上刻长身卷尾、一角一足、像蛇又像鳄鱼的夔龙纹，鸟纹、兽面纹、夔龙纹之下均衬以云雷纹，盖、身、座的边角处都饰以钩形长棱脊。弥足珍贵的古代礼器"兽面纹方彝"，造型雄壮奇瑰，形体厚重典雅，技艺精湛巧妙，凡视觉所见，可刻镂之处，无不有精美的花纹，纹饰繁缛华丽而富于变化，充分表明了当时人们已掌握了高超的青铜铸造技术，体现了远古枞阳人高雅的审美情趣和浪漫的艺术气质。

包括兽面纹铜方彝在内的枞阳馆藏文物，上到石器，下到近现代，没有缺环。拥有石器、陶器、瓷器、青铜器、货币、书画、银器、铁器、玉器、杂项等种类，已经过专家鉴定的三级以上珍贵文物497件（套）。新石器时期的玉铲、商代的文字石钺、西周时期的兽面纹铜尊、春秋时期的三角蝉纹铜鼎、战国时期的涡纹玉璧、汉代的青釉四系瓷罐、西晋时期的青釉瓷虎子、南北朝时期的四系盘口瓷瓶、隋代的青釉四耳盘口瓷壶、唐代的寿州窑黄釉印纹瓷枕、五代时期的四神八卦十二生肖铜镜、宋代景德镇窑三件套组合青白瓷炉、明代武英殿大学士何如宠的《恭贺质吾江翁七十寿序》长卷、清代礼部尚书张英和军机大臣张廷玉的行书立轴、太平天国时期的良民牌（户口本）等藏品，无不闪耀着迷人的光彩，都是具有高度的历史、科学、艺术价值的稀世珍宝。

种类齐全、佳品可观的枞阳馆藏文物，以各自不同的材质、技艺、形态、功用，展示着文物的古雅，诉说着历史的沧桑，呈现骄人的文化，绽放精美的艺术之花。它们铭刻着历史长河中不可复制的一个瞬间，连贯出一条枞阳文明发展的轨迹，由此体现出枞阳乃至中华文明的源远流长和博大精深。

枞阳大地历史悠久，文化遗产绚丽多彩，著名人物层出不穷，人文态势顺应潮流，文化活性令人慨叹。加大横向联系，密切同其他部门合作，加强对中华民族优秀文化重要组成部分的枞阳文化的研究、发掘、展示，意义重大，前景广阔。安徽大学历史系与枞阳县文物管理所合作开展的《枞阳商周青铜器》课题的研究、整理，在这方面就开了一个好头。在《枞阳商周青铜器》出版之际撰此拙文，以期管窥枞阳历史文明的进程和先进文化的气象，为更深入、系统地开展相关研究提供线索；以期更多部门、更多的人加入到研究、宣传枞阳文化的队伍中来，并取得丰硕的学术成果。

枞阳文化光耀千秋，将始终张扬着不朽的创造精神。

引用文献目录
Bibliography

1. （清）阮元校刻：《十三经注疏·礼记正义》，北京：中华书局，1980年。
2. 安徽大学、安徽省文物考古研究所：《皖南商周青铜器》，北京：文物出版社，2006年。
3. 安徽省博物馆、六安县文物管理所：《安徽六安县发现一座春秋时期墓葬》，载《考古》，1993年第7期。
4. 安徽省博物馆：《安徽省博物馆藏青铜器》，上海：上海人民美术出版社，1987年。
5. 安徽省博物院：《江淮群舒青铜器》，合肥：安徽美术出版社，2013年。
6. 安徽省地方志编纂委员会：《安徽省志·文物志》，北京：方志出版社，1998年。
7. 安徽省考古研究所：《安徽枞阳、庐江古遗址调查》，载《江汉考古》，1987年第4期。
8. 安徽省六安县文物管理所：《安徽六安县城西窑厂2号楚墓》，载《考古》，1995年第2期。
9. 安徽省文化局文物工作队：《安徽淮南市蔡家岗赵家孤堆战国墓》，载《考古》，1963年第4期。
10. 安徽省文化局文物工作队：《安徽舒城出土的铜器》，载《考古》，1964年第10期。
11. 安徽省文物工作队：《安徽长丰杨公发掘九座战国墓》，见中国社会科学院考古研究所编：《考古学集刊》（第二辑），北京：中国社会科学出版社，1982年。
12. 安徽省文物工作队、繁昌县文化馆：《安徽繁昌出土一批春秋青铜器》，载《文物》，1982年第12期。
13. 安徽省文物工作队：《安徽舒城九里墩春秋墓》，载《考古学报》，1982年第2期。
14. 安徽省文物工作队：《潜山薛家岗新石器时代遗址》，载《考古学报》，1982年第3期。
15. 安徽省文物管理委员会、安徽省博物馆：《寿县蔡侯墓出土遗物》，见《考古学专刊》乙种第五号，北京：科学出版社，1956年。
16. 安徽省文物考古所、舒城县文物管理所：《安徽舒城县河口春秋墓》，载《文物》，1990年第6期。
17. 安徽省文物考古研究所、庐江县文物管理所：《庐江大神墩遗址发掘简报》，载《江汉考古》，2006年第2期。
18. 安徽省文物考古研究所、蚌埠市博物馆：《安徽蚌埠双墩一号春秋墓发掘简报》，载《文物》，2010年第3期。
19. 安徽省文物考古研究所、枞阳县文物管理所：《枞阳县井边东周采铜矿井调查》，载《东南文化》，1992年第5期。
20. 安徽省文物考古研究所、凤阳县文物管理所：《安徽凤阳卞庄一号春秋墓发掘简报》，载《文物》，2009年第8期。

21. 安徽省文物考古研究所、凤阳县文物管理所：《凤阳大东关与卞庄》，北京：科学出版社，2010年。

22. 安徽省文物考古研究所、含山县文物管理所：《安徽含山大城墩遗址第四次发掘报告》，载《考古》，1989年第2期。

23. 安徽省文物考古研究所、六安市文物管理所：《安徽六安市堰墩西周遗址发掘简报》，载《考古》，2002年第2期。

24. 安徽省文物考古研究所、潜山县文物管理所：《安徽省潜山公山岗战国墓发掘报告》，载《考古学报》，2002年第1期。

25. 安徽省文物考古研究所、舒城县文物管理所：《安徽舒城县河口春秋墓》，载《文物》，1990年第6期。

26. 安徽省文物考古研究所、铜陵市文物管理所：《安徽铜陵市古代铜矿遗址调查》，载《考古》，1993年第6期。

27. 安徽省文物考古研究所：《安徽枞阳、庐江古遗址调查》，载《江汉考古》，1987年第4期。

28. 安徽省文物考古研究所：《安徽枞阳县汤家墩遗址发掘简报》，载《中原文物》，2004年第4期。

29. 安徽省文物考古研究所：《安徽广德县经济开发区赵联土墩墓发掘简报》，见安徽省文物考古研究所、安徽省考古学会编：《文物研究》第十六辑，合肥：黄山书社，2006年。

30. 安徽省文物考古研究所：《安徽考古的世纪回顾与思考》，载《考古》，2002年第2期。

31. 安徽省文物考古研究所：《安徽南陵千峰山土墩墓》，载《考古》，1989年第3期。

32. 安徽省文物考古研究所：《安徽宁国市官山西周遗址的发掘》，载《考古》，2000年第11期。

33. 安徽省文物考古研究所：《安徽潜山彭岭战国西汉墓》，载《考古学报》，2006年第2期。

34. 安徽省文物考古研究所：《安徽潜山薛家岗遗址第六次发掘简报》，载《江汉考古》，2002年第2期。

35. 安徽省文物考古研究所：《安徽铜陵县师姑墩遗址发掘简报》，载《考古》，2013年第6期。

36. 安徽省文物考古研究所：《霍邱堰台——淮河流域周代聚落发掘报告》，北京：科学出版社，2010年。

37. 安徽省文物考古研究所：《潜山林新战国秦汉墓》，北京：文物出版社，2013年。

38. 安徽省文物事业管理局：《安徽馆藏珍宝》，北京：中华书局，2008年。

39. 安徽省文物研究所：《安徽含山大城墩遗址发掘报告》，见中国社会科学院考古研究所编：《考古学集刊》第六辑，北京：中国社会科学出版社，1989年。

40. 安徽省展览、博物馆：《安徽含山县孙家岗商代遗址调查与试掘》，载《考古》，1977年第3期。

41. 宝鸡市博物馆：《陕西省宝鸡市峪泉生产队发现西周早期墓葬》，载《文物》，1975年第3期。

42. 保利艺术博物馆：《保利艺术博物馆藏青铜器》，1999年。

43. 北京大学考古系、安徽省文物考古研究所：《安徽安庆市张四墩遗址试掘简报》，载《考古》，2004 年第 1 期。

44. 北京大学考古系商周组、安徽省文物工作队：《安徽省霍邱、六安、寿县考古调查试掘报告》，见北京大学考古系编：《考古学研究》（三），北京：科学出版社，1997 年。

45. 北京大学历史系考古专业等：《晋豫鄂三省考古调查简报》，载《文物》，1982 年第 7 期。

46. 常印佛、吴言昌：《长江中下游铜铁成矿带》，北京：地质出版社，1991 年。

47. 陈公柔、张长寿：《殷周青铜容器上鸟纹的断代研究》，载《考古学报》，1984 年第 3 期。

48. 陈开运、范超、袁洪林、包志安、宗春蕾、戴梦宁、凌雪、杨颖：《飞秒激光剥蚀—多接收电感耦合等离子质谱原位微区分析青铜中铅同位素组成——以古铜钱币为例》，载《光谱学与光谱分析》，2013 年第 33 卷第 5 期。

49. 陈佩芬：《古代铜兵铜镜的成分及有关铸造技术》，见上海博物馆馆刊编辑委员会编：《上海博物馆馆刊》（第一期），上海：上海人民出版社，1981 年。

50. 陈佩芬：《夏商周青铜器研究》，上海：上海古籍出版社，2004 年。

51. 陈学强：《青铜折肩鬲渊源初探》，见苏州博物馆编：《苏州文博论丛》第二辑，北京：文物出版社，2011 年。

52. 陈振中：《先秦青铜生产工具》，厦门：厦门大学出版社，2004 年。

53. 程春生：《安徽省枞阳县牛头山铜矿床地质特征及找矿分析》，载《城市建设理论研究》，2012 年第 19 期。

54. 程加云、卫成治：《安徽省枞阳县牛头山铜矿床地质特征、矿床成因、找矿标志及找矿方向分析》，载《安徽地质》，2010 年第 2 期。

55. 楚皇城考古发掘队：《湖北宜城楚皇城战国秦汉墓》，载《考古》，1982 年 1 期。

56. 德清县博物馆：《浙江德清三合塔山土墩墓》，载《东南文化》，2003 年第 3 期。

57. 德州地区文物局文物组、济阳县图书馆：《山东济阳刘台子西周墓地第二次发掘》，载《文物》，1985 年 12 期。

58. 丁忠明、曲传刚、刘延常、吴来明、穆红梅：《山东新泰出土东周青铜复合剑制作技术研究》，载《文物保护与考古科学》，2012 年增刊。

59. 董亚巍：《范铸青铜》，北京：北京艺术与科学电子出版社，2006 年。

60. 董亚巍：《西周早期圆形尊的范铸模拟实验研究》，载《中原文物》，2010 年第 1 期。

61. 豆海峰：《试论安徽沿江平原商代遗存及与周边地区的文化联系》，载《江汉考古》，2012 年第 3 期。

62. 杜金鹏：《商周铜爵研究》，载《考古学报》，1994 年第 3 期。

63. 杜迺松：《在皖鉴定所见铜器考》，见中国青铜文化研究会编：《青铜文化研究》第一辑，合肥：黄山书社，1999 年。

64. 方国祥：《安徽枞阳出土一件青铜方彝》，载《文物》，1991 年第 6 期。

65. 房迎三：《安徽庐江、枞阳发现的旧石器》，载《文物季刊》，1996 年第 4 期。

66. 冯富根、王振江、白荣金、华觉明：《司母戊鼎铸造工艺的再研究》，载《考古》，1981 年第 2 期。

67. 冯富根、王振江、华觉明、白荣金：《殷墟出土商代青铜瓿铸造工艺的复原研究》，载《考古》，1982年第5期。

68. 凤凰山考古队：《江苏丹阳凤凰山遗址发掘报告》，载《东南文化》，1990年第1期，第306页。

69. 扶风县文化馆、陕西省文管会：《陕西扶风县召李村一号周墓清理简报》，载《文物》，1976年第6期。

70. 阜阳地区博物馆：《安徽颍上王岗、赵集发现商代文物》，载《文物》，1985年第10期。

71. 傅玥：《青铜器上的重环纹源流探析》，载《云南民族大学学报》，2010年第3期。

72. 高广仁、邵望平：《析中华文明的主源之一——淮系文化》，见山东大学东方考古研究中心编：《东方考古》第一辑，北京：科学出版社，2004年。

73. 高西省：《洛阳新获西周青铜器管见》，载《上海文博论丛》，2006年第3期。

74. 宫希成：《2006年度南方地区考古新发现·安徽省》，载《南方文物》，2007年第4期。

75. 故宫博物院古陶瓷研究中心、故宫博物院古器物部：《"浙江原始青瓷及德清火烧山等窑址考古成果汇报展"学术座谈会综述》，载《故宫博物院院刊》，2012年第5期。

76. 管丹平、朱华东：《皖南出土青铜戈及初步研究》，载《东方文博》，2007年第4期。

77. 管丹平、朱华东：《皖南出土青铜矛研究》，载《东方博物》，2009年第2期。

78. 广西壮族自治区文物工作队：《平乐银山岭战国墓》，载《考古学报》，1978年第2期。

79. 郭宝钧：《浚县辛村》，北京：科学出版社，1964年。

80. 郭宝钧：《商周铜器群综合研究》，北京：文物出版社，1981年。

81. 国家文物局：《中国文物精华大辞典·青铜卷》，上海：上海辞书出版社，1995年。

82. 韩汝玢、柯俊：《中国科学技术史·矿冶卷》，北京：科学出版社，2007年。

83. 何琳仪：《舒方新证》，载《安徽史学》，1999年第4期。

84. 何堂坤：《鄂州战国青铜兵刃器初步考察》，载《江汉考古》，1990年第3期。

85. 河北省文化局文物工作队：《河北邯郸百家村战国墓》，载《考古》，1962年第12期。

86. 河南省博物馆、台北历史博物馆：《辉县琉璃阁甲乙二墓图集》，郑州：大象出版社，2003年。

87. 河南省博物馆等：《河南信阳市平桥春秋墓发掘简报》，载《文物》，1981年第1期。

88. 河南省丹江库文物发掘队：《河南省淅川下寺春秋楚墓》，载《文物》，1980年第10期。

89. 河南省文化局文物工作队：《郑州二里岗》，北京：科学出版社，1959年。

90. 河南省文物考古研究所：《郑州商城：1953–1985年考古发掘报告》，北京：文物出版社，2001年。

91. 河南省文物研究所：《信阳楚墓》，北京：文物出版社，1986年。

92. 胡嘏：《群舒史迹钩沉》，载《安徽史学》，1986年第6期。

93. 胡悦谦：《安徽古青瓷和浙江古青瓷的关系》，见《安徽省博物馆40年论文选集》，合肥：黄山书社，1996年。

94. 湖北省博物馆：《湖北京山发现曾国铜器》，载《文物》，1972年第2期。

95. 湖北省博物馆：《襄阳山湾东周墓发掘报告》，载《江汉考古》，1983年第2期。

96. 湖北省荆沙铁路考古队：《包山楚墓》，北京：文物出版社，1991年。

97. 湖北省荆州地区博物馆：《江陵雨台山楚墓》，北京：文物出版社，1984年。

98. 湖北省文物考古研究所、随州市博物馆：《湖北省随州叶家山西周墓地发掘简报》，载《文物》，2011年第11期。

99. 湖北省文物考古研究所：《湖北省大冶市铜绿山古铜矿冶遗址保护区调查简报》，载《江汉考古》，2012年第4期。

100. 湖北省文物考古研究所：《江陵九店东周墓》，北京：科学出版社，1995年。

101. 湖北省文物考古研究所：《江陵望山沙冢楚墓》，北京：文物出版社，1996年。

102. 湖北省文物考古研究所：《盘龙城：1963年—1994年考古发掘报告》(上下)，北京：文物出版社，2001年。

103. 湖南省博物馆、湖南省文物考古研究所等：《长沙楚墓》，北京：文物出版社，2000年。

104. 湖南省博物馆：《湖南资兴旧市战国墓》，载《考古学报》，1983年第1期。

105. 湖南省博物馆等：《古丈白鹤湾楚墓》，载《考古学报》，1986年第3期。

106. 华觉民、肖梦龙、苏荣誉、贾莹：《丹阳司徒西周青铜器群铸造工艺》，见肖梦龙、刘伟主编：《吴国青铜器综合研究》，北京：科学出版社，2004年。

107. 华觉明、卢本珊：《长江中下游铜矿带的早期开发和中国青铜文明》，载《自然科学史研究》，1996年第1期。

108. 华觉明：《中国古代金属技术——铜和铁造就的文明》，郑州：大象出版社，1999年。

109. 怀宁县文物管理所：《安徽怀宁县出土春秋青铜器》，载《文物》，1983年第11期。

110. 黄娟、魏国锋、宋国定等：《郑州小双桥遗址出土青铜器的矿料来源分析》，载《中原文物》，2011年第63卷第1期。

111. 黄水根、申夏：《吴城遗址商代窑炉的新发现》，载《南方文物》，2002年第2期。

112. 黄水根：《吴城商代遗址考古三十年》，载《南方文物》，2003年第3期。

113. 江苏省丹徒考古队：《江苏丹徒背山顶春秋墓发掘报告》，载《东南文化》，1988年第3~4期。

114. 江苏省文管会：《江苏丹徒烟墩山出土古代青铜器》，载《文物参考资料》，1955年第5期。

115. 江西省文物工作队、鹰潭市博物馆：《江西鹰潭角山窑址试掘简报》，载《华夏考古》，1990年第1期。

116. 江小角：《桐城出土春秋时期青铜器》，载《文物》，1999第4期。

117. 海燕：《商周青铜器凤鸟纹饰的再思考》，载《民族艺术》，2007年第4期。

118. 井中伟：《先秦时期青铜戈·戟研究》，吉林大学博士学位论文，2006年。

119. 景闻：《商、西周青铜器写实动物纹饰研究》，西北大学硕士学位论文，2010年。

120. 莒县博物馆：《山东莒县西大庄西周墓葬》，载《考古》，1999年第7期。

121. 阚绪杭、方国祥：《枞阳县新石器时代遗址调查报告》，见安徽省文物考古研究所、安徽省考古学会编：《文物研究》第8期，合肥：黄山书社，1993年。

122. 孔令远、陈永清：《江苏邳州市九女墩三号墩的发掘》，载《考古》，2002年第5期。

123. 郎剑锋：《吴越地区出土商周青铜器研究》，山东大学博士学位论文，2012年。

124. 雷为民：《简析安徽省矿产资源储量分布现状及发展展望》，载《科教文汇（下旬刊）》，2011年第3期。

125. 李伯谦：《中原地区东周铜剑渊源试探》，载《文物》，1982年第1期。

126. 李国梁：《群舒故地出土的青铜器》，见安徽省文物考古研究所、安徽省考古学会编：《文物研究》第六辑，合肥：黄山书社，1990年。

127. 李国梁：《屯溪土墩墓发掘报》，合肥：安徽人民出版社，2006年。

128. 李海流：《小邾国贵族墓出土铜器鉴赏》，载《收藏界》，2013年第6期。

129. 李宏：《辉县琉璃阁墓地国别族属考》，载《中原文物》，2008年第3期。

130. 李济、万家保：《殷虚出土青铜鼎形器之研究》，见"中央"研究院历史语言研究所编：《古器物研究专刊第四本》，1970年。

131. 李济：《记小屯出土之青铜器——中篇 锋刃器》，载《考古学报》，1949年第4期。

132. 李健民：《战国青铜矛》，见《中国考古学论丛》，北京：科学出版社，1993年。

133. 李维明：《简论商代青铜刀》，载《中原文物》，1988年第2期。

134. 李祥征：《庐枞盆地天头山金（铜）矿床找矿地质条件分析》，载《南方国土资源》，2013年第7期。

135. 李学勤：《安徽南部存在颇具特色的青铜文化》，载《学术界》，1991年第1期。

136. 李学勤：《古越阁所藏青铜兵器选粹》，载《文物》，1993年第4期。

137. 李学勤：《湖北随州叶家山西周墓地笔谈》，载《文物》，2011年第11期。

138. 李学勤：《论汉淮间的春秋青铜器》，载《文物》，1980年第1期。

139. 李延祥、韩汝玢、宝文博等：《牛河梁冶铜炉壁残片研究》，载《文物》，1999年第12期。

140. 李延祥、洪延若：《炉渣分析揭示古代炼铜技术》，载《文物保护与考古科学》，1995年第7卷第1期。

141. 李延祥、王兆文、王连伟等：《大井古铜冶炼技术及产品特征初探》，载《有色金属》，2001年第53卷第3期。

142. 李玉林：《吴城商代龙窑》，载《文物》，1989年第1期。

143. 廉海萍、谭德睿：《东周青铜复合剑制作技术研究》，载《文物保护与考古科学》，2002年增刊。

144. 梁彦民：《浅析商周青铜器上的直棱纹》，载《文博》，2002年第2期。

145. 廖华军、罗武干、李桃元等：《吉家院墓地出土青铜器的矿料来源初探》，载《华夏考古》，2013年第2期。

146. 临沂市博物馆：《山东临沂中洽沟发现三座周墓》，载《考古》，1987年第8期。

147. 凌雪、贾腊江、柳小明、金普军、杨小刚、袁洪林、赵丛苍：《春秋时期秦青铜器微量元素的激光剥蚀等离子体质谱》，载《兰州大学学报》（自然科学版），2012年第48卷第1期。

148. 刘建国、戴宁汝、张敏：《江苏丹徒赵家窑团山遗址》，载《东南文化》，1989年第1期。

149. 刘建国、吴大林：《江苏溧水宽广墩墓出土器物》，载《文物》，1985年第12期。

150. 刘建国：《论湖熟文化分期》，载《东南文化》，1989年第1期。

151. 刘平生：《安徽南陵县发现吴王光剑》，载《文物》，1982年第5期。

152. 刘诗中、卢本珊：《铜岭古铜矿性质探讨》，载《华夏考古》，1997年第3期。

153. 刘兴、吴大林：《谈谈镇江地区土墩墓的分期》，见文物编辑委员会编：《文物资料丛刊》第六辑，北京：文物出版社，1982年。

154. 刘兴：《镇江地区近年出土的青铜器·文物资料丛刊》，北京：文物出版社，1984年。

155. 刘煜：《殷墟青铜器制作工艺的技术演进》，见中国社会科学院考古研究所编著：《21世纪中国考古学与世界考古学》，北京：中国社会科学出版社，2002年。

156. 六安市文物管理所：《安徽六安市城西窑厂5号墓清理简报》，载《文物》，1999年第7期。

157. 六安县文物管理所：《安徽六安县发现两件春秋铜鼎》，载《文物》，1990年第1期。

158. 卢本珊：《商代江南铜矿开采技术》，载《文物保护与考古科学》，2005年第4期。

159. 卢连成、胡志生：《宝鸡強国墓地》，北京：文物出版社，1988年。

160. 卢茂村：《安徽贵池发现东周青铜器》，载《文物》，1980年第8期。

161. 卢茂村：《浅析安徽寿县楚王墓出土的生产工具》，载《农业考古》，2000年第3期。

162. 洛阳市文物工作队：《1975—1979年洛阳北窑西周铸铜遗址的发掘》，载《考古》，1983年第5期。

163. 洛阳市文物工作队：《洛阳北窑西周墓》，北京：文物出版社，1999年。

164. 马承源：《中国青铜器》，上海：上海古籍出版社，1988年。

165. 马道阔：《安徽庐江发现吴王光剑》，载《文物》，1986第2期。

166. 马道阔：《安徽庐江县出土春秋青铜器——兼谈南淮夷文化》，载《东南文化》，1990年Z1期。

167. 马道阔：《淮南市八公山区发现重要古墓》，载《文物》，1960年第7期。

168. 马冬：《安徽省枞阳县佘家凹铜金矿原生晕特征及矿床成因探讨》，载《现代矿业》，2009年第4期。

169. 马茂棠：《安徽航运史》，合肥：安徽人民出版社，1991年。

170. 马玺伦：《山东沂水发现一座西周墓葬》，载《考古》，1986年第8期。

171. 孟宪伟：《春秋战国时期青铜器凤鸟纹饰之变革》，载《艺术与设计（理论）》，2012年第3期。

172. 孟耀虎、任志录：《晋侯墓地出土原始青瓷》，载《文物世界》，2002年第2期。

173. 牟永抗、毛兆廷：《江山县南区古遗址、墓葬调查试掘》，见浙江省文物考古研究所编：《浙江省文物考古所学刊》(1981)，北京：文物出版社，1981年。

174. 穆荣平：《皖南古铜矿遗址及其冶炼技术的初步研究》，中国科学技术大学自然科学史硕士学位论文，1990年。

175. 南京博物院、丹徒县文管会：《江苏丹徒磨盘墩周墓发掘简报》，载《考古》，1985年第11期。

176. 南京博物院、镇江博物院、丹徒县文教局：《江苏丹徒横山、华山土墩墓发掘报告》，载《文物》，2000年第9期。

177. 南京博物院：《江苏金坛裕巷土墩墓群一号墩的发掘》，载《考古学报》，2009年第3期。

178. 南京博物院：《江苏六合桥二号东周墓》，载《考古》，1974年第2期。

179. 宁结：《江苏句容县浮山果园西周墓》，载《考古》，1977年第5期。

180. 宁业高：《居巢考释》，载《巢湖学院学报》，2006年第4期。

181. 彭适凡、华觉明、王玉柱：《江西出土的青铜复合剑及其检测研究》，载《中原文物》，1994年第3期。

182. 彭裕商：《西周青铜器窃曲纹研究》，载《考古学报》，2002年第4期。

183. 栖霞县文物管理所：《山东栖霞县松山乡吕家埠西周墓》，载《考古》，1988年第9期。

184. 潜山县文物局：《潜山黄岭春秋墓》，见安徽省文物考古研究所，安徽省考古学会编：《文物研究》第十三辑，合肥：黄山书社，2001年。

185. 秦颖、朱继平、王昌燧、董亚巍：《利用微量元素示踪青铜器矿料来源的实验研究》，载《东南文化》，2004年第5期。

186. 秦颖、魏国锋等：《长江中下游古铜矿及冶炼产物输出方向判别标志初步研究》，载《江汉考古》，2006年第1期。

187. 青阳县文物管理所：《安徽青阳县龙岗春秋墓的发掘》，载《考古》，1998年第2期。

188. 裘士京：《江南铜研究·中国古代青铜铜源的探索》，合肥：黄山书社，2004年。

189. 衢州市文物管理委员会：《浙江衢州市发现原始青瓷》，载《考古》，1984年第2期。

190. 任雪莉：《宝鸡戴家湾铜器的艺术风格》，载《宝鸡文理学院学报》（社会科学版），2012年第3期。

191. 山东大学考古系等：《山东沂源县姑子坪周代墓葬》，载《考古》，2003年第1期。

192. 山东省文物考古研究所、山东省博物馆等：《曲阜鲁国故城》，济南：齐鲁书社，1982年。

193. 山东省文物考古研究所：《山东梁山县东平湖土山战国墓》，载《考古》，1999年第5期。

194. 山西省文管会：《山西石楼县二郎坡出土商周铜器》，载《文物参考资料》，1958年第1期。

195. 陕西省考古研究所等编：《陕西出土商周青铜器》（三），北京：文物出版社，1980年。

196. 陕西省考古研究所始皇陵秦俑坑考古发掘队：《秦始皇陵兵马俑坑一号坑发掘报告（1974—1984）》，北京：文物出版社，1988年。

197. 陕西省考古研究院：《少陵原西周墓地》，北京：科学出版社，2008年。

198. 上海博物馆青铜器研究组编：《商周青铜器纹饰》，北京：文物出版社，1984年。

199. 邵建白：《安徽六安县发现两件春秋铜鼎》，载《文物》，1990年第1期。

200. 绍兴县文物保护管理所等：《绍兴出土的印纹硬陶和原始青瓷器》，载《东方博物》，2005年第1期。

201. 申学国：《枞阳出土商周青铜器研究》，安徽大学学位论文，2014年。

202. 申学国：《江淮地区出土青铜镰的类型及相关问题探讨》，载《农业考古》，2013年第 4 期。

203. 施劲松：《长江流域青铜器研究》，北京：文物出版社，2003 年。

204. 石磊：《安徽庐枞地区铜金矿床地质地球化学特征及成因》，合肥工业大学硕士学位论文。

205. 石璋如：《小屯》第一本《遗址的发现与发掘·丙编·殷墟墓葬之五·丙区墓葬上》，"中央"研究院历史语言研究所 1980 年。

206. 寿县博物馆：《寿县肖严湖出土春秋青铜器》，载《文物》，1990 年第 11 期。

207. 朔知、怀才高：《安徽霍山戴家院遗址发掘获得重要成果》，载《中国文物报》，2006 年 4 月 12 日，第 001 版。

208. 宋文霞：《安徽省枞阳县拔茅山—牛头山铜矿床地质特征及找矿方向》，载《沉积与特提斯地质》，2002 年第 22 卷第 3 期。

209. 宋永祥：《安徽郎溪欧墩遗址调查报告》，载《考古》，1989 年第 3 期。

210. 苏荣誉：《商周青铜器的铸接》，第四届中日机械技术史及机械设计国际学术会，2004 年 11 月 1 日。

211. 随州市博物馆：《湖北随县安居出土青铜器》，载《文物》，1982 年第 12 期。

212. 随州市博物馆：《湖北随县发现商周青铜器》，载《考古》，1984 年第 6 期。

213. 孙淑云：《当阳赵家湖楚墓金属器的鉴定》，见北京钢铁学院冶金史组编：《中国冶金史论文集》（二），北京：科学出版社，1994 年。

214. 泰利柯特：《世界冶金发展史》，周曾雄、华觉明译，北京：科学技术文献出版社，1985 年。

215. 覃水军、曾键年、王思源等：《安徽庐枞盆地井边铜（金）矿床成矿特征及探矿地质因素探讨》，载《矿床地质》，2010 年第 5 期。

216. 谭其骧：《中国历史地图集》，北京：中国地图出版社，1982 年。

217. 陶正刚《山西屯留出土一件"平周"戈》，载《文物》，1987 年第 8 期。

218. 汪景辉：《安徽古代铜矿考古调查综述》，见安徽省文物考古研究所、安徽省考古学会编：《文物研究》第八辑，合肥：黄山书社，1993 年。

219. 汪忠兴、程加云：《枞阳县拔茅山矿区拔茅山—余家园—李家湾—石庄环状成矿带地质特征及找矿潜力分析》，载《安徽地质》，2008 年第 3 期。

220. 王道华等：《长江中下游区域铜、金、铁、硫矿床基本特征及成矿规律》，北京：地质出版社，1987 年。

221. 王峰：《安徽霍邱县战国墓的清理》，载《考古》，2011 年第 11 期。

222. 王峰：《淮河流域周代遗存研究》，安徽大学博士学位论文，2011 年。

223. 王峰：《三年𥁑令戈考》，载《考古》，2011 年第 11 期。

224. 王景辉：《安徽古代铜矿考古调查综述》，见省文物考古研究所、安徽省考古学会编：《文物研究》第八辑，合肥：黄山书社，1993 年。

225. 王开、陈建立、朔知：《安徽省铜陵县师姑墩遗址出土青铜冶铸遗物的相关问题》，载《考古》，2013 年第 7 期。

226. 王乐群：《枞阳县文物志》，北京：中国文史出版社，2003 年。

227. 王娜：《古代器物中的蝉纹考略》，载《文物鉴定与鉴赏》，2013 年第 5 期。

228. 王庆光：《试论匜形斗的命名、年代与功能》，载《农业考古》，2013 年第 6 期。

229. 王思礼：《对大辛庄采集的小型青铜锯的意见》，载《文物参考资料》，1957 年第 12 期。

230. 王轩：《山东邹县七家峪村出土的西周铜器》，载《考古》，1965 年第 11 期。

231. 王迅：《东夷文化与淮夷文化研究》，北京：北京大学出版社，1994 年。

232. 王业友：《安徽屯溪发现的先秦刻划文字或符号刍议》，载《东南文化》，1991 年第 2 期。

233. 望江县文物管理所：《安徽望江窑头村出土一批青铜兵器》，载《考古》，1987 年第 4 期。

234. 卫成治、何定国：《安徽省枞阳县王庄地区铜矿地质特征及成因探讨》，载《安徽地质》，2009 年第 19 卷第 1 期。

235. 魏国锋、秦颍、王昌燧等：《若干地区出土部分商周青铜器的矿料来源研究》，载《地质学报》，2011 年第 3 期。

236. 魏国锋、秦颍、杨立新、张国茂、龚长根、谢尧亭、范文谦、王昌燧：《若干古铜矿及其冶炼产物输出方向判别标志的初步研究》，载《考古》，2009 年第 1 期。

237. 文物出版社编著：《中国古青铜器选》，北京：文物出版社，1976 年。

238. 无锡市博物馆：《无锡璨山土墩墓》，载《考古》，1981 年第 2 期。

239. 吴镇烽、朱捷元、尚志儒：《陕西永寿、蓝田出土西周青铜器》，载《考古》，1979 年第 2 期。

240. 武夷山市博物馆：《武夷山市竹林坑西周原始青瓷窑址调查简报》，载《福建文博》，2011 年第 1 期。

241. 夏鼐、殷玮璋：《湖北铜绿山古铜矿》，载《考古学报》，1982 年第 1 期。

242. 襄樊市考古队等：《枣阳郭家庙曾国墓地》，北京：科学出版社，2005 年。

243. 襄阳首届亦工亦农考古训练班：《襄阳蔡坡 12 号墓出土吴王夫差剑等文物》，载《文物》，1976 年第 11 期。

244. 向开旺：《湖南怀化出土一件"武王"铜戈》，载《文物》，1998 年第 5 期。

245. 肖梦龙：《试论吴越青铜兵器》，载《考古与文物》，1996 年第 6 期。

246. 肖梦龙：《镇江博物馆藏商周青铜器——兼谈江南吴器的地方特色》，载《东南文化》，1988 年第 5 期。

247. 孝感地区博物馆：《湖北大悟吕王城遗址》，载《江汉考古》，1990 年第 2 期。

248. 信阳地区文管会等：《春秋早期黄君孟夫妇墓发掘报告》，载《考古》，1984 年第 4 期。

249. 信阳地区文管会等：《河南信阳市平西五号春秋墓发掘简报》，载《考古》，1989 年第 1 期。

250. 信阳地区文管会等：《信阳县明港发现两批春秋早期青铜器》，载《中原文物》，1981 年第 4 期。

251. 徐少华：《舒城九里墩春秋墓的年代与族属析论》，载《东南文化》，2010 年第 1 期。

252. 徐中舒：《蒲姑徐奄淮夷群舒考》，载《四川大学学报》，1998年第3期。

253. 杨德标、金晓春、汪茂东：《安徽怀宁跑马墩遗址发掘的主要收获》，见安徽省文物考古研究所、安徽省考古学会编：《文物研究》第八辑，合肥：黄山书社，1993年。

254. 杨德标、杨立新：《安徽江淮地区的商周文化》，见中国考古学会编：《中国考古学会第四次年会论文集》，北京：文物出版社，1983年。

255. 杨鸠霞：《安徽舒城县河口春秋墓》，载《文物》，1990年第6期。

256. 杨鸠霞：《枞阳旗山战国楚墓》，见中国考古学会编：《中国考古学年鉴》，北京：文物出版社，1991年。

257. 杨立新、高一龙：《安徽枞阳、庐江古遗址调查》，载《江汉考古》，1987年第4期。

258. 杨立新：《安徽考古的世纪回顾与思索》，载《考古》，2002年第2期。

259. 杨立新：《安徽沿江地区的古代铜矿》，见安徽省文物考古研究所、安徽省考古学会编：《文物研究》第八辑，合肥：黄山书社，1993年。

260. 杨立新：《安徽沿江地区的古代铜矿》，见省文物考古研究所、安徽省考古学会编：《文物研究》第八辑，合肥：黄山书社，1993年。

261. 杨立新：《皖南古代铜矿初步考察与研究》，见安徽省文物考古研究所、安徽省考古学会编：《文物研究》第三辑，合肥：黄山书社，1987年。

262. 杨楠：《商周时期江南地区土墩遗存的分区研究》，载《考古学报》，1999年第1期。

263. 杨晓能：《美国圣路易斯市私藏师克盨的再考察》，载《考古》，1994年第1期。

264. 杨玉彬、刘海超：《安徽涡阳县出土的东周青铜器》，载《考古》，2006年第9期。

265. 姚成侯、王亚光：《安徽省枞阳县柳峰山地区金铜矿点地质特征及找矿方向》，载《安徽地质》，2012年第3期。

266. 叶波：《铜陵凤凰山发现春秋铜器》，载《文物研究》，1988年总第3期。

267. 叶润清：《枞阳旗山沙河战国、西汉墓的发掘及初步认识》，见《楚文化研究论集》第八集，郑州：大象出版社，2009年。

268. 叶润清：《枞阳县旗山战国西汉墓群沙河墓地》，见中国考古学会编：《中国考古学年鉴》，北京：文物出版社，2007年。

269. 叶润清：《桐城先秦文化及相关问题试析》，见安徽文物考古研究所、安徽省考古学会编：《文物研究》第二十辑，北京：科学出版社，2013年。

270. 叶舒然：《安徽江淮地区青铜器发现与研究略论》，安徽大学硕士学位论文，2012年。

271. 易德生：《东周时期矿物识别方法及矿冶技术刍议》，载《赤峰学院学报》（自然科学版），2011年第12期。

272. 殷涤非：《安徽舒城出土的铜器》，载《考古》，1964年第10期。

273. 殷涤非：《安徽屯溪西周墓葬发掘报告》，载《考古学报》，1959年第4期。

274. 殷涤非：《安徽屯溪周墓第二次发掘》，载《考古》，1990年第3期。

275. 郁永彬、王开、陈建立、梅建军等：《皖南地区早期冶铜技术研究的新收获》，载《考古》，2015年第5期。

276. 郁永彬、梅建军等：《安徽枞阳地区出土先秦青铜器的初步科学分析》，载《中原文物》，2014 年第 3 期。

277. 云翔：《齿刃铜镰初论》，载《考古》，1985 年第 3 期。

278. 张爱冰、陆勤毅：《繁昌汤家山出土青铜器的年代及其相关问题》，载《文物》，2010 年第 12 期。

279. 张爱冰、张钟云：《江淮群舒青铜器研究的意义》，载《中国文物报》，2011 年 3 月 6 日。

280. 张爱冰：《铜陵谢垅出土青铜器的年代及其相关问题》，载《东南文化》，2009 年第 6 期。

281. 张爱冰：《牺首鼎的年代及相关问题》，载《考古》，2015 年第 1 期。

282. 张爱冰：《也谈曲柄盉的年代及其相关问题》，载《文物》，2014 年第 3 期。

283. 张昌平、刘煜、岳占伟、何毓灵：《二里冈文化至殷墟文化时期青铜器范型技术的发展》，载《考古》，2010 年第 8 期。

284. 张昌平：《曾国青铜器研究》，北京：文物出版社，2009 年。

285. 张昌平：《论随州羊子山新出噩国青铜器》，载《文物》，2011 年第 11 期。

286. 张潮、黄功扬：《铜绿山古代矿井支护浅析》，载《江汉考古》，1986 年第 3 期。

287. 张国茂：《安徽铜陵市金口岭春秋墓》，见安徽省文物考古研究所、安徽省考古学会编：《文物研究》第七辑，合肥：黄山书社，1991 年。

288. 张国茂：《安徽铜陵地区古矿、冶遗址调查报告》，载《东南文化》，1988 年第 6 期。

289. 张国茂：《安徽铜陵谢垅春秋铜器窖藏清理简报》，载《东南文化》，1990 年第 4 期。

290. 张剑、蔡运章：《洛阳东郊 13 号西周墓的发掘》，载《文物》，1998 年第 10 期。

291. 张敬国、贾庆元：《肥东县古城吴大墩遗址试掘简报》，见安徽省文物考古研究所、安徽省考古学会编：《文物研究》第一辑，合肥：黄山书社，1985 年。

292. 张敬国：《安徽肥东肥西古文化遗址调查》，见安徽省文物考古研究所、安徽省考古学会编：《文物研究》第二辑，合肥：黄山书社，1986 年。

293. 张敬国：《含山大城墩遗址第四次发掘的主要收获》，见安徽省文物考古研究所、安徽省考古学会编：《文物研究》第四辑，合肥：黄山书社，1988 年。

294. 张乐骏、周涛发等：《安徽庐枞盆地井边铜矿床的成矿时代及其找矿指示意义》，载《岩石学报》，2010 年第 9 期。

295. 张敏：《宁镇地区青铜文化研究》，见高崇文、安田喜宪主编：《长江流域青铜文化研究》，北京：科学出版社，2002 年。

296. 张寿稳：《安徽省枞阳县拔茅山铜矿地质特征》，载《资源调查与环境》，2007 年第 3 期。

297. 张婷、刘斌：《浅析商周青铜器上的圆涡纹》，载《四川文物》，2006 年第 5 期。

298. 张小雷、朔知：《青铜考古的新成果——安徽铜陵师姑墩遗址发掘的收获与意义》，载《中国文物报》，2011 年 4 月 15 日第 4 版。

299. 张志鹏：《舒城九里墩墓年代与国别考》，载《东南文化》，2012 年第 2 期。

300. 张钟云：《安徽六安发现西周遗址》，载《中国文物报》，2004 年 10 月 8 日。

301. 张钟云：《淮河中下游春秋诸国青铜器研究》，见北京大学考古学系编：《考古学研究》（四），北京：科学出版社，2000年。

302. 长白山朝鲜族自治县文物管理所：《吉林长白朝鲜族自治县发现蔺相如铜戈》，载《文物》，1998年第5期。

303. 浙江省文物管理委员会、浙江省文物考古所等：《绍兴306号战国墓发掘简报》，载《文物》，1984年第1期。

304. 浙江省文物考古研究所、德清县博物馆：《浙江德清县独仓山及南王山土墩墓发掘简报》，载《考古》，2001年第10期。

305. 浙江省文物考古研究所、萧山博物馆：《浙江萧山前山窑址发掘简报》，载《文物》，2005年第5期。

306. 浙江省文物考古研究所、浙江省上虞市博物馆：《浙江上虞驿亭凤凰山西周土墩墓》，载《南方文物》，2005年第4期。

307. 浙江省文物考古研究所：《安吉三官土墩墓发掘简报》，载《东方博物》，2010年第3期。

308. 浙江省文物考古研究所：《浙江长兴县便山土墩墓发掘报告》，见浙江省文物考古研究所编：《浙江省文物考古研究所学刊》（1980-1990），北京：科学出版社，1993年。

309. 浙江省文物考古研究所等：《德清火烧山——原始瓷窑址发掘报告》，北京：文物出版社，2008年。

310. 浙江省文物考古研究所等：《浙江东苕溪中游商代原始瓷窑址群》，载《考古》，2011年第7期。

311. 镇江博物馆、丹徒县文管会：《江苏丹徒大港母子墩西周铜器墓发掘简报》，载《文物》，1984年第5期。

312. 镇江市博物馆、金坛县文化馆：《江苏金坛鳖墩西周墓》，载《考古》，1978年第3期。

313. 镇江市博物馆：《江苏溧水、丹阳西周墓发掘简报》，载《考古》，1985年第8期。

314. 郑玲、叶润清：《试析安徽枞阳旗山战国墓出土铜句鑃》，载《文物》，2010年第12期。

315. 中国地质学会矿床地质专业委员会、中国地质科学院矿床地质研究所、地质出版社编：《中国矿床》，北京：地质出版社，1996年。

316. 中国考古学会编：《中国考古学年鉴(1987年)》，北京：文物出版社，1988年。

317. 中国考古学会编：《中国考古学年鉴(2006年)》，北京：文物出版社，2007年。

318. 中国科学院考古研究所：《洛阳中州路（西工段）》，北京：科学出版社，1959年。

319. 中国科学院考古研究所：《长沙发掘报告》，北京：科学出版社，1967年。

320. 中国科学院考古研究所等：《北京附近发现的西周奴隶殉葬墓》，载《考古》，1974年第5期。

321. 中国科学院考古研究所沣西考古队：《陕西长安张家坡西周墓清理简报》，载《考古》，1965年第9期。

322. 中国科学院考古研究所河南二队：《1984年春偃师尸乡沟商代宫殿遗址发掘简报》，载《考古》，1985年第4期。

323. 中国社会科学院考古研究所：《张家坡西周墓地》，北京：中国大百科全书出版社，1999年。

324. 中国社会科学院考古研究所安阳工作队：《安阳武官村北的一座殷墓》，载《考古》，1979年第3期。

325. 中国社会科学院考古研究所沣西发掘队：《1967年长安张家坡西周墓葬的发掘》，载《考古学报》，1980年第4期。

326. 中国社会科学院考古研究所实验室：《放射性碳素测定年代报告（一七）》，载《考古》，1990年第7期。

327. 周涛发、范裕等：《长江中下游成矿带火山岩盆地的成岩成矿作用》，载《地质学报》，2011年第5期。

328. 周原考古队：《陕西扶风县周原遗址庄李西周墓发掘简报》，载《考古》，2008年第12期。

329. 朱凤瀚：《中国古代青铜器综论》，第1版，上海：上海古籍出版社，2009年。

330. 朱华东：《人形足与悬铃：以晋侯墓地出土青铜筒形器为缘起》，载《文博》，2011年第4期。

331. 朱华东：《皖南周代青铜剑初论》，载《东方博物》，2007年第4期。

332. 朱建明：《浙江德清原始青瓷窑址调查》，载《考古》，1989年第9期。

333. 朱献雄：《安徽青阳出土的春秋时期青铜器》，载《文物》，1990年第8期。

334. 禚柏红：《莒文化研究》，见山东大学东方考古研究中心编：《东方考古》第六辑，北京：科学出版社，2009年。

335. 枞阳县地方志编纂委员会：《枞阳县志》，合肥：黄山书社，1998年。

336. 枞阳县史志编纂委员会：《枞阳县志·1978–2002》，合肥：黄山书社，2007年。

337. 邹厚本：《江苏南部土墩墓》，见文物编辑委员会编：《文物资料丛刊》第六辑，北京：文物出版社，1982年。

编后记 | Postscript

2006年8月，应枞阳县文物管理所的邀请，我得以观摩贵所的馆藏珍贵文物。在这些藏品中，几组出土于20世纪70～90年代的青铜器，如汤家墩、官塘村、前程村、杨市村等，以及当时正在发掘的旗山战国墓群出土青铜器，令人印象深刻。这批青铜器，除汤家墩方彝已见于相关展览和简讯外，其余均未整理和发表，当时我就与王乐群所长商量，希望能有适当的机会，共同对这批青铜器资料进行整理，便于学术研究和利用。

转眼到了2011年夏，我们申请到一项教育部人文社科项目(《江淮群舒青铜器整理与研究》)，就与王乐群所长联系，几经磋商，一拍即合，最后达成由安徽大学历史系与枞阳县文物管理所合作整理的协议。经过一些必要的前期准备，2012年4月课题组正式进场工作，内容包括原始资料整理、器物测绘、器物拓片、器物摄影、器物采样（残片、泥芯和锈蚀物）等，前后持续了约二个月时间。期间又邀请了北京科技大学的同志参加进来，除对馆藏青铜器进行无损检测外，还对部分矿冶遗址进行了野外调查，其中包括对一件采自井边古铜矿的支护木进行采样，用作碳十四测年。同年5月，我们又申请到一项国家社科基金（《群舒文化比较研究》），研究条件得到进一步改善。

2013年暑假，为进一步了解枞阳出土青铜器的地理和历史背景，以及青铜器铸造地、矿料来源和冶炼技术，我们又组织了一次古代矿冶遗址调查。依据第三次文物普查数据，我们在县文管所同志的带领下，踏勘了部分矿冶和铸造遗址，采集了铜矿石、炼渣和陶片等样品，采集、复核了部分矿点的GIS数据。

2013年下半年开始，相关专题研究陆续展开。实际上，自2010年开始，我们就有计划的安排安徽大学考古专业的本科生和研究生以枞阳出土青铜器和古代矿冶遗存为毕业论文选题，截至今日，已小有收获，其中本科毕业论文有2006级王淡春的《枞阳县馆藏青铜器初步研究》、2008级汤毓赟的《枞阳出土青铜器铸造工艺研究》、孟庆龙的《江淮地区商周青铜工具研究》、2009级黄恩燕的《姚鼐所论枞阳为舒口考》、2010级王言的《枞庐地区古铜矿冶遗址保护与利用研究》等，硕士毕业论文有2009级孙振的《群舒青铜器初步研究》、2010级朱辞的《江淮地区周代陶器遗存分期研究》、2011级申学国的《枞阳出土青铜器初步研究》、2012级孟庆龙的《江淮南部地区若干新见铜器初步研究》等，这些都为本项目的研究奠定了很好的基础。

2013年底，经安徽大学历史系主任周晓光教授精心筹划，历史系与安徽大学出版社设立了一个学术著作出版资助计划，我们就申请了这个计划，得以忝列首批资助名单，《枞阳商周青铜器》正式进入编纂阶段。又经过约半年时间的努力，书稿大体完成，全书的结构和内容如下：

代前言《长江下游枞庐地区青铜文化初论》是我2013年10月向中国考古学会第16次年会(西

安）提交的报告，简要总结了我们这两年的工作和取得的一些初步认识。

全书分为两个部分。第一部分为枞阳商周青铜器图录，我们从枞阳县文物管理所藏品中挑选了39件青铜器，完整公布了所收器物的照片、线图和拓片。其中照片由枞阳县摄影家协会主席汪华君先生拍摄，线图由西安的郗安红同志绘制，拓片由安徽博物院金成纲先生完成，枞阳县文物管理所胡家碧、吴光浩、胡硕平、唐全新和宋艺超撰写了图版文字说明，吴得华、吴光浩和胡家碧参与了摄影、拓片制作，唐全新参与了绘图工作。

第二部分为枞阳商周青铜器研究，分为5章12节，各章节撰稿人如下：

第一章商周考古综述，由王乐群撰写。

第二章青铜器分期与断代研究，第一节青铜容器和第二节青铜兵器由申学国撰写，第三节青铜工具由孟庆龙与申学国共同撰写，第四节青铜器纹饰由安徽大学历史系2011级历史专业本科生胡宇蒙撰写。

第三章青铜器工艺与产地研究，第一节青铜器范铸工艺由汤毓赟撰写，第二节青铜器材质与工艺由北京科技大学2012级博士生郁永彬撰写，第三节青铜器矿料来源由安徽大学历史系魏国锋副教授撰写。

第四章古代矿冶遗址与冶炼遗物研究，第一节古代矿冶遗址由安徽博物院王淡春撰写，第二节冶炼遗物由魏国锋和安徽大学历史系2012级考古专业本科生高顺利共同撰写。

第五章考古与历史研究，第一节淮式鬲由朱辞撰写，第二节原始瓷由安徽大学历史系2010级考古专业本科生安静平撰写，第三节舒口考由黄恩燕撰写。

代结语《枞阳文化光耀千秋》，由王乐群执笔。

全书的最后附有《引用文献目录》，由王淡春完成。

全部书稿交付出版社后，出版社提请有关专家审读，我们根据专家审阅意见进行了多次认真修改。此外，我们又荣幸得到安徽省文史馆馆长黄德宽教授为本书题写书名，南京博物院张敏研究员为本书作序，在此均致以最诚挚的谢意！

枞阳县文物管理所与安徽大学历史系有着长期的良好合作关系，该所多次接待过我系考古专业学生进行田野考古实习和暑期社会实践调查，本书的出版，是校所合作的又一重要成果，也为今后我校与地方文博单位在人才培养和科学研究方面的合作开创了一个新模式。

安徽大学出版社编辑张锐、李君女士为本书的出版做了大量细致的工作，她们的敬业、严谨与耐心，是我们学习的榜样，在此向她们表达最衷心的感谢！

由于时间仓促和学识所限，本书错漏之处难免，敬请专家读者指正。

张爱冰

2015年10月8日于合肥